交易心態原理

Inside
the
Investor's
Brain

The Power of Mind Over Money

Richard L. Peterson

理察・彼得森 —— 著　洪慧芳—— 譯

CONTENTS

想戰勝市場，先搞定交易心態

　　這本書不是為你寫的，至少不是為理性思考的你所寫的，理性的你可能會因為前面那句話而感到不滿。這本書是為心煩意亂、無所適從的你而寫的，那種感覺源自大腦深層，大多來自潛意識。我必須透過你──身為讀者的你──才能探究這些感覺。

　　不過弔詭的是，如果思考就能讓大家成為優秀的投資人，就不會有市場泡沫與恐慌、貧窮、上癮或犯罪貪婪等問題了。然而這些問題的確存在，因為理性大腦從十萬年前開始進化，但感性大腦卻是最原始的天賦能力（這是人類和寵物類似的地方），這兩部分的大腦不一定能相互配合。在瞬息萬變的金融市場中，如何管理這兩部分的大腦正是本書主題。

　　在金融業裡，投資決策大多是依循理性流程，但是到了關鍵時刻，流程往往會脫序。不管你是投資散戶、投資組合經理人、財務顧問、交易員、分析師、還是投資委員會成員，左右市場的心理因素都很可能對你造成強大的影響。本書要為投資人解開兩個問題：哪些「不理性」的深層力量會影響我們的投資行為？如何更有效管理這些力量？

管理偏誤的方法

　　好投資需要有基本的財務知識，那是理所當然的。不過，投資要神準，

則需要學會自我管理的技巧。紙上談兵還不夠,你必須同時了解市場局勢與腦內布局才行。

本書是為了具備投資概念的投資人(投資散戶、投資組合經理人、創投業者、銀行人士)、財務分析師(證券研究、基本面與技術面分析師)、以及交易員所寫的。讀者將學會找出財務決策中的潛意識錯誤(偏誤),了解心理偏誤的大腦淵源,在這些偏誤出現時能一眼辨別,並學會改善投資判斷的技巧。

不過,知道自己何時可能犯錯,並不表示你就能加以阻止。有效管理偏誤的方法有兩種:自身經驗及研讀他人案例。到市場上累積經驗,成本太過高昂;於是為了幫讀者研讀他人的經歷,本書蒐集了受偏誤影響的投資人案例、克服這類錯誤的投資人經驗、優秀投資人的決策技巧,並教大家如何營造有利決策的投資環境。

本書關於投資偏誤的研究,大多取自行為財務學的學術領域。行為財務學的研究人員率先展開研究,找到許多系統性的投資偏誤。多數偏誤源自大腦深層,所以會在不知不覺中影響我們的投資決策。當我們整合來自神經科學、行為財務學、從業人員的證據時,根本議題與補救之道就清楚顯現了。

本書架構

本書多數章節都是以小故事開場,有的是悲劇,有的令人振奮,有的則非比尋常。這些故事之所以收錄於此,是因為它們帶來的啟示發人深省。我從接觸過的人物與聽過的案例中歸納出故事裡的主角,如有雷同,純屬巧合。

在每一章中,讀者將學習:(1) 找出特定的潛意識偏誤;(2) 知道思考與分析何時可以(與何時無法)改善投資流程;(3) 加強察覺情緒;(4) 改善決

策流程。

不過有一點需要事先聲明：理論大多強調偏誤是源自神經，卻很少人證實大腦與投資行為之間有直接關聯。不過，本書會盡可能精確簡化概念與關係，讓內容與從業人員切身相關。我將在序章中以長期資本管理公司（LTCM）的投資錯誤、牛頓和馬克吐溫等例子來說明一些最基本、最普遍的投資偏誤。第 1 章將解釋投資人在激烈的市場中找尋機會時所面臨的挑戰。文中主張，獲利的最佳來源是了解其他投資人的想法。第 2 章則說明大腦的基本結構，並概要檢視實驗所用的研究工具。第 3 章說明信念與預期如何塑造個人經驗。第 4 章會討論神經化學，包括改變神經化學的平衡與影響實務決策的常見藥物與物質。

PART 2 說明多種情緒如何影響判斷。第 5 章證明直覺對投資決策的重要價值。第 6 章說明恐懼、興奮、憤怒、難過等外顯情緒如何影響人的財務判斷。第 7 章探討大腦淵源，以及貪念與興奮所造成的病態投資效果。第 8 章檢視過分自信的危險與連番成功而衍生的傲慢。第 9 章說明不安與恐懼如何影響投資決策。第 10 章專門探討壓力與心力交瘁。第 11 章說明影響某些當沖客與不肖營業員的病態賭博症狀。第 12 章探討有利卓越投資的人格特質。

PART 3 是檢視認知（思考與觀感）偏誤，雖然這些偏誤會受情緒影響，但研究的焦點主要放在根本的心理機制。第 13 章簡要說明現代決策理論，並舉例說明結果、機率與含糊如何影響選擇。第 14 章探討決策框架如何影響判斷。第 15 章解釋造成「太晚認賠殺出」的損失趨避現象，散戶與專業投資人都有這種情況。第 16 章討論時間觀感（例如時間折算）如何衍生投資偏誤。第 17 章說明社會影響的過程與一窩蜂現象，以及這些現象如何影響投資決策與投資委員會。第 18 章解釋圖表解盤與探勘資料時所產生的觀感陷阱。第 19 章討論影響投資人的注意力與記憶偏誤。第 20 章從性別與年齡等不同的

生理觀點來探討投資風險承擔的差異，另外也檢視東西方投資人（非常有限）的文化差異。

　　PART 4 提供管理偏誤的技巧。第 21 章歸納本書的主要結論，教大家減少偏誤的自學技巧。第 22 章提供更深入管理投資情緒的方法。第 23 章教讀者如何把「神經」觀點納入投資策略中，把握市價中的集體偏差。

序章
打造有利決策的投資環境

　　這篇序章內含三個知名的財務悲劇：1990 年底的長期資本管理公司避險基金、牛頓與 1720 年南海泡沫、馬克吐溫與 1860 年代的淘銀熱潮。從這些財務失敗的案例可以獲得很多啟示（包括會計與歷史環境面），並了解主角決策錯誤的背後心理。閱讀以下案例時，請注意主角因為成功與自信的增長所做的投資選擇。

過人智慧還不夠：長期資本管理公司

　　1994 年，史上最受矚目的避險基金公司開業，大家都知道長期資本管理公司的合夥人中包括傑出的學術界人士與優秀的交易員，但長期資本管理公司的運作極其神祕，成員包括兩位諾貝爾經濟學獎得主麥隆・休斯（Myron S. Scholes）與羅伯・莫頓（Robert C. Merton）（1997 年獲獎），他們在華爾街與學術界都享有盛譽。

　　約翰・梅利威瑟（John Meriwether）是長期資本管理公司的創辦人。1980 年代末期，《老千騙局》（*Liar's Poker*）的作者麥可・路易士（Michael Lewis）曾和梅利威瑟在所羅門兄弟（Salomon Brothers）的債券部共事，路易士表示：「我覺得約翰有種過人的能力，可以掌控毀滅多數交易員的兩種情

感：恐懼與貪婪。所以，他可以極力追求自利。」[1] 梅利威瑟不僅情感深藏不露，也是大家公認的天才。

梅利威瑟對市場的看法有高度的自信。如果他認為市場有機會順著他的投資方向發展，但現在的走勢相反，他還是會增加投資部位。他以數學判斷證券與利差的合理值，如果模型發現錯價現象，他相信價格一定會逐漸回歸合理價位。

長期資本管理公司是當時史上最大的基金，共集資 12.5 億美元。收費雖然高於業界平均水準（淨報酬的 25%），但最初四年的獲利很大，收費高似乎很合理。1994 年投資 1 美元，到 1998 年 4 月扣除收費後已達 2.85 美元。

不幸的是，光靠數學天分並無法維持一定的獲利水準，有些交易員破解了長期資本管理公司的策略，跟著他們一起進出市場，長期資本管理公司的獲利因此開始下滑。於是，長期資本管理公司的數學家開始尋找套用其基本模型的新市場，他們認為新市場的運作和舊市場雷同。漸漸地，他們愈來愈貪心，承擔的風險愈來愈大，承作的部位也愈來愈廣。創立合夥人還從原始投資人手中買回大量資本，以提高個人的基金持有部位。

1998 年 4 月以後，長期資本管理公司的績效開始急速下滑。從 1998 年 4 月到 9 月，五個月內就虧掉九成的資產，以至於無法為流通在外的 1.3 兆美元部位補繳保證金。華爾街的許多大銀行都以低保證金借券給長期資本管理公司，這些銀行如果當下結算虧損部位，都會產生巨額虧損而引發擠兌風波。

長期資本管理公司基金淨值達到顛峰的五個月後，1994 年投資在長期資本管理公司的 1 美元只剩 0.23 美元。長期資本管理公司的崩解也幾乎導致全球金融體系的瓦解。[2] 低流動性部位的槓桿操作太大，把長期資本管理公司逼上絕路，但是為什麼會出現這種情況？

媒體報導指出，長期資本管理公司迅速瓦解的根本原因在於心理因素。

幾年的成功、貪婪、傲慢與自大影響了合夥人的決策，破壞了他們的溝通。在投資管理方面，數學天分可能在短期間創造出優異的績效，卻無法取代情緒智商（EQ）。

計算人類的瘋狂：牛頓與南海公司

牛頓是史上最具影響力的科學家之一，他為古典物理學（主要是牛頓力學）奠定基礎，率先證明地球上的物體運動和天體的運行都是由同一套數學定律支配的。他在光與聲音方面的研究成果也是幾世紀以來的研究基礎。不幸的是，牛頓的科學天分對投資決策毫無助益，他甚至在當年最大的股市泡沫中賠上大半的財富。

牛頓就像 1700 年代初期的許多英國貴族一樣，在 1720 年持有南海交易公司（South Seas Trading Company）的股票。南海公司有兩個創立目標：(1) 獨占英國與美國境內西班牙僑居地的交易；(2) 把英國政府的年金轉成長期公債。南海公司剛開始在英國政府的保護下，享有合法獲利的獨占事業。為了擴充營運，他們到英國股市籌資多次，也都很成功。很多企業看他們經營得有聲有色，紛紛加入競爭，南海公司的獨占地位也因此岌岌可危。

形形色色的投機型合股公司紛紛跟著南海公司的腳步成立，開始銷售股份籌資。大眾對股票交易的興趣日增，股價開始出現泡沫追漲。立法單位眼見新的合股公司有時會做不實宣傳，英國國會便在 1720 年 6 月通過《泡沫法案》（Bubble Act），防止未經王室背書的合股公司向大眾發行股票。《泡沫法案》通過後，公司還是持續為可笑的事業發行股票，有家公司甚至在廣告中宣稱：「籌資是為了推動絕佳的利益，但沒人知道那是什麼。」[3]

1720 年盛夏，牛頓預測股市即將崩盤，於是出售南海公司的股票，獲利

7,000 英鎊。但之後牛頓眼看南海公司的股價持續飆漲，決定以更高的價格買進，結果股價開始狂跌，慘遭套牢。股市出現恐慌，泡沫破滅。1720 年 8 月，股市崩盤的塵埃落定後，牛頓虧損逾 2 萬英鎊，他因此大嘆：「我能計算天體的運行，卻算不準人類的瘋狂。」牛頓怕錯失更多的獲利機會，而在股價的高點買進，等股市恐慌時又不立即認賠殺出，因此賠上大半的資產。

決策錯誤：馬克吐溫與淘銀熱潮

知名幽默作家馬克吐溫是 19 世紀美國最知名的人物，[4] 他描述自己投入內華達礦業股票泡沫的經驗，可說是最早（當然也是最幽默）提及投機熱潮的第一手紀錄。

馬克吐溫在美國內戰初期曾短暫加入聯合民兵組織，後來搭公共馬車到內華達，投靠在當地當領土部長的哥哥。馬克吐溫開始在維吉尼亞市擔任記者，而維吉尼亞市是內華達金銀礦產最豐富的地區。他羨慕地看著探勘隊往荒地出發，很快也迷上了淘銀熱潮。[5]

馬克吐溫和兩位朋友到山裡搜尋銀礦，很快就發現一條豐富的礦脈，並稱之為「西大荒」礦區。他們宣布擁有礦區所有權的當晚，一夜致富的夢想讓他們喜不自勝，無法入眠。「當晚我們怎麼可能睡得著，希格比和我半夜上床睡覺，我們躺著卻怎麼也睡不著，腦中不斷思考、幻想與策劃。」[6]

馬克吐溫表示，發現礦藏後的幾天，他們因為太興奮與混亂而忘了開始開挖礦產。內華達的法律規定，礦藏經宣布擁有後，如果十天內不開採，別人即可占有。馬克吐溫因一時不察而失去權利，一夕致富的美夢隨即化為烏有。

不過，馬克吐溫向來對傳言與新機會的消息十分靈通。有些探勘者在發現豐富的礦脈後，到紐約市發行股票以便籌資採礦。1863 年，馬克吐溫累積

了幾家銀礦的股票，有些是他當記者的酬勞。為了鎖住股票的預期報酬，他計畫在股價總值漲到 10 萬美元，或內華達選民同意自成一州時（他認為這會損及股票的長期價值）出售股票。

1863 年，馬克吐溫仗著自己擁有可觀的（帳面）股票財富，便從新聞界退休，搬到舊金山過著上流社會的生活。他從報紙觀察銀礦的股價，覺得自己很富有：「我住最棒的飯店，在最受注目的地方展示我的華服，上歌劇院……我一直想坐享清福，現在終於如願以償了。」[7]

但是當內華達成為美國的一州後，馬克吐溫仍繼續持有股票，並沒有照計畫脫手。後來，銀礦股票的投機熱潮無預警地結束，馬克吐溫突然發現自己近乎破產。

> 我這個喜孜孜的白癡花錢如流水，以為自己不會遭逢不幸，等我結算一切債務後，身上僅剩不到 50 美元。[8]

為什麼輸給大盤？

馬克吐溫被迫重返新聞界，靠著微薄的薪資過活。即使 19 世紀末期因大作與巡迴演說一炮而紅，他還是無法聰明投資。大家都知道他晚年欠了一屁股債，必須工作才能養家餬口，過得比他想得辛苦。

馬克吐溫原本打算在內華達變成一州時出售銀礦股票，但迅速致富讓他產生所向無敵的感覺。所以他很快摒除出售股票的計畫，不再注意市場基本面，最後才發現自己快破產了。

馬克吐溫絕對不是第一個、也不是最後一個因礦業股票熱潮而投資失利的人。《世界之作》（The World's Work）是幾十年後於 1900 年代初期發行的投

資期刊，他們也收到投資人大量來信詢問礦業股票的投資建議。該期刊回覆這類信件的方式很直接：

> 礦業類股的投資以情感因素居多，這類交易其實是以熱情、獲利欲望及輕信受騙為基礎，和精明商業人士的冷靜常識判斷毫無相關。[9]

市場熱潮的焦點雖然會變，但幾世紀以來，投機者的心理卻極其相似。數學天分與諾貝爾獎（長期資本管理公司的例子）、科學天才（牛頓）或創意（馬克吐溫）都無法倖免於投資失利。就像本書稍後會談的，讚譽與成功其實有礙投資績效。在上述三個例子中，警訊明顯出現時，投資人依舊抱持自負的世界觀，不顧風險，不做審慎的金錢管理。等財富成了過眼雲煙後，依舊被動地因應損失。

投資人不分專業，絕大多數的投資績效都不如大盤，原因往往和上面三個例子一樣。一牽涉到金錢獲利時，情感很容易掩蓋理性。市場好時，投資人視為理所當然，不為風險預做準備；市場不好時，也不去注意，往往希望市場能止跌回升，或不願承認問題的存在，因而抱著投資部位太久。

神經科學的實驗室裡有許多創新工具可以探究投資人的行為，這些技術讓研究人員可以即時觀察大腦運作的改變，精確找出決策流程的特色。當研究人員對腦部有更深入的了解時，一些和人類金錢決策優劣有關的重要發現也跟著公諸於世。

而「神經財務學」是把神經科學應用在投資上的跨領域研究，由財務、心理、經濟與神經科學的研究者一起探索共同的問題，例如人類為什麼會做出非理性的財務決策？是怎麼做的？此外，最近在臨床心理學家、精神科醫師與神經科醫師的研究貢獻下，有些「神經」偏誤顯然可以透過治療技巧加以矯正。

1/

為何大腦不懂交易？

第 1 章

在市場中找到優勢

本章你可以學到這些 ▶

☑ 理解績效不好的主因是心理因素

☑ 想獲得優勢，先學習分析師的思考方式

☑ 探討集體智慧對股價的正確性

☑ 解釋氣象可能影響投資人的交易行為

> 市場若是永保效率，我只能流浪行乞。──巴菲特（Warren Buffett）

每天雖有上兆美元在金融市場交易，但積極的投資人大多無法從競爭中脫穎而出。心理偏誤往往會左右他們的投資決策，導致獲利受損。想想網路狂潮時期當沖客的命運。

當沖客的目標通常是從當日的小幅價格波動與走勢中獲利，他們大多不是受過訓練或靠經驗累積的金融專業人士，而是來自其他領域、受交易的獨立性與預期的高報酬所鼓舞的人。

1998 年，北美證券管理協會（North American Securities Adminis-trators Association, NASAA）贊助一項研究，分析 26 個隨機挑選的當沖帳戶。以當沖交易來說，1998 年應該是獲利豐收的一年。當年標準普爾 500（S&P 500）指數大漲逾 26%。不過，研究結果卻很悲觀：「26 個帳戶中，有 18 個（70%）虧損。更重要的是，根據這 18 個帳戶的交易方式所計算的毀滅風險（risk of ruin）都高達 100%。」所謂「毀滅風險」就是根據價值波動計算明年帳戶破

產的統計機率，研究指出：「26 個帳戶中，只有 3 個（樣本的 11.5%）展現炒短線的獲利能力。」[1] 報告也發現，交易員大多會設定獲利上限，卻不設停損點，「那樣做肯定會賠光。」[2]

1990 年代末期不僅北美的當沖客賠錢而已，針對台灣證交所的當沖客所做的分析顯示，多數交易員的獲利都不足以抵扣交易成本。「在半年期間，有八成以上的當沖客都是賠錢的。」

短期貨幣交易員的虧損情況和當沖客很像。福匯集團（Foreign Exchange Capital Markets, FXCM）是美國一大零售外匯交易者；2005 年，該集團執行長德魯·尼夫（Drew Niv）對《華爾街日報》（*Wall Street Journal*）表示：「（炒匯）當沖者中，有 15% 能獲利我就很訝異了。」[3] 雖然平均而言短期交易無利可圖，但在美國和台灣都有少數當沖客持續獲利。在台灣，「過去績效優異的交易者都能持續大幅獲利，他們買進與賣出的股票獲利差異每天高達 62 個基點（0.62%）。」[4] 當沖客大多希望自己的績效跟這些少數人一樣優異，但是他們往往受到糟糕的決策所拖累。

多數當沖客績效不佳的根本原因是什麼？研究人員分析某家大型折扣券商的當沖資料與投資人的每月投資部位。他們檢視 66,465 個家庭十年內共兩百多萬筆的股市交易紀錄，根據投資組合中的換股程度，把帳戶分成五類。最積極進出股市的 20% 投資人年平均淨報酬比全部的平均值低 7.7%。[5] 根據這份研究，經常換股與連帶的交易成本似乎是造成投資績效不佳的原因。

不只過度交易會導致獲利下降而已，挑錯股票買賣也是原因。散戶績效不好是因為心理因素干擾他們的投資決策。在另一項研究中，研究人員分析六年內 10,000 個證券戶共十六萬兩千筆的股市交易紀錄。[6,7] 他們比較帳上持有的賠錢股與脫手賣出的績優股績效，脫手一年後，投資人抱著不放的賠錢股平均比賣出的績優股少 3.2% 的獲利。[8] 多數投資人都太快賣出績優股，又

太晚認賠賣出虧損的股票。

在針對共同基金報酬所做的大型研究中，先鋒基金（Vanguard）的創始人約翰·柏格（John Bogle）表示，1983 年到 2003 年的股市年成率是 13%，但共同基金的平均報酬是 10%，共同基金投資人的平均獲利僅 6.3%。[9] 其他研究也發現，共同基金投資人的平均獲利比通膨還低。[10]

共同基金經理人的決策會受到心理偏誤的影響。有份報告是研究 1975 年至 1994 年的共同基金績效（計算淨報酬），研究的基金每年的獲利表現比大盤差 1%。[11] 共同基金的績效不好，部分原因在於基金經理人交易過於頻繁。[12] 此外，共同基金的管理費愈高，績效愈差，所以共同基金感覺怎麼看都是雙輸的投資。即使你可以控制自己不要過度交易，共同基金的經理人可能無法管好自己。

雖然長期而言絕大多數共同基金的表現都比大盤差，但有 3% 到 4% 的共同基金每年仍可持續創造高獲利。從這些明星基金一貫的優異表現可以看出，少數基金經理人的確有獲利的本事。我們將在第 12 章討論這些明星基金經理人的心理特質。

平均而言，共同基金經理人和散戶因為受到心理偏誤的影響，績效表現都遠比大盤差。過度交易與連帶的高交[13]易成本是導致績效低落的原因之一。其他的錯誤，例如太晚認賠殺出及未能堅守原訂的風險管理計畫等，都是造成長期資本管理公司、牛頓、馬克吐溫等名人不幸慘賠的原因。不過對多數投資人來說，偏誤並非命中注定。隨著經驗的累積，受偏誤的影響就會減少（或者無偏誤的想法勝出），獲利也會跟著改善。[14] 此外，如果決策非攸關個人重大財富，也比較不會產生偏誤，有些績效最好的金融專業人士就是不需要實際操盤的股市分析師。

1.1 │ 分析師思維與優勢

大部分的共同基金經理人與投資散戶為了贏過大盤而傷透腦筋，但股市分析師的買賣建議通常都很精確。1967 年，諾貝爾經濟學獎得主保羅‧薩繆森（Paul Samuelson）對美國參議院委員會表示：「一般的共同基金為基金投資人提供的獲利，都可用射飛鏢決定。」薩繆森的這段話促使許多人開始比較射飛鏢隨機選股與專業分析師選股的績效差異。好幾家商業大報都舉辦過這類比賽，瑞典有家報社甚至訓練黑猩猩射飛鏢。其中最受矚目的是《華爾街日報》在 1982 年至 2002 年舉辦的比賽。

《華爾街日報》辦了 142 場六個月的比賽，專業人士的績效都遠比射飛鏢好，他們六個月的平均獲利是 10.2%，飛鏢半年的平均獲利是 3.5%，大盤的平均獲利是 5.6%，[15,16] 所以股市分析師的投資建議似乎可為投資人帶來很大的價值。不過，散戶如果想打敗大盤，不能跟著專家的建議投資。因為分析師建議的股票，開盤價平均比前一天的收盤價漲 4%，[17] 資訊的散播會抵銷分析師的專業優勢。

一般而言，專業股市分析師建議強力買進的股票，比建議強力賣出的股票獲利高出近 9% 的年報酬率。[18] 不過，由於根據分析師的建議投資需要經常換股，交易成本也高，這種策略的超額報酬並沒有優於大盤多少。分析師的預期也會迅速反映在股價上，根據分析師時常改變的看法所累積的交易成本，讓一般大眾無法獲得超額報酬。

很多基金公司都有自己的分析師，方便隨時諮詢投資建議。有些避險基金會支付高額的交易佣金，以便比別人更早獲得大型券商明星分析師的見解。許多優異的分析師因為酬佣較高，而到避險基金工作，他們的投資建議會受到嚴格的保密。

這對散戶來說有什麼寓意？想要獲得優勢，就必須自己當股市分析師。而達到這個目標的第一步，就是先學習分析師的思考方式。

1.2 │ 增進預期能力

分析師的預測比其他人準，是因為他們比較會預期可能的股價動態。儒斯·富勒（Russ Fuller）是加州聖馬刁富勒與泰勒資產管理公司（Fuller and Thaler Asset Management）的投資組合經理人。富勒曾寫過：「比市場更好的預期是所有 α（注：α 與 β 是兩個衡量基金績效的重要指標，α 表示與市場無關的基金報酬，β 測量的是基金績效與市場的相關性。）的根本。」[19] α 是投資組合經理人高出標竿的績效值。標竿通常是指和基金買進的股票具有類似規模、成長或價值特質的股票指數。

投資人該如何增進預期能力以提升 α？富勒認為，投資人可以培養以下三種優勢中的一種。第一，取得更多關於公司基本面或市場的私有資訊。比較好的私有資訊通常是透過更好的研究流程取得，例如深入檢視公司的成長潛力、獲利品質、產品可行性或管理團隊等。

富勒認為，第二種增進預期能力的方法是改善資料的處理。根據計量與電腦化的資訊處理，投資人可能在基本面與財務資料中找出數學上的預測關係。此外，有些內行的分析師可以察覺企業資料中的預測關係。

第三種增進預期能力的方式是了解投資人的行為偏誤。行為偏誤是由兩種人造成的：(1) 沒追求財富最大化的投資人；(2) 犯系統性心理錯誤的投資人。[20] 想找出行為偏誤對股價的影響，需要對心理學有深入的了解，但獲利可能很大。富勒與泰勒的投資組合從成立開始，α 就有平均近 4% 的水準，[21] 因此吸引許多公司跟著模仿推出「行為財務學」基金。

本書將一一討論改善預期的各種方法，幫讀者找出分析與模型的錯誤並加以排除。企業管理偏誤的討論對基本面分析師來說應該很有幫助，尤其是第 8 章討論的自負。第 20 章說明的資料解析錯誤（自我欺騙）則有助於計量與技術分析。本書主要是談行為偏誤。為了在投資策略中善用行為偏誤，投資人應該找出這類偏誤對多數投資人的影響，並了解在典型市場價值型態中，這類偏誤會出現在什麼地方。

1.3 | 集體智慧

> 個別投資人不理性時，市場仍有可能是理性的。足夠的多元性是促成效率價格的必要條件。假設投資人的決策原則是多元的（即使不夠理想），錯誤通常會相互抵銷，市場就會出現合適的價格。──麥克‧莫布新（Michael Mauboussin），《魔球投資學》（*More Than You Know*）[22]

麥克‧莫布新是美盛資金管理公司（Legg-Mason Capital Management）的首席投資策略家，也是哥倫比亞商學院的財務學教授。他博學多聞，把複雜適應系統理論（complex adaptive systems theory）與行為財務學的要素整合到他的投資理念中，其一就是所謂的「集體智慧」（The Wisdom of the Collective）。莫布新發現許多文獻指出，個人（即使是專家）對股價的估計不會比眾人對市價的共識來得「正確」。

有人要求我們猜測問題的答案時（舉凡糖果罐裡的糖果有幾顆、斧頭的確切重量或炸彈的地點等），個人的猜測（即使是專家的猜測）都比較不準。把大家的猜測加以平均，往往可以得出比較可靠與正確的解答。在很多方面，股市就是對未來經濟的集體估計。

莫布新解釋，人類在市場中是不理性的，穩定的市價均衡並不存在，價格變動不是常態分配，所以市場是一個複雜適應系統。使用複雜的假設即可說明現實世界的情況：市場是由不太理性的分子（受心理影響的人）所組成，市場有不平衡的狀態（即使沒有新資訊，價格還是不穩定），市場價格變動呈「厚尾」（fat-tailed）分布（價格大幅變化的頻率比預期高出許多）。

就像莫布新所言，股市並沒有明確的結果，也沒有明確的投資期間。金融市場的價格告知參與者未來的狀況，也同時影響參與者的未來。當投資人模仿彼此或依賴相同的「資訊階流」（information cascade）時，市場就失去多元性（或效率）。資訊階流促使市場參與者根據環境中的相同訊號，做出相同的決策，不管別人也做出同樣的反應。

從莫布新的研究可以得出幾個結論。為了在市場中找到優勢，投資人必須尋找「多元性崩解」（diversity breakdowns）的情況。多元性崩解代表大家對新的資訊集體過度反應或反應不足，這種情況往往會出現錯價現象，最後會自行更正。錯價形成及錯價崩解時都可以投資獲利。

研究人員發現導致大家一致買進或一起賣出的大腦啟動型態時，可能會找到促使多元性崩解的大腦機制。就像莫布新所說的：「關鍵不在於個人是否不理性（大家都不理性），而是眾人是否同時以相同的方式展現不理性。……雖然了解個人的行為錯誤可能改善你的決策，但是了解集體動態才是打敗大盤的關鍵。」[23]

多元性崩解或許聽起來很少見，但是金融市場其實天天都會發生。我們具有共同的生理結構，都會受到同樣的環境因素所影響。左右共同思考的環境因素可能很明顯（例如新聞稿），也可能難以察覺。自然週期（例如白晝長短變化）與氣象（例如雲量與地磁風暴）也會影響集體的心情與行為，這些集體的情緒與想法轉變都會影響市場價格的變動。

1.4 │ 氣象異常與其他動物本能

　　日曆與氣象對市場價格的影響很大，更讓人驚訝的是，它們是在我們完全不知情的情況下產生影響。自然環境對投資行為的短期影響來自六個地方：日照與雲量、對睡眠型態的干擾、極端溫度、月亮圓缺週期、電磁暴、風力強度。日照時間隨著季節改變逐漸拉長與縮短，會對投資人的行為產生長期的生理影響。

　　俄亥俄州立大學的赫舒拉發教授（Hirshleifer）發現，早上的陽光和股市報酬有關聯。[24] 他檢視 1982 年到 1996 年之間全球 26 種股價指數，並觀察各國最大證交所所處的都市裡陽光和雲量的相對比例。「在紐約市，晴天的名目市場報酬是每年 24.8%，陰天的年報酬率是 8.7%。」他以證據顯示陽光可以改變投資人的心情。投資人心情好時，比較不會趨避風險，比較可能買進。

　　坎斯壯（Kamstra）、克萊默（Kramer）及勒維（Levi）發現，股市報酬和季節有很大的關係。他們檢視北半球秋分（9 月 21 日）與春分（3 月 21 日）之間六個月的股市表現，以及南半球另外六個月的股市表現。他們發現，整體而言，夏季的股市表現欠佳，冬季的股市表現較佳。他們以一個等量投資澳洲雪梨（最南端的主要股市，北半球冬天時有最多的日照）及瑞典斯德哥爾摩（最北端的主要股市，夏季時有最多的日照）的投資組合為例。從 1982 年到 2001 年，這個等量投資兩地的投資組合年報酬率是 13.1%。如果整個投資是跟著兩半球的黑暗期走，也就是說，9 月到 3 月投資斯德哥爾摩、3 月到 9 月投資雪梨，年報酬率是 21.1%（如果策略剛好相反，報酬率是 5.2%）。研究人員因此推論，和季節性情緒失調（seasonal affective disorder, SAD）有關的情緒轉變，會改變集體的風險偏好與後續的投資行為。[25]

　　葛茨曼（William N. Goetzmann）與朱寧（Ning Zhu）分析 1991 年到

1996 年間 79,995 位投資人的交易帳戶。他們發現散戶在晴天與陰天的交易型態並沒有差異，但造市者（market maker）的行為則深受雲量多寡的影響：陰天的買賣價差較大，表示造市者趨避風險。其他研究人員也發現，芝加哥早上的雲量與風速和下午的買賣價差有關聯。[26] 證交所所在地的天氣會影響造市者的行為，但是其他城市的投資人在證交所下單時可能不受影響。

日光好像真的會影響投資人的心情與交易行為，此外，研究人員還發現一些更特別的關聯。他們發現，發生強大的地磁風暴（太陽耀斑）後，後續六天的全球股市都表現不佳。[27] 有趣的是，心理文獻也顯示，地磁風暴和後續兩週出現的大眾憂鬱現象有關聯。憂鬱顯現出來的部分特質就是趨避風險。

除了日照與地磁風暴外，研究人員發現，睡眠品質不好也會導致市場報酬不佳。日光節約時間可以作為睡眠干擾（不同步睡眠）的替代指標，坎斯壯、克萊默、勒維發現，改變日光節約時間的週末，週五收市到週一開市（比平常大二到五倍）的股市報酬低於一般常態。他們推論，股市表現不佳是因為睡眠干擾而導致判斷欠佳。把這個推論加以擴大，週末的睡眠干擾也可以用來解釋週一價格平均漲幅較少的「週一效應」（Monday effect）。

其他環境因素也會影響投資人。約克大學的高（Melanie Cao）與魏（Jason Wei）發現，一國主要證交所當地的異常氣溫會影響股價。他們引用心理研究解釋，在異常低溫下，身體活動會增加；在異常高溫下，冷淡與進攻現象會增加。

袁（K.Z. Yuan）、鄭（L. Zheng）、朱（Q. Zhu）發現，全球股價都有月亮效應。他們指出，48 國股市在月圓期間的報酬比新月期間少，新月期間的年報酬率較高，約 6.6%。[28] 事實上，滿月的月光可能導致夜間時常醒來，干擾睡眠，造成隔天趨避風險。

以上的市場異常證明，自然界會影響集體的投資行為與市場價格。季節

與氣象因素可能會透過集體情緒（與風險偏好）的改變而導致股價異常。這表示投資人的心情是市場某些可預期波動的基礎。重要的是，這類市場型態是可預期、也是重要的，是源自於集體行為的不經意改變。

1.5 ｜理性與感性

如果投資人的情緒狀態可以預期股價波動，有沒有什麼方法可以事先衡量投資者的平均情緒，藉此預估市場價格？當然有，上述的研究人員就衡量了日光與地磁風暴等環境刺激，這些都會影響心情與行為。金融文獻中也有詢問投資人「看多」或「看空」股市的調查。

研究人員發現，如果最近的股市報酬高，專欄作家[29]與投資散戶[30]對未來股市獲利的看法也比較樂觀。S&P 500 下跌一年的期間，投資人對未來股市的樂觀度也會跟著價格下滑。[31]投資人對未來市場動態的預估，反映出他們對最近股價趨勢的感受。

矛盾的是，費雪（Fisher）與史戴曼（Statman）指出，1998 年到 2001年，認為市場評價過高的投資人比例和未來報酬的預期有正相關。[32]也就是說，即使投資人已經知道市場過熱，他們愈是覺得股票評價過高，對未來報酬的預期反而更高。這表示投資人的理性評估（評價過高）和內心的樂觀（股市上漲）是脫勾的。一般而言，情緒好壞和未來市場的價格變化是呈負相關（所以情緒多少可以預測未來的市場價格）。[33]

個人處理資訊時的生理共通點（例如情緒反應），會導致市場價格的多元性崩解。氣象與日曆對市場價格有強大的重複影響，這表示微妙的生理力量會影響集體的投資活動。市場價格的理性評估與情感之間之所以會脫勾，表示決策是由不同的大腦系統負責協調。了解神經的起源與導致多元性崩解

的原因，可以幫我們規劃創新的投資策略與訓練計畫，消弭這些偏誤。

下一章我們將介紹導致投資行為偏誤的大腦神經線路。

第 2 章

大腦運作原理

本章你可以學到這些 ▶

☑ 探討大腦對風險的認知與落差

☑ 分析「追求報酬」與「避免損失」兩種神經系統的運作

☑ 明瞭大腦的研究方法

> 就情緒的基本神經線路而言，我們與生俱有的生理設計對五萬個世代以前的人來說效果最好……塑造我們情緒的緩慢演化力量已經進行一百萬年，但過去一萬年對我們的情緒生理模式幾乎沒什麼影響。──丹尼爾·高曼（Daniel Goleman），《EQ》（*Emotional Intelligence*）[1]

投資人的情緒和動機往往是不自覺的，但是對決策卻有很大的影響。還好，心理學的新工具與神經科學的技術顯示，投資人的情緒偏誤是源自於神經深層，他們也建議了一些改善判斷的技巧。後續兩章我們將說明財務決策的神經與心理基礎，本章先從大腦的根源談起。

有些精神失常的患者會重複做出糟糕的財務決策。偷竊狂、囤積不需要的物品、購物狂、豪賭等都是不同種類的精神病特徵。我受訓成為精神科醫師時，偶爾需要評估一些病人，他們沒有已知的神經病、上癮症或精神病，但財務判斷方面一直很糟。

在舊金山綜合醫院時，院方召集精神病諮詢小組評估一位病患的決策能力，他姓李、53歲，是會計師事務所的合夥人。一年前，李的頭痛問題日益

加劇，出現視覺異常與無法專心的現象。經過幾個月的檢查後，醫生終於在他的大腦發現腫瘤，那是罕見的良性腦瘤，名為腦膜瘤。這類腦瘤長在腦膜上，腦膜是區隔大腦與頭蓋骨的綿密薄膜。李的腦瘤從頭蓋骨底部往上腫大，移動了額葉中線的大腦組織；腦瘤發現時如檸檬般大小。

醫院後來進行神經外科手術，成功移除腦瘤。腦瘤容易導致一些正常的大腦組織缺氧，醫生把這些死去的組織一併移除，李失去了部分的前額腦區底部（orbitofrontal cortex, OFC）。

手術過後幾週，李出院返家，試圖恢復正常生活。李雖然失去部分的大腦組織，但他仍相當聰明，智商還是很高。神經心理測試顯示，他在動機、觀感、視覺空間、計算等方面都沒有什麼問題。

不過，他的太太說，李剛出院的兩個月，出現一些不尋常的行為。他刷卡買了幾樣不需要的昂貴物品，包括兩台新車和一艘船。太太叫他不要再買了，因為他們該有的都有了。李欣然接受，退回一輛車和一艘船。但之後還是以驚人的速度購買昂貴物品，很快就把卡刷爆了，讓他的太太更加煩惱。

在工作方面，他無法多工並行，常常整天只埋首進行一項工作，即使還有很多要事需要他處理也一樣。他的績效開始下滑，六個月後，可以明顯看出他無法持續管理目前的專案。李只好提早退休，離開職場。

退休後，他還是持續做出糟糕的投資決策。在誘人的推銷手法鼓勵下，他以一點頭期款買了好幾個分時度假專案，並根據傳真與電子郵件的廣告買進水餃股，這些投資都讓他賠了很多錢。幾個月後，他已繳不出房貸，和太太也接近破產與離婚的邊緣。

我們是在李接受手術一年後對他進行會診。身為精神科醫師，我們的任務是判斷李是否還有能力做好自己的醫藥、法律與財務決策。如果沒有能力，太太可以幫他做一些決策。

在智能方面，李清楚知道自己是以有限的資源進行高風險的投資，他坦承這些對他來說都是前所未有的行為。以前他一直是個保守的投資者，也不喜歡賭博。現在他知道自己對這些金融風險應該要有什麼感覺，但是卻一點也不害怕。事實上，他對風險一點感覺也沒有，他不會要求自己不要去承擔很大的風險，因為他並不覺得投資有風險。

我們判斷李除了風險評估以外，其他各方面都很正常。恐懼對他毫無影響，他很容易就被潛在的機會所吸引。李的情況證明危險決策是源自於脆弱的神經過程。大部分的人偶爾會想投資一些投機性的事業，或購買非常昂貴的奢侈品，但債台高築的負面後果讓我們產生自我節制。我們因為害怕後果，所以不會縱容自己。我們做背景研究時，發現李的大腦受損情況類似愛荷華大學神經學家安東尼歐．達馬吉歐（Antonio Damasio）研究的一群病患。

2.1 | 愛荷華賭局實驗

李的前額腦區底部受損，手術移除了部分的大腦神經線路。大腦其他地方的受損如果影響到「損失避免系統」（loss avoidance system），也會出現類似的問題。腦瘤或其他事件導致損失避免系統部分受損時（如圖 2.2 所示），人們感受與處理危險情境的方式就會改變。

1990 年代初期，愛荷華大學的神經學家達馬吉歐對神經門診裡幾位前額腦區底部受損的病患很感興趣。他的病人都是腦內側前額葉皮質（前額腦區底部的中線區）受損，他們和李一樣，還保有基本的智商、記憶與分析推理能力，也有邏輯思維，[2] 但在危險情況下，他們會做出糟糕的決策。

許多病人表示，他們知道何時應該感到害怕，但是他們沒辦法 (1) 感受

情緒；(2) 讓感覺與預期的結果產生關聯。基本上，他們缺乏整合情緒與思考的能力。

研究結果發現，正是這些病人所欠缺的大腦部分（即前額腦區底部）負責評估情緒反應對決策的重要性。[3] 達馬吉歐的病人不了解什麼情緒資訊是重要的。他們和李一樣都知道什麼時候應該害怕，但無法利用恐懼來幫助他們避免承擔高度的財務風險。

達馬吉歐希望有工具可以偵測病人無法處理風險的問題，於是設計了一個紙牌遊戲，稱為愛荷華賭局實驗（Iowa Gambling Task），用來衡量這些病人對風險的心理與行為反應。他們讓受試者接上皮膚電導反應（SCR）監視器之類的電生理反應裝置（就像測謊測試一樣），在大腦受損病人與正常人的面前擺出四副牌，[4] 讓受試者從四副牌中的任一副挑牌，遊戲的目的是追求財務獲利的最大化。圖 2.1 顯示紙牌、結果與各副牌的機率。

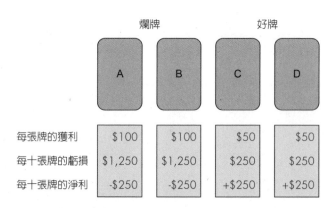

圖 2.1　愛荷華賭博實驗。注意 A 牌與 B 牌的每副牌淨利是負的，C 牌與 D 牌是正的。此外，C 牌與 D 牌的盈虧範圍也較小。

受試者不知道每副牌的機率或獲利大小，研究人員只叫他們玩牌，盡量贏錢。A 牌和 B 牌的收益分別是 $100 或－$1,250，右邊兩副牌的收益分別是

$50 或 － $250；A 與 B 牌的每張牌預期價值是 － $250，C 與 D 牌是 $250。

達馬吉歐發現，病人組比較可能從 A 牌與 B 牌中挑牌（爛牌）。病人對於高風險的牌（A 和 B）並不會產生預期的反應，所以獲利結果都不好。「即使其中有幾人已經知道哪副牌很爛，他們還是會做出錯誤的決定。」[5] 病人的前額腦區底部無法結合情感與理智，雖然他們評估爛牌風險的智力不變，卻不會改變決策，而是繼續從會輸的牌中挑牌。[6]

正常的受試者和大腦受損的病患不同，他們會學習避開爛牌。翻了十張牌以後，正常人在選擇 A 牌或 B 牌時，SCR 測量工具上會開始出現生理「壓力」反應，但病人從來不會出現這樣的反應。此外，即使正常受試者翻了十張牌後開始出現生理壓力反應，他們也要等翻了四十張牌以後，才會認出 A 牌與 B 牌是輸錢的牌。正常人要從好牌 C 與 D 中翻了更多的牌以後，才會認出這兩副是好牌。所以，正常人在翻十張牌以後，會對輸錢的牌產生「直覺的」壓力反應並改變行為，偏好挑 C 牌與 D 牌。但是他們要等翻了五十張牌以後，才會明白說出他們有「預感」哪一副是爛牌。翻了八十張牌以後，他們就可以肯定說出他們的預感了。

達馬吉歐的研究顯示，人需要靠感覺來指示他們在危險的環境中何時該避免損失。做危險的決策時，情感大腦（邊緣系統）對風險的了解和我們對實際風險的認知是有差距的。直覺決策（由直覺驅動的判斷）是來自邊緣系統的知識，這部分我們會於第 5 章討論。對大腦受損的賭博者來說，結合風險感覺與理性決策的大腦區域已經休工了。

2.2 ｜ 大腦的結構與功能

為了深入了解大腦受損病人無法處理風險的情況，我們最好先對大腦運

作的方式有基本的了解。人類的大腦是經過數百萬年演化的產物，其設計是為了有效解析資訊，在社會階層中競爭，指揮活動以達成目標，同時迴避危險。不過，我們的大腦是在石器時代演化的，那個時代的風險與機會大多是立即直接的，而且只和同族的人進行社會互動。如今的世界錯綜複雜，步調更快，石器時代的大腦顯然已經無法因應現代生活的複雜狀態。

本書會一再提及一個概要：我們可以把大腦看成三個構造區，每一區就像洋蔥層一樣，各有複雜的流程，例如分析決策是來自外層，激勵與驅動力是來自中層，維生的生理流程是源自最內層，這就是「三位一體腦」（Triune brain）的概念。[7]

皮質是大腦的運籌指揮中心，負責管理功能與控制動作。其中和我們的討論最相關的部分是皮質中的前額葉皮質（prefrontal cortex），它是用來進行抽象思考、規劃、計算、學習與策略性決策的地方。[8] 皮質中還有一個部分稱為腦島皮質（insular cortex），在演化上和新皮質（neocortex）截然不同。我們在本書提到皮質時，都是指新皮質與前額葉皮質，不包括腦島皮質。

大腦的邊緣系統是驅動情緒的地方，是原始刺激及恐懼與興奮等情緒的來源。圖 2.2 顯示了皮質與邊緣系統。大腦的第三區稱為中腦（又名「爬蟲類腦」），負責管理人體的基本生理流程，包括呼吸與心跳，這方面本書不會進一步探討。

神經線路行經這三個大腦區域，執行兩類目標導向的行為：(1) 追求報酬；(2) 避免損失。[9] 從古希臘亞里斯多德的年代開始，人類就已經假設追求報酬與避免損失的系統存在了。[10]20 世紀末以前，人們認為報酬與損失系統是讓生物追求快樂與避免痛苦的功能。如今科學家認為，這些系統內含和情感、認知（思想）及行動有關的複雜大腦流程。雖然報酬與損失系統大多是相互獨立的，但其中一個系統高度活躍時，會讓另一個系統相對停擺。

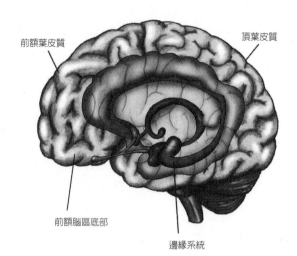

前額葉皮質

頂葉皮質

前額腦區底部

邊緣系統

圖 2.2　全腦圖。邊緣系統位於皮質下方。前額葉皮質在額頭後方。前額腦區底部位於眼睛後方，在鼻竇之上。頂葉皮質位於腦後方。

　　我們先來看報酬系統。我們想達到的目標與想處理的項目稱為「報酬」，追求報酬是由大腦的「報酬系統」所支配。報酬系統的功能是為想要的獲利掃描環境，並評估與嘗試取得想要的獲利（報酬）。

　　報酬系統是由神經元組成，主要是透過神經傳遞物質多巴胺（dopamine）來溝通。有人說多巴胺是大腦的「愉悅」化學物質，因為報酬系統受到電流刺激的人表示他們有強烈的幸福感。[11]吸食毒品時，會在阿肯柏氏核（nucleus accumbens，報酬系統的一部分）裡釋放多巴胺，所以毒品俗稱「dope」。報酬系統負責搜尋、評估與鼓勵追求可能的報酬。圖 2.3 顯示了報酬系統。

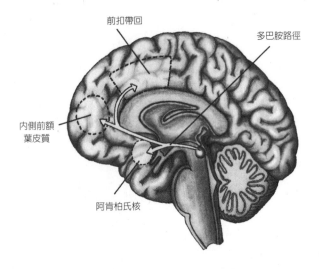

前扣帶回　　　　　　　　　　　多巴胺路徑

內側前額
葉皮質

阿肯柏氏核

圖 2.3　大腦的報酬系統。中腦的一群多巴胺神經元把訊息發送到前額葉皮質。

　　激勵系統讓我們迅速評估與評價環境中的潛在機會與威脅。我們認為某件事物很重要時，就會啟動報酬系統，讓我們渴望獲得該項事物。很多項目與目標對我們來說都很重要，我們重視美味（尤其是高脂、甜食與鹹食），[12]重視別人的性感[13]與大方[14]，重視地位象徵（例如奢侈品與跑車[15]），重視歡笑[16]與親愛的人，也重視對違規者的報復與處罰。[17]這些受重視的事件都會啟動大腦的報酬系統。

　　第二組激勵線路是負責「損失避免」。當我們得知環境中有威脅或危險時，就會啟動「損失避免系統」。不安、恐懼和驚慌都是源自於損失避免系統的情緒，悲觀與擔憂是啟動損失系統的認知結果。

　　大腦損失系統的構造沒有像報酬系統那麼明確定義。損失系統包含前腦島（痛苦與嫌惡）、杏仁核（情緒處理）、海馬迴（記憶中心）與下視丘（荷爾蒙分泌中心）。如圖 2.4 所示。

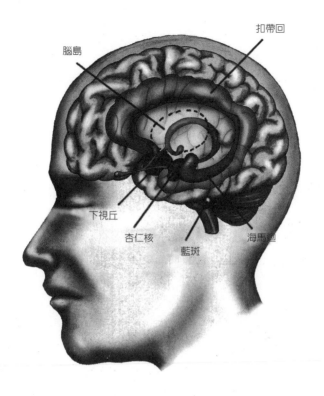

腦島

扣帶回

下視丘

杏仁核

藍斑

海馬迴

圖 2.4 大腦損失避免系統的構成要件圖。

　　損失系統的啟動會透過血液中的荷爾蒙與神經傳遞物質的釋放來影響全身。人體察覺威脅時，會啟動下視丘─腦下垂體─腎上腺軸（HPA 軸〔hypothalamus-pituitary-adrenal axis〕），刺激壓力荷爾蒙與腎上腺素的分泌，進入血液循環。身體的交感神經系統（sympathetic nervous system, SNS）會幫全身做好準備，在面對危險時做出「攻擊或逃離」的反應，並傳送神經訊號到各大器官。受到威脅與感到恐懼時，交感神經系統啟動的跡象包括發抖、出汗、心跳加速、呼吸急促、瞳孔放大等。交感神經系統也負責顯示身體訊號與驚慌的徵狀。

由於報酬與損失系統會影響想法，而且是在不知情下運作，它們往往會透過微妙的情緒來影響我們的判斷、思考與行為。在達馬吉歐的病人腦中，損失避免系統所產生的恐懼感和前額葉皮質所產生的合理想法，兩者之間的介面受到阻礙。還好，研究人員有幾種工具可以用來評估大腦報酬與損失避免系統的健全性。

2.3 │ 大腦受損的投資人

2005 年《華爾街日報》的報導〈來自大腦受損投資人的啟示〉（Lessons from the Brain-Damaged Investor）提到，大腦受損的交易員在市場上可能具有優勢。[18] 研究人員讓大腦受損而無法「感受」情感的人和正常人一起參加投資比賽，主要研究人員巴巴・雪夫（Baba Shiv）教授（現今在史丹佛大學任教）找來多種情感中心受損的病患，包括前額腦區底部、杏仁核或腦島受損的人。

在雪夫的實驗中，每位受試者都從 20 元開始投資，研究人員先告訴他們將會做二十次的投資決策。每次做決策時，他們可以決定「投資」或「不投資」，如果決定「不投資」，就可以保留 1 元，直接進行下一次的決策。如果決定「投資」，研究人員會先從他們手中拿走 1 元紙鈔，然後當著他們的面拋銅板。如果銅板正面朝上，受試者就損失 1 元，如果是背面朝上，則獲得 2.5 元。每次做決策時，受試者都必須先決定要不要投資。每 1 元投資的預期獲利是 1.25 元（0 和 2.5 的平均值），不過每個「不投資」的決策都保證會有 1 元。賭博的預期價值較高（1.25），因此賭博總是最合理的選擇，所以有人可能會認為受試者會為了賺更多的錢，而每次都決定「投資」。

事實上，結果並不全然如此。正常人決定投資的機率是 57.6%，大腦受

損者的投資機率是 83.7%。許多正常受試者（42.4%）是非理性地迴避投資。投資虧損一次後，正常人下次決定投資的機率是 40.7%，大腦受損者的機率是 85.2%（參見圖 2.5）。有過虧損後，正常人投資的機率減少 27%，並且變得更「不理性地迴避風險」。

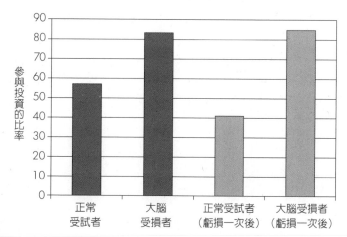

圖 2.5 在雪夫教授的實驗中，大腦受損者與正常受試者的平均投資選擇與虧損一次後的選擇。

在大腦受損部位不同的病患中，腦島受損者對風險最沒感覺，決定投資的機率是 91.3%，賠過一次後的投資機率是 96.8%。所以，腦島似乎是影響風險趨避的最重要因素之一。大腦受損的病患缺少腦島時更有可能投資。

神經學家安東・貝沙拉（Antoine Bechara）大膽推測，投資人必須像精神病患者，才能在市場上避免情緒的影響，他們可能更善於掌控情緒，或是對情緒的感受不像其他人那麼強烈。雪夫教授表示，許多執行長與律師可能都有這樣的特質：「在某些情況下，比較不情緒化對你是有利的。」[19]

你可能還是想知道：「有沒有哪個大腦區域會破壞我投資？」答案還不明朗。大腦受損的病患可能財務狀況很糟：累積一堆卡債、上班遲到、上網被

騙、最後宣告破產。他們的智商雖然正常，但是對財富風險的判斷顯然有問題。他們似乎看不出下檔風險或巨額損失的可能性。所以即使他們在雪夫教授的實驗中做了比較「理性」的決策，卻無法避免其他情況下的悲慘風險（例如愛荷華賭局實驗）。

多數投資人虧損後，為了避免再度虧損，都會趨避財務風險。在多數虧損之後，迴避風險是很明智的做法，我們都是這樣從錯誤中學習的。假設你投資的某家公司被發現管理高層做假帳，導致股價暴跌，下次投資類似公司前，你可能會更小心，做更多的實地查核。這種謹慎是好事，因為這就是大家學習避免不當風險的方法。

但多數投資人在市場中會出現矯枉過正的現象。2001 年股票虧損後，即使空頭市場的虧損應該對非網路類股的未來績效沒什麼影響，他們還是學會避開科技類股。多數投資人在空頭市場虧損後，會等價格「穩定」才重返股市，甚至可能等到下次股市又創新高時才進場。當然，枯等價格穩定就會錯失許多價格變動的機會，但是很多人為了強化信心，願意付出這樣的代價。

到目前為止，你已看到研究人員如何利用紙牌遊戲（愛荷華賭局實驗）和拋硬幣賭博（雪夫的實驗）來評估大腦受損者的金融決策行為。決策研究還有許多其他的技巧，從下文可以看出，過去十年，研究人員使用的技巧在複雜度方面已大幅提升。

2.4 ｜ 研究大腦的方法

大腦有許多層級的功能，小至個別分子的行動，大到腦葉之間的廣泛溝通。在分子層級方面，神經活動是由神經化學分子、小電流及遺傳紀錄所驅動，在結構層面方面，神經線路穿越大腦區，引發複雜的思想與行為。這些

是大腦神經運作的基本要件。

　　研究人員使用多種複雜的工具來了解大腦的運作方式，神經造影（neuroimaging）是最常用來了解決策的技術。本書提到的神經造影研究大多是使用功能性核磁共振造影（functional magnetic resonance imaging, fMRI）。功能性核磁共振造影讓研究人員可以看到含氧血液的流動，藉此了解腦部代謝。功能性核磁共振造影可以在兩秒內就解析出小至 $2 \times 2 \times 2$ 毫米的大腦體素（brain voxel）。正子斷層造影（Positron emission tomography, PET）是另一種神經造影技術，空間解析度較大，約 $3 \times 3 \times 3$ 毫米，只有在受試者注射放射性示蹤劑後，才能偵測到葡萄糖代謝與血流的改變。

　　其他探測技術還包括行為測試、主觀報告、心理測試、電流生理學等。電流生理學是衡量心跳速度、血壓、膚電反應（流汗）與其他身體變數，很多指標是用來顯示邊緣系統與中腦區域的反射性大腦啟動。衡量瞳孔讓研究人員可以直接追蹤交感神經系統的活動。前面提過，交感神經系統和「攻擊或逃離」的反應有關。

　　肌電圖（Electromyogragh, EMG）用於衡量肌肉收縮時的電流活動；應用在臉部肌肉時，即使是非常輕微的喜樂或擔憂狀態也可以測出來。例如，投資人對某個投資概念感到興奮，當他談論那項投資時，就會動到比較多的、負責掌控微笑的顴骨部位肌肉。擔憂時會動到前額肌，擠出溝紋。市場波動大時，交易員的前額肌比較活躍。

　　以前，許多研究人員使用腦電圖（electroencephalogram, EEG）進行實驗；腦電圖是用來偵測大腦皮質表面的電流波動，臨床上常用來診斷癲癇。有些精神治療醫師會使用腦電圖進行情感生理回饋（所謂的「神經反饋治療」），例如家庭治療師可能用腦電圖追蹤家庭成員的邊緣系統何時受到另一人的牽動，被牽動的人可能會自動在情緒上回應刺激。自我追蹤腦電圖的啟

動，可讓被牽動的人學習切斷與防止可能對別人有害的自動情緒反應。

單神經元記錄技術有高度的侵入性，主要是用在猴子與老鼠身上。這些技術讓研究人員可以模仿微小神經群的活動，例如用來計算多種決策選項期望值的神經群。聚合酶連鎖反應（polymerase chain reaction, PCR）之類的基因序列分析技術已經顯示，基因和明顯的個性與行為特質具有關聯。血液與腦脊髓液的化驗讓研究人員可以衡量荷爾蒙（例如協調信任與壓力反應的荷爾蒙）與神經傳遞物質（包括導致衝動的神經傳遞物質）。

神經學家最常使用的研究技巧，是研究特定大腦部位受損的病患，李就是這類病人。中風或腦瘤可能導致局部的腦部受損，這些損傷可以讓我們知道許多特定大腦區域的功能。

人腦包含約一千億個神經元，它們之間有一百兆種連結關係。腦中的神經元數目好比銀河系的星星數量。對於如此複雜的組織，我們不太可能得出一套標準的人腦模型；再多的大腦研究都無法充分描述一種感覺、記憶或經驗。

以大腦神經線路、人格特質與遺傳影響來形容腦力很容易產生誤導。個人不是由片段所組成的可預期整體，每個人都是不同、獨特、難以理解的複合體，各自醞釀著自己的興趣、希望與抱負。人腦是複雜的器官，它讓我們成為現在的樣子，人腦的神祕大多仍是我們未知的領域。

2.5 ｜ 神經科學概要

以下迅速簡介本書提到的許多大腦區域，作為讀者閱讀後續章節時可以回過頭參考的資料。這些資訊相當密集，不需要一次理解，或可先跳閱下一章。

本書會討論前額葉皮質、報酬系統與損失系統在財務決策中的功能。最佳財務心理的關鍵主要在於邊緣（情緒）衝動的自知與自制。善用 EQ，在面對機會與危險時就能保持靈活彈性。EQ 源自前額葉皮質，是由前額葉皮質與邊緣系統的連結強度所決定。

前額葉皮質分成好幾區，協助多方面的情緒管理。前額葉皮質可協助規劃未來、遵守規則、鎖定目標與注意力、管理決策以及自制。更具體地說，前額腦區底部負責整合理智與情感，前扣帶回皮質（anterior cingulate cortex, ACC）則負責解決決策的矛盾與判斷情緒資訊是否重要。

邊緣系統有兩大值得探究的重要區域：報酬系統與損失避免線路。追求報酬牽涉的範圍很廣，舉凡人們對多方面的重視程度、積極獲得想要目標的程度、追求新奇事物等。損失避免系統是恐懼與遲疑的根源，驅使人迴避察覺到的威脅。

報酬系統是一些重要財務偏誤的來源。報酬系統愈活躍，就會產生樂觀、過分自信、過於冒險的現象。報酬系統中的重要區域包括阿肯柏氏核（NAcc）及內側前額葉皮質（MPFC）。

阿肯柏氏核是大腦的欲望中心，賺錢的期待會啟動阿肯柏氏核，阿肯柏氏核會驅使人去追求想要的物件或投資。阿肯柏氏核高度活躍時，會促使人承擔過量的財務風險。內側前額葉皮質是報酬系統多巴胺神經元的終點；當我們有信心與確定感、得到報酬時感到滿足、學會獲得報酬的方法、從成功與錯誤中學習時，就會啟動內側前額葉皮質。

報酬系統不夠活化或不敏感時，就會讓人興趣缺缺且缺乏活力，因而投入補償性的刺激與嘗鮮行為（例如酗賭與購物狂）。短期收益會刺激報酬線路裡的多巴胺流動。

大腦損失系統的啟動會造成壓力、不安、嫌惡、痛苦，甚至驚慌。失望

與後悔的恐懼感會加深趨避損失的行為偏誤，這是杏仁核啟動所造成的。前腦島（anterior insula）是原始皮質區域，掌管嫌惡、痛苦與損失的經驗。有項投資實驗顯示，過度趨避風險之前會先啟動前腦島。壓力對身心的影響是損失系統裡的荷爾蒙與化學通路造成的。

下一章將討論大腦與心理的關聯，尤其會說明情緒、預期、信念與自我欺騙的心理來源。

第 3 章

預期、信念與意義

本章你可以學到這些 ▶

☑ 「預期性」情緒與「反應性」情緒對交易的影響

☑ 說明情緒強度差異的成因

☑ 分析比較心態使投資績效下滑的原因

☑ 破除消息面的迷思

☑ 探討大腦為了減少負面情緒，使投資人過度樂觀

> 讓我們陷入麻煩的，不是我們不知道的事，而是我們確信如此，卻不是那麼一回事。——馬克吐溫

　　我在聖馬刁醫學中心的精神科急診處接受部分的精神科醫學訓練。我們為矽谷北部提供緊急心理健康服務，所以有機會和陷入危機的多種病患合作，例如工程師、創投家、管理高層等。

　　2001 年 8 月某晚，道格躺在輪床上被推進急診室。他那陣子一直加班，警衛發現他趴在桌上，哭得無法自已。他覺得自己快死了，於是警衛便幫他打電話叫救護車。

　　我在急診室為他診斷時，他告訴我以下的故事：1999 年，他在甲古文（Oracle）擔任會計師，帳面財富上百萬。他的甲古文股票選擇權價格暴漲，對他來說，那沒什麼大不了的，當時他認識的每個人似乎身價都超過百萬。

　　他買了兩輛好車和一戶豪宅，更重要的是，他覺得自己很了不起，「就

好像終於出頭天一樣。」在全球商業史上的空前時刻，他正處於焦點核心。他既年輕（30 歲）又有錢，工作受到賞識。雖然在美國中西部成長與接受教育，卻能和矽谷新貴一拍即合。

2000 年底與 2001 年初股市開始下跌時，他的選擇權價值也開始下滑，他試著不去理會並告訴自己：「會回檔的，我們正在改變世界。」2001 年中，他開始擔心了，決定查一下當時他的選擇權價值還剩多少，結果讓人大吃一驚，他說：「醫生，我的選擇權價值只剩十分之一。之前價值 260 萬，現在我幾乎破產了！」整整兩個星期，他的大腦一片空白，只剩絕望。工作時，他頻繁查詢甲古文的股價，每幾分鐘就按一次瀏覽器更新鈕，看最新的報價。股價上漲時，他跟著開心；但股價下跌日愈來愈多時，他也變得日益憂鬱。幾個星期內，他的選擇權已跌到一文不值。

對於財富的瞬間蒸發及甲古文股價的持續下滑，道格一直無法釋懷，他一再問自己：「怎麼會這樣？」他晚上睡不著，沒有食欲，工作時會突然有種強烈的恐懼感，也不想再去上班；不管他多努力想維持樂觀，卻已開始興起自殺的念頭。

選擇權損失讓他難過得想自殺，但是這些損失都是帳面上的。當帳面財富虧損時，他的生活並沒有產生多大的改變，實際薪水還是一樣，仍可輕鬆負擔房貸和車貸，他也說資產淨現值是正的。

所以道格的生活「其實」沒什麼改變，那麼他為什麼還想自殺？他認真地回答：「因為我現在不能退休了。」

我問：「現在退休？ 30 歲就退休？」

「對啊！如今我下半輩子都得工作了。沒有那些錢以後，我是什麼？之前我是百萬富翁，現在只不過是個凡夫俗子。」

道格的身分和他的財富息息相關，現在他沒錢了，原本看似充滿無限可

能的未來，如今看來沉悶、孤寂、沒有意義且毫無樂趣。他在加州沒什麼真正的朋友或休閒興趣，除了財務地位外，沒有其他衡量身價的方式。他認為財富反映出個人優劣，現在財富都蒸發了，所以在他的價值體系中，自己變得一無是處。他害怕再也無法挽回過去的一切，所以現在整個人茫然失措，找不到活下去的理由。

我們討論財富和矽谷文化對他的價值觀所造成的改變，談到他兒時與大學時代有意義的事，還有他認為宇宙比自己還大的信念。他興奮地談到他對數字很感興趣，所以當初選讀會計系。

道格在精神科急診處看診完後，我陪他走出醫院，給他一份報表，上面列出我們的治療建議。他笑著對我說：「執行長告訴我，下週我們的業績會超越預期，所以或許我會沒事的。」

道格不需要之前股票選擇權所累積的數百萬元，但是那些帳面財富改變了他對自己的看法，當那些財富消失時，之前「網路百萬富翁」的地位與後來「沒前途會計師」之間的落差讓他難以接受，但是對道格來說，基本上什麼也沒變。他「失去」的財富都是帳面上的，唯一具體的改變是觀感。

3.1 | 情緒與觀感

每個人面對財富改變的方式，視他們如何從損益中創造個人意義而定。一個人能不能從挫折中復原，主要是看他的信念與預期，而不是實體的真相。一個人的生活經驗、先天的個性特質、最近的事件、文化與環境都會影響他對事件的詮釋。詮釋事件的方式會讓人產生強烈的情緒，例如讓道格痛不欲生的沮喪感。

由於情緒是眾多想法、行為與觀感的基礎，它們大多是在不知情下發生

的，所以本章將會深入探討這些情緒。情緒是主觀的感覺，是大腦的捷徑（或啟發〔又譯「捷思」〕）。情緒讓我們知道自己和特定目標與威脅相比的表現如何。興奮的情緒表示我們已經找到機會，促使我們尋求更大的風險，做出冒險的行為。恐懼的情緒通知我們可能的危險，讓我們趨避風險與退縮。

簡單地說，情緒就像是大腦的紅綠燈，在考慮機會或威脅時，會指示我們該冒險向前（興奮）、小心進行（擔心），還是停止並退縮（恐懼）。這些情緒都是預期的，能夠幫助我們準備好面對威脅或機會，是協調想法與行動以遠離風險（避免損失）或迎向機會（追求報酬）的基礎。

威脅成真時，就會變成立即的風險，使人慌忙逃跑（逃離）、嚇得愣住或變得鬥志高昂（攻擊），產生所謂的「攻擊或逃離」（fight or flight）回應，這種回應是對危險的反應。人預期危險將至時，會感到恐懼；但如果是對危險做出回應，則會出現「攻擊或逃離」。

區別預期性與反應性情緒是很重要的。投資散戶往往是因為預期價格改變對他們有利而買進股票，然而預期性的正面情感可能會讓投資人的期待產生偏差，不當降低他們的風險觀感。投資人賣股票則往往是對事件產生的反應，例如公布的獲利比預期高，或出現意外的負面消息等。這種反應性賣股通常不是因為理性的計畫，而是情緒的驅使。

情緒會影響思想與觀感，驅動悲觀或樂觀的思考模式。還記得道格嚴重的財務失落感讓他因此萌生自殺念頭嗎？那就是情緒導致認知偏誤的例子。再舉一例，許多投資人因為恐懼，直覺預期不景氣將至或價格下跌，而這往往會導致大家提早出脫風險持股，但是如果你問恐懼的投資人為什麼要賣股，他們通常不會說：「因為我怕。」他們會以負面的經濟事件為由。情緒性投資人不知道影響他們觀點的其實不是事實，而是感覺造成他們的觀感扭曲。

情感（affect）常用來指情緒經驗。感覺、心境與態度都算是情感。因感

覺而產生的思考捷徑就是「情感啟發」（affect heuristic，又譯「情感捷思」）。啟發是一種心理「捷徑」，不是靠客觀推理來做決策，而是根據「直覺」做選擇。「情感啟發」一詞為保羅·斯諾維克教授（Paul Slovic）所創。

情感啟發是指人為複雜判斷貼上的感覺「標籤」，例如，問投資人覺得 Google 或 IBM 如何時，他們可能會覺得：「Google 又好又刺激，IBM 又老又無趣。」他們的想法是源自於各種概念上所附的內心情感標籤，這些標籤讓人可以簡單迅速地判斷。情感啟發讓人在時間壓力與不確定下可以迅速做決策，是長期且低密度的情緒標籤。

強烈的預期性與反應性情緒會改變我們的判斷，指揮負責目標追求的大腦系統做決策。有一種傳播式大腦系統稱為「比較器」（comparator），作用是評估目標追求是否達到預期的進度。超越預期的進度時，就會感到快樂；未達預期時，就會感到失望。比較器是多數人類動機與行為的基礎。

3.2 ｜預期與比較機制

大腦的比較器負責比較實際進度與預期進度的差異。自我監督時，實際與預期進度的相對差異決定我們會出現哪種情緒，以及我們決定採用哪種策略來縮短落差。比較器是維持動機的反饋系統。

因應比較而產生的情感強度因三種特質而異：(1) 預期與真實的差距大小；(2) 碰過類似情況的經驗；(3) 有無特別關聯或記憶。預期與真實間的些微差距會產生小訊號，較大的差距則會產生比較強烈的情緒，進而產生更強烈的動機。比較器（參見圖 3.1）是從報酬系統（追求目標）與損失避免系統（迴避目標）取得輸入資訊。

	追求目標	迴避目標
進度超前	歡喜	安慰
進度落後	失望	不安

圖 3.1 大腦的比較器根據預期與實際進度的差異而產生情緒。

資料來源：節錄自 C.S. Carver 與 M.F.Scheier 所寫的〈On the Structure of Behavioral Self-Regulation〉（2001），M. Boekaerts、P. Pintrich、M. Zeidner 編輯的《自律手冊》（Handbook of Self-Regulation）。紐約：Academic Press 出版，42–80 頁。

追求目標是指報酬系統的激勵行動，驅動人們去達成想要與預期的目標。追求目標的進度超過預期時，就會讓人產生歡喜的感覺，例如高興、欣喜、陶醉、滿足等。追求目標的進度未達預期時，就會出現失望的感覺，例如傷心、不滿、不安、沮喪等。

迴避目標是指損失系統的功能，激勵個人避免或逃離危險的情況。成功避免損失時，會讓人感到安慰。迴避危險不如預期時，則會感到不安、擔心、憂慮與緊張。

神經造影可以印證比較器模型的論點。神經造影顯示，獲得預期的財務報酬時，對報酬系統的刺激較少。目標進度符合預期時，並不會出現情緒反應。[1] 不過，獲得意外的報酬及得知即將獲得報酬的意外消息時，則會產生很大的刺激效果，因為它們都超乎預期進度。[2]

有趣的是，當我們收到即將獲得報酬的消息，但預期的報酬卻遲遲不見

蹤影時，大腦會出現壓抑的現象。尤其在預期報酬應該出現的時刻，報酬線路中的多巴胺神經元發訊會減少，[3] 或許這就是失望的神經反應。

3.3 │ 違實比較

比較自己和他人的處境時，往往會讓人產生情緒。心理學家做了一個實驗，從奧運比賽得主的領獎相片中剪下每位獎牌得主的臉部表情，然後請陌生人在不知道誰得第幾名的情況下，評斷這些得主臉上的正負面情感程度。研究人員發現，誠如預期，金牌得主表現的正面情感最多。意外的是，銅牌得主的正面情感次之，銀牌得主反而排第三。[4] 為什麼銀牌得主的喜悅感不如銅牌得主？

奧運選手出現的狀況就是違實比較（counterfactual comparison）現象。銅牌得主是向下比較，他們有「截止效應」（cutoff effect），覺得自己有幸上台領獎，所以非常高興。銀牌得主則是向上比較，他們看到有人表現更好，因此有點失落。

違實比較也會影響人對獲利與虧損的感受。加州大學柏克萊分校的芭芭拉‧美樂斯教授（Barbara Mellers）設計了一個賭博實驗，來評估人們在錯過更大的損失（獲利）後，對損失的反應。她請受試者玩輸贏機率各半的賭博遊戲。其中一種玩法是受試者可贏 8 美元或 32 美元，每種情況的機率是50%；另一種玩法是受試者會輸 8 美元或 32 美元，每種情況的機率也是50%。受試者不需要做選擇，只要說出他們看到賭博結果的感覺就行了。

受試者表示，當他們看到自己沒有輸 32 美元、只輸 8 美元時，覺得心情稍微正面一點；看到自己沒贏 32 美元、只贏 8 美元時，則覺得有點不太滿意。受試者覺得，如果賭博是「必輸情境」，那麼輸 8 美元還不賴，但如果

賭博是「必贏情境」，只贏 8 美元的感覺不太好。實際結果與賭局期望值的比較（必贏賭局的期望值是 20 美元，必輸賭局的期望值是 –20 美元）決定了他們對結果的感覺。

這種比較情況在商業界隨處可見；在商業界，自尊與成就的衡量往往是具體的。矽谷的億萬富豪可能會嫉妒彼此的遊艇大小，當每個人都想贏過別人時，就促成大家紛紛打造巨型豪華遊艇的盛況。水手不是億萬富豪，他們可能光是和這些美麗的遊艇待在同一個碼頭就很快樂了。

投資組合經理人也可能會受到比較效應的影響。經理人錯過市場大漲行情時，可能會因為未達預期績效而失望，或因為表現落後大盤與同事而感到不安。

有時候績效表現最好的基金經理人會備受讚揚，但是獲得讚揚後的表現反而變差，為什麼？或許他們失去當初追求目標時的動力。當我們比較自己和他人的差異來衡量成敗時（就像伊索寓言中龜兔賽跑裡的兔子），贏了對手讓人高興，但也讓人失去繼續努力的動力。如果表現優於預期，那又何必繼續那麼努力？所以如果以比較對手或其他外在標準來衡量自我，成功可能是一種績效陷阱。

相反地，如果成敗是根據內部的標準來衡量（例如決策流程有改善或判斷更清楚），成功就會有持續的激勵效果，並促成長期的卓越。當投資組合經理人把焦點放在改善決策流程、激發好奇心、培養健全的投資理念時，他的績效比較可能長期打敗大盤。第 22 章會詳細討論這個議題。

透過比較器，當我們收到與預期有關的回應時，就會產生情緒。對預期的在意感（自尊的參與度）決定了情緒反應的強度，這就是為什麼禪學與佛學書籍廣受交易員與投資人喜愛的原因。這些書的目的都是教人不要在意結果，而是注意過程。

比較結果會激發情緒，不在意結果就可以減少情緒的起伏及情緒造成的判斷偏誤。習慣佛教冥想的人在安撫情緒紛擾時，更容易感應到直覺。可惜的是，多數交易員都很在意交易的結果（因為分紅視結果而定），因此都很容易受到反應性情緒的影響。

3.4 │ 信念與期待：安慰劑效應

有時候成功往目標邁進的預期會產生自我應驗預言（self-fulfilling prophecy）；相信自己有能力達成目標，會啟動我們內部的資源，支持目標的達成。這種成功信念會激發支持性的神經化學物質，提高身心的耐力。安慰劑效應（placebo effect）就是信念、欲望與期待可以讓人改變生存狀態的例子。醫生為病人開藥時，代表病人可以復原的信念，這也強化了病人想要康復的動機。

康乃迪克大學的艾文・克希教授（Irving Kirsch）分析 19 種抗鬱劑的臨床試驗，研究結論是：用藥效力有 75% 是源自於康復的預期，而不是腦內化學物質的調整。[5] 克希表示：「關鍵因素在於我們認為自己會變成怎樣，不需要靠藥物就能看到很大的轉變。」在新藥研究中，有 35% 到 75% 的病人服用無效的糖果藥丸也能產生效果。幾世紀以來，西藥大多是安慰劑的效用。[6]

安慰劑效應是因為病人相信會有正面的結果，所以健康也跟著改善。反安慰劑效應（nocebo effect）則是因為某物有害建議或信念，而讓人產生負面效果。在安慰劑效應與反安慰劑效應中，對結果的預期就產生了自我應驗預言。

在市場中，投資人的預期也會迅速反映在價格上。投資的祕訣主要是看投資人了解自己的預期、市場的預期以及經濟基本面的能力。市場的預期和

基本面脫軌時，未來更有可能出現和預期有關的情緒震撼。例如，高本益比的網路股飆漲遠超過合理的成長預期時，顯然預期與實際的差距就會開始縮小，因為這些股票無法讓投資人持續抱持不切實際的目標。

股票的本益比通常是反應投資人對成長的預期。諷刺的是，低本益比股票（預期成長低）的長期表現往往優於高本益比股票，這就是價值投資的一大宗旨（參見第 23 章）。價值投資策略之所以效果好，是因為投資人預期低比較可能產生正面的驚喜，所以對低本益比的股票會產生更多的正面感情。高本益比股票往往讓人失望，因為「好消息」已經反映在價格裡了。

3.5 ｜解讀新聞

每天股市收盤後，記者會請交易員解盤，說明當天市場變化的背後原因。他們的解釋通常具體而合理，以最近事件的因果關係來解釋股市行情。例如，1987 年 10 月 19 日以後，全球股市崩盤，BBC 把市場暴跌歸因於理性的新聞性恐慌：「大家日益擔心利率上漲與美元貶值，導致交易量減少。美國轟炸境外油井以報復伊朗攻擊的消息導致行情更加惡化。」[7]

其實 BBC 的邏輯有誤，因為它把恐慌全部歸結到最近的價格變動與全球事件上。新聞與價格變動的確會影響投資人的情緒，這類事件會對投資人的感覺產生正面的反饋效果，但是大家驚慌的程度並不是反映稍微負面的消息，投資人早就已經等著在 10 月那天驚慌了。

BBC 發表那篇報導後，編輯事後坦承：「事件之後，關於市場崩盤的原因，大家持續爭論了好幾年，但經濟學家一直無法提出引起黑色星期一的單一因素。」[8] 如今回顧往事，大家已經捨棄新聞導致崩盤的說法，還給不確定性一個公道。

BBC 為什麼想以單一因素解釋驚慌？或許是因為觀眾對不確定性及失去掌控感到不安。當你聽到投資人驚慌時，你會馬上想知道他們為什麼驚慌。「因為他們害怕」並不是令人滿意的解釋，「因為他們過分自信」也不夠有說服力，「因為利率上漲」剛好可以符合當時的心態。

市場評論隨便推論的缺點，就是直接把投資人的情緒（例如恐懼與貪婪）歸因於最近的新聞事件，但是壞消息不一定會引起恐懼或改變市場。為什麼有些新聞會引起恐懼，但幾個月後的類似新聞卻毫無反應？投資人如何解讀新聞與事件，是看他們對未來的情緒看法而定。樂觀的投資人把價格暴跌視為進場搶便宜的機會，悲觀的人則把它看成全球金融體系崩盤的證據。

有趣的是，有時候非常負面的新聞也無法撼動樂觀的市場，非常正面的新聞也無法挽救空頭市場。在這些時候，投資人集體受到情感防衛機制的左右。情感防衛機制是指投資人發現新聞和他們堅信的想法矛盾時，刻意扭曲詮釋新聞的自欺形式。

3.6 │ 自欺

除了媒體會在事後針對市場事件做合理化解釋外，個別投資人也必須應付自己的情感防衛與邏輯扭曲。尤其在壓力下或面對負面的個人資訊時，大腦通常會以自欺方式因應。

情感防衛機制是指比較結果不利時，大腦試圖減少負面情緒的過程。負面情緒可以藉由扭曲的邏輯（合理化）、迴避（否認）、相信別人也認同你內心的感覺（感情投射）或怪罪情況非你所能控制（外部化）等方式來減弱。以感情投射為例，投資人不確定市場未來的方向時，往往會認為自己的迷惘是「市場不確定」的結果，其實不確定大多是源自於投資人本身。以外部化

為例，投資散戶把自己的虧損怪罪到「市場操縱者」的頭上，不願自己負責。防衛機制是在我們不經意的情況下執行，卻對理解事實與培養正確預期的能力有深遠的影響。

本書討論的幾種偏誤都是源自於情感防衛機制。後見之明偏誤（hindsight bias）源自於記憶，是對過去成就的評估過於樂觀，往往會導致進一步的誤導。確認偏誤（confirmation bias）則是讓人積極尋找事實來支持自己的觀點與信念，但卻忽視矛盾的資訊。投射偏誤（projection bias）則是因為認定目前的情緒狀態會和未來的感覺類似，因而誤判未來的需求與渴望。

3.7 | 情感防衛機制與動機性推理

有一種防衛機制稱為動機性推理（motivated reasoning），這是一種合理化的行為。動機性推理是為了產生偏好的結論，以及支持強烈認定的觀點，而產生思想偏誤。[9] 它和其他防衛機制一樣，也可以視為一種情緒調整形式；大腦會讓人減少負面情緒的狀態，增加正面情緒的狀態。維也納的神經學家暨精神分析之父佛洛伊德（Sigmund Freud）最早提出以動機性推理作為情緒調整的策略。他發現人可以調整思考流程，以迴避不安與罪惡感之類的負面情感。

加州大學爾灣分校的迪多教授（Ditto）設計了一項實驗來探究動機性推理。研究人員告訴受試者，試紙出現某種顏色的結果比較好，其他顏色表示診斷結果不良（但沒大礙）。他把受試者自行進行假檢測的情況拍攝下來。研究結果發現，受試者測出結果不良時，需要較多的時間接受測試結果的有效性，他們比較可能主動重測，並認為這些測試的精準度不如結果有利的測試。[10] 他們不僅低估負面結果的可能，甚至在得知結果後也不願相信（並積

極反駁）！

艾默利大學的研究人員在 2004 年美國總統大選以前，研究熱中政治者的動機性推理。他們先對受試者提出不利布希（George W. Bush）與凱瑞（John Kerry）這兩位候選人的言論，並以功能性核磁共振造影掃描器觀察他們。沒多久，研究人員再提出申辯論點反駁上述不利的評論。

一開始，受試者聽到對偏好的候選人不利的指控時，阿肯柏氏核（這區域和報酬系統的正面情感與激勵有關）的反應變大。研究人員懷疑這個反應是因為「遇到理論上會讓他們產生反感的資訊時，死忠的支持者反而會出現另類（正面）反應」。阿肯柏氏核的反應表示：威脅性資訊和他們對候選人的正面觀感已經協調好了，因而產生放心感，受試者感受到的是解除不安的正面情感反應。研究人員認為，阿肯柏氏核的反應可能代表受試者想為明顯不利的言論找尋藉口的動機。[11] 對他們來說，消除不利言論是一件樂事，因而受到激勵。

有趣的是，在艾默利大學的研究中，「動機性推理和『冷靜』推理區的神經活動增加是無關的。」[12] 死忠的支持者使用動機性推理時，以有利他們的方式消除不利的言論，藉此獲得報酬（產生阿肯柏氏核反應），而和負面情感有關的區域（腦島和側前額腦區底部）則是平靜下來。[13] 這些結果表示，情感防衛機制可能是個人為了增加報酬系統的反應（及減少負面情緒），而去找資訊或採納信念的神經流程。

致力於動機性推理的人（情感防衛性強），其表現績效比對負面資訊防衛性低的人還差。研究人員設計了一種分牌實驗，最快分好的方法是考慮威脅的資訊。「考慮到暗示他們會早死的瓦森實驗規則（研究一）或威脅有效性（研究二）的受試者，比考慮無威脅或愉快規則的受試者表現優異許多。」總之，「懷疑的心態可幫助人們在日常推理中避免產生確認偏誤。」[14] 積極面

對不安的資訊可以讓人做出更優異的決策。

面對不安的負面情緒需要勇氣。在空頭市場中，投資人很容易就對經濟感到悲觀，大家都一樣。在這種情況下，我們的目標是找尋經濟的正面觀點（大家忽略的觀點）。這需要平衡的思考、勇氣，以及願意以沉著冷靜的態度觀察所有資訊的意願。喬治‧索羅斯（George Soros）表示，他之所以觀察敏銳，關鍵之一在於他可以用不批判的態度，思考自己的投資推理流程為什麼可能是錯的（他的「可錯性理論」）。

改善績效表現的第一步，就是了解預期、違實比較與情感防衛對決策的影響。下一章將把焦點拉回微觀層次，看財務決策的神經化學來源。

第 4 章

大腦運作下的神經化學

本章你可以學到這些 ▶

☑ 説明哪些化學物質會改變神經傳遞與財務判斷

☑ 咖啡因雖可以協助投資人提高警覺,但還未經證實對財務決策有影響

☑ 酒類影響投資人學習與衝動控制,造成反應遲緩

> 憂鬱者服百憂解(Prozac),煩惱者服煩寧(Valium),沉迷健身者服類固
> 醇,成就過人者服愛德樂(注:Adderall,主治過動症)。——喬夏‧弗爾
> (Joshua Foer)[1]

　　食物、香草、藥物與毒品都可以大幅改變財務決策。大家都很清楚有些
物質對財務判斷的效果,例如酒類,所以很多賭場會免費供酒,以削弱賭客
的自制力。不過,有些食品與香草對行為產生的效果只有小眾醫學期刊提
起,外界並不太清楚。

　　很多病態的心境(例如憂鬱、躁鬱、不安、沉迷)、神經狀態(例如帕
金森氏症與老年癡呆症)、衝動控制失調症(例如盜竊癖、購物狂、病態性
賭癮)也會影響財務決策。憂鬱症和風險趨避有關,躁鬱症和投資過分自信
有關,不安和優柔寡斷有關,強迫症則和過度交易有關。有趣的是,這些疾
病產生的理財症狀是可以靠藥物抑制的。

　　我們將在本章討論這些化學物質如何改變我們對風險相關資訊的觀感、

處理與判斷。對投資人來說，吸收化學物質所產生的財務效果不算是學術議題。全球市場每天交易的金額動輒好幾兆，所以最佳判斷很重要，稍微改進決策的精確度即可讓獲利多出數百萬。

　　本章所要討論的化學物質會改變神經傳遞。神經傳遞是指神經元之間的訊號傳送方式。對多數人來說，多巴胺、血清素、正腎上腺素、壓力荷爾蒙等神經傳遞物質的健康濃度，可靠均衡膳食、支持性社群、自發性娛樂、經常運動、禱告或冥想來維持。有些人因濫用毒品、藥物治療、壓力太大或先天基因遺傳而導致化學物質不平衡，微調大腦的化學物質最能有效改善這些不平衡的狀態。

4.1 ｜各種神經傳遞物質

　　在投資書籍中，學習神經傳遞物質有什麼用？每個人受財務波動的影響各不相同，各有不同的預期，需要的刺激、興奮與安全感也相異。這些差異主要是因為每個人各有獨特的生理狀態，包括神經化學物質。

　　神經傳遞物質是在大腦神經元之間傳遞溝通訊息的分子，每個人的神經傳遞物質因基因與過去經驗而異。在這個單元中，我們將探討神經傳遞物質之間的關聯，以及和投資人有關的行為與情緒。

　　有些神經傳遞物質在浸泡大腦細胞的腦脊髓液中傳遞，它們的濃度出現波動時，就會讓神經訊號的頻率與強度產生大幅變動。

　　有些神經化學物質則是由神經元末端分泌，把訊號直接傳到下游的神經元，它們會對特定的受體（receptor）產生作用（參見圖 4.1），和這些受體相嵌，就好像鑰匙插入鎖頭一樣。這些傳遞物質會刺激第二個神經元內的快速電流或慢速基因的回應（參見圖 4.2）。釋放神經傳遞物質的神經元會從突觸

（synapse）將這些神經傳遞物質回收。

　　單一神經傳遞物質很少直接產生特定的情緒或行為。人體內有龐大的神經元網路，釋放多種神經傳遞物質，它們大多會刺激或壓抑彼此的活動。此外，許多神經傳遞物質會對多重受體亞型（receptor subtype）產生作用（目前已知的血清素至少有 12 種[2]，多巴胺受體亞型有 5 種[3]）。目前能夠辨識的神經傳遞物質共有 108 種，其中 5 種會對大腦絕大部分產生作用：組織胺（Histamine）、血清素、多巴胺、伽馬氨基丁酸（gamma-aminobutyric acid, GABA）、乙醯膽鹼（acetylcholine）。我們會深入討論血清素與多巴胺，並概要說明組織胺、伽馬氨基丁酸及乙醯膽鹼。此外，鴉片素、正腎上腺素、壓力荷爾蒙與 Omega-3 多元不飽和脂肪酸的局部作用也會影響行為與決策。如果這還不夠多，我們還應該考慮一般用藥、毒品和食物對判斷產生的神經效果。

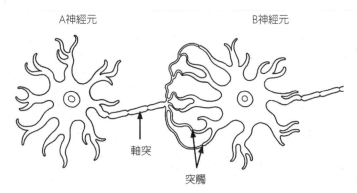

圖 4.1　神經傳遞的原則。A 神經元透過軸突把訊號傳給 B 神經元。

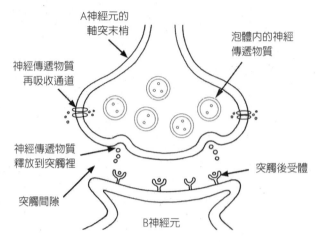

圖 4.2　突觸。A 神經元把神經傳遞物質釋放到突觸間隙，當它們嵌入 B 神經元的受體時，就會啟動離子通道與基因過程，那就是想傳遞的訊號。

血清素

　　自從抗鬱劑百憂解上市後，血清素便成為大家耳熟能詳的名詞。2005年，美國就開出了 1.5 億份提高血清素濃度的抗鬱劑處方。[4] 從經前症候群（premenstrual syndrome, PMS）到嚴重的憂鬱與自殺等日常疾病都可以歸咎於大腦內的血清素濃度過低。血清素是神經傳遞物質，當它的濃度或受體敏感度改變時，我們的判斷也會跟著改變。

　　1970 年代，研究人員發現，以暴力手法自殺者的腦內血清素濃度比用其他方式自殺者低。於是，科學家著手開發了阻礙突觸前神經元（presynaptic neuron）自然回收血清素分子的化學物質。這些血清素再吸收抑制劑（SSRI，簡稱抗鬱劑）能延緩血清素釋放到突觸後的回收過程，可用來醫治多種情緒與行為失調症狀，百憂解就是這些化合物的原型。

　　百憂解推出後，藥廠又發明更多的抗鬱劑上市，包括 Paxil、Zoloft、Celexa、Lexapro 等原廠藥。抗鬱劑可減緩幾種失調症的病情：憂鬱、不安、

強迫症、創傷後壓力症候群、經前煩躁症等。抗鬱劑在減緩全球憂鬱與不安徵狀的效果非常成功，是美國第三熱賣的藥種，每年銷售額高達 110 億美元。2003 年起，抗鬱劑用量的年成長率是 17%。抗鬱劑還有其他類別，不過為了簡化起見，這裡只討論血清素再吸收抑制劑。

血清素轉運基因與自發性負面情緒有微弱但重要的基因關聯。有兩個短型（S 對偶基因）血清素轉運基因的人比有兩個長型基因（L 對偶基因）的人稍微容易產生情緒反應，也比較容易憂鬱。[5] 此外，在誘發負面情緒的實驗中，有兩個短型對偶基因的人在功能性核磁共振造影顯現的杏仁核反應（負面情緒的指標）也比有兩個長型對偶基因的人多。[6]

在實驗中，從膳食中移除必需胺基酸（essential amino acid）可以降低大腦的血清素濃度，必需胺基酸是構成血清素的要件。色胺酸（Trp）是在神經元中轉變成血清素。為了製造血清素，人們必須從膳食中吸收色胺酸，因為人體無法自行初始合成。當我們無法從膳食中攝取色胺酸時，大腦的血清素濃度就會下降（褪黑激素的濃度也是，因而破壞睡眠週期）。色胺酸是蛋白質的成分，巧克力、燕麥、香蕉、乾棗、牛奶、優格、卡特基乳酪（cottage cheese）、魚類、火雞、雞肉、芝麻、鷹嘴豆和花生中的色胺酸含量特別多。基因研究顯示，血清素與色胺酸基因突變都會導致血清素效力降低與情緒敏感。[7]

多巴胺

大家原本認為多巴胺是大腦內的「愉悅」化學物質，現在比較正確的觀點則是認為多巴胺和多種認知與動作功能有關，是欲望、動機、注意力與學習的基礎。和多巴胺有關的物品中，最常見的或許是毒品，所有上癮性藥物大多是透過腦內多巴胺的釋放來發揮效用。事實上，用來形容非法精神藥物

的字「dope」就是源自於多巴胺的英文 dopamine。

1954 年有個知名實驗，研究人員把電極放在老鼠大腦的「愉悅區」，老鼠有機會按槓桿以電力刺激這一區時（多巴胺中間站），牠們會強迫性地一直按。事實上，很多老鼠都因為筋疲力盡而死亡。牠們寧可不吃不喝不交配，也要用電擊自我刺激。一開始，多巴胺是讓老鼠的尋樂行為上癮的主因，但研究人員後來透露，電極刺激的不光是大腦的多巴胺供給而已，它們也會激發腦內鴉片素與腦內啡的釋放。

不過，多巴胺還是被當成所謂的「愉悅化學物質」。目前，多巴胺會在報酬系統裡產生三種作用：(1) 鼓勵追求報酬；(2) 促進學習；(3) 集中注意力。報酬系統中釋放多巴胺時，會讓人心情變好，變得更興奮。多巴胺讓人感到愉悅，集中注意力且受到激勵。多巴胺會釋放在五大神經路徑中，不過本書只討論其中一個：報酬系統（參見圖 4.3）。

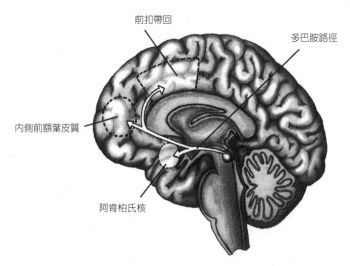

圖 4.3 報酬系統從中腦的多巴胺神經元核心開始，其軸突行經整個邊緣系統與前額葉皮質。

有些毒品會直接影響多巴胺的釋放與再吸收，古柯鹼與安非他命便是多巴胺再吸收抑制劑。這些物質可延長多巴胺的釋放，並增加它在突觸中的濃度。但長期使用安非他命或古柯鹼後，多巴胺受體會麻木，降低人的愉悅與興奮能力（往往變得更容易憂鬱）。

影響多巴胺受體的藥物，通常是防止多巴胺訊息傳遞的受體抑制劑（例如抗精神病藥物）或受體活化劑。多巴胺受體活化劑是用來刺激帕金森氏症患者的行動與認知。活化多巴胺的藥物可以改善心情，用量高時會引發輕躁狂（高度自信與冒險的狀態），甚至形成賭癮。事實上，嗜賭症是激發多巴胺受體（第三型）藥物 Pramipexole（注：Mirapex，治療帕金森氏症的熱銷用藥之一。）常見的副作用。其他刺激多巴胺的藥物，例如 bupropion（Zyban、Wellbutrin），則是用來作為抗鬱劑及幫助戒菸。一般認為 bupropion 可以讓大腦誤以為報酬系統中有足夠的多巴胺，不需要再透過抽菸來釋放更多的多巴胺，因而減少對尼古丁的渴望。

注意力不足與過動障礙（attention deficit hyperactivity disorder, ADHD）是以刺激多巴胺的安非他命治療（以緩釋劑的方式）。增加腦內的多巴胺供給後，有注意力不足與過動障礙症狀的大人與小孩就比較能夠集中注意力。長效型多巴胺藥劑，例如長效型安非他命或咀嚼與浸泡的古柯葉（釋放古柯鹼），可增強耐力、專注力與信心，但是上癮風險沒有其他速效劑那麼高。

正腎上腺素

正腎上腺素以往稱為腦腎上腺素（noradrenaline），在突然出現壓力時釋放。正腎上腺素本身會刺激壓力荷爾蒙可體松（cortisol）的釋放，也會讓人產生意外時的緊繃感，讓身體做好「攻擊或逃離」的準備。

在極度壓力下，人會出現注意力不持久、過度警戒、全有或全無的思考

（非黑即白）、過於執著等現象。身體突然承受壓力的徵兆包括心跳加速、流汗、皮膚發紅、呼吸急促等，這些大多是體內釋放正腎上腺素的直接結果。

驚慌是中腦深部的藍斑區突然釋放正腎上腺素的結果，需要很大的認知控制才能防止驚慌感持續膨脹成災難性思考，以及衝動做出「攻擊或逃離」的行為。

高血壓是正腎上腺素重複釋放而造成的生理改變。在華爾街，高血壓很常見，這可能是投資人長期承擔過度壓力的徵兆。一般用來治療高血壓的藥物包括乙型阻斷劑（beta-receptor blocker），例如 propranolol。乙型阻斷劑會對正腎上腺素受體的亞型產生作用。這些藥物可以同時管理慢性壓力對身體的影響（高血壓）與極度不安感。

研究人員表示，propranolol 會改變財務實驗中的風險或報酬觀感：「propranolol 會對受試者的決策產生選擇性的改變，也就是說，獲利機率較低、虧損機率較高時，它會大幅減少對大額可能損失與小額可能損失之間的看法差別。」[8] 所以服用 propranolol 的人會覺得風險較小，但是他們對報酬的觀感則不受影響。醫生常開 propranolol 來幫人減緩公開演說的「怯場」現象，有時也會用它來治療其他類型的不安。propranolol 讓人降低對潛在大型損失的恐懼，並勇於承擔風險。

我認識一位投資人，他因高血壓而服用乙型阻斷劑，他說乙型阻斷劑讓他判斷風險性投資時頭腦更清醒。「乙型阻斷劑讓我更理性，不會那麼害怕風險。」他善用這個效果來改變注意的焦點。當多數投資人一心只想著潛在風險時，他可以客觀地觀察其他投資人：「我可以看出大家是不是在買風險性資產。」他根據這些觀察，規劃反向投資策略。他忘記服用乙型阻斷劑時，就會覺得比較不安，比較容易跟著風險相關的新聞起舞。

鴉片素

鴉片素又名腦內啡，可引發正面感覺與降低痛苦，對下游神經元的諸多受體亞型產生作用。當它們對 μ 鴉片受體（mu opiate receptor）產生作用時，就會誘發多巴胺的釋放。所以科學家認為，海洛因及鴉片等與鴉片素有關的毒品，是藉由刺激 μ 鴉片受體而讓人上癮（所以才會讓多巴胺濃度飆升及增加腦內啡）。

對有些投資人來說，迅速獲利的興奮感可能讓他們上癮。嗜賭的人就是沉迷於風險與機會的快感，他們在即將賭博時，邊緣系統內會分泌大量的鴉片素。嗜賭者晚上獨自在家想到自己的財務狀況時最有可能賭博，這些時候可能是令人沮喪的情境，腦內啡的釋放可以讓他們迅速為之一振。

壓力荷爾蒙

多數投資人都很熟悉壓力荷爾蒙。突然虧損時，壓力荷爾蒙會充滿體內，對心理與大腦造成影響。可體松之類的壓力荷爾蒙能幫我們因應突然的威脅，效果比正腎上腺素等其他壓力化學物質更為長效。關於壓力反應的說明，詳情請見第 10 章。

在長期承受壓力下，可體松持續高漲可能會導致憂鬱、疲累、體重上升與短期失憶等現象。大腦掃描顯示，長期承受壓力的人，大腦的海馬迴（儲存短期記憶的地方）會縮小。神經質特別明顯的人，可體松（灰質）的體積會減少。這種大腦縮小的現象可能是長期緊張的化學效果所致：壓力荷爾蒙的長期上升使氧化神經元受損。

咖啡因

咖啡因的神經效果相當多元。咖啡因本身可以讓某些人提高警覺，但也

有不少攝取咖啡因的人會出現緊張與易怒的現象。咖啡、紅茶、綠茶、機能飲料、汽水與其他飲品中都有咖啡因。咖啡因雖然可以提高警覺、改善心情、在短期內幫人盡快完成任務，但目前還沒有研究證實它對財務決策有什麼影響。在攝取高劑量咖啡因與喝綠茶方面，有兩個值得注意的發現。

咖啡因會導致壓力荷爾蒙增加。羅法洛（Lovallo, 1996）發現攝取相當於三杯咖啡的咖啡因一小時以後，可體松的濃度會提高 30%。[9] 如今還不清楚咖啡裡咖啡因以外的化學成分會不會對生理或心理產生影響。許多研究發現，攝取咖啡因並無長期的反效果。咖啡因會使不安加劇，可能會增加對財務風險的觀感，但是並沒有研究記錄過那個效果。

另外一個對一千多位日本老人所做的研究顯示，常喝綠茶可降低 50% 的老化相關認知受損，[10] 但是喝咖啡、紅茶與烏龍茶並沒有那樣的效果。關於咖啡因攝取對認知的影響，研究並未得出什麼值得注意的發現。

伽馬氨基丁酸、乙醯膽鹼，與 Omega-3 多元不飽和脂肪酸

伽馬氨基丁酸（GABA）幾乎在腦內各處都可發現，伽馬氨基丁酸的化學物質是微小的蛋白片段（胺基酸衍生物），會減緩腦內整體的電流活動。多數用來防止癲癇發作的抗癲癇藥物都會增加腦內的伽馬氨基丁酸濃度，以降低神經激動性（因此避免癲癇發作）。此外，許多抗癲癇藥物也被當成情緒穩定劑，因為它們會降低兩極性情緒問題（以往稱為躁鬱症）的激動性與心情起伏。

有些藥物會增加腦內伽馬氨基丁酸的濃度，例如苯二氮泮類安眠鎮靜劑（benzodiazepines）與酒類。常見的苯二氮泮類安眠鎮靜劑包括 Valium、Restoril、Klonopin、Ativan 與 Xanax（曾是最濫用的處方用藥）。酒類因為對伽馬氨基丁酸受體會產生作用，所以是中樞神經系統的鎮靜劑。酒類可能會

讓人的行為變得更大膽，因為酒精會讓額葉皮質減少對邊緣系統衝動的控制。

　　當然，神經科學裡沒有什麼東西是簡單的。伽馬氨基丁酸受體有兩型（與更多的亞型），苯二氮泮類安眠鎮靜劑與酒類都會對一種亞型產生作用，而這一型剛好和上癮有關。只對其他亞型產生作用的藥物則是以不會成癮的安眠藥販售。

　　乙醯膽鹼幫大腦為短期記憶加密。會降低乙醯膽鹼濃度的藥物包括抗組織胺成藥，例如苯海拉明（diphenhydramine）與許多常見的殺蟲劑，它們會破壞短期記憶的加密與學習。老年癡呆症的特徵是失憶與言行失控。醫治老年癡呆症的藥物主要是透過提升腦內乙醯膽鹼的濃度，藉此強化回憶。

　　研究顯示，膳食中多吃 Omega-3 多元不飽和脂肪酸的人比較快樂、比較不會衝動，也比其他人健康。Omega-3 多元不飽和脂肪酸占大腦脂肪含量的8%。深海魚油（鯷魚、青魚、鯖魚、沙丁魚、鮭魚）、種子（亞麻籽、南瓜子、向日葵）、堅果（杏仁、巴西果仁、花生、松子、胡桃）與海菜（海藻、海苔）的 Omega-3 多元不飽和脂肪酸含量最高。Omega-3 脂肪酸可以改善神經元細胞壁的彈性，促進損害後的再生。

　　Omega-3 脂肪酸和 Omega-6 脂肪酸在名為「花生四烯酸路徑」（arachidonic acid pathway）的生化路徑中相互競爭。玉米油是西方飲食中最大的脂肪酸來源，玉米油有極高的 Omega-6 脂肪酸含量，在花生四烯酸路徑中勝過 Omega-3 脂肪酸，可能會讓身體變得比較容易發炎，使動脈硬化症與自體免疫性疾病惡化。在一項針對英國囚犯所做的研究中，獲得 Omega-3 與維他命補給品的囚犯鬧事比率減少 20%，大概是因為他們控制衝動的能力有改善。[11] 現代西方膳食中的 Omega-3 脂肪酸不夠，多項實驗都發現魚油補充品有助於改善心情、控制衝動、免疫功能與情緒穩定。一般而言，多吃魚或 Omega-3 對投資人有益。

4.2 │（投資）心理異常的化學作用

分析失調的財務行為可以概略了解承擔財務風險的神經化學來源。心理健康專業人士所用的診斷手冊《心理疾病診斷及統計手冊》（*Diagnostic and Statistical Manual of Mental Disorders, 2002*）定義了各種心理疾病，有些心理疾病會導致異常的財務決策，例如急躁症是一種病態心理，主要特徵是愉悅的心境與過度冒險（包括金錢方面）。有證券戶的急躁症病人會迅速交易股票，直到耗光帳上持股為止。有個網站提到，有些急躁症病患會「上街大肆採購，把飯錢拿來買彩券，或是想進股市大撈一筆」。[12] 精神病專家羅納・費孚（Ronald Fieve）在其著作《情緒波動》（*Moodswing*）中收集了許多急躁與過度自信的投資人案例。[13]

急躁症是腦內（包括報酬系統裡）多巴胺與正腎上腺素過度活躍所造成的，治療急躁症的方法包括服用抗精神病藥物，直接阻擋或限制釋放多巴胺所引起的神經刺激。病人通常會拒絕服用，因為這些藥物會壓抑伴隨急躁症而產生的愉悅感與高度自信。

美國病態賭博者終生患病的機率不到 3.5%，[14] 最近的神經造影研究顯示，這些人的報酬線路極其活躍。病態賭博者是為了刺激感而賭博，他們可以藉此啟動異常不敏感的報酬線路。

雖然行為治療是治療病態賭博症的最佳方式，但有些藥物也可大幅降低賭博的頻率。最有效治療病態賭博者的藥物是納曲酮（Naltrexone, ReVia）[15]，這是一種 μ 鴉片受體阻斷劑。在報酬系統中，μ 鴉片受體會刺激多巴胺的釋放。[16] 以納曲酮阻礙鴉片受體可以減少阿肯柏氏核中的多巴胺釋放，進而減少主觀的愉悅感。[17] 服用納曲酮的賭博者可能會因為覺得賭博沒那麼有趣了，而不想再透過賭博來刺激報酬系統。

憂鬱的一些亞型，例如抑鬱型憂鬱症，其主要特徵是報酬路徑中的多巴胺活動減少，因而產生幾種憂鬱徵狀，包括無法快樂、嗜睡、長期趨避風險（這點對投資人很重要）等。Bupropion（一種微效的多巴胺興奮劑）與安非他命（較強的興奮劑）常用來治療抑鬱型憂鬱症。

不安也會造成財務決策的偏誤。不安變成病態時，主要特徵是會誇大風險觀感及產生高度警戒。輕微的不安可能會讓人稍微增加承擔的風險（因為適度的壓力會激發多巴胺的分泌）。媒體也常提到，投資人緊張時，股市會呈現驚驚漲（注：wall of worry，不管市場的不確定性，股價依舊上揚。這裡的憂慮是指政治或經濟風險。）的格局。高度不安時，投資人為了避險就會出現恐慌性拋售。投資散戶會不會恐慌是由幾個因素決定，例如個人因應不安的策略、過去的虧損、個人風格、風險敏感度等。

有兩種強迫症值得在此討論。購物狂（compulsive shopping disorder, CSD）目前被當成強迫症的一種，服用抗鬱劑（Citalopram）可以適度治療購物狂。[18] 囤積症也是強迫症的一種，是指過量累積某類商品或資產的現象。目前只有行為與心理療法有治療的效果。[19] 購物狂表示，購物讓他們紓解緊張的情緒，但囤積的問題不一樣，囤積者無法擺脫他們已經收集的東西。

4.3 ｜投資績效與神經化學

利用化學物質提升績效是個備受爭議的議題，專業運動員，例如棒球選手貝瑞・邦茲（Barry Bonds），因為使用類固醇改善績效而遭到媒體撻伐。環法自行車大賽七連霸得主蘭斯・阿姆斯壯（Lance Amstrong）的隊友弗洛伊德・蘭迪斯（Floyd Landis）被發現施打人工睪酮素後，拱手讓出 2006 年環法自行車大賽的冠軍寶座。運動員因使用提升績效的化學物質而蒙羞的例

子不計其數。

決策和身體的表現相反，決策無法用化學物質輕易改變。不過，咖啡因和酒類是世界上兩種最常用來改變心理的物質，主要是因為它們會對認知產生效果。這個單元將說明認知績效是可以用某些藥物、食物與毒品改善的，但是並沒有「簡單」的改法。

目前大家認為使用藥物改善心理表現是不道德的，這種做法稱為「心理美化精神藥物學」（cosmetic psychopharmacology），我做精神治療時還沒用過這種方法，但目前已有人開始用物質來改善認知績效了。

美國空軍讓飛行員服用藥物（長效型安非他命）來改善他們長途飛行期間的耐力。不過，安非他命有許多可能的副作用（包括妄想症與不安），對動態思考也有未知的影響。根據調查，在阿富汗發生的誤擊隊友事件（加拿大士兵出任務十小時後歸隊，卻遭美國士兵轟炸）可能就是服用安非他命造成的。飛行員認為他遭到來自地面的攻擊，在等候來自基地的著陸許可時，因為等得不耐煩就射擊了。

有多達 20% 的大學生坦承曾經服用安非他命來幫他們念書，[20] 這類藥物濫用可能會釀成悲劇。我的精神科同事在精神科急診室遇過不經意服用過量 Ritalin 與愛德樂（用來治療注意力不足與過動障礙的安非他命衍生物）的史丹佛大學部學生，這些學生在期末考期間服用這些藥劑來增強耐力。

有位全國知名的撲克牌玩家宣稱，萃取安非他命製成的長效型藥物愛德樂幫他在比賽中贏得數百萬美元。「體內有愛德樂時，我就像塊吸收資訊的海綿一樣，可以一次處理來自多位玩家的資料，並思考我的下一步該怎麼做。」[21] 他認為是安非他命使他集中注意力、保持清醒並維持耐力，尤其是在漫長比賽接近尾聲的時候。以他的情況來說，他的目標是短期的，利益很明顯，安非他命或許可以幫他改善財務績效。

有一種新的興奮劑名為莫達非尼（modafinil），副作用沒有安非他命那麼嚴重，也不會上癮。我認識一些交易員就是服用少量的莫達非尼（商品名為 Provigil）以確保交易時的機靈，但結果不明。

我認識一位精神科醫師，他認為藥物的調節可以幫某些交易員表現更好。他有位當交易員的病患因為有兩極性情緒問題而服用低劑量鋰鹽（lithium）。這位病患目前是交易員，他和老闆都希望他半夜能保持清醒，追蹤全球市場與最新消息。服用太多鋰鹽時，他的速度與能力只是「一般」，並且每晚睡 8 小時。不服用鋰鹽時，他馬上變成輕躁者：承擔太多風險，也太常交易。所以他和老闆及精神科醫師擬出一套避免情緒極端反應的方法，只服用少量鋰鹽，讓他仍保有適度的機靈：比較不需要睡眠、精力充沛、充滿自信且尋求風險。這位每天工作 16 到 20 小時的外匯交易員目前就有這些徵狀，他很高興交易績效因此受益。

4.4 血清素與市場泡沫

2000 年 2 月，精神科醫師藍道‧內斯（Randolph Nesse）寫了一篇文章，標題是：「市場在服百憂解嗎？」文中提到精神刺激用藥的處方箋從 1988 年的 1.31 億提升到 1998 年的 2.33 億，作者推斷：「即使四位大型投資人中就有一位服用改變情緒的藥物，我也不會意外。」[22] 內斯提到，有些服用抗鬱劑的病患「表示他們比以前更不小心謹慎，不太擔心真正的危險」。他懷疑如今很多投資人顯然不顧風險的行為，可能是普遍服用抗鬱劑造成的。

有些管理者把百憂解稱為「鐵氟龍藥劑」（Teflon medicine），因為百憂解讓他們可以不顧察覺的威脅，不反覆思考就迅速做出決定，有壓力時一樣保持樂觀。在暢銷書《神奇百憂解》（*Listening to Prozac*）中，精神科醫師彼

得·克拉麥（Peter Kramer）擔心抗鬱劑可能會被當成「商業奧運的類固醇」。[23]

史丹佛大學的布萊恩·柯納森教授（Brain Knutson）讓正常的受試者服用治療劑量的抗鬱劑克憂果。受試者出現威脅觀感降低及親和行為（affiliative behavior）增多的現象。[24] 在另一個研究中，服用抗鬱劑 Citalopram 的受試者在功能性核磁共振造影上出現杏仁核（恐懼相關）反應減少的現象。[25] 盲目樂觀及投資者一窩蜂看多股市時，正好就有這些特質（威脅感降低與社交親和力增加），就好像投資人片面停用腦中的損失避免系統一樣。

牛津大學的羅伯·羅傑斯（Robert Rogers）做過好幾個實驗，他以耗盡色胺酸來降低大腦的血清素濃度。羅傑斯發現，缺乏色胺酸讓人無法區別獲利的大小。投資人缺乏色胺酸（及血清素低落）時，區別潛在獲利大小的能力可能會受損，導致他們為了小額投資而過度交易。

其他研究人員也發現，缺乏色胺酸會讓時間折現曲線變得更陡，所以投資人的血清素濃度低落時，他們會偏好短期立即的報酬，而非長期較多的報酬。這表示血清素濃度低（因為耗盡色胺酸）可能促使投資人衝動追求報酬與過度交易。

從進化的觀點來看，血清素低和過度交易之間的關係是合理的，連續虧損的投資人希望能夠翻盤，他們願意接受任何可能彌補虧損的投資，所以會衝動追求可能的小獲利。

有位接受治療的憂鬱症患者，她的全部資產都是以現金持有，因為她怕承擔財務風險，甚至不願投資美國公債。她擔心美國政府可能倒帳，無法償付債券持有人。雖然美國政府倒帳是一種風險，但風險很小。她因為自己誇大的風險觀感而不敢投資，對於可投資的多種選擇無法實際察覺它們的風險與報酬。她的扭曲思想與其憂鬱症及神經化學原由（血清素低落）有直接的

關聯。以抗鬱劑成功醫治後,她的心境開始改善,開始小額申購債券與共同基金。

4.5 ｜玩樂用藥與酒精

多種藥物濫用都會改變財務決策。一般而言,四氫大麻酚(THC)、酒類與苯二氮泮類安眠鎮靜劑等藥物對於風險承擔也會產生類似的效果。四氫大麻酚(大麻裡的主要成分)會造成財務決策的偏誤。研究人員讓受試者從報酬確定但預期值低($0.01)與預期值為零但報酬變化高的投資中選出一種時,大麻上癮者選擇高風險投資的比例比服用安慰劑的對照組高出許多。大麻上癮者選擇高風險投資而虧損後,更有可能繼續選擇高風險的投資,對照組則比較可能改換預期值為正的選擇。[26]

酒類也會促成類似的不必要冒險行為,有酒癮的受試者在上述實驗中也比對照組更容易選擇高風險的投資。[27] 研究人員發現,飲酒和損失辨別力的下降有關聯;也就是說,有酒癮時,不會注意到大小損失的差異。服用propranolol 時也有同樣的效果,這很可能是因為酒精對苯二氮泮類安眠鎮靜劑受體產生作用,導致風險觀感降低。[28]

苯二氮泮類安眠鎮靜劑會讓人增加對高潛在報酬的偏好,尤其是機率低的時候;此外,它們也會增加風險的承擔。在一項實驗中,只有在獲利機率最低,但潛在獲利最多的賭局中,服用苯二氮泮類安眠鎮靜劑 Valium 才會讓下注數增加。[29] 在上述測試大麻與酒類的風險承擔實驗中,服用苯二氮泮類安眠鎮靜劑 alprazolam 會使受試者多挑選預期報酬為零的高風險投資。重要的是,有證據顯示,個人是否容易因藥物濫用而改變行為需視個性而定:「從尋求風險的個性即可預測藥物會對冒險行為產生很大的影響。」[30]

酒類

少量的酒可以讓人放鬆言行，減少不安，讓飲酒者更容易交際且更有自信。很多投資人在下班後會小酌一番以紓解壓力。跟喝酒有關的社交接觸是正面的，下班後喝酒能讓投資人擺脫因恐懼線路受到過度刺激而產生的緊張反應。但可惜的是，喝酒很容易在無意間就變成長期的決策問題。

投資人飲酒的問題可分三方面。酒精可能會讓人上癮，並提升忍耐度，導致長期微妙的績效下滑。酒類會讓投資人避免因應投資的核心問題（對財務不確定性的不安），還會產生短期退縮效果（宿醉），出現疲勞、反應遲鈍、缺乏創意與生產力低落的現象。宿醉的投資人因為睡得不好，還會影響他們的學習與衝動控制，讓反應比平常遲緩。

古柯鹼

以前古柯鹼與安非他命一直是提振精力的物質，南美安地斯山的原住民常咀嚼古柯葉或飲用古柯葉泡的茶，以便在高山上工作時可以有更多的精力與耐力。但是速效型古柯鹼（粉狀或塊狀）會使多巴胺濃度迅速飆升，很容易上癮。

古柯鹼上癮在社會低下階層比較常見，社會地位較高的猴子，腦內多巴胺的濃度較高，比較不容易古柯鹼上癮，[31] 大概是因為地位較高的猴子比較不需要靠額外的多巴胺來改善自己的感覺，牠們體內已經分泌足夠的多巴胺讓牠們產生自信與堅強。[32] 自信不足的投資人及自覺成就比不上同事的人比較可能濫用古柯鹼。據說在美國主要的證交所裡，古柯鹼濫用的情況很普遍，尤其是在 1980 與 1990 年代。場內自營商可能用古柯鹼來補充或提升報酬系統裡的多巴胺，以提升工作時的自信與動力。

以上研究顯示，常見的化學化合物（藥物與毒品濫用）可能對個人的風

險性選擇產生很大的影響，尤其處方常開的抗鬱劑及抗焦慮劑似乎會降低威脅的觀感，增加社交親和力。長效型安非他命會增加機靈度與安撫報酬系統對潛在財務獲利的反應。一般的血壓用藥（乙型阻斷劑）則會減少對潛在財務風險的趨避。

以上所有神經科學的資訊重點是：我們常服用的很多物質都會改變神經傳遞與財務判斷，投資人應該注意攝取的化學物質對財務決策有何影響。

在 PART 2，我們將詳細討論情緒對財務決策的影響。

2/

情緒如何影響績效？

第 5 章

聆聽直覺的力量

本章你可以學到這些 ▶

☑ 藉由培養 EQ 來訓練直覺

☑ 說明聆聽直覺為投資人帶來的優勢（與潛在風險）

☑ 理解人類如何把感性直覺，整合到理性決策之中

☑ 探討如何以直覺輔助市場分析

☑ 區別有益的直覺與造成偏誤的情緒

> 跟著砲轟聲買進，隨著號角聲賣出。——拿破崙戰爭期間，英國銀行家羅斯柴爾德（N. M. Rothschild）[1]

我有一位投資銀行界的朋友，巨額投資對他而言並不陌生。他常和諸多競爭對手議價高達上億美元的交易。

2006 年初，他幫客戶協商收購一家小型礦業公司。交易已經討論出對他們很有利的條件，並達成共識在隔天成交。他的客戶僅以 2.2 億美元就可掌控很大的土地權與採礦權、金屬礦場，以及小型的探勘單位。

成交前一晚，我的朋友無論如何都睡不著。一開始，他不知道原因，但凌晨三點時，他隱約有種預感。一到清晨，他立刻打電話給對方，取消交易。

一開始，他的同事都不敢置信，案子已經同意了，怎麼可以不徵詢他們的意見就放棄？

他請大家先保持冷靜，也要求大家不要打電話，不要和對方討論任何事

情。「絕口不提！」他如此告訴大家。

24 小時後，賣方的仲介打電話來提出 10% 的折扣，新合約也已擬好，上面列著新價格 1.98 億美元。簽約前一晚，他睡得很安穩，隔天也順利成交了。

他怎麼知道他們沒拿到最好的條件？他解釋：「我說不上來。這種事發生時，我不會去想，就只是跟著感覺走。……我知道如果交易前一晚睡不著，我就會取消交易。我希望我們在獲得對方的回應前先低調靜觀幾天，然後對方就屈服了……跟我原來想的一樣。」

他有預感他幫客戶談到的不是最好的交易條件，在察覺真相之前，他的身體告訴他事有蹊蹺。他因為聆聽身體的感覺（與無法入睡），所以能夠隨著事件的發展推斷出最佳策略。他做出直覺的決策（一個無法理性解釋的決策），結果獲利奇佳。

5.1 │ 分析與直覺

諾貝爾經濟學獎得主丹尼爾・卡尼曼（Daniel Kahneman）認為，決策的根本源自兩大廣泛的神經系統：分析與直覺。分析判斷主要是根據邏輯，直覺系統則是迅速憑著感覺。

本章將說明在類似的市場情境（風險、不確定性、有績效預期與時間壓力）下的最佳直覺決策流程。如果能妥善管理頭腦，這些情境就很適合充分發揮直覺決策。

直覺決策有賴「本能」知識，本章將說明聆聽直覺能為市場參與者帶來多大的優勢（與潛在風險）。

古希臘對情緒的看法是：感覺應該嚴加掌控，以免干擾理性思維與深思

熟慮。即使是今天，我們也容易推測，如果每個人都完全理性與講求分析，世界會變得更好。這個想法創造出電視影集《星艦迷航記》（Star Trek）裡的瓦肯人（注：Vulcan，瓦肯人與地球人一樣，有理性與感性。不過他們不容許自己發展感性，視感性的出現為不符合邏輯的行徑而鄙視感情。所以，他們的一切行為皆符合邏輯）史巴克先生（Mr. Spock）。《星艦迷航記》的創作者金恩‧羅登貝瑞（Gene Roddenberry）把瓦肯人設計成高等類人生物，他們努力讓自己的決策全憑邏輯。

在《星艦迷航記》中，瓦肯人過著嚴格自律的生活以壓抑情緒的影響。他們依賴冥想技巧與心理原則，以避免感情影響判斷。但是瓦肯人和人類一樣，無法完全擺脫情感，全按邏輯生活，所以他們精心設計詳盡的儀式，引導與安全釋放情緒與性欲。瓦肯人會定期回自己的星球參與戒備森嚴的年度儀式，做徹底的情緒淨化。此外，《星艦迷航記》每一集的最後也常以和瓦肯人冷靜邏輯相反的人類情緒來解釋一切。[2]

那麼，人類是如何把「混亂」的情緒與「柔性」的直覺整合到理性決策過程中？

5.2 ｜這項投資「感覺」對嗎？

傳統的投資理論假設，人類做決策時是使用推理與客觀分析。根據傳統理論，投資人緩慢且機械式地判斷潛在結果，權衡機率與可能的損益，得出理性的分析決策；他們經過一連串的計算後（風險—報酬分析）得出選擇。不過，在最後的結果可能意外產生不確定與波動的世界裡，投資行為並不像理論說的那麼理性。但是，目前也沒有一貫的心理理論可以反駁投資人理性行為的假設。

我在訓練課程中發現，專業投資人主要是依循理性判斷，並在實際做決策之前摻入重要的直覺成分。許多最優秀的投資組合經理人一開始是理性分析已知的事實與數字，從企業管理高層、顧客、供應商、員工與股票分析蒐集資訊。但為了把所有複雜的資訊彙整成單一決策，他們會使用直覺流程，自問：「這項投資『感覺』對嗎？」藉此整合一切資訊。直覺往往會指引部分的研究，決定最後買進或賣出的決策。

還好，投資決策過程的第一部分是可以控制的，很多投資人會事先界定他們想找的指標（所謂的「投資理念」），等收集好計量資訊後，就對手邊的事實進行有紀律且客觀的分析。投資新手大多只注意一、兩個正面或負面因素就做決定，但最好的投資人往往會更進一步，注意自己對投資的某些方面有什麼感覺，讓感覺來引導他們。他們可能對現金流量的波動或表外交易感到不安，而要求分析師進一步探索。他們可能對公司商品的潛力有種「豁然開朗」的正面觀感。或許他們會覺得分析師的預估都太謹慎了，而會用那些資訊去權衡有利買進的決策。不管直覺是如何融入決策的，直覺在投資行為中的普遍運用遠比理論學家所想的還多。

5.3 | 直覺告訴你什麼？

透過人類感官每秒傳到大腦的資訊量是我們意識到的上千萬倍，[3] 大腦怎麼有可能處理所有資料？大腦是以簡化與捷徑來協助資訊處理。

我們的日常決策絕大多數都是直覺決策（迅速、自動、不自覺下做的決策）。某些最重要的決策通常是以直覺為根本。直覺決策是在無意間由經驗塑造的，是九成以上決策的基礎。

刻意追蹤直覺往往得不到效果，因為直覺的美與簡單就在於它是在潛意

識下運作的，不接受來自較高認知層級的資訊。思考決策會讓過程進入意識知覺，那種有意識的慎思熟慮會掩蓋直覺流程的重要部分。在未經練習下，決策時想刻意運用直覺通常是做不到的。

在商場上，決策的結果無法確定時，專家常以直覺來做決定。「直覺」是指從經驗與本能考量目前的狀況。這個直覺會變成引起我們注意的感覺，例如「我對這件事有不錯的預感」。這種感覺就是潛意識的情緒流程，是以身體的感受表現出來。

有些企業領導者把他們的成功歸因於直覺決策的風格。奇異（GE）前執行長傑克‧威爾許（Jack Welch）甚至把自傳取名為《傑克：全憑直覺》（*Jack: Straight from the Gut*）。商場上的「結果」通常具有高風險，且其本質充滿不確定性，是整合直覺與行家判斷的理想環境。

經驗老到的投資人會本能地注意身體暗示的訊號，索羅斯就是一例。索羅斯在華爾街以長期績優表現著稱，1969 年他的量子基金成立，當時就投資1,000 美元的人，到了 21 世紀初，累積年報酬率已逾 30%（約 400 萬美元）。

索羅斯有時是根據直覺的身體訊號來規劃策略。索羅斯的兒子表示：「他在市場中改變投資部位或做其他更動時，都是因為他的背快痛死了，完全沒什麼道理，他是真的背痛發作，這就是他的預警信號。」[4] 索羅斯可以觀察他的身體感受來幫他做決策，就像其他專家靠直覺行事一樣。

索羅斯整合睿智的市場理論與身體感受，得出投資計畫。「索羅斯是以理論引導決定，身體會給他訊號。有利投資的趨勢形成時，他會分泌唾液。需要改變投資組合時，他就開始背痛。他的身體『知道』他該採取行動，或在理解真相以前必須注意情勢。」[5] 索羅斯會注意反映潛在風險與機會的身體隱約感受。重要的是，他不是只憑直覺運作，而是以身體感受輔助市價分析。

交易教練道格‧赫胥恩（Doug Hirschhorn）對一群投資組合經理人進行

邁爾斯—布里格斯測驗（Myers-Briggs），這是一種常見的性格測試。80% 的投資組合經理人與 25% 的分析師擁有「直覺」的個性特質，這種差異顯示出各別的技巧組合。投資組合經理人比分析師更有可能順著直覺做決策，而不是根據清楚的資料。[6]

跟著直覺走不一定很容易，有時候強烈的情緒會掩蓋直覺。有幾種因素會讓人產生掩蓋直覺的情緒，回憶、經驗或對大額損益的期待都會干擾直覺判斷。在承受許多時間、社會或績效壓力的環境下（例如在爭論不斷的委員會中，或會計年度終了考慮年終績效的時候），也很容易影響直覺判斷。還好，靜心思考可讓人直覺考慮複雜的資訊。

5.4 │ 使直覺更敏銳

從下述例子可以發現，抽離記憶、預期與目前的壓力有助於發揮直覺。以下是某位頂尖避險基金經理人描述他的投資決策流程，我們的談話紀錄如下。

彼得森：你怎麼知道要投資什麼？

經理人：我可以感受到很多資訊，我會把這些資訊收集起來，然後就放著。大多時候我就像塊資訊海綿一樣。我不會對資訊做些什麼，不去找答案，就只是放著，等時機對了，自然而然會有所領悟。我會感受到一種搔癢的感覺，叫我去注意某件事，就像有種細微的感覺告訴你「你看那個」。我不知道自己該確切看著什麼，不過我會更加注意。

彼得森：那如何轉變成行動？

經理人：我常常還不知道原因就開始規劃交易，可能是買印度冰箱製造業者的股票、潛在的投資對象或祕魯礦權等。誰知道那個細微跡象會變成什麼？但它的運作方式就是那樣，就好像我站在一旁，不能分心，不能想太多或解釋我是怎麼做的。我就只是踏入區域裡，照著感覺行事後才離開。

彼得森：那麼你是從哪裡獲得那麼多的產業情報？

經理人：我的資訊都是從工作上取得的，是旗下交易員與分析師給我的策略與財務資訊，或是我自己從系統螢幕上看到的，跟大家看到的都差不多。不過如果我覺得有需要，還是會自己去取得或叫別人去取得更深入的資訊。

　　這位經理人的做法就像資訊過濾器一樣，他運用直覺與經驗，找出其他投資人忽略或尚未看出的型態與結構。如果他刻意仔細思考所要找尋的資訊，就會失去「在區域內」的能力。注意，在這個過程中他一直保持內心的沉著，沒有回憶過去的交易或思考可能會賺或賠多少。而是以開放的好奇心跟著細微跡象走，得出大致的想法，幫他指引出機會所在。

5.5 ｜處理複雜資訊：情感啟發

> 我沒什麼業務可以思考，因為我的業務就是交易。也就是說，我只看眼前的事實，而不是我覺得其他人該怎樣。——《股票作手回憶錄》[7]

　　在簡單的決策情境中，意識思考通常會得出比較好的決策。但是資訊複雜度超越某個層級後，意識選擇的品質反而不如情感選擇。情感為大腦提供

捷徑，讓人迅速且輕易地判斷複雜情境的對錯。[8] 我們在第 3 章大略介紹過保羅・斯諾維克教授的「情感啟發」理論。「情感啟發」理論指出，決策者通常是根據情感意義來指引日常生活的判斷與決策。「情感區」包括一切有意或無意間與形象產生關聯的標籤。由於情感資訊在一整區的標籤裡唾手可得，這類資訊可對許多熟悉的刺激產生迅速簡單的反應。

情緒透過情感啟發，可以像資訊那樣幫忙產生判斷，作為推論的捷徑，讓人迅速釐清與整合許多相關資訊。情感也可幫助人們把焦點放在決策的顯著點或相關點。情感具有激勵效果，可以讓人更快做出更堅定的決定。[9]

所以，情感是日常決策的必備要件，支持直覺的隱約流程。可惜的是，「特殊利益」（大腦的比較器產生強烈情緒時）造成情感偏誤時，可能會損及財務決策。情緒太強烈，尤其是因為預期、回憶或回應外在事件而產生的情緒，可能會蒙蔽直覺，對判斷與決策產生負面影響。為了區分哪種情感（情緒）有益、哪種可能有害，我們可以先深入了解 EQ 心理學家的見解。

為了掌控直覺的力量，又要避免沉溺於情感的「特殊利益」，我們可以培養所謂的 EQ。[10] 商業心理學家丹尼爾・高曼（Daniel Goleman）率先提出 EQ 的概念。EQ 的研究起源是因為有證據顯示，情緒才能比純粹的智商更有助於事業的成功發展。

高曼表示，EQ 是指「了解自己與他人的感覺，以激勵自我並管好個人與人際關係情緒的能力」。[11] 人的 EQ 是由五種基本的情緒才能組成的：(1) 自知；(2) 自律；(3) 激勵；(4) 同理心；(5) 社交技巧。有項研究的對象是 40 家公司的管理者，研究結果發現，工作表現優異的人之中，EQ 高（53%）的情況比 IQ 高或專業技術高（27%）的情況普遍。[12] EQ 高和投資成效可能也有關聯，但這方面我還沒看到什麼科學研究。

5.6 | 潛意識情感

EQ 的必要技巧之一是自知，如果人不知道自己的感覺如何，就無法區分有益的直覺與會造成偏誤的情緒。潛意識的情緒可能是危險的，因為它們會改變人們對財務機會與風險的想法。此外，自我察覺這些情緒還需要高度的專業技巧。

研究人員發現，事件誘發的情緒會影響我們對其他無關情境的想法。欣賞電影、享受和煦氣候或經歷緊張的考試所誘發的情緒，都會影響我們對無關議題或物體的判斷。[13] 例如，有項實驗顯示，受試者剛看過報上歡樂的報導時，會對風險做出比較樂觀的判斷。[14]

不過，更可怕的是，有扎實的科學證據顯示，人往往不會意識到自己的感覺，或不知道感覺對判斷的可能影響。加州大學聖地牙哥分校的溫基爾曼教授（Piotr Winkielman）與密西根大學的貝里奇教授（Kent C. Berridge）分別進行了一連串的實驗。他們讓受試者在不經意下看到笑臉或怒臉，然後請他們倒飲料、喝完並做出評價。「潛意識的笑臉讓口渴的受試者倒出並喝完較多的飲料（研究一），增加他們付費的意願，讓他們想喝更多的飲料（研究二）。潛意識的怒臉則有相反的效果。」參試者表示，他們主觀的感覺並沒有因潛意識的笑臉或怒臉而改變，[15] 但即使他們覺得看過不同的臉感覺無異，他們的財務行為卻改變了。

5.7 | 喚醒無意識

為了探討財務風險決策期間的潛意識情緒，史丹佛大學的楚魯希羅教授（Jennifer L. Trujillo）與柯納森教授（Brian Knutson）設計了一項研究，讓受

試者看過一張情緒性的臉孔照片後，從幾個有風險的選項中做決定。[16] 這些臉孔都展現了明顯的情緒，例如恐懼、憤怒或快樂。研究人員要求受試者先說出臉孔的性別後再下注，以確定他們沒有分心，不過研究人員並未事先警告他們這些臉部表情可能會影響他們的決策。

研究人員進行三個實驗，讓受試者從風險不同的財務選項中挑選，結果很有趣，但並不令人意外。受試者看過笑臉後，最有可能選擇風險最高的選項。看過憤怒或恐懼的臉孔後，比較可能挑選安全的選項。憤怒與恐懼所產生的效果並沒有差別，不過，看過憤怒的臉會降低之後繼續投資的可能。

重要的是，不管受試者的績效報酬如何（賺或賠），臉孔的情緒都會影響受試者的決策。一般而言，正面表情（快樂）會增加風險承擔，負面表情（憤怒與恐懼）會降低風險承擔。此外，即使承擔更多風險也不會讓獲利增加，但笑臉還是會增加風險承擔（以報酬變化性來衡量時）。總之，研究人員推測，在潛意識下瞬間啟動大腦的恐懼（杏仁核）、憤怒與快樂（阿肯柏氏核）的處理中心時，會影響大腦皮質正確評價風險性賭博的能力。

投資人也可能被臉部表情以外的無意識情緒來源所影響。工作場所的氛圍、商業新聞廣播的語調、晨間報紙的內容、家裡的情緒環境等，都可能在無意間影響人的風險決策。即使這些因素的影響很小，但幾年下來，就算只是改變百分之一的風險性選擇也可能造成龐大的累積收益或損失。

本章強調直覺在專業投資決策中的重要性，但考慮太多、強烈的情緒偏誤或潛意識情緒都會讓多數投資人的直覺判斷產生太大的偏差。經驗（由誠實評估與迅速反饋獲得）與 EQ（尤其是自知）是傑出投資人用來強化直覺流程的方法。讓直覺產生偏誤的情緒會釀成典型的財務錯誤。下一章將詳細說明情緒對財務判斷的特定影響。

第6章

受情緒蒙蔽的判斷

本章你可以學到這些 ▶

☑ 情緒改變大腦資訊處理與決策能力的方式

☑ 說明決策時，情緒偏誤會造成哪些陷阱

☑ 分析後悔、悲傷、嫌惡、恐懼與憤怒等情緒，造成投資人做出哪些錯誤決定

☑ 區別「情緒管理」與「情緒控制」

☑ 事前對不安情緒做好規劃

　　有時候我在社交場合提到自己的職業是「投資心理學家」時，大家都很好奇。他們的問題往往和市場有關（「你認為市場往後一年的走勢如何？」），有時他們也會問一些比較個人的問題（「為什麼我太太就是沒有預算概念？」）。

　　2006年初，裘蒂在晚宴上聽到我的職業時，有點惱怒地問：「有人派你來跟我談嗎？」

　　「喔，沒有。」我答。

　　「你確定？」她說，並且斜眼看著我。

　　「呃，對。」我不知所措。

　　「來這裡，我有話跟你說。」她作勢要我到屋內安靜的角落。

　　「嗯，好」我說。

　　我們愉悅地談了一會兒後，裘蒂打開心房，告訴我她一直做窮苦老人住

在橋下的惡夢。在很多夢裡，她自己也窮苦潦倒。她在電視廣告上看到愉快的退休老人時，總會淚眼汪汪。這種情況已經持續一年，她不太明白原因何在，但也認為自己可能略知一點線索。

「什麼線索？」我問。

「1990 年代末期，我在一家大型投資銀行擔任經紀人，我們負責說服退休客戶以私人帳戶買進公司建議的投資標的。1998 年我開始做時，大家都想買網路股，於是我們打電話給客戶，推薦他們幾支首度公開發行（initial public offering, IPO）的股票，也建議一些其他的股票。他們通常都會毫無疑問地接受我們的建議，也獲得不錯的績效。1999 年底，公司開始推出網路股共同基金，我們除了賺佣金外，客戶買進時還會加收兩點。」

「哇！好多喔！」我低語。

「沒錯！老闆告訴我們，如果我們無法把基金賣給八成的客戶，我們就會被開除。我的工作就是說服數十位退休老人買網路基金。有些人想把全部的錢都投入基金裡，我也讓他們這麼做了。」

「結果呢？」

「2001 年初我離職前，客戶打電話來問我他們的帳戶淨值為什麼一直縮水，我還要他們繼續抱著，情況會好轉。……我現在覺得很糟，大家是真的相信我。」裘蒂喝了一口飲料。她觀察四周的臉龐，彷彿想找人傾訴般。

她的故事聽起來好像還沒講完，我又追問：「然後呢？」

「之後我拿到不動產的執照，現在我是不動產經紀人。」

「不，我的意思是妳的客戶和那些基金後來如何了？」

「我不知道，我猜那部門結束了，有些客戶應該是虧了大部分的退休老本。我離職前，一位客戶告訴我，我賣給他的東西讓他必須延緩退休十年。」她端詳著自己的鞋子。

「妳以前向誰說過這些事嗎？」

「沒有，我為什麼要說？」

「這件事似乎讓妳受創很深。」

她想了一下，然後冷靜地說：「沒錯，我對整件事很過意不去。」

裘蒂深受罪惡感所苦，她原本想幫助某些客戶，卻害他們必須延緩退休。她對自己的行為深感歉疚，罪惡感甚至在難以想像的情境中浮現：看到電視上的退休老人會讓她哭泣，睡夢中也會夢見他們。

她說她從 2000 年以後就不再投入股市了，她的所有退休積蓄都是以現金持有，就像是為自己做過的一切懺悔一樣。對她來說，最糟的是，她自始至終都認為泡沫會幻滅，一直不相信「新經濟」熱潮，很後悔自己雖然明知這些網路基金對退休客戶不利，卻還是開心地賣給他們。

懊悔與罪惡感可能長年糾纏不放，為了避免這種感覺，人們會刻意隔離相關的記憶，但有時候懊悔無法忽視，它會在不當的時刻或以意外的方式浮現。裘蒂從來沒有接納與克服這些過往經歷，所以每次碰到相關的經驗時，強烈的情緒便油然而生。

6.1 ｜情緒偏誤

本書所要探討的是心理上的敏感議題。談錢不僅是社會禁忌，公開討論情緒時，也往往令人不安。很多人觸及這類話題時，會覺得很沒安全感，因為情緒潛藏在潛意識之下。

以往，大家認為情緒是「混亂的」，對判斷來說弊多於利。但研究證實，情緒對好壞決策都很重要。在上一章，我們看到卓越的直覺決策往往是根據本能的感受來判斷。不過，當情緒升至中高層級時，反而會掩蓋直覺，

對直覺無益。本章將說明特定情緒所造成的偏誤。

情緒可能是短期（延續幾分鐘至幾小時）或長期的，例如心情（延續幾小時至幾週）。長期習慣性的情緒就是所謂的態度，當它們代表個人因應世界的一貫方法時，就是所謂的人格特質。

研究文獻列出了情緒改變大腦資訊處理與決策能力的幾種方式。[1] 情緒性的決策者往往會對支持他們情緒狀態的資訊相當執著，而忽略矛盾的證據。[2] 短期情緒與心情（此後通稱為「情緒」）容易讓人採取行動。如果沒有行動，情緒就會遲遲不散。潛意識的情緒在適度宣洩以前，會隱約造成判斷與決策的偏誤[3]（裘蒂就是一例，她的未處理情緒遲遲不散，因此會不經意出現）。

事件依照（或不依照）某人所想的發展時，出現情緒反應是人之常情。其實不需要真正發生什麼事，人們就會出現情緒反應，光是想像可能的結果（例如空前成果或可怕失敗）就會激發情緒。每位投資人幾乎都會對市場價格的變化產生情緒反應，尤其是投資新手。多數投資人面對盤整市場時會感到緊張，面對多頭市場時興高采烈，市場爆跌時則是充滿疑惑與恐懼。每種情緒都會改變投資人的想法與後續的資金處理方式。

決策時，情緒偏誤會導致什麼特殊的陷阱？表 6.1 歸納出情緒對處理與判斷的廣泛影響。[4]

表 6.1　情緒如何影響決策

情緒如何影響決策	範例
目前的情緒狀態會改變處理風格。	快樂的人對決策的準確度比較有信心，憂鬱的投資人比較注重細節且優柔寡斷。
潛在的性情或個性會導致觀感偏誤。	外向與樂觀的人看到的風險會比神經質（習慣性緊張）的人少。

直覺。自問:「我對這件事的感覺如何?」	傑克·威爾許「全憑直覺」決定。 索羅斯的身體感覺會影響他的交易。
思考可能的結果會導致情緒反應。	擔心企業可能申請破產保護而迴避。
預期收到報酬後的感受。	預期收到大筆權利金的喜悅刺激預期性買進。
預期虧損後的感受。	擔心投資失利的失落感讓人做更詳細的分析。
情緒未完全宣洩以前會影響判斷。	裘蒂的懊悔導致她迴避股市,看到退休老人的廣告就不禁流淚,晚上還會做惡夢。
預估偏誤:預期未來的感覺也會跟今天一樣。	不為退休儲蓄,因為「我很放心現在的財務狀況」。 恐懼的投資人認為股市會永遠低迷。
有目的的推論:以不合邏輯的論點解釋目前的信念以減少負面情緒。	2000 至 2001 年那斯達克(NASDAQ)下跌期間,「股市老師」一再建議投資人用定期定額投資法攤平網路股投資。

6.2 │ 正面情緒 vs. 負面情緒

　　正面情緒表示日子過得不錯,達成目標,資源充分;在這些情況下,人是處於理想的「拓延和建構」(broaden and build)情境。[5]恐懼與難過等負面情緒則是自我保護時的特徵,主要目的在於保護既有資源,避免受到傷害。不管是樂觀或悲觀,各種立場都會對財務判斷產生影響。

　　正面情緒讓人向外追尋,設定新目標。[6]快樂、知足、滿意與欣喜等正面情緒的主要特色是信心、樂觀及自我勝任感。快樂的人會以比較樂觀的方式解讀負面心情與傷害事件,以比較正面、肯定的方式因應。[7]好心情對幸福有正面回饋的效果。長期態度正面的人免疫力較好,身體也比較健康。

　　研究人員發現正面的心情對判斷有很多影響。情緒正面的受試者通常會採用比較簡單的資訊擷取流程,以降低決策的複雜度。快樂時會比較常使用

認知啟發（「捷徑」），例如既定印象。[8] 正面的人不理會不相關的資訊，考慮的層面較少，比較不會重複檢查資訊，抉擇的時間也較短。[9,10]

在財務賭注上，擁有正面情緒者的選擇也與負面者迥異。賭注大時，情緒正面的人會試著維持正面的狀態，避免重大虧損。[11] 相反地，如果賭注不大，開心的決策者會追求風險以求獲利（但賭注不會多到危及快樂）。就行為面來說，快樂者為了維持正面情緒，會採取行動以避免重大損失。[12] 所以快樂者雖然會做樂觀的判斷，但他們預期可能出現重大損失時，也會避免承擔風險。

正面情緒會拓展人的注意力，負面情緒則會讓人的注意力收斂。[13] 負面心情和反覆思量與高度警覺的思考流程有關。[14] 負面情緒比較會感受到較多的風險，也會對虧損產生過度反應。

斯諾維克教授與決策研究中心的同仁衡量受試者的個性傾向時，把他們分成「負面反應」與「正面反應」，然後請受試者玩改良版的愛荷華賭局實驗（參見第 2 章的說明）。斯諾維克教授發現，負面反應高的受試者會逐漸少選損失大的選項（或許是因為他們對虧損比較敏感），正面反應高的人會逐漸多選獲利大的選項，這些選擇行為讓正面受試者的整體獲利較低。

表 6.2 摘要與比較了正負面情緒對決策、判斷與行為的影響。

表6.2　正面與負面情緒對想法的影響

心情正面的人	心情負面的人
降低決策的複雜度	注重細節
採用比較簡單的資訊擷取流程	警覺性高，廣泛分析
不理會無關資訊	往往對細節過於執著
考慮的面向較少	廣泛觀察

比較不會一再檢查資訊	一再檢查
抉擇時間較短	緩慢與深思，有時優柔寡斷
比較會承擔賭注低的風險	盡可能迴避小風險
比較不會承擔賭注高的風險	比較可能花大錢購物或投入危險賭注
失敗後比較不會多慮，虧損後較容易從挫折中恢復	反覆思量挫折，較難重新振作

6.3 ｜把後悔當成自我應驗預言

後悔是投資原本就會有的不安感，有些決策免不了會出錯而導致虧損。無法客觀接受損失的人就會感到後悔，只有經驗老到的投資人才能在面對重大損失時不受情緒影響。後悔的不安感會讓人產生兩種最常見的行為偏誤。

在行為財務學的研究中，最常見的偏誤之一是太晚認賠殺出，又太早獲利了結。也就是說，投資人往往「任由爛股賠錢，但好股又抱得不夠久」，這就是所謂的「錯置效果」（注：disposition effect，又稱「處分效應」，指投資人傾向保留帳面損失的股票，卻容易將帳面獲利的股票賣出。第 14 與 15 章會詳細討論）。許多學者認為，錯置效果是因為「怕後悔」而產生的。

認賠賣股等於是承認自己的錯誤，知道自己犯錯會讓人產生痛苦的悔恨感。為了避免後悔，投資人會繼續抱著虧損的股票，希望股價反彈可以佐證他們最初買進的決定。

投資人太早獲利了結，是因為擔心股價下滑後必須回吐獲利，怕自己會後悔沒有趁早實現帳面獲利。所以不管股票是漲是跌，投資人為了避免後悔，往往會做出偏誤的決策。

加州大學柏克萊分校的美樂斯教授設計了一些賭博實驗，發現害怕後悔

會導致報酬減少。很多受試者挑選一種賭博方式但意外虧損後，接著就會迴避期望值較高的賭博。即使是因為隨機事件而虧損（例如丟銅板），最新虧損所產生的後悔也會讓人不理性地減少風險承擔。[15]

害怕後悔也會影響投資人最初的買賣決策。研究人員對美國中西部的一大群投資散戶及大學生進行調查與實驗，他們問投資人：「回想讓你現在後悔的投資決定，下面哪件事讓你最後悔：(1) 太早獲利了結？(2) 太晚認賠殺出？」[16] 59% 的人表示太晚認賠殺出讓他們比較後悔，41% 說是太早獲利了結。比較兩種錯置效果時（好股與爛股），太晚認賠殺出讓人比較後悔。

同一組實驗人員也請受試者參與模擬股市的遊戲，讓受試者在幾段期間裡自己做投資決策（買進、賣出或持有）。實驗時，受試者偶爾會有機會選擇是否聽從在派對中遇到的經紀人所做的建議。[17] 受試者買股並觀察一段時間的股價表現後，有權選擇再做一次決定。實驗進行時，實驗人員會問受試者對先前決定的滿意度。

有趣的是，不管結果如何，受試者表示擁有股票時的整體滿意度較高。經紀人給予精準的建議，受試者又照建議投資時，他們對投資結果的整體滿意度還不如自己獨立做買進決策時高。自己做投資決策比聽從經紀人的建議更讓人滿意。不過，如果股票虧損，當初若是自己決定買進的，會讓他們覺得比較後悔。聽信經紀人的建議會減少虧損的情緒影響。經紀人的推薦具有情緒避震效果，讓獲利與虧損的情緒反應都變小了。

這樣的發現或許可以解釋，為什麼多數投資人願意付高價購買積極的管理基金與聘請私人投資顧問。這些專業人士可作為投資人與投資決策結果之間的中介。投資人可以把財務結果的部分責任推給其他人時，就比較不會有情緒化的反應。

6.4 ｜悲傷使人承擔過量風險

> 低價最常見的原因是悲觀，有時是股價普遍低迷，有時是只有某家公司或某個產業如此。我們想在那樣的環境下投資，不是因為我們喜歡悲觀，而是因為我們喜歡那個價格。樂觀才是理性買家的敵人。——巴菲特，1990年致股東信

美國 2007 年成婚的配偶，約有四成以離婚收場。[18] 即使離婚是雙方的共識，但對彼此的情緒仍有很大的影響。女性離婚時為了安慰自己，往往會尋求友情的慰藉。男性親近的朋友通常比女性少，在回歸單身的過渡期，他們在社交與情緒上可能比較孤立。

道格來我的辦公室尋求投資建議，他說他投資波動性高的生化與礦業股一直失利，以前他交易這些股票時還有一些獲利，現在卻無法因應下跌的波動。他很想認賠殺出，在股市止跌回升時急追飆股。他以前炒股票的成績從來沒那麼差過，他不知道自己是怎麼回事，一下子就賠了一堆錢。事實上，道格來找我時，已經賠掉一半的退休老本。

我們第一次面談時，道格不經意地提到他兩個月前離婚，正在適應中。道格說，離婚是雙方都同意也抵定了，他不覺得那是讓他投資失利的原因。但是從我們的交談中可以明顯看出，道格還是對前妻與她的娘家念念不忘；失去她的家人與朋友圈，他頓時少了很多親近的朋友，離婚後沒人可以聽他傾訴情感上的痛苦，於是這種悲痛影響了他的判斷。

道格的傷心與悲痛讓他在不經意下增加承擔的風險，最近已有研究指出悲傷會影響風險的承擔。心理學家認為，悲傷會讓人想要改變自己的處境，悲傷的人進行股票交易是希望能夠馬上獲利，幫他們抽離悲傷的狀態。

各種負面情緒雖然誘發力（valence）相同，但對決策的影響卻不一樣。研究人員已研究解析特定負面情緒的影響。卡內基美隆大學的珍妮佛‧勒納教授（Jennifer Lerner）以短片誘發受試者進入悲傷與嫌惡的狀態，然後再研究他們在模擬股市中如何訂出買賣價。例如，她要求受試者填問卷，請他們回答他們願意以多少錢出讓剛獲得的某物（例如螢光套筆）。在另一個情況下，她請沒有該物的受試者表示他們願意出價多少取得那件物品。

勒納發現，有嫌惡情緒的受試者會很想「摒除」他們持有的東西，不想累積新物，他們會因為嫌惡而降低消費品的買賣價。

「原賦效應」（endowment effect，又譯「稟賦效應」）是常見的認知偏誤，意指人往往會高估已經擁有的物品。原賦效應使一般賣家要求的賣價比買家認為合理的買價還高。激發嫌惡感就可以消除買家與賣家的原賦效應（有嫌惡感的買家會降低平均出價，有嫌惡感的賣家會降低平均要價）。

在悲傷的情況下，勒納發現「悲傷會讓人想要改變情境，提高買價（出價），但降低賣價（要價）。」研究人員讓受試者感到悲傷時，原賦效應剛好相反。[19] 也就是說，和情緒中立者相比，看過悲傷短片的人會給自己擁有的東西較低的評價，給自己沒有的東西較高的評價。有嫌惡感的人則會降低所有東西的評價，不管受試者是否擁有該物。

根據反向原賦效應，悲傷的人應該比較可能買進或賣出東西。勒納推測這種反向效果是造成「購物發洩」（以購物提振抑鬱心情）的原因，可能讓人變成購物狂，是一種精神失調症狀。事實上，最有效治療購物狂的醫療方式就是服用抗鬱劑。勒納表示購物狂通常都有憂鬱現象，購物可以讓他們抑鬱的心情為之一振，抗鬱劑通常可以減少衝動購物。[20]

我推測，道格離婚的感傷是促使他過度交易、承擔過量風險的原因。事實上，道格停止交易並接受心理治療後，狀況就好多了。九個月後當他重新

投入股市時，已經可以有紀律地投資，到目前為止都有很好的交易績效。

6.5 | 恐懼與憤怒

勒納教授用另一些實驗檢視憤怒與恐懼對承擔財務風險的影響。在實驗之前，她先用一般的調查方式衡量受試者的恐懼、憤怒傾向與「對未來的樂觀度」。有趣的是，她發現，人的憤怒與快樂感愈高，對未來愈樂觀。對憤怒者來說，這種樂觀可能是因為他們覺得自己有掌控力。恐懼者隨著不安感的增加，會變得更加悲觀。兩種負面情緒（恐懼與憤怒）對未來預期各有不同的影響。[21]

勒納表示，有確定感的情緒（例如快樂與憤怒）會讓決策者依靠大腦捷徑做決定，有不確定感的情緒（例如不安與悲傷）則會讓決策者詳細檢視資訊。[22,23] 憤怒與恐懼雖然都是負面的，但伴隨的控制、確定性與責任不同。憤怒的人對侵害的性質比較確定，他們覺得自己對結果比較有掌控力，認為情緒是別人激發出來的。恐懼的人不確定危險來自何方，無力加以阻止，不清楚威脅是誰或是什麼原因促成的，[24] 而為了找出危險，他們會更徹底調查周遭與新資訊。

恐懼者比較不喜歡風險，憤怒者和快樂者對風險承擔一樣放心。風險承擔的決定因素在於對控制力的觀感。恐懼的投資人有不安全感，覺得無法控制一切。所以市場下跌時，恐懼者比較可能拋售股票。憤怒的投資人已經找出敵人，覺得局勢已獲得掌控，他們續抱跌價的股票是因為他們比較確定自己的情況。

從 2001 年 911 恐怖攻擊事件後的投資人行為，可以看到恐懼與憤怒的影響。攻擊發生後的兩週，悲傷與恐懼的投資人開始拋售股票。接著，沒有再

出現進一步的威脅、蓋達組織犯罪者的身分曝光後，投資人的恐懼轉變成目標導向的憤怒，隨著對抗塔利班的戰爭開始準備、啟動與成功執行，美國股市也強勢反彈，連漲了好幾個月。

6.6 ｜ 預測偏誤

情緒化的人往往很難預測未來的感覺，他們誤以為未來的情緒狀態也會和現在一樣，所以他們想像目前的偏好到未來都會維持不變。由於他們無法正確預測自己的未來，所以規劃未來時，就會產生預測偏誤。

例如，突然發橫財的人可能不會先把部分財富挪為退休積蓄。他覺得自己永遠都會有足夠的錢，有人提及退休儲蓄的點子時，他會認為：「我已經那麼有錢了，何必還要先存一筆錢？」研究發現，有不安[25]、痛苦[26]與困惑[27]情緒的人會出現預測偏誤。

預測偏誤讓多數人低估自己適應未知意外的能力，[28]例如投資人預期國際危機可能讓美元貶到歷史新低時，他們可能會推斷這對美國經濟會造成過度重創，而低估美國企業的應變力，[29,30]即使債市的預期報酬較低，他們還是會減少股市投資，轉投債市。

另一種預測偏誤是誇大引人注目事件的影響。[31]人通常會覺得事件的重要性和提及的頻率成正比。例如，投資人可能會高估全球普遍皆知的事件（例如中東衝突）對投資組合的重要性，卻忽視其他更深遠改變世界的事件，例如中國崛起成為政經強權。第 19 章將詳細說明這種「注意效應」（attention effect）。

有一種矯正預測偏誤的方法，是把心情歸因於市場時，持續抱持健康的懷疑態度。另一種方式是更了解自己目前與未來的情緒如何改變對財務風險

的觀感。

6.7 ｜情緒管理

多數投資人把情緒管理與情緒控制搞混了。控制往往是指壓抑，是危險的。誠如表6.1所示，情緒未宣洩以前，會一直對判斷產生壓力且遲遲不散。可惜的是，控制情緒經驗的方法往往成果不彰，反而意外增加交感神經系統的活動[32]（例如使血壓升高）。高血壓其實就是壓抑情緒的結果。

研究人員發現，鼓勵受試者把感覺歸因於情境因素與中立因素，可以減少目前的情緒狀態對判斷的影響。例如，閱讀悲傷的故事會降低多數人對生活滿意度的評估。不過，如果在評估生活滿意度前，先把焦點放在傷感的起因上，這個效果就會降低。[33] 了解自己為什麼傷感（因為讀了悲傷的故事）的人會對生活比較滿意。

一個人的情緒狀態和他的人格特質相符時，會較難管理情緒。神經質的人（有明顯的不安個性）會持續根據從不安獲得的線索來指引未來的決策，即使他們已經發現不安源自於中立的起因也一樣。[34]

人們第一次發現情緒對決策的影響時，往往不知道如何面對過度補償與補償不足。提高警覺與自知可以有效降低情緒對決策的中低度影響。在自知有效介入以前，最好先自訂情緒管理技巧。[35] 在特定情緒狀態下，很難清楚看出自己的思考模式已經產生什麼變化。

由於情緒會改變一個人是否容易受到財務決策偏誤的影響，所以預測未來感覺的能力對個人是有利的。例如，有些客戶會要求投資理專「市場跌X%時不要讓我賣股」，他們就是希望外部執行者能幫他們事先為高度不安時期做好規劃。

第 5 章提過，低階情緒是決策啟發的基礎，例如情感啟發。啟發讓人在不經意下迅速整合複雜資訊。情感啟發依靠隱約的情緒「標籤」指出決策選擇的相對優劣，是把複雜的資訊予以簡化並賦予意義的過程。以情感啟發簡化後的資訊，經過經驗的過濾加以權衡，並與其他情緒線索結合時，就會得出直覺。

直覺是指因應不確定的決策情境所形成的隱約、無意識情緒判斷。經歷過這種情境後，直覺可能是相當準確的判斷。最佳直覺是對情緒線索的老練解析。

直覺必須依賴本能提供迅速的判斷，分析式決策搭配直覺往往可以讓效果更好。

雖然直覺可以幫助人們做更精準的分析決策，但中度或強烈的情緒往往會導致決策偏誤。還好，對想要改善決策流程的人來說，使用正確的心理工具可以偵察出情緒並加以管理，而這主要是透過 EQ 技巧的培養。

本章提到許多與中強度情緒有關的專業資訊，我在此迅速整理歸納特定情緒的影響。懊悔（一開始提及的裘蒂感受）讓人對現有資產轉趨保守，增加對虧損資產的風險承擔（續抱虧損的股票）。憤怒會激發些許的樂觀、控制感與對財務選擇的確定性。大體上，憤怒的投資人比較不會進出股市。悲傷會讓人多承擔投資的風險，增加交易。投資人感到害怕時，通常會高估風險，比較可能會相信與威脅有關的資訊。投資人感到快樂時會低估風險，相信同樣樂觀的專家所提出的正面預測。

第 7 到 10 章將說明對客觀投資破壞最大的情緒狀態：恐懼、壓力、貪婪與傲慢。

第 7 章

狂熱與貪婪

本章你可以學到這些 ▶

☑ 剖析投資人在感到興奮、希望與貪念時的反應

☑ 理解大腦運作如何造成投資人承擔過量風險

☑ 探討過度興奮對投資造成的破壞性後果

☑ 造成投資人追價的原因

☑ 發覺情緒波動的原因，練習中斷情緒的方法

> 如果投資的娛樂性十足，你也覺得很有趣，那麼你可能沒賺到什麼錢，因為好投資其實很無聊。——索羅斯

證券交易委員會（Securities and Exchange Commission, SEC）第一次傳喚強納森‧列別德（Jonathan Lebed）到案時，他才 14 歲。15 歲時，他又再度被傳喚，這次是因為炒股詐騙。這類炒股手法是買進流動性低或不常交易的股票，再大力鼓吹這些股票的好處，等其他急切的買家以較高價格搶購時，他再到市場拋售。在新聞稿中，證交會指控列別德炒作股票以求迅速獲利：

> 1999 年 8 月 23 日（列別德 14 歲）到 2000 年 2 月 4 日之間，紐澤西雪松林市的列別德共犯下 11 起網路詐騙案。他以證券戶大量買進交易量低的小型股，買進幾小時後，即大量發送不實與誤導的垃圾電子郵件訊息，主要是到許多雅虎金融（Yahoo! Finance）討論版上炒作他剛買進的股票，

然後在 24 小時內全數賣出，從訊息炒高的股價中獲利。[1]

證交會解釋，列別德應負刑事法律責任，因為他貼在網站上與透過電子郵件散播的股票預測「包含許多毫無根據的預言與不實或誤導的言論」。

但列別德可說是個行銷天才。暢銷書《老千騙局》與《魔球》（Moneyball）的作者麥可‧路易士指出，列別德逐漸學會包裝他的促銷訊息。投資人買他建議的股票時，理論上應該可明顯看出自己站錯邊了，但是列別德透過再三的試誤過程，學到哪方面的股票資訊可以吸引投資人在存疑下買進。

路易士表示，列別德收到證交會傳票的兩天前，才剛上網為火偵公司（Firetector，股市代碼 FTEC）貼了將近兩百次的廣告文：

主　旨：有史以來價值最被低估的股票
日　期：2/03/00　3:43PM　太平洋標準時間
寄件者：LebedTG1

火偵公司開始展現爆發力了！下星期，這支股票將會暴漲……。

目前火偵公司的價格只有 $2.5！我預估火偵公司會很快漲到 $20。

請聽我細說分明……。

今年的營收非常保守估計是 2,000 萬美元，這個產業裡一般公司的本益比是 3.45。以火偵公司流通在外的 157 萬股換算，火偵公司的股價應該是 $44。

火偵公司很可能漲到 $44，但我想維持保守估計……，還是把火偵公司的短期目標價設在 $20！

火偵公司辦公室非常忙碌……，我聽說他們正在處理一些龐大的案子。一旦我們取得火偵公司的消息，大家開始傳開以後……，股價就會飆漲到更高的層次！

以目前的價格來看，買火偵公司沒什麼風險。火偵公司的獲利驚人，而且目前股價低於帳面價值！！！ [2]

列別德發現他可以在網路上隱藏身分，用專業的口吻發送充滿魅力的訊息，沒有人知道發信者竟然才 15 歲。

證交會起訴列別德時，亞瑟・李維特（Arthur Levitt）擔任證交會主席，他在《60 分鐘》（60 Minutes）的特別節目中精簡評論列別德的詐騙手法：「炒股詐騙其實就是買進、說謊與高價賣出。」 [3]

列別德的案子後來庭外和解，證交會代表受騙的投資人接受列別德償還的 28 萬 5,000 美元（含息）；和解讓列別德得以保留炒股期間賺進的 50 多萬獲利。

截至 2006 年，22 歲的列別德還是持續透過他的網站（www.lebed.biz）與電子郵件廣告推薦小型股。

證交會起訴列別德是因為他們認為列別德想操弄股市，不過炒股詐騙案還是時有所聞。既然這一定會虧損，為什麼大家還會一而再、再而三地受騙？

史黛西・柔依・柏格（Stacie Zoe Berg）在 TheStreet.com 中寫到，炒股詐騙的誘惑在於讓投資人「相信很容易就可以找到好股」。柏格指出，炒股詐騙主要是吸引天真的投資人：「他們因為較晚進入市場，卻想跟其他人一樣獲利，才會受騙。這種貪念與迫切感讓投資人很容易就被想要占他們便宜的人玩弄於股掌之間。」 [4] 但問題仍在：是什麼原因導致投資人產生「貪念與迫切感」？投機追價的熱潮是如何引爆的？

本章將檢視投資人興奮、希望與貪念的起源並加以剖析，討論決策期間過度興奮對財務造成的破壞性後果，最後則要深入探討讓投資人躍躍欲試的廣告用語結構。

7.1 │ 券商煽動非理性繁榮

網路狂潮期間，不只列別德欺騙容易上當的興奮投資人而已。1990 年代末期，網路券商的廣告也經過修飾，以吸引當沖客無意間上鉤。網路券商的電視廣告強調這類交易的簡單與獲利，大量運用正面情感的影像。

加州大學戴維斯分校的布雷德·巴柏教授（Brad Barber）分析了 13 家券商的 500 支電視廣告內容。他發現，1990 至 2000 年間的廣告中，28% 的廣告所描繪的形象與訊息很可能讓觀眾產生正面心情；1990 至 1995 年間，這類廣告的比例是 12.39%，1996 到 2000 年的比例則加倍成長至 32.98%。巴柏推測，心情比較好的人思慮通常比較不徹底、警覺性較低，較可能出現認知偏誤，也比較依賴情緒啟發，所以券商希望誘發觀眾這樣的心情。[5]

發現證券（Discover Brokerage Direct）有一支電視廣告的內容是描述乘客和拖吊車司機的對話，這位司機不僅投資股票，還擁有自己的島國。[6] 另外一支電視廣告則是描述投資股票的青少年擁有自己的直升機。[7] 嘉信理財（Schwab）有一系列的廣告主題是找名人代言，例如十幾歲的俄羅斯網球明星安娜·庫尼可娃（Anna Kournikova）。E*TRADE 的廣告則是宣稱「網路投資迅速又簡單」。[8]

證交會前主席李維特表示：「坦白講，有些廣告反而更像彩券廣告。公司一再告訴投資人網路投資可以致富時，就會營造出不切實際的預期……許多投資人很容易出現狂妄的陶醉感……。」[9] 紐約檢察長艾烈特·思必策（Eliot

Spitzer）表示，網路券商的廣告「傳達方便、迅速、簡單致富、網路時代不上網就落伍的訊息」。[10] 2001 年 1 月 26 日一篇關於網路交易的報導指出，證交會擔心，某些積極的網路券商廣告可能導致投資人對投資的風險與報酬抱持不切實際的預期。[11]

7.2 │ 股市風潮解析

列別德的廣告訊息避開理性訴求，直接訴諸投資人的神經報酬系統，鼓吹讀者買進可疑的投資標的。他的成效卓越是因為他在訊息中加入以下啟動報酬系統的用語。本章與後續幾章會進一步討論類似下面的報酬系統煽動語：

1. **新奇**。列別德建議的股票屬於新的市場領域或大家忽略的領域，一定可以刺激大家的好奇心（報酬系統的另一功能）。
2. **大額獲利的預期**。獲利預期會啟動報酬系統的深層自動區域（阿肯柏氏核）。列別德表示，投資人可以預期龐大的獲利。獲利大小對報酬系統很重要，可能報酬極大時，會讓人失去考量機率的理性能力。
3. **資訊過量**。列別德的推銷用語充滿企業統計數據，例如預期營收、收益、潛在市場規模等。對多數人來說，詳列統計資訊會讓他們停止審慎思考。許多讀者看了列別德的訊息後都想乾脆直接問：「對我有什麼好處？」直接跳看結論。困惑的投資人會看到列別德給他們一個簡單的答案：「現在買進，目標價 $20。」
4. **撿便宜**。他用「低於帳面價值」與「賤價」等字眼，訴諸投資人想撿便宜的心態。用這麼便宜的價格買東西，表示投資人不會虧損。

在神經方面，研究發現好交易會啟動大腦的報酬系統。

5. **用詞專業**。列別德的用字遣詞讓自己聽起來像是每支股票的權威，他顯然做了一些功課，提供可驗證的財務資料。投資人很容易因為他的深度了解與徹底研究而相信他的預測。列別德也使用難找的資料進一步提升他的權威感。

6. **時間壓力**。他訴諸時間折現想法，告訴讀者如果不「迅速」行動，就會錯失良機。時間壓力會阻礙審慎分析，導致邊緣系統活動直接跳過前額葉皮質的認知思考。

列別德以「專家」口吻引導易受騙的投資人預期高收益。被炒作的股票新奇有趣，投資需要馬上行動，而且「專家」還說顯然沒什麼下檔風險。有興趣的潛在投資人觀看最新報價時，其他急切的投資人（包括列別德在內）很可能已經開始買進，他們的買壓開始拉抬股價。對考慮機會的投資人來說，害怕錯失機會的想法會凌駕僅剩的一絲抵抗。他們馬上投入，而列別德正等著把股票賣給他們。

7.3 │ 貪婪是好事？

想要取得或擁有比自己需要或應得還多的過度欲望，尤其與物質或財富有關。——《美國傳世英語字典》

渴望的感覺；貪欲；貪念。——《韋氏大字典》

要不得的利欲薰心；對財富貪得無厭的欲望（人性死罪之一）。
—— WordNet 2.0

幾千年來，大家把貪婪視為造成財務愚行的淵源。聖經裡，貪婪是七宗罪之一，稱為「貪財」。佛教把貪婪稱為「貪欲」，認為它是人類失望與苦難的來源。施捨（貪婪的相反）則是伊斯蘭教的五功之一。英國維多利亞時代，狄更斯（Charles Dickens）創作了一個貪婪的角色施顧己（Ebenezer Scrooge），如今施顧己能馬上讓人聯想起過分追求財務獲利而喪失人性的情況。

媒體時常把貪婪塑造成負面的個性。邁克‧道格拉斯（Michael Douglas）在1987年的電影《華爾街》（*Wall Street*）中扮演企業併購者戈登‧基科（Gordon Gekko），他在想併購的泰達紙業（Teldar Paper）股東面前歌頌貪婪的本質與必要，或許其中讓人印象最深刻的場景，就是基科對泰達紙業股東所做的演講：

> 各位女士、各位先生，重點是貪婪是好事，貪婪很有用，貪婪是對的，貪婪可以闡釋、直指、掌握進化精神的要旨。每一種形式的貪婪，包括對生活、對錢、對愛、對知識的貪婪，都象徵著人類的提升。而且請各位記住我的話，貪婪不但能夠拯救泰達紙業，還能拯救運作不良的美國企業。

基科表面上宣稱上述的利他動機，但暗地裡只想裁撤泰達員工與拍賣個別部門以中飽私囊。基科的演講據說是以1985年伊凡‧波斯基（Ivan Boesky）對加州大學柏克萊分校畢業生所做的畢業演講為藍本，波斯基在演講中宣稱：「貪婪是好的，我想讓大家知道，我覺得貪婪是健康的想法，你可以貪婪但仍覺得自己很不錯。」波斯基是華爾街的套利客，後來被判處聯邦罪刑。1986年，為了和解內線交易案，他付了1億美元罰款給證券交易委員會。

從亞當・史密斯（Adam Smith）以降到米爾頓・傅利曼（Milton Friedman）等經濟學家都把貪婪視為資本主義無可避免、也是值得擁有的特色。在管理得當的平衡經濟中，貪婪有助於維持體系的擴張，但是也需要加以控制，以免破壞大眾對整個企業的信心。[12]

誠如經濟學家保羅・克魯曼（Paul Krugman）在《紐約時報》（*New York Times*）所說的，貪婪是好事的理論可能內含致命的缺陷：「過分論功行賞的體系會誘使掌控多數資訊的管理者捏造成功的假象，做假帳、偽造交易以膨脹營收，無所不用其極。」[13]

對投資人來說，貪婪讓他們過度交易、太晚投資或實地勘查不足，因而導致財務虧損。貪婪和過分自信、控制錯覺、賭資效應（注：house money effect，賺了錢後，在風險承受度上轉趨積極）等心理偏誤都源自於相同的心理。連串獲利所產生的貪婪會讓人因此變得傲慢。廣義而言，貪婪是以下因素匯集而成的結果：獲利欲望、追求機會的動機、不顧風險與貪多的傾向。

對個人來說，貪婪對績效表現不利，但貪婪卻是人性中常見的特質。了解貪婪可以改善市場獲利嗎（這顯然就是一種貪念的動機）？對許多投資人來說，找尋獲利潛力高的股票並期待高報酬是投資中最刺激（有時也是最讓人上癮）的一部分。管理伴隨一般投資過程而起的貪念是一種長久的挑戰。

為了了解促使投資人相信炒股詐騙、追高、承擔過量風險的貪婪類別，探究大腦內部的運作可以帶給我們更多的認識。由神經造影可以看出貪念如何啟動神經線路、哪類資訊會強化貪念、哪種介入方法可以加以抑制。

7.4 │ 如何決定風險承擔程度

史丹佛大學學者的研究顯示了貪婪的一些大腦淵源與代價高昂的後果。

他們發現大腦有一部分會對潛在的收益產生興奮感，有時會讓人追求過量的財務風險。此外，他們也發現，投資人害怕虧損時，另一部分的大腦就會被啟動，使人產生過度的風險趨避。這種神經造影研究因為實驗的限制，大幅簡化了投資決策的流程，不過還是可以讓我們深入探究投資人評估與選擇投資標的的方式。

1999 年，布萊恩‧柯納森教授進行大腦造影實驗，以說明所謂「正面啟動」（positive activation）的情緒特質。正面啟動是指對好結果的興奮預期。安心與滿意之類的正面情緒並不會讓人振奮，但興奮與興高采烈之類的正面情緒則同時包含正面情緒與生理反應（啟動）。在實驗中，誘發正面啟動的最好方法就是給受試者金錢。

在第一個實驗中，柯納森發現，在財務賭注期間，大腦報酬系統的不同區域在不同時間啟動了。他更發現，對財務報酬產生預期和實際收到報酬時，兩者會啟動不同的報酬系統中心。預期報酬時，主要是啟動腦部深處的阿肯柏氏核（參見圖 7.2）；收到財務報酬時，啟動的是眼睛後方的內側前額葉皮質（參見第 8 章的圖 8.1）。

在後續實驗中，柯納森找到期待獲利大小不同時所啟動的報酬系統。潛在報酬愈高，阿肯柏氏核受的刺激愈大。此外，他也找到報酬的機率是由大腦的哪一區考量。報酬機率愈高，內側前額葉皮質所受的刺激愈大。2004 年，柯納森的研究顯示報酬的大小、機率與期望值改變時，人如何預期與得知財務報酬。

2005 年，史丹佛財金所研究生卡蜜莉亞‧庫南（Camelia Kuhnen，現為北卡萊納大學克南弗拉格勒學院的財務學教授）和柯納森設計一項研究，探討個人如何決定投資風險的承擔。她假設報酬系統的區域可能會讓人承擔過量的風險或過分趨避風險。庫南與柯納森改進投資實驗，讓他們可以看見決

策當下的情況。他們的實驗率先採用了功能性核磁共振造影來顯現決策期間的大腦活動。[14]

他們把實驗命名為「行為投資配置策略」（Behavioral Investment Allocation Strategy, BIAS）。他們請受試者從三種選項中挑一樣來投資，其中兩種是有風險的股票（A 股與 B 股），另一種是債券。受試者選定後，就讓受試者看各種投資的結果。如果受試者有獲利，帳戶淨值就會增加，如果虧損，就扣款。在最初十次選擇時，受試者並不知道哪支股票會賺、哪支會賠，所以他們是從試誤中學習。「好」股的隨機報酬分配是＋ $10（機率 50%）、$0（機率 25%）、－ $10（機率 25%），所以每次投資的預期價值是 $2.5。「爛」股的報酬分配是＋ $10（機率 25%）、$0（機率 25%）、－ $10（機率 50%），所以每次投資的預期價值是－ $2.5。這兩支股票的唯一差異是最高報酬（＋ $10）與最低報酬（－ $10）的機率差 25%。第三種投資的報酬固定是每次 $1。

行為投資配置策略實驗中各種選擇的潛在報酬

債券＝每次 $1
A 股＝每次＋ $2.5 或－ $2.5
B 股＝每次＋ $2.5 或－ $2.5

受試者的目標雖然是獲利愈高愈好（他們可以保留收益），但他們開始投資時，並不知道哪支股票的獲利高。經過幾次投資，了解每支股票的報酬後，受試者會比較確定哪支是「好」股。為了避免受試者一直知道哪支股票最好，投資十次後，股票會重做一次隨機排列，接著再讓受試者投資十次。

　　經過幾次投資後，受試者會對哪支股票獲利高產生一些機率概念。理論上，當你對股票有七成的把握時，就應該開始挑選「好」股，以提高期望值。每次投資，你可以運用貝氏定理（Bayes's theorem）計算股票是「好」股的機率。受試者想獲得最大獲利卻不依循貝氏定理時，就會出現決策「錯誤」。當然，受試者不可能在有限的時間內心算貝式機率，所以他們必須依賴大略的印象，也因而做錯了許多決定。

　　受試者犯「風險趨避」錯誤時，即使有充分的資訊讓他至少有七成的把握知道哪支股票是「好」股，他還是會決定投資債券。大腦的前腦島啟動時，可預測風險趨避錯誤（參見圖7.1）。

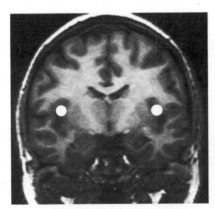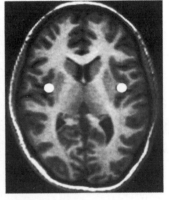

圖 7.1　這些圖顯示了腦島的位置。注意前腦島是前面的部分，腦島是大腦皮質較老的演化類別。顳葉與頂葉中較新的皮質（新皮質）組織包在腦島外圍。前腦島的活動和痛苦的經驗有關，可預報行為投資配置策略實驗中的風險趨避錯誤。

在其他研究人員做的功能性核磁共振造影研究中，痛苦、虧損與嫌惡會啟動前腦島。[15]庫南與柯納森發現，受試者知道自己沒選獲利最好的選擇時，會啟動前腦島。出現這種「違實虧損」（counterfactual loss）時，他們比較可能轉抱債券（因此犯下風險趨避錯誤）。受試者早就知道根據機率，「好」股的報酬有時候也會不如「爛」股，然而出現違實虧損後，他們很難堅持投資「好」股。

有些受試者在實驗剛開始獲利不錯後，後面的投資就漸趨保守，顯然這是因為他們擔心自己可能會「回吐」一些獲利。這也是一種風險趨避錯誤，稱為「見好就收」，我們將在第 14 與 15 章討論。出現違實虧損（第一例）或累積大筆獲利（第二例）時，受試者就會轉而挑選債券的安穩性，因此犯下風險趨避錯誤。受試者改採保守的風險趨避策略以前，前腦島都會先被啟動。

投資者短暫經歷投資績效不佳就出脫長期投資，就是風險趨避的表現。此外，投資者出售上漲的股票，先入袋為安，也是一種前腦島驅動的風險趨避行為。

7.5 │ 對好交易感到興奮

在行為投資配置策略實驗中，受試者認為某股是「好」股的把握還不到七成就先投資，就是犯下風險偏愛錯誤。庫南與柯納森發現，受試者犯下風險偏愛錯誤以前，會先啟動報酬系統的阿肯柏氏核，所以阿肯柏氏核的啟動可用來預測受試者即將犯下的錯誤（參見圖 7.2）。

神經科學家都很了解阿肯柏氏核，它有幾個有趣的特色：

1. **愉悅中心**：神經外科醫生發現，接受手術的患者表示，電流刺激阿

肯柏氏核時，他們會感受到強烈的幸福感（有些人還有高潮）。[16] 最近，科學家證實阿肯柏氏核的啟動和主動告知正面情感有關。[17] 雖然愉悅的確是阿肯柏氏核的功能，它還有神經科學家感興趣的其他功能，例如激勵與學習。

2. **毒品濫用**：所有毒品的濫用都會啟動報酬系統中的多巴胺神經元，那也是阿肯柏氏核的終站，所以大家認為阿肯柏氏核也是讓人對毒品產生渴望的地方。

3. **預期報酬**：預期獲利時，功能性核磁共振造影會顯示阿肯柏氏核受到啟動。[18] 其他報酬也會啟動阿肯柏氏核，例如巧克力、奢侈品與情色照片。

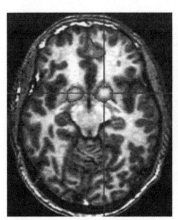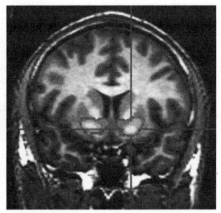

圖 7.2 這些是阿肯柏氏核（NAcc）啟動的照片，NAcc 的活動和感受正面刺激有關，可用來預測行為投資配置策略實驗中的風險偏好錯誤。

　　阿肯柏氏核的啟動本身不會預測風險承擔錯誤，而是過度啟動時才和投資決策錯誤有關。柯納森在研究的新聞稿中提到：「一般而言，受試者有 75%

的時間會做理性決策，25% 的時間會做錯誤決策。投資人做理性決策時，這些大腦區域也會亮起，只是沒那麼明顯。」

有些公司會利用線索或觸發機制來啟動顧客大腦中的風險承擔區域，誘使他們承擔多一點財務風險。柯納森在新聞稿中表示，他的發現「也可以解釋賭場業者為什麼會送免費飲料或意外獎品之類的『報酬暗示』，讓人預期其他的獎勵，啟動阿肯柏氏核，進而改變行為。……保險公司則是採取相反的策略，他們想啟動的是前腦島。」從前面有關 1990 年代末期券商廣告的討論可以看出，金融界早就廣泛運用那類暗示來鼓勵投資人承擔投資風險。

投資人對「熱門」股票的投資機會感到興奮時，就會啟動阿肯柏氏核。新興產業或高成長產業的股票，以及獲利潛力十足的股票都會刺激阿肯柏氏核，誘發對獲利的貪念。

行為投資配置策略實驗證明，觀察大腦啟動的變化可以預知「非理性」的冒險決策。接著，研究人員把焦點轉到零售環境中的「買進」決策。柯納森教授、卡內基美隆大學的喬治・洛溫斯坦教授（George Loewenstein）與其他人共同設計了一項實驗來衡量大腦中是否有「買進訊號」。也就是說，大腦中有沒有驅動人購買消費性物品的區域？

在實驗中，研究人員展示幾項一般的消費性商品（例如一盒 Godiva 巧克力、一台 MP3 隨身聽或《鐵男躲避球》〔Dodgeball〕的 DVD）。在商品旁邊，他們貼上受試者可以向研究人員購買這些商品的價格。有趣的是，這些商品的標價約是市價的三折，折扣必須那麼高才行，因為受試者不願買接近零售價的東西。

柯納森發現，大腦有三區會預告購買決策。阿肯柏氏核的啟動和商品的偏好有關（想擁有的欲望），這裡可以預告受試者即將買下商品。價格很便宜時，就會啟動受試者的內側前額葉皮質，這裡也是預告受試者將會買下商

品。在此實驗中，大腦痛苦中心（腦島）的活動減少，這個減少的活動也預告買進的可能。總之，購買消費性商品似乎有三個神經預告機制：對商品的渴望（阿肯柏氏核活動增加）、商品價格便宜（內側前額葉皮質活動增加），以及風險觀感低（前腦島活動減少）。

這些發現可以用來解釋投資人的一些行徑。價值投資者找到便宜好股的滿足感可能是因為啟動了內側前額葉皮質的關係。巴菲特、大衛·卓曼（David Dreman）、比爾·米勒（Bill Miller）等價值投資人可能都很注意內側前額葉皮質給的「物美價廉」訊號。

尋找刺激或有利投資題材的股票投資人可能是根據阿肯柏氏核的刺激買進股票。他們是買進喜歡的「好公司」股票，卻忘了好公司不見得股票就好。

覺得投資標的沒什麼風險的投資人是因為他們認為沒有下檔風險（前腦島刺激減少）而買股票。他們看不出來自己會有什麼損失，所以以比較願意承擔風險與買進。內側前額葉皮質、阿肯柏氏核與腦島都是用來衡量投資的神經線路。有趣的是，他們的啟動也可用來預告買進決策。

7.6 ｜改善偏誤的決策

情緒是理性也是非理性的選擇行為，情緒的極端才會導致過剩的狀況。貪婪與恐懼之類的強烈情緒表示人們比較可能犯風險趨避與風險偏愛錯誤。

我們可以用情緒（情感）的身體徵兆來暗示自己投資決策可能出錯。使用感覺作為預警訊號時，需要有高度的自知之明。自己察覺情緒並刻意追蹤最近決策受到的情緒影響，可以大幅改善決策效果。刻意中斷情緒性決策，甚至是像深呼吸那麼簡單的動作，都是有效降低衝動決策的方法。這裡的重點可能是一般常識：每次面對重大決策、感到興奮時，就先緩一緩，審慎思

考。

如果投資人最近虧損，發現自己開始緊張或出現以下不理性的風險趨避行為時，例如：(1) 對投資新部位猶豫不決；(2) 深怕進一步虧損；(3) 比平常感受到更多的財務風險。他就是有過度不安的情緒。他應該認出不安是他的決策問題來源，並採取行動降低不安或加強自律。

相反地，如果投資人最近大賺一筆，覺得：(1) 值得慶祝；(2) 絕對可靠；(3) 想承擔更多的風險。他就必須先退一步。思考自己是不是只看到潛在報酬卻忽略了謹慎的風險控管？如果是，就應該採取行動強化投資紀律。

7.7 │ 市場中的貪念

> 我偷偷告訴你們如何致富。別人貪心時，你就要擔心了。別人擔心時，你就要貪心了。——巴菲特，對哥倫比亞大學生的演講

情緒過激的指標之一，是投資人用來形容投資標的與目前市場情況的語言，也就是他們對投資環境的口頭描述。投資人語氣負面時，他們可能是趨避風險；投資人以正面文字表達他們對市場的看法時，他們比較可能承擔過量的風險。檢驗這項假設的簡單方法，就是計算媒體正負面用字的次數。

2005 年 5 月，我和保羅・康格斯（Paul Kangas）用商業新聞節目《夜間商業報導》（*Nightly Business Report*）的網路文字來算字數，也和杜博思（Lou Dobbs）用 CNN 的《錢線》（*Moneyline*）來算字數。《錢線》的文字紀錄從 2000 年 1 月 3 日抓到 2003 年 6 月 12 日，《夜間商業報導》則從 2000 年 1 月 3 日抓到撰寫本書之際。加總正面與負面用字以後，就可清楚知道每段期間商業新聞的正面與負面度。

我以簡單的線性迴歸來檢視正負面用字與未來市場走勢之間是否有關聯。結果發現，正面用字出現頻率高時，接下來幾週的股市（S&P 500）比較可能下跌；負面字眼出現頻率高時，未來市場比較可能上揚。這個結果雖然有趣，但因為有交易成本，所以這些投資型態並無法創造投資獲利。

　　從這個非正式的語言研究可以看出，媒體呈現的市場氣氛似乎反映出一般投資人的風險觀感。商業新聞報導非常負面的期間，一般投資人會傾向趨避風險，但事實上投資人如果趁這個時候買進，長期的獲利會更好。商業新聞報導過度正面的期間，也會出現相反的型態。

　　這些發現似乎也呼應了 2004 年巴菲特在波克夏年報中，寫給市場時機交易者的話：「如果他們堅持要抓對進出股市的時機，別人開始貪心時，他們就該擔心了，別人開始擔心時，他們就該貪心了。」

　　下一章將說明自負與傲慢對投資人決策品質的影響。

第 8 章

自負與傲慢

本章你可以學到這些 ▶

☑ 檢視投資人因為哪些原因自負，又因為自負導致哪些錯誤行為

☑ 分析「挑戰心理」造成的反應

☑ 交易員的重要特質是「熱情與謙遜」

> 投資與投機之間的區隔向來不明顯，而當多數市場參與者最近都獲利時，這條區隔線就更加模糊了。大量不勞而獲的金錢是讓人鬆懈理性的最好方法，歷經那樣的欣喜後，理智的人也開始出現類似灰姑娘參加舞會的心態，他們知道待在歡樂中太久（也就是說，持續投資評價遠高於未來可能獲利的公司），終究會出現南瓜和老鼠，但是他們還是不想錯過精采派對的一分一秒。所以樂昏頭的參與者都準備在午夜前幾秒才離開，但是有個問題：舞會現場的時鐘並沒有指針。—— 2000 年波克夏財報，2001 年 2 月 28 日

　　勝利病（victory disease）是指軍事指揮官在戰場上連戰連勝後，接著可能判斷不佳的情況。勝利者因自大、自滿、輕敵，不知道或無法開發新戰略而運氣反轉。知名的勝利病案例包括日本皇家海軍在二次大戰之初連續勝利後開始設定防衛周邊、拿破崙征俄失敗等。

　　諾貝爾獎病（Nobel Prize disease）是指諾貝爾獎得主智慧退化的情況。經濟學家保羅·薩繆森（Paul Samuelson）形容諾貝爾獎得主染上這種病時的

徵狀:「得獎者獲得獎章與美譽後,逐漸退步至一事無成,更有甚者,有些人變成吹牛大王,開始針對倫理、未來、政治與哲學等議題大鳴大放,坐在圓桌卻認為自己坐在首席。」[1]

商業媒體則創造了執行長病(CEO disease)一詞,這和投資人關切的議題直接相關,是指執行長坐到企業高位後就績效變差的情況。[2]這三種病(勝利病、諾貝爾獎病、執行長病)都有相同的心理型態,本章將說明自負與傲慢等投資偏誤背後的心理與神經科學。

8.1 | 傲慢心理

> 梅利威瑟和他的夥伴就是太傲慢了,誠如考夫曼所言:「有兩種人會賠錢:一無所知的人與無所不知的人。」長期資本管理公司裡有兩位諾貝爾獎得主,顯然符合第二種情況。——倫茲那(R. Lenzner)[3]

我念醫學院時,大四的專案是研究承擔財務風險與資產泡沫的心理起源。我的研究從 2000 年 1 月開始進行,時間抓得正好,靈感則是來自網路泡沫帶給我的驚奇。當時我閱讀了大衛·卓曼的著作《心理學和股市》(*Psychology and the Stock Market*),那本書的初版是 1977 年,卓曼描述 1960 年代初期「-onics」股票的投機狂潮,很多炒短線的交易員都沉浮其中。「概念愈深奧難解,大眾愈喜歡。公司名稱最後以 onics 結尾的股票幾乎一定大受歡迎。」[4]我覺得我好像在看網路泡沫的劇本一樣,只是以「.com」與當沖客取代「onics」與炒短線而已。

後來網路股顯然開始泡沫化了,但是投資人還是持續瘋狂買進,彷彿他們確信未來會有更笨的傻瓜以更高價買他們的股票一樣。我覺得似乎沒有比

這更貼切的傲慢例子了。

傲慢的英文「hubris」源於希臘文的「hybris」，是指希臘戲劇中悲劇英雄衰敗之前常出現的過分自傲現象。把外在目標視為主要成功指標的成功者常會出現傲慢的態度。任何根據外在指標（例如財富、美麗或運動實力）所給予的喝采，都容易讓成功者產生傲慢的心態。傲慢是投資人最危險的情緒狀態之一，因為傲慢之後通常伴隨著巨額虧損。

傲慢的第一階段是先獲得一連串的收益或喝采，如果那些收益是源自於個人獨到的天分、技巧或才能，就容易讓人產生自負心態。自負的投資人會忽略風險，過分相信自己的能力。

8.2 ｜自負使人變笨

> 根據《華盛頓郵報》的民調，94% 的美國人表示自己有中上的誠實度，89% 認為自己有中上的常識，86% 認為自己有中上的智慧，79% 認為自己外貌中上。──查克・謝潑得（Chuck Shepherd），《奇聞軼事》（*News of the Wired*）

在美國，自負的養成很普遍。大家認為自信相當重要，所以學校課程的設計就是為了培養小孩的自信。基本上自信是件好事，人如果缺乏自信，就無法接受挑戰或冒險。

自信的問題在於所謂的「過分自信」，就像上述引言所示，大部分的人都過於自信。在很多方面，對自己能力的信念是一種成功的自我應驗預言，但在金融市場上，過分自信會嚴重破壞績效。高度自負與控制錯覺都是造成交易實驗中受試者績效欠佳的原因。[5,6]

大部分的人接受訪問時，都表示自己是中上的駕駛、情人、運動員或投資者，但是怎麼可能大部分的人都屬於中上族群？顯然有人高估了自己的天分。

　　有些人生理上就有自負傾向（尤其是年輕人），有些人的自負則是日積月累的。

　　自負有很多種，一種是「中上效應」造成的。研究人員請受試者評估自己的能力，例如駕駛技巧、運動實力或經營能力，結果發現多數人都認為自己的能力中上。[7] 每個人都會高估自己的能力，根據研究，65% 到 80% 的人認為自己是中上的駕駛者。事實上，十個男人中有九位都表示自己的性器官比平均值長。

　　另一種自負是所謂的「誤判」。有些人高估了個人知識的準確度，他們使用的信賴區間過於狹隘。[8] 研究人員請執行長估算公司的年獲利範圍時，實際值十之八九會落在 90% 的信賴區間中。誤判的執行長多數預測的獲利範圍過於狹隘，導致實際獲利值落在 90% 的信賴區間之外。

　　在一項為期多年的調查中，研究人員請財務長針對明年股市收盤價，提出 80% 的信賴區間預估值。他們把 4,300 多個預測值和實際股價相比時發現，只有 30.5% 是落在財務長設的信賴區間中。[9] 大家可能會希望財務長對個人財務預估的有限能力有更多的了解。

　　第三種自負是指個人認為自己可以掌控隨機獨立的事件，也就是所謂的「控制錯覺」（illusion of control）。很多人誤以為他們可以控制、預測或影響隨機事件。以下是誘發控制錯覺的實驗。

　　在「動過手腳」的拋硬幣實驗中，研究人員請受試者預測拋硬幣的結果。研究人員故意讓每位受試者都可以剛好「猜對」30 次拋擲中的 15 次（50% 的命中率），[10] 而且又刻意讓三分之一的受試者前面四次都猜對，三分

之一是前五次猜錯四次，另外三分之一的命中率則是隨機。

所有受試者完成實驗後，研究人員請他們回頭估計命中率，前四次都命中的三分之一受試者估算的命中率比其他人高出許多，研究人員問他們再拋100 次硬幣的機率如何時，他們覺得後續的實驗機率會更高。整體而言，有40% 的人認為他們的績效會隨著練習而改善（即使他們明知拋硬幣的機率是隨機的）。[11] 所以，研究者的結論是：早期連續成功會讓人認為是技巧使然，進而讓受試者預期未來也會成功。[12]

一開始的獲利會增加個人預測賭局結果的信心。在多頭市場中，幾乎人人獲利；在多頭市場期間開始投資的散戶很快就會認為自己有選股的天分或技巧。華爾街有句俗諺：「多頭市場中，眾人皆天才。」早期獲利者比較可能在市場反轉時仍持續買進股票，因為他們很早就相信自己有投資天分。

自負其實會改變人的記憶，過往記憶會為了呼應目前的自負而產生偏差。人的大腦先天對獲利的記憶就強過虧損的記憶。而且，多數人會「誤記自己的預估，以便事後誇大自己的先見之明。」[13] 另外，我們很容易把負面結果怪罪到不可控制的環境上，把正面結果歸因於自己的先見與專業。人往往會把成功歸結於個人的判斷與專業預估能力，而把損失歸因於無人可預估的外部力量。[14]

專家特別容易出現自負心態。或許是因為社會共識認為他們應該比其他人更博學多聞的壓力，導致他們會過度相信自己的判斷。財金專家、創業家[15]、投資銀行家[16]、管理高層與經理人[17,18] 等專業人士普遍決策時都有自負傾向。

有些條件會讓自負現象迅速消失，例如決策過程中有以下情況時：(1) 可預測性高；(2) 迅速針對判斷的準確度做出回應；(3) 重複性高。[19] 因此，專業橋牌手、賭馬者與氣象學者的預測會比較準確。[20]

金融市場的特色是報酬不穩（可預測性低），交易頻率不定（有時進出頻繁，有時毫無動靜）。對交易員來說，他們可以獲得迅速精確的回應，但是回應並不穩定，需視市場情況而定。投資人獲得的回應更少，所以投資人自負的問題特別嚴重。一般而言，自負的投資人相信他們可以取得高獲利，所以他們會頻繁交易，低估相關的風險。

8.3 ｜獲利改變想法

哪些條件會讓投資人自負？在上述研究中，顯然最初連續的獲利容易讓人自負。研究人員在後續的研究中發現，受試者如果對決策過程有較多的掌控力，也會變得比較自負。他們給受試者隨機選號的彩券或讓受試者自己選號，受試者拿到彩券後，研究人員提議用機率更高的彩券跟他們交換手中那張時，自己選號的人比隨機選號者更想保留原來的彩券。自選號碼的人平均要求 9 美元才肯賣彩券，隨機選號的人只要求 2 美元而已。根據這個結果，研究人員認為，熟悉感與選擇的權力通常會讓人產生控制錯覺。[21]

其他研究人員發現，控制錯覺其實是對個人的預測能力過分自信，而不是因為相信自己可以控制結果。人們對自己預測與挑選的股票會比較有感情，也比較重視。一般而言，研究人員發現以下情況比較可能出現控制錯覺：

- 有很多選擇可選
- 一開始就有獲利
- 對任務很熟悉
- 獲得的資訊量很多
- 挑選結果攸關個人利益

■ 個人對決策流程有較多的控制力 [22]

　　知道自己表現優異也可能讓人自負。在功能性核磁共振造影研究中，柯納森發現獲利會啟動內側前額葉皮質。內側前額葉皮質位於報酬系統中多巴胺路徑的終點，和正面感覺與報酬認知有關。內側前額葉皮質的啟動表示追求報酬的行動已經成功完成。

　　內側前額葉皮質啟動時，表示朝著想要的目標邁進。行動持續產生大量報酬，直到個人滿意時，才會把認知資源轉向其他地方。沒多久，人們就會開始在不注意潛在風險的情況下投入危險活動。

　　金錢以外還有很多種報酬也會啟動內側前額葉皮質，例如看到最愛的商品（咖啡、啤酒或汽水品牌）。品牌導向的啟動表示對商品的滿意。面對信賴的人也會多多少少啟動內側前額葉皮質。注射古柯鹼與安非他命會啟動內側前額葉皮質，表示這些毒品和激發正面感覺有關。內側前額葉皮質可能是毒癮者將吸毒與快樂聯想在一起的地方。這個大腦區域也和報酬認知有關，所以財務獲利會降低人們追求報酬的動力，讓人對現狀產生更大的依戀。圖8.1 是受試者剛收到金錢報酬時的內側前額葉皮質情況。

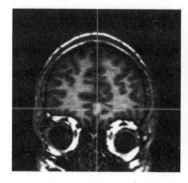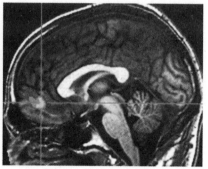

圖 8.1　受試者收到金錢報酬後，內側前額葉皮質的冠狀面與軸狀面。

許多人內心都有成功的自動調節器，也就是說，投資人達到財務目標時，動機就會下降。人需要挑戰才會蓬勃發展，做一項活動一再成功時，新鮮感就會逐漸消失，取而代之的是自滿。自滿之後就會忽略風險，虧損可能會突然發生。

我認識一位績效很好的交易員，他說他有「獲利上限」，讓他的績效無法突破內心的預設點。他說他已存有一輩子所需的錢了，也大量捐款做公益，因此持續交易的唯一理由是為了達到個人預期的年度報酬。超越那個內定標準，他就會失去動力。

這種缺乏動力感對他的生活產生一些壓力，如果他 6 月就達到目標，下半年不交易要做什麼？他下半年的績效往往不好，只會一直炒單，直到新的一年來臨為止。因為義務與無聊而交易時，他坦承自己偶爾會刻意投入沒興趣的交易，所以績效往往不佳。為了解決無聊的問題，他訴諸自己好強的個性，在達到主要目標後，就進一步設定個人標準挑戰自己。

人接受挑戰的方式，視個人的神經化學而定。有人會開始探索環境，有人則是暫停下來等候良機；採取哪種方式完全視個人的神經化學平衡而定。

前面的例子提過，發現報酬時，多巴胺神經元會強化產生報酬的行為。多巴胺神經元會修改訊號的強度，讓人多做獲得報酬的行為（通常是強化給內側前額葉皮質的訊號）。這是透過多巴胺路徑的報酬學習過程。

如果某種行為不再讓人覺得有益，腦中的正腎上腺素濃度就會升高。正腎上腺素會刺激人搜尋新的機會，[23] 是負責保持警覺與專注力的神經傳遞物質，讓人探索環境，時常轉移注意力。正腎上腺素活動頻繁但不過度時，會讓人提高警覺與增加注意力。[24] 有些醫治注意力不足與過動障礙的最新藥物，就是專門針對正腎上腺素的受體產生作用（例如 atomoxetine 就是正腎上腺素再吸收抑制劑）。

投資人某一、兩年獲利特別好時，會開始產生自信，認為自己可以持續保持優異的績效，多巴胺的報酬學習過程會開始記住獲利的行為模式。但是腦內的化學變化讓他們很難對風險管理維持同樣的注意力，當他們開始覺得有點無聊，為了保持挑戰感，他們會打破個人能力的限制與風險承擔。交易時，多巴胺濃度較低（因為他們已經學到獲利技巧）與正腎上腺素濃度升高，導致他們更加無聊、浮躁且頻頻尋找新的機會。

克里斯汀‧席瓦裘西（Christian Siva-Jothy）原是華爾街最大的自營商交易員，他領導高盛自營部時，「他的交易、投資規模、一貫的年獲利水準，以及抗壓的沉穩度都是交易界的傳奇。」[25]

1994 年在高盛任職時，席瓦裘西必須超越 1993 年的個人績效，他在 1993 年從外匯與選擇權交易中為公司賺進 1 億美元，而 1992 年同樣獲利非凡，所以「我的績效一直很好，有點得意忘形。」席瓦裘西表示：「我變得有點自滿。」進入 1994 年時，席瓦裘西帳上持有很大的日圓部位，2 月初，他的投資部位上漲 4,000 萬美元。隨著獲利成長，「大家開始說：『席瓦裘西又要賺翻了。』」[26]

1994 年 2 月的第一週，柯林頓（Bill Clintion）口頭抨擊日本的貿易政策，導致日圓拋售風潮，席瓦裘西開始平倉：「我火速出清部位，但是怎麼也賣不完，因為我之前還賣出賣權。那簡直是一場災難，市場就是有辦法把你整垮。」[27]

這些交易讓高盛虧損了 1 億多，但席瓦裘西並未崩潰：「這事件到了第八天，市場出現最大的動盪，一天之內我就虧了約 4,000 萬，我記得當時我有一股很強的念頭，想要起身一走了之，假裝一切都沒發生過，那種感覺相當強烈。不過我並沒有一走了之，深呼吸之後，就把所有部位都出清了。」[28]

席瓦裘西並沒有向強大的否認念頭投降，而是執行必要的交易。在情緒

激動下，認知上的「防衛心」可能是我們最大的敵人。培養面對激動情緒的勇氣需要練習與內在的力量。

避險基金顧問史蒂文・卓布尼（Steven Drobny）問席瓦裘西從 1994 年的虧損中學到什麼，他回答：「自信是非常危險的。績效一向都好，並不表示未來也會持續如此。事實上，如果你的績效一直都很好，反而最危險。過分自信絕對是致命的……不管情況再怎麼順利，你都要時時警惕自己，退一步自問：『會出什麼錯？』事實上，事情愈順利時，就更應該觀察風險所在及下檔損失有多大。」[29]

8.4 ｜好的自信

我一直知道我會很有錢，從來沒懷疑過這一點。──巴菲特

所有市場投資高手最明顯的特點就是高度的自信……但是我訪問的高手愈多，就愈相信自信是這些高手先天共有的特質，是促成他們成功的因素，也是成功強化的結果……誠實自我評估自信可能是預測交易員成就的最佳指標。──傑克・史華格（Jack Schwager）[30]

傑克・史華格是《金融怪傑》（*Market Wizards*）一書的作者，他表示：「對最後的成果沒有絕對自信的交易員，踏入交易界時應該格外當心。」但是那種自信必須是以事實為基礎。優秀的交易員有自信因應波動與意外事件，因為他們很靈活，會積極探索不利投資部位的資訊。他們踏實、機靈、謹慎，且能運用優異的金錢管理技巧，認清他們是可以虧損的。

一個人因應市場波動愈來愈游刃有餘，甚至可以善用市場波動時，就會

逐漸累積自信。優秀的投資人面對虧損後，信心讓他們重新振作，迅速改變策略。自信是以內在確定感與自尊為基礎，通常是從成功克服挑戰學到的。自信讓許多事業可以持久蓬勃發展。

投資沒有計畫的交易員容易缺乏自信，市場的波動與不可預期會迅速侵蝕他們的信心，讓他們亂了陣腳。自律與準備是維持健康自信的必要條件。

心理學家凡・沙普博士（Van K. Tharp）專門與交易員及投資人合作。他表示，卓越交易員的最大基本特色之一，就是他們相信「他們在開始之前就已經贏了」。歐洲某位研究人員寄問卷給數百位外匯交易員，調查結果發現，交易員認為「因應態度」是他們那一行成功的必備要件。[31] 其他研究報告指出，交易員必須果斷，不管交易廳內外所面臨的種種壓力。[32]

這些特質（高度自信、因應態度、果斷）都是透過能力與經驗培養的。交易員必須謙遜面對市場，同時從容自若。由於健康的自信很容易就會變成不健康的自負，所以投資人該如何穩住觀點呢？

恰到好處的自信是謙遜與實際，也是準備就緒與確定的。自負則是自以為是與自戀的，他們把自己的錯誤怪到外部環境上，把偶然的獲利全看成自己的功勞。自負與自信之間最大的差異就是自尊心。自負的人把自尊心看得比什麼都重要，一切以他們為準。

8.5 ｜解決方法

自負會讓決策產生許多錯誤，自負者把糟糕的結果歸因於不可控制的環境，把好結果歸因於個人的卓越表現。他們很難從不是即時的回應中學習，因為他們有事後諸葛的毛病，比較不可能從錯誤中學習，他們認為：「我早就知道了……，下一次我會準備得更好。」接著，他們會扭曲回應，讓一切感

覺好一點，使自己的處境看起來比較有利。

研究發現，教育研討會可以減少一種自負的效果（儲蓄不足），學習可以減少其他領域的自負情況。有一種減少投資散戶自負的技巧，是提醒大家自負的負面後果。[33] 研究顯示，更多的知識可以改善創投業者的決策品質，減少自負的影響。[34,35]

除了學習以外，寫日誌也是有效的自我修正法（雖然費時）。寫日誌包括記錄個人的思慮流程（邏輯）、後續決定（行動）與結果（結局）。定期檢視日誌時，就可以看出糟糕決策背後的思考型態。我們將在第 21 章說明寫日誌的流程。

席瓦裘西表示：「我要求自己記錄交易日誌。每天早上我都會重複同樣的動作：如果我手上持有部位，我會自問為什麼我會持有這些部位？有什麼東西變了？」

席瓦裘西指出，他招募交易員時，主要尋找的特質是「熱情與謙遜」。熱情是強烈報酬系統的產物（尤其是阿肯柏氏核），謙遜則是自負的解藥。此外，如果一個人想從錯誤中學習，並將熱情導向正途，良心和謹慎是必要的。「招募人才時，我最重視的就是正直。」席瓦裘西提及自己的交易佳績時表示：「很多佳績其實是運氣的關係，不過謙遜可能是最重要的……。此外，你也必須樂在其中，很多人都是為了錢才跨入這一行，但長期下來是行不通的。」[36]

下一章我們將討論與自負相反的情緒：恐懼。

第 9 章

焦慮、恐懼與緊張

本章你可以學到這些 ▶

☑ 區分「恐懼」與「恐慌」的差異

☑ 分析恐懼的社會感染力,如何造成集體思考與行為改變

☑ 學習從股價中判讀集體恐懼的跡象

☑ 善用恐懼改善投資報酬

> 如果你每年擔心市場的時間超過 14 分鐘,你已經浪費了 12 分鐘。──傳
> 奇基金經理人彼得‧林區(Peter Lynch)

　　恐懼令人不安,會讓投資人做出倉促糟糕的金融決策,恐懼也可能讓人失去理智、耐心與判斷力。恐懼感沒那麼強時,還是會讓人心神不寧。不管是什麼模式,恐懼對金融決策都有特殊影響。

　　投資人出現強烈恐懼感時,往往會有恐慌性拋售的現象。許多投資新手看到個人持股無預警暴跌,就開始恐慌。看著自己的財富蒸發是很恐怖的經驗。不過令人驚訝的是,交易日其實不單只有投資新手會出現強大恐懼感而已。

　　詹姆斯‧克瑞莫(James Cramer)曾是避險基金經理人、財金網站TheStreet.com 的創辦人,目前是 CNBC 電視節目《瘋狂熱錢》(*Mad Money*)的名主持人。他對投資情緒相當熟稔。在 TheStreet.com 的專欄中,他敘述了投資部位暴跌時的感受。在以下節錄自該專欄的文字中,克瑞莫生動地描述

了虛構股票「國寶」軋空時的慘賠窘境。賣空股票的交易者眼看股價急漲、自己迅速虧損時，會產生壓迫感，所以稱為「軋空」（short squeeze）。

世界在你周遭崩解，你的呼吸停了，你需要用力才能吸到空氣，你額頭漲紅，汗流浹背，你嚇壞了。你甚至不知道從何慌起，不知道該做何反應，你什麼事也做不來。

「到市場上買進二十萬股國寶！」五雷轟頂後你大吼：「給我&*$&###@買進 &*%$&$。」

一定是恐懼！恐懼是股票的真正驅動力……塔德‧哈里森（Todd Harrison）之類的首席交易員可以從股票代碼與股價中嗅出恐懼，你永遠無法掩飾你恐懼的氣味。[1]

克瑞莫對恐慌性拋售的精采描述凸顯出阻礙投資人的兩大情緒障礙：恐懼與恐慌。但是恐懼不一定對投資人有害，只要鼓起勇氣，即可善用恐懼感。但是恐慌一定很糟糕。雖然恐懼可能增強為恐慌，但兩者是截然不同的感受。本章主要是說明恐懼及恐懼對財務的影響。

以下五大重要準則可用來了解恐懼與恐慌：

1. 恐懼會導致生理變化（用力呼吸、流汗、頭昏眼花），所以可以自己判別。
2. 恐懼會改變人的思考與因應壞消息的方式（優柔寡斷、麻痺、壓力漸增與恐慌），所以常讓人做出糟糕的決策。
3. 恐懼和恐慌不同。恐懼是預期的情緒狀態，恐懼的人會看到許多風險。恐慌則是一種反應，有立即行動的迫切壓力。

4. 受到驚嚇時，需要費盡千辛萬苦才能保持冷靜。

5. 老練解讀價格動態往往可以察覺市場中其他投資人的恐懼。

　　人感受到威脅時，自然的反應往往是逃離。但是多數專家可以冷靜地退一步、深呼吸，然後理性分析危險局勢。擊退恐懼與恐慌反射所需的勇氣是透過經驗、練習與心智磨練慢慢培養出來的。客觀衡量投資所有面向（包括自己的情緒反應）所需的內心力量，是成功投資者的關鍵特質之一。

　　察覺自己的不安並不難，但是感到不安時，卻很難客觀質疑不安對自己有什麼好處。不安讓人為威脅做好準備，使人一分心就感到心神不寧。恐懼也有社會感染力。市場中很難消弭恐懼（逆勢操作）的部分原因在於，恐懼會造成集體的思考與行為改變，這往往可從媒體上與同事間的反應見得。如果可以客觀觀察投資人的不安，例如利用心智訓練、學習從股價中判讀恐懼跡象、使用市場氣氛指標，就可以善用恐懼來改善投資報酬。

9.1 ｜股價驚驚漲

> 股票獲利的關鍵在於不要被嚇跑。──彼得・林區

　　股市中有句俗諺「攀越憂慮之牆」（climb a wall of worry，俗稱「驚驚漲」），意指投資人與財經媒體擔心潛在風險時，股價似乎還是一路上揚。不管有多矛盾，擔心反倒提供了機會。以下文字摘錄自 1997 年 6 月的《華爾街日報》：「大盤漲勢如虹，讓市場觀察者與投資人都有點恐懼與擔憂。」[2] 投資人一方面擔心股市漲勢受挫，另一方面市場信心逐漸增強又促使他們買進。

　　強烈的恐懼和伴隨股市上揚所產生的擔憂是不同的。強烈的不安不會久

久不散，但是短視近利的投資人可能會覺得冗長不耐。嚴重的恐懼感會刺激壓力荷爾蒙的釋放，促使投資人在生理上產生短期思維。恐懼會讓人產生判斷不夠靈活的短期思想。可怕的事件過後，壓力荷爾蒙的釋放減緩，恐懼逐漸消退，投資人原本在市場上只看到危險，如今開始看到一些實惠的機會。短期而言，市場出現高度恐懼期間通常是最佳的進場買點（例如 2003 年美國出兵伊拉克前的恐懼）。

圖 9.1 是 S&P 500（SPY 指數）從 2001 年 6 月到 2002 年 2 月的圖。指數走勢圖中另有兩個市場氣氛指標。第一個指標是財經新聞中的恐懼用字量（《夜間商業報導》），第二個指標是廣播裡的喜悅用字量。注意，恐懼多於欣喜時，股市上揚；欣喜多過恐懼時，市場反而走跌。

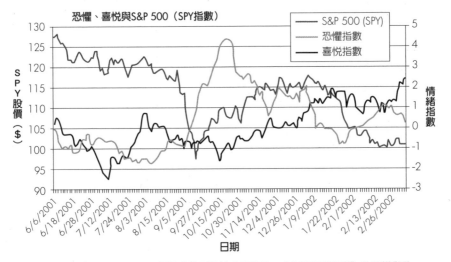

圖 9.1 2001 年 9 月 11 日紐約市遭到恐怖攻擊前後，《夜間商業報導》的恐懼與欣喜程度。氣氛變化圖上再加上 S&P 500（SPY）的走勢圖。注意，恐懼壓過欣喜時，市場上揚。歡樂凌駕恐懼時，市場走跌。這種模式只適用於情緒導向的市場中。

這是刻意挑選過去恐懼與欣喜程度和股價趨勢有關聯的例子。通常這種關聯度雖然在統計上很明顯，但是並無法提供超額的交易報酬。

就演化上來說，不安的確是驅動思考與行為的強大動力。對非洲大草原上的祖先來說，不注意危險跡象，可能會突然命喪鱷魚或獅子口中。人如果沒有迅速的驚慌反應就活不久。事實上，曠野恐怖症是會遺傳的，一般認為這個基因是在曠野中走動、突然感到不安的先人所保留下來的（他們可能在曠野中變成掠食者或敵人的目標）。他們因為有高度的警戒心，可以率先離開危險區域，基因也得以延續下去。

不安讓人難受，所以人往往會為了趕快結束不安的等待，而接受短期較大的痛苦。預期負面事件必須付出精神成本，那是為了恐懼勞心勞神的結果。

艾默利大學的葛瑞格・柏恩斯（Gregory Berns）教授在受試者等候電擊時，使用功能性核磁共振造影來衡量神經活動。有些人因為對電擊過於恐懼，給他們選擇時，他們寧可早點接受高壓電擊，也不要晚點等候比較不痛苦的電擊。這些「高度恐懼者」在預期電擊時，腦部的痛苦線路顯示出明顯的啟動反應。甚至在無法選擇快點接受電擊的實驗條件下，高度恐懼者的神經痛苦系統還是持續呈現較大的啟動狀態。這種啟動神經痛苦線路的現象表示，高度恐懼者在等候時，就已經在心裡複製預期的電擊痛苦。[3] 他們在短期內接受較大的痛苦只是為了結束持續的（心理）折磨。預期的痛苦真的只是他們自己想出來的，但對他們來說，感覺就跟真的一樣。

愈接近事件發生的時間，預期的恐懼就愈強烈。即使事件的預期機率與嚴重性維持不變，時間愈接近時，預期的恐懼還是會攀升。[4] 研究人員告訴受試者他們會在特定時間受到電擊時，他們的心跳、皮膚電流反應與描述的不安感都會隨著時間的逼近而增強。[5]

預期的不安感漸增時，有一種結果是「臨陣退縮」。在一項研究中，研究人員問學生下週願不願意為了賺 5 美元而在全班面前表演鬧劇。表演時間到時，67%（九位中有六位）原本同意表演的學生臨陣退縮，但是學生在這

段期間估計的可能負面結果機率與嚴重性並沒有變。他們對風險的客觀觀察維持不變，但決定變了。

在上述實驗的修正版中，最近看過誘發恐懼感影片的學生，比較不可能自願在隔週上台對全班講笑話。外來的恐懼讓他們不想在其他地方承擔風險。

9.2 │ 先天遺傳 vs. 後天教養

恐懼源自於大腦數個區域，結合起來便形成損失避免系統。長期的恐懼記憶是記錄在大腦的杏仁核（恐懼處理）與海馬迴（記憶中心）。承受高度（但非極端）的壓力時，恐懼記憶會更詳細地記錄在這些結構中。

有兩個與恐懼相關的路徑穿越杏仁核。快速路徑是驅動對威脅的自動反射回應；這條線路是在潛意識下啟動，不受前額葉皮質輸入的影響。受到被動威脅或看見同事的恐懼時，就足以啟動下意識的恐懼。杏仁核的敏銳度和過去經驗及基因有關。血清素轉運基因的促進區短型（多型）和容易受到恐懼情境影響以及不安與情緒疾病的增加有關。這個基因可能和容易受生活壓力影響有關，所以有這個基因的人比較無法從挫折中恢復，受到強烈威脅時，比較可能產生焦慮症。

另一種判斷先天或是後天影響情緒反應的方法，是看親戚中有多少人也有精神失調的現象。親人同時出現焦慮症的機率小於三分之一，即使有相同的 DNA（同卵雙胞胎）也一樣。後天教養（生活經驗與環境事件）促成焦慮症的可能性比先天遺傳（基因）的機率大。大部分的不安症都是「後天」影響大於「先天」注定，舉凡恐慌症、廣泛性焦慮、社交恐懼症等都是如此。

雖然不安還是會受到基因的影響，但生活經驗與環境事件是決定一個人會不會出現焦慮症的最重要因素。例如，一個人遭受股票大幅虧損後，短期

內可能不敢再進入股市，這種恐懼是「制約的」。人一旦受到制約，對某事件或環境產生恐懼，如果沒人介入導正，恐懼可能需要好幾十年才會消失。例如，很多人在經濟大恐慌期間對銀行儲蓄帳戶產生恐懼感，很多歷經大恐慌的人在經濟復甦後數十年，還是把錢藏在被窩底下。為了自保而產生的習慣很難戒除。在塑造或重建與恐懼相關的記憶方面，生理因素（例如基因）與環境之間可能有終生的互動關係。[7] 不管每個人對恐懼的敏感度是高是低，我們都可以用類似的技巧學習管理恐懼感。

神經造影資料顯示，認知技巧有助於管理恐懼。在好幾個功能性核磁共振造影的研究中，研究人員訓練受試者使用認知技巧降低恐懼後，杏仁核與邊緣系統的啟動也減少了。當他們面對恐懼的東西（例如蜘蛛）或事件（例如公開演講）時，他們的恐懼線路就沒有像訓練以前那麼活躍。

安慰劑效應是展示前額葉皮質威力的有趣案例，這證實信念與預期會改變我們所感受的世界。多數人的不安程度都會因為安慰劑而降低，[8] 這表示恐懼背後有很大的認知控制成分。在一項研究中，研究人員讓受試者接受一連串痛苦的電擊以前，先把奶油放在受試者的手臂上。在第一種情況中，他們告訴受試者，奶油有很大的局部麻醉效果，可以減輕電擊的痛苦。在另一種情況中，他們告訴受試者，奶油是為了改善皮膚導電效果的電極貼片。事實上，奶油在這兩種情況中都不會有反應。[9]

接受所謂麻醉的受試者中，約有三分之一的受試者覺得痛苦減輕。研究人員在這些覺得痛苦減輕的受試者腦中發現，他們的腦島（痛苦處理）活動大量減少，前額葉皮質（情緒強度的認知）的啟動則增加了。前額葉皮質的啟動增加是預測痛苦即將減緩。此外，研究人員也發現前額葉皮質的啟動減少了腦島對電擊的反應（電擊後）。

研究人員的結論是，減輕痛苦的預期（透過前額葉皮質產生）可以控制

「最原始與最受保護的評價機制：對痛苦的本能反應」。[10] 這些結果證明，我們對危險的看法會大幅改變我們對危險的感受，不管是電擊或是面臨破產都是如此。改變念頭可能大幅改變身體與情緒的體驗。

9.3 │ 難以擺脫經驗框架

本章一開始所舉的克瑞莫案例顯示，投資虧損時很難管理強烈的感覺。多數投資人都經歷過類似克瑞莫描述的情境。如果恐懼真的那麼痛苦，投資人為什麼還要交易那麼大的金額，而不設停損點或報價提醒機制？

人們目前的感覺與預期未來的感覺之間會有「推測偏誤」。也就是說，人會以目前的感覺來推測未來的感覺，並預期未來的感覺會和現在一樣。

有項實驗是研究在校園健身房運動的人。研究人員請每位進出健身房的人讀一小段文章並回答問題，就可以得到一瓶水。那段文章是描述三位登山者在乾燥的科羅拉多州山區迷路，他們沒食物也沒水。後面的問題中，有一題是：對登山者來說，飢餓和口渴哪一種比較難受。另一題則是：受試者如果是那些登山者，他們會覺得飢餓比較難受，還是口渴比較難受。進入健身房的人中，61% 認為登山者（與自己）會覺得口渴比較難受。做完運動離開健身房的人中，92% 認為登山者會覺得口渴比較難受。離開健身房的人是把自己的感覺投射在其他人身上。[11] 想像未來時，很難跳脫目前經驗的框架。

這些發現顯示，市場平靜時，投資人會預期未來的市場也很平靜。處於多頭市場、空頭市場與盤整市場時，也會出現類似的推測。恐懼的投資人往往無法承受痛苦，部分原因在於他們預期痛苦會無限延續。他們拋售股票以逃避投資部位持續下跌的壓力，因為他們覺得這種痛苦沒完沒了。

市場平靜時，多數投資人對波動性都沒有做好足夠的準備。他們無法正

確預估自己在波動市場中的感受與可能做法。他們把目前的安全感投射到未來的自己。有些天真的投資人會承擔過量的信用風險，因為他們目前看不到任何威脅，預期可見的未來仍有很棒的貸款條件。信用緊縮期間，投資人突然面臨過量的風險，這就是華爾街諺語「退潮時才知道誰在裸泳」的由來。信用緊縮時，承擔過量風險的人不管有什麼理由都會無所遁形。

很多人明知他們未來對風險的感覺會不一樣，但還是不為那些情況做好充分準備，因為他們現在無法感受將來的感覺。回頭看剛剛提到的例子，大學生估計在班上同學面前表演鬧劇的社交風險，然後答應表演，但到了表演時間，雖然他們對風險的評估並沒改變，還是有三分之二的學生臨陣退縮。有幾種技巧可用來降低推測偏誤。

9.4 ｜排除恐懼

排除恐懼的方式主要是透過教育、自我認知與勇氣，這些都是前額葉皮質的功能。一個人理性評估與回應風險，不因內心緊張或感覺就做出反應的能力，是視他規劃、控制衝動、做出合理決策的能力而定。杏仁核雖然會讓人產生恐慌反應，但它的啟動可由前額葉皮質的活動來調整。

挑戰恐懼非常困難，所以勇氣是必要的。勇氣能讓人針對每個不安的假設與傾向找尋反證加以反駁。就像安慰劑效應的案例一樣，恐懼會產生虧損與財務痛苦的自我應驗預言。還好，每個人都可以刻意操控自己的思想、信念與預期，藉此改變自己的觀點與保持客觀的想法。

認知重新塑造與透澈思考等技巧可以改變人對潛在威脅的想法。認知行為治療（cognitive behavioral therapy, CBT）之類的心理治療就是使用刻意的思想操控（包括「思想置換」）來減緩不安。第 22 章將會進一步說明這些技

巧。

市場中有許多投資人使用市場氣氛量表來衡量市場恐懼的程度。有趣的是，衡量別人的恐懼後，他們往往不覺得恐懼有那麼強烈，所以別人恐懼時，他們可以更客觀一點。市場氣氛量表上顯示非常恐懼時，就表示市場很可能反彈。有些投資人在市場恐懼期間拋售股票，等市場恐懼減緩、信心回升時，他們可能錯失後續股市大幅反彈的行情。

9.5 │ 投資啟示

有些投資人在股市反彈回升前，會預期短期內可能進一步虧損。想像力豐富與高度恐懼的投資人特別容易這麼想，他們會迫使自己馬上拋售股票，以避免虧損部位愈來愈大（愈痛苦）。反過來說，目前股價直跌、股東恐慌拋售的股票也很難讓人買得下手。

投入風險投資時，不安會讓人產生趨避風險的行為，例如猶豫要不要抽腿、事後諸葛、優柔寡斷、反覆思索、拖延與害怕投入。事實上，很多投資人必須看到價格「確定」後才有足夠的信心買進。這可能是下跌股票看起來像爛股、上漲股票看起來後勢看俏的推測偏誤所致。

股市有所謂「驚驚漲」，多數投資人感到不安時會避免投資，寧可等到排除不確定性以後再說。所以，他們等太久才投資，大漲時才買貴了，延緩進場使他們的長期績效不佳。人生中也有很多事情是這樣，在困難時投入（發揮勇氣在高度不安時買進）才能獲得更好的長期結果。

我們不曾聽過股市「攀越驚慌之牆」。在極度恐慌期間，市場暴跌，這時最好的建議就是：「落下的刀子不要接。」對多數投資人來說，眼看投資組合的價值下跌是非常痛苦的事。投資人的痛苦集體攀升時，很多人就開始認

賠殺出，為了紓解緊張而拋售。現在先受苦比跟著市場下探感覺好一些。

　　市場恐慌時，價外賣權的權利金會攀升到合理水準之外，這顯示恐慌的投資人想要為投資組合避險，所以大家都急著買賣權。恐慌的投資人高估了崩盤的可能，他們主要是受到壓力荷爾蒙的驅動，而不是受理性思考的驅動。敢大膽出售賣權給恐慌交易者的人就可以趁機賺一筆。

9.6 ｜ 天災、風險認知與機會

　　2005 年美國灣岸受到卡崔娜颶風的襲擊，幾週後又受到另一個強力颶風麗塔的摧殘，卡崔娜淹沒了紐澳良，媒體上充斥著受困民眾站在屋頂上求援、淹沒社區的棕色大水上漂浮屍體的鮮明影像。卡崔娜是美國史上災情最慘重的天災，保險公司應付的損害求償金高達數十億美元。後續兩年，業者每年都將保費提高 50%。

　　大家普遍認為五級颶風襲擊美國這一帶的頻率將會提高。2005 年公布的科學研究指出，亞特蘭大地區遭受強力颶風來襲的趨勢將增強。前美國副總統艾爾・高爾（Al Gore）的電影《不願面對的真相》（*An Inconvenient Truth*）也於颶風來襲後發行，談的是全球暖化對環境帶來的嚴重風險。因為代表性、時近效應（recency effect）與注意力偏誤（參見第 19 章），許多美國人開始擔心這種全球災難發生的頻率將會大幅增加。

　　聰明的投資人（尤其是再保險者）便在過高的風險認知中察覺商機。巴菲特的波克夏和億萬富豪威爾伯・羅斯（Wilbur Ross）大舉投資灣岸的再保險企業。再保險公司是把保險賣給保險公司，承擔可能讓小型保險公司破產的巨額理賠責任。羅斯接受《華爾街日報》訪問時針對這類投資表示：「我們賭的是認知的風險大於實際風險，這是我們一切理論的基礎。」恐懼讓大家

的風險認知不合理地攀升，聰明的投資人找到這樣的機會並善加利用。

　　恐懼阻礙多數投資人承擔最適的市場風險，大家對預期的負面事件尤其害怕，事件逐漸逼近時，他們愈是加緊拋售。預期負面事件在精神層面上是如此痛苦，以致於很多人寧可認賠殺出以避免承受痛苦。

　　人容易恐懼主要是受到環境、生活經驗與基因背景的影響。許多投資人股票虧損後就受到制約，對股市波動性產生恐懼感。恐懼讓很多人不敢在空頭市場中買進便宜的股票。可惜的是，這種高度恐懼期間正是逢低承接股票的大好時機。

　　很多人無法預期自己在股市低迷或空頭市場中會怎麼做，因為他們無法站在未來思考，而是把目前的感覺投射到未來的情況，以為「我應該可以應付風險」。

　　還好，我們可以藉由刻意修正信念來改變我們對風險產生的自動恐懼反應。如今有許多心理治療的技巧可以用來減少財務風險的趨避。

　　下一章將探討因恐懼與壓力導致認知扭曲的生理反應。

第 10 章

壓力不只催人老

本章你可以學到這些 ▶

☑ 理解壓力如何影響投資人的靈活度

☑ 為每個偶發事件做好準備，減輕壓力影響

> 我可以摸著良心說，市場並沒有讓我心力交瘁……，我看過某些人壓力太大，讓他無法把工作做好。——席瓦裘西[1]

2006 年夏天，《華爾街日報》訪問了優秀的投資組合經理人喬恩·布羅森（Jon Brorson）。[2] 2006 年 5 月他在紐伯格巴曼公司為他的投資人做了很棒的決策：在當月市場暴跌 8% 以前，把投資轉向高抗跌股票。《華爾街日報》寫到：「5 月中市場暴跌時，布羅森雀躍不已，因為他轉向謹慎布局，使績效超前其他優異的競爭對手。」但 2006 年夏末秋初市場反彈時，布羅森還是抱著抗跌股，因而錯失反彈的獲利機會。

布羅森眼看股市上揚，愈來愈擔心，市場價格走勢和他的預期相反，他覺得自己錯過良機。道瓊工業指數（Dow Jones Industrial Average, DJIA）達到新高時，布羅森更加抑鬱，終日透過 CNBC 與他的分析師守著投資訊息。整個 9 月連續加班，晚上也睡不好。CNBC 股市播報員表示市場投資氣氛「樂觀」時，布羅森喃喃反駁：「該賣了……該賣了。」[3] 布羅森和同仁都認為第三季獲利將會不如預期，所以他們決定在公布獲利之前不進股市追高投資，而是選擇 10 月底再進場。

布羅森覺得壓力愈來愈大，他不習慣績效落於人後的感覺，如今市場走向完全和他的預期與信念相反。他決定讓外部標準（獲利）來決定進場時機。但是他發現自己深陷心理陷阱無法自拔：他希望他的基金至少能跟隨大盤水漲船高，所以很想追高投資，但同時也想等期待的負面獲利報告出籠，再逢低承接。他進退兩難，卡在個人預期與市場相反走勢之間，所以在 (1) 他不喜歡的類股下跌，或 (2) 認輸並買進上漲股票以前，他都無法放鬆。

10.1 │ 花錢消災

> 壓力是人與環境互動後，導致個人認為局勢的需求與個人生理、心理或社交系統的資源之間出現落差（不管差異是真是假）的情況。──愛德華·沙勒裴諾（Edward P. Sarafino）[4]

人目前的狀態與想像的狀態出現落差時（預期與現實的矛盾），就會產生壓力。如果差異太大、持續太久，長期的壓力就會讓身體疲倦，導致心力交瘁。不安、對抗、疲憊、失落、抑鬱、失意、加班與恐懼都是各種形式的壓力。

不同強度的短期（急性）壓力有重要的差異。短期低度壓力可能具有激勵效果，可以激勵活動、集中注意力、讓人對目標更專注。短期的中高度壓力可能令人振奮，例如在遊樂園搭雲霄飛車所感受的壓力。不過，極度壓力往往會誘發強烈的「攻擊或逃避」衝動（恐慌）。

長期的壓力會讓身心產生一些負面問題，這類慢性壓力會破壞短期記憶與專心，讓人處於高度警戒狀態，往往也會造成失眠、高血壓或新陳代謝失調。長期壓力會使人加速老化、免疫系統降低、心情憂鬱、活力漸失，最後

讓人心力交瘁。

很多交易員在工作上都承受了長期壓力。有種常見的說法是把交易員的身體狀態歸因於壓力：「交易員以狗齡老化。」彷彿交易員每交易一年就老七歲一樣。本章將討論投資壓力、壓力的神經科學、後果與減輕壓力副作用的技巧。

2000 年 3 月 11 日，那斯達克即將創史上新高的前幾天，克瑞莫把老婆寫的「交易十誡」刊在 TheStreet.com。其中第四誡談到極大壓力下所產生的麻痺感——無法承受虧損的後果：

> 如果覺得某個持有部位將造成投資大失血，就拿它來祭拜交易大神，花錢消災……（腦袋清醒實在太重要了，當你的腦袋一片渾沌時，讓你清醒的唯一辦法就是小額虧損，這樣就能打通血脈，讓你能夠再度思考。頭腦清醒才能賺錢，有任何部位干擾你，就處理掉一些，花錢消災。這一點都不愚蠢，你會開始正常呼吸，做出更好的決定，也會張大眼等著下一個大契機）。[5]

10.2 │ 哪裡出錯？大腦還是獎勵？

丹·艾瑞利（Dan Ariely）是哈佛大學的心理學教授，喜歡用大腦考題轟炸自願受試的學生，電擊他們，讓他們在冷水中凍結，把大家搞得人仰馬翻。他的實驗都不會帶來永久性的威脅，但的確會對受試者的心理產生有趣的影響。

在壓力很大的環境中，攸關巨額金錢時，為什麼有人會表現失常？艾瑞利對於年底紅利、巨額交易成交、股市盈虧等財務誘因對個人績效的影響很

好奇。一般認為這類誘因愈高可讓績效愈好，但是艾瑞利懷疑這樣的假設並不正確。

艾瑞利設計實驗探討失常現象時，很快就發現他沒有財力在已開發國家做這樣的實驗。歐美薪資太高，他的研究經費對受試者的決策無法產生影響。還好艾瑞利有一群學生在印度，於是他千里迢迢飛到印度某位學生的家鄉做實驗——那裡的平均薪資極低，工人的每月開支平均僅 10 美元。

艾瑞利設計的實驗讓受試者可以從不同遊戲中選一種來玩，有些遊戲需要過人的認知技巧，有些需要動作表現才能獲得巨額獎金。獲利最高的玩家靠一場比賽就可贏得好幾週的生活費。如果他們完美執行實驗，就可以賺進六個月的費用。對受試者來說，艾瑞利的財務獎勵非常優渥。

艾瑞利把受試者分成三組，在每個實驗中，第一組如果表現不好就拿不到印度盧比，表現好的可獲得 2 盧比，表現非常好則可得到 4 盧比。第二組根據表現優劣不同可得到的盧比數是 0、20 或 40。第三組則是 0、200 或 400。第三組相對來說賭注較大（1 美元可兌換約 45 盧比）。

受試者玩的不同遊戲包括經典的記憶遊戲「Simon」、專注力遊戲「迷宮」、動作技巧遊戲「Dart Ball」等。受試者每種遊戲玩十遍，如果達到預先設定的成功標準，就算達到「非常好」的績效。總共有 87 位受試者參加，其中三分之一是隨機分組。

艾瑞利發現，第一與第二組的受試者達到「非常好」的統計機率差不多，約 30%。第三組的每場遊戲金額相當於受試者好幾週的生活費（對一般美國人來說，獎金相當於 2,000 美元以上），他們的績效表現反而比其他組差，達到「非常好」的機率僅 10%。賭注愈大反而影響他們的績效。[6] 在許多賭注大的實驗中，受試者往往會隨著財富累積放鬆注意力，降低獲利率。有趣的是，艾瑞利並沒有發現這樣的「財富效應」。在艾瑞利的實驗中，一開

始就有大額獲利的受試者在後續遊戲中並沒有出現績效逆轉的現象。

訪問局外人對艾瑞利實驗中的受試者有何看法時，他們預估賭注愈大可以讓績效愈好。一般而言，多數人都不知道賭注大的壓力反而會讓績效降低。如果他們知道這一點，就會先行解決過度的壓力：先做放鬆運動或使用認知轉念技巧。

一些金融市場的專業人士比較可能出現反常現象，例如經手大筆交易的投資銀行家、協商巨額結果的交易者等。很多反常壓力都只是認知上的：我們認為攸關的金額龐大。但就像艾瑞利的印度實驗所示，金額高低是相對於個人的環境與經驗而言。

艾瑞利發現績效壓力會導致多數獲利高的受試者反常，但是艾瑞利不太清楚壓力到底是破壞了受試者的認知、還是動作表現。例如，壓力可能沒有破壞他們的思考，而是影響他們的靈活度與動作協調能力。為了在已開發國家驗證實驗結果，以及釐清績效變差主要是因為壓力影響動作、抑或是壓力影響認知，艾瑞利為麻省理工學院自願參試的學生設計了新的實驗。

在動作實驗中，研究人員要求受試者盡快在鍵盤上打字；在認知實驗中，則要求受試者找出兩個組合是 10 的三位數數字，這些數字藏在類似數字的 3×3 矩陣中。在任一實驗中得到「非常好」績效的學生可獲得 300 美元的獎金。

艾瑞利發現，增加實驗獎金可以提升動作實驗的績效，卻會降低認知實驗的績效。重要的是，獎金愈多時，受試者的數學運算愈差[7]。艾瑞利表示，壓力讓認知表現變差是因為決策策略改變的緣故。在壓力下，大腦會把處理與決策功能從「自動」改成「人工操控」。人工操控就表示受試者會過度思考因應策略。大腦是在無意識下切換至人工操控，一旦遊戲開始就很難切回原來的狀態。我們在第 5 章也討論過類似的效果：意識分析造成的直覺扭曲。

獎金愈高時，投資者就很難平順地運用直覺決策。他們發現投資金額比以前多時，很容易就模糊了焦點與注意力，在不經意下由自動控制認知切換成人工控制，這種切換破壞了他們平順回應市場事件的能力。

在麻省理工學院的第三個實驗中，艾瑞利探討了社會觀察對績效的影響。他要求受試者自己在小隔間或當著三人的面在黑板上解開重組字謎（更換字母排列順序可拼出不同的字），解開字謎即可獲得獎金。私下解題的受試者每分鐘解開 1.16 題，公開解題的受試者每分鐘只解開 0.67 題。被觀察時會對認知績效產生很大的負面影響。[8]

許多財務規劃師、顧問、經紀人或投資組合經理人都會因為觀察壓力而影響績效，客戶密切注意經理人的盈虧時，經理人的投資技巧比較無法充分發揮。神經質與緊迫盯人的客戶除了占用財務規劃師太多時間外，上述原因也可以解釋很多財務規劃師為什麼那麼討厭他們。

避險基金經理人和客戶簽訂兩年的贖回閉鎖期時，面對的社會壓力可能比較少，不過每季報告績效的規定也無法真正迴避客戶的觀察。

10.3 ｜壓力與趨勢認知

以下研究證明，壓力的強度不單只是和事情的糟糕程度成正比而已。事實上，多數壓力反應是根據你認為情況變糟的程度而產生的。「很慘」逐漸好轉成「糟糕」會讓人覺得壓力減輕，「普通」惡化成「糟糕」則讓人壓力變大。

研究人員檢視兩組老鼠經過痛苦電擊後的壓力反應。第一組是每小時接受痛苦電擊 10 次，第二組是每小時接受電擊 50 次。第二天，兩組都是每小時電擊 25 次。第二天結束時，第一組的老鼠血壓升高（有壓力的身體徵

兆），第二組的老鼠血壓正常。[9] 為什麼會有這樣的差異？

　　老鼠是根據情勢惡化或改善的觀感做出反應。第一組老鼠處於惡化狀態，第二天每小時 25 次的電擊讓第一組老鼠倍感壓力，但對第二組老鼠來說，牠們因此得以放鬆。

　　在市場中，如果投資人認為經濟將從悽慘轉成欠佳，他們可能會鬆一口氣，開始買進股票。相反的，如果他們認為經濟將從普通惡化成欠佳，便會產生壓力，並拋售股票為經濟風險的增加預做準備。目前的感受是對未來壓力的觀感。

10.4 ｜壓力的神經化學

　　人類擔心或承受壓力時，身體就會釋放化學物質，幫他們做好準備以便戰鬥、逃離或迅速迴避。動物在壓力下會以動作紓解不安，但人類通常是讓壓力荷爾蒙在體內醞釀，往往不會用行動發洩壓力。

　　急性壓力反應的心理效果通常是隨機應變：身處危險情境時，最好能聆聽周遭的小聲音，迅速直覺反應……就好像在路上被超車一樣，你不會希望自己反應緩慢又多慮……而是迅速踩煞車。[10]

　　慢性壓力是指一連串緊張事件刺激身體釋放化學物質，讓身體為逆境做好心理準備而產生的。久而久之，長期承受壓力的身心會適應化學物質，造成下述的負面身心效果。

　　人類壓力反應的化學作用主要來自兩種大腦路徑。立即壓力反應讓身體可以緊急掙扎，交感神經系統在幾秒內就會啟動。腦幹有一小束神經名為藍斑（參見下頁圖 10.1），會釋放正腎上腺素，促使身體為掙扎做好一連串的準備。交感神經系統是連至大型骨骼肌、心臟、皮膚、橫隔膜與括約肌等地

方的神經纖維網路。交感神經系統發布警訊時，就會出現顫抖、冒汗、心跳加速、呼吸急促、瞳孔放大等身體徵狀，讓人對急性壓力與恐慌產生身體反應。

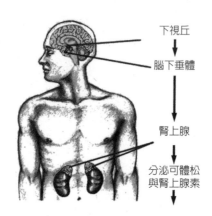

下視丘

腦下垂體

腎上腺

分泌可體松
與腎上腺素

圖 10.1 下視丘─腦下垂體─腎上腺軸（HPA 軸）。壓力荷爾蒙經由血液傳送，激發一連串的身體與荷爾蒙反應。

第二種神經路徑負責管理幾分鐘到幾小時的壓力回應。面臨急性壓力時，下視丘會分泌訊號荷爾蒙，經由血液傳送到腦下垂體，刺激第二種荷爾蒙「促腎上腺皮質激素」（ACTH）的分泌。促腎上腺皮質激素再透過血液傳送到腎上腺，刺激可體松與腎上腺素的分泌。下視丘─腦下垂體─腎上腺軸（HPA 軸）是控制慢性壓力回應的結構，涉及下視丘、腦下垂體與腎上腺的互動。

迅速壓力反應與緩慢壓力反應的互動並不一定，視壓力源的性質、強度與持續的時間而定。衡量短期或長期壓力最直接的方法是衡量荷爾蒙可體松的濃度──可從唾液（以口腔棉棒取得）或血液（抽血）中取樣。可體松的濃度一整天都會改變，早上 4 點開始上升，醒來 30 到 45 分鐘左右達到每日尖峰，然後開始緩慢下滑，直到傍晚又會開始小幅攀升。晚上 10 點以後就急

速下降至早上 4 點達最低點。

可體松濃度除了每日的波動外，人體覺得受到威脅時也會升高。杏仁核（大腦的緊急恐懼中心）、海馬迴（記憶中心）與下視丘（HPA 軸控制中心）之間有結構相連，察覺威脅時有助於可體松的釋放。

10.5 | 壓力的生理作用

壓力有許多生理作用。壓力太大會導致海馬迴萎縮，使注意力無法集中，短期失憶，衝動增加，難以延緩報酬（時間折現）。長期壓力會破壞免疫系統的運作，容易感染病毒與細菌。[11,12] 壓力荷爾蒙長期居高不下可能導致體重上升與高血壓。

在行為方面，壓力讓人變得被動。猴子承受壓力時，可體松濃度升高，會出現迴避衝突與攻擊減少的情況。[13] 另外也有跡象顯示，社會地位較低也會導致長期壓力與可體松濃度持平。

壓力會讓名為「蛋白激酶 C」（PKC）的大腦酵素升高，尤其是不可控制的壓力。「蛋白激酶 C」會影響大腦負責抽象推理、專心和短期記憶的部分。「蛋白激酶 C」濃度高會破壞短期記憶、專注力、聚焦與判斷，也會讓人更衝動、更容易出現思考障礙（例如錯覺）。[14]

一位壓力專家表示，人出現失控感時，壓力的破壞力最大：「不必很痛苦，只要你覺得失控就有傷害了。……控制是關鍵要素……如果你有信心，就不會有這些問題。」[15] 但很可惜，對投資人來說，他們對市場就是缺乏控制力。所以，想管理投資壓力，控制必須施展在能發揮效果的地方，例如設計健全的金錢管理系統、進行優異的研究、建立扎實的投資理念、客戶溝通等。

如果可以把壓力和可體松都和糟糕劃上等號，事情就簡單多了，但容易

受腎上腺激素激勵與熱愛刺激的人都喜歡休閒性的壓力。這裡有些矛盾。對多數人來說，短期間承受適度的壓力會給人不錯的感覺。成功因應適度的壓力對身心都有益。

大腦中，適量的可體松有助於多巴胺在報酬系統的路徑中釋放。快樂壓力的關鍵在於知道事情是發生在安全與良性的環境中，在掌控之下（萬一機器故障，有人可以讓遊戲停止）但又有點難以預料，內含意外驚喜，並在短時間內發生，例如玩吃角子老虎機只要幾秒，搭雲霄飛車只有幾分鐘。

多數投資人喜歡交易的快感，喜歡承擔風險並體驗市場波動的刺激。有些理財規劃師會建議投資人挪出一小部分資本作為娛樂性交易。這樣可讓投資散戶以小部分資產體驗刺激的快感，又不會損及長期的財務穩定。

10.6 │ 管理投資壓力

一般而言，如果壓力事件可以預期，所刺激的壓力反應會比較小。市場因為無法預期，才會對想要預測未來價格走向的投資人產生較大壓力。當人們習慣了引起壓力的因素後（例如老練的傘兵和懼高症），壓力反應就會漸趨於零。經驗老到的交易員面對市場波動時，的確壓力反應較小，但績效不見得會增加。[16]

有些財金消息讓投資人更容易受到壓力的影響，股價與下單資訊的顯示方式會消耗大腦裡的認知資源。逐筆追蹤報價的交易員尤其容易產生長期壓力與心力交瘁的現象。愈常看報價，愈容易看到波動。大腦把股價每跌一點看得比每漲一點還嚴重兩倍時（如第 14 章所述），壓力已經開始緩緩侵害大腦。看盤時，為了避免壓力，除非股價達到原設的提醒價位（多數券商都有提供這種提醒功能），否則避免觀察目前的股價。工作時，除非你覺得多工

並行可以幫你掌握總體經濟的型態，否則最好避免多工並行。

很多交易員都可以告訴你他們在交易日分心而釀成的悲劇，或許是因為家人打來的緊急電話，等他們再回頭看盤時已經出現巨額虧損。工作時應該盡量避免分神處理其他事情。

無法掌控與感覺情況惡化時，會讓壓力變大。研究人員發現，狗可以藉由移動身體終止電擊時，會比受到箝制、無法掌控電擊的狗出現較少的潰瘍。[17] 我們認為自己有能力掌控有害事件時，也能降低內心的不安與抑鬱。

許多投資人獨自操盤，透過無人性的電腦或打電話給陌生人取得投資資訊。其實，社交互動的支持也可減弱壓力反應，但很多投資人和家人、朋友或同事都沒什麼密切的接觸。參加專業社交團體可以幫投資人找到同路人的支持，例如技術證券分析協會。

許多優秀的投資人表示，持續追蹤資訊、與家人隔離，能幫他們比別人更早找到契機。但為了多和家人或朋友享受優質時間，最好對下班後追蹤的資訊設下嚴格的限制。

投資人需要為每個偶發事件做好準備。投資部位惡化，壓力攀升時，大腦就無法靈活運作與思考解決方案。突然間，慌忙拋售慘賠的部位可能會變成唯一看似可行的選擇。

壓力會影響每個市場參與者，影響方式往往各不相同。在波動的市場中和不同的客戶與自營商交易員合作的金融顧問會有不一樣的壓力起源，但他們的身體反應都一樣。

投資金額龐大的投資人容易出現「反常」現象。就像我們在艾瑞利的印度實驗中看到的，受試者的賭注很大時，就無法展現「非常好」的績效。反常現象是因為決策與行為從「自動」轉變成「人工控管」，因而導致績效惡化。壓力的效應全都是由認知所主導，因為有壓力的受試者在動作準確度與

速度上其實不減反增。

　　短期壓力讓人產生高度警戒，使身體為行動做好準備以及轉移注意力。急性壓力在紓解前會一直殘留「動作電位」（注：action-potential，神經細胞裡的訊號基本單位）。很多人出現與壓力相關的失調症，因為他們長期沒有排解這些為壓力所準備的行動傾向。這也許是運動有益健康的原因，運動可以排解這些身體的行動傾向。

　　長期壓力會讓海馬迴縮小，破壞記憶、學習、心情與睡眠週期。此外，長期壓力也會降低免疫力，讓人更容易罹患慢性病。

　　適度的壓力會刺激多巴胺在報酬系統釋放，有助於學習與發展。但是，無法預期、不可控制或惡化的壓力來源就會引起更多的負面壓力反應。

　　壓力太大的專業人士可藉由「花錢消災」（拋售部分壓力部位）的方式來減輕一些壓力，恢復自動、直覺的決策力。社交網絡、運動與財富管理上的自律可有效減輕壓力。

　　下一章是金融市場投機慘劇的警世錄。

第 11 章

你在交易？還是賭博？

本章你可以學到這些 ▶

☑ 複習投資人在多頭市場中的「控制錯覺」

☑ 檢視賭徒行為，診斷自己是否有賭博傾向

> 我們應該要知道，任何事情太過，即使是好事，也會毀滅我們……我們需
> 要對個人欲望設定明確的界限。——威廉・貝奈特（William J. Bennett）[1]

在一場共同基金產業大會上，中午休息時間，我向鄰座的人提到我是投資心理學家，附近有人無意間聽到我的話。

安德魯就坐在對桌，顯然對我的職業很感興趣。他引起我的注意，對我說：「咱們來聊一聊吧。」

「好啊。」我答。之後他一直坐著，直到午餐結束都沒有說些什麼。

20 分鐘後，我左邊的位子空了出來，安德魯移到我旁邊的空位坐下來。他約莫 60 歲，身材矮胖，眼神鬼點，散發魅力。

安德魯表示他是康乃迪克州費爾菲爾德市（紐約市遠郊的富裕地區）的經紀自營商，他沒聊什麼就直接切入重點。

「我想談談交易。」他語調平靜，但聲音卻隱約有些顫抖。

「好，你想現在就在這邊談嗎？」我問。

「你對 Netflix 這支股票的看法如何？」他突然問。

我開始談我對 Netflix 的有限看法。

「你覺得百度呢？」我改變談話方向，問他為什麼有興趣時，他突然打斷我的話。他並不想聽我對股票的看法，似乎另有事情困擾著他。他凝視著我好一會兒後，終於開始切入正題。

「我有預感，我跟著預感投資。」他說，「過去幾年，我的預感一直很準。」

他若有所思地看著我：「我可以跟你說一件很私密的事嗎？」我點頭。

「我從 1 月以來已經虧了 700 萬。」他說。

「怎麼了？」我問。

他說，過去兩年他用自己的帳戶三番兩次賺進好幾百萬，但後來卻都賠光了。去年他以房屋淨值貸款 50 萬，然後根據預感投入股市。他的預感告訴他，Netflix 的股票未來三個月會大漲。他買進買權，幾乎把 50 萬全賭在 Netflix 上。

還好，他一開始猜對了。2005 年春季，Netflix 的確一直上漲，讓他賺進 400 萬。然後他又對 eBay 的股票產生預感，於是再次買進價值 375 萬的買權；eBay 股價一直持平，其間出現過短暫嚇人的下挫，後來又出現激勵人心的回檔。到了選擇權到期那週的週一，他的買權僅值 6 萬 5,000 元，到了週五到期時已毫無價值。他的帳上原本有房屋淨值貸款的 50 萬，後來只剩 2 萬 5,000元。他把那筆錢擱在帳上三個月，打算出現下一個預感時才動用。

2005 年 10 月，他對 Netflix 的股票又產生另一個預感，於是盡可能地買進買權。之後三個月 Netflix 持續上漲時，他一直將每個月的買權展期，一路展延到 12 月。隨著買權價值上漲，他的帳戶又膨脹至 700 萬。他在聖誕假期到堪薩斯州拜訪親朋好友之時，仍放著投資部位直接跨進新的一年。

安德魯告訴我：「或許我不該放著那些部位不管，但是我已經無法清楚思考。」他回憶自己從甘迺迪機場飛往堪薩斯市的情況：「我一直掛念著，我其

實可以付錢給那天飛往堪薩斯的所有人，我太在意錢了，不知道該如何是好。」

「所以你後來做了什麼？」我問。

「什麼也沒做。」他說。

「『什麼也沒做』是什麼意思？」我很驚訝他要度假三週卻毫無策略，而且他已經不能再虧 700 萬了。

「我度假回來後，帳上價值少了很多，大概只剩 70 萬。我又把它們展期兩個月，最後終於到期，結果一文不值。如今我只剩 8 萬 1,000 元，就剩這些了，全都是三週後就要過期的價外百度買權。」他愈講愈緊張。「你知道最糟的是什麼嗎？我還欠好幾百萬的資本利得稅。我沒有為了籌措稅金而變賣任何部位，現在我沒錢了，我甚至不知道該如何幫孩子支付大學學費，此外我還必須償還貸款。」

他的短期交易獲利讓他年底到堪薩斯玩時，收到金額龐大的國稅局稅單，但是他又賠掉一切，包括納稅的錢，總共欠國稅局 270 萬。

研討會結束後，安德魯邀我從他的筆記型電腦看他的證券帳戶數字，以及去年每個月對帳單上數字的起伏。他承擔太多風險，幾乎鐵定會破產，他的「毀滅風險」高達 100%。

我們一起看對帳單時，安德魯一再告訴我：「我有 700 萬時就該賣的，要是我獲利時賣掉就好了。」

看過他的交易紀錄後，安德魯直接了當地問我：「你覺得我是賭徒嗎？」他是經紀商，職場生涯中鐵定看過一些瘋狂投機客，但他卻無法分辨自己的行為。

他在市場上大起大落，一直想著這個問題，還用一堆假設性問題來撇清自己的責任：「假如我當初沒去堪薩斯會怎樣？」「如果我 1 月沒多買進買權

會怎樣？」「假如我多注意一下市場格局又會如何？」

和他一樣，我不禁懷疑：「過去兩年，安德魯有三次獲利翻十倍的紀錄。他的風險管理雖然很糟，但他的直覺呢？他會不會做對了什麼？」人很容易就被短期但無法持久的獲利所誘惑。

在職業生涯初期就獲得大額獲利的投資人比較可能出現嗜賭的問題，或許是因為他們把成功歸因於先天的技巧或天分，而不是一時的機運，他們花很多時間想要複製最初的優異績效。

我們道別時，安德魯同意上 marketpsych.com 網站做免費的「賭博或交易檢測」。隔幾天，他打電話來問我：「百度的價格還在區間盤整，你覺得會上漲嗎？」

「你做過網站上的賭博檢測了嗎？」我問。

安德魯說他做過檢測了，結果顯示他「很有可能出現賭博問題」。他坦承他的交易就像賭博一樣，但還是想知道他持有的百度部位該怎麼辦。

我試著讓他看清現況：「你剛說你有賭博問題，現在又叫我為你的賭注表示意見。」

安德魯反駁：「但是我需要納稅，我對百度有預感。」

「你剛剛說的話聽起來麻煩大了，你交易是為了扳回一城，你一定知道那是行不通的。」我說。

「我不知道該怎麼辦。」他回應。

「我也無法告訴你該怎麼辦，你告訴我的一切顯示你是在賭博，你必須趕緊收手。」

「我知道，但是我對百度有預感。」

我們的對話就這樣持續了好幾分鐘。

百度的漲幅始終沒辦法讓他的買權變成價內買權，我猜他賠光了那個投

資部位。我希望我可以講一個圓滿的結局：他如何還清房貸並送孩子上大學。但是，之後我再也沒有他的消息了。

安德魯的故事顯示了交易難堪的一面。有些交易員獲利驚人，有些則承擔了過量的風險。賭博者陷入的思想陷阱就是誇大版的認知偏誤，很多投資人都有認知偏誤的問題。

11.1 ｜ 知道何時退場

在金融市場賭博比在賭場賭博還危險，因為投資人在市場中可以運用高度的槓桿操作，以小博大。期貨與選擇權的普遍使用，以及網路交易帳戶提供的匿名性與個人掌控度，更激起投資人追求風險的衝動。有些交易員因為無法正確權衡盈虧的機率而承擔超額的風險。也就是說，他們不了解持久性風險管理的重要，前面提過的安德魯案例就是這樣。

研究人員發現，多數投資散戶買的股票都有「彩券」的特質：波動性高、題材好、獲利大的機率低。這種類似彩券的股票就像彩券銷售一樣，景氣低迷時，需求反而增加。而且，讓賭博合法化的州與該州投資人購買彩券型股票的偏好還有關聯。[2]

有些投資人在多頭市場時就變成賭客，他們開始輕鬆獲利，增加投資部位，因為績效好而覺得自己所向無敵，獲利一點都不費功夫。他們沒察覺自己承擔了多大的風險，直到有一天，他們發現自己迅速虧損，卻不知道究竟發生了什麼事。初期的獲利強化了他們的「控制錯覺」（參見第 8 章），持續使用同樣的策略，導致愈賠愈多，直到賠光帳面獲利、血本無歸為止。

並非所有的大額投資風險都是有問題的。在有些事業領域裡，例如新興企業，成敗之間可能僅一線之隔。成功創業家往往承擔了別人認為不智的風

險，那些創業家如果失敗了，大家可能也會把他們當成「賭徒」或「瘋狂交易員」。另外，很多投資人以交易高風險或投機性股票為樂，他們很清楚也接受全部虧損的風險。所以在市場中，什麼時候承擔的投資風險才叫做全然的賭博？

以投資為樂和有賭博問題的人之間有幾個主要的差異。多數消遣型投資人是拿完全賠光也無所謂的錢來交易，他們和別人聊到這些投資時，不會說謊或曲解他們的盈虧。他們的「毀滅風險」很低。所謂的「毀滅風險」就是根據某人投資部位的平均規模與價格波動，算出他在市場中賠光所有資產的數學機率。

詢問幾個尖銳的個人問題就有可能診斷出某人交易中的賭博特質。以下問題改編自《心理疾病診斷及統計手冊》的病態賭博診斷標準。如果表 11.1 的問題中，你的答案有兩個以上的「是」，你的交易就很可能有賭博的問題。

表 11.1　你在交易？還是賭博？

如果你是交易員，懷疑自己有賭博的問題，請回答下列問題。	是或否
■ 你一心一意只想交易嗎？（例如，一心一意想再次體驗過去的交易經驗、計畫下一筆投資、思考取得交易資金的方法等。）	
■ 你需要增加交易金額或槓桿程度才能達到想要的刺激嗎？	
■ 你每次想控制、減少或停止交易是否都做不到？	
■ 減少或停止交易會讓你感到心神不寧或急躁？	
■ 你有時候交易是為了逃避問題或紓解負面情緒嗎？（例如無助感、罪惡感、不安或憂鬱）	
■ 交易虧損後，你常返回市場想要扳回一城嗎？	
■ 你曾對家人、同事或其他人說謊以隱瞞或減少你投入交易的程度嗎？	

■ 你曾以偽造、詐欺、偷竊或挪用公款等不法情事來資助你的交易嗎？	
■ 你曾因為交易而危及或喪失重要的關係、工作、教育或職場機會嗎？	
■ 你曾靠別人提供資金來紓解交易造成的危急財務狀況嗎？	
注：改編自《心理疾病診斷與統計手冊》第四版的病態賭博診斷標準。	

11.2 | 賭徒的大腦

> 賭徒尋找賭場，然後急切地想知道：「我會走運嗎？」──〈梨具吠陀〉
> （Rig-Veda），讚歌 10.34

　　賭博方面的研究主要著重賭博經驗中兩個可衡量的面向。心理調查通常是蒐集伴隨或啟動賭博行為的線索（觸發器）與認知（想法）方面的資訊。神經科學想了解的是病態賭博的大腦和正常大腦的運作有何差異。

　　病態賭博是最早記錄的財務失調症，在古希臘文字與《奧義書》（Upanishad）的〈梨具吠陀〉中都有描述。問題賭博沒有病態賭博嚴重，但美國有 3.6% 的女性及 6.9% 的男性有這樣的問題。雖然目前有病態賭博問題的人占總人口的 0.5% 到 1%，但終身罹患強迫性或病態賭博失調的機率是 3.5% 到 6.3% 之間。[3]

　　病態賭博在精神治療上歸為衝動控制疾病，主要特色是對風險毫無感覺、衝動增加、缺乏自制、缺乏適當的社會價值優先順序、透過冒險追求樂趣等。病態賭博者比其他人更容易出現情緒失調，例如憂鬱、不安或濫用藥物（尤其是酒精）。

有些特定的情緒與認知會煽動病態賭博。研究顯示，憂鬱與不理性的希望會促使賭博者下注。其他誘發賭博的因素包括晚上獨處與思考個人財務狀況。

研究人員要求受試者形容賭博時，使用正面字眼、抱持希望、沒有實際牽掛的人比較可能繼續賭博。在心中把盈虧分開來看的賭徒無法了解他們賭博的淨報酬其實是負的，即使出現大幅虧損，他們還是會持續賭下去。

風險與潛在報酬對賭博者有強大的誘惑。麻省綜合醫院激勵與情緒神經科學中心的共同院長韓斯・布萊特醫師（Hans Breiter）表示：「在類似賭博的實驗中，金錢的報酬對腦部產生的刺激看起來很像毒蟲吸食古柯鹼時的情況。」[4]

在病態賭博者的腦中，主要激勵系統（追求報酬與損失避免系統）各有各的特色。一方面，賭博者對報酬的回應較少，他們的多巴胺受體集中度降低，讓他們對日常的新奇事物與興趣比較不敏感。賭博實驗對賭博者的生理研究也證實這些發現。賭博者 (1) 面對可能的虧損時，比較沒有預期性的心跳加速；(2) 獲利時也比較不會心跳加速。賭博者對虧損的恐懼沒有非賭博者強烈，獲利時也比較沒那麼興奮。[5]

神經造影也可以支持賭博者腦部反應不夠活躍的論點，功能性核磁共振造影掃描顯示賭博者的神經報酬系統活動減少。事實上，病態賭博的嚴重度和報酬系統缺乏活動的程度有關。[6]

不敏感的多巴胺系統促使賭博者以機率遊戲來自我刺激，在預期報酬與收到報酬時，暫時提高多巴胺的濃度。矛盾的是，帕金森氏症患者的大腦多巴胺濃度長期低落，療程中給予帕金森氏症患者服用刺激多巴胺受體的藥物時（pramipexole），他們可能變成病態賭博者（機率高達 40%）。[7]

之前提過，前額葉皮質對規劃、推理與衝動控制很重要。賭博者在需要

用到前額葉皮質技巧的任務上表現低落，例如抑制、估算時間、認知彈性和規劃等。[8] 在賭博實驗中，績效最佳者（學會避免高風險／低報酬選項者）在功能性核磁共振造影掃描上的前額葉皮質活動最多。[9] 不過，在決策實驗中，賭博者的神經啟動和衝動控制不良有關。[10] 問題賭博的起源在於風險決策時衝動控制不良，以及三個主要的大腦系統（前額葉皮質、報酬系統與損失系統）都極度活躍。

許多名人喜歡到賭場賭博，一些名人與政客為過度賭博提出的共同理由是：「我負擔得起，所以有什麼問題？」

1990 年代與 2000 年代初期，前美國反毒事務長比爾‧貝內特（Bill Bennett）（老布希時代）去大西洋城與拉斯維加斯數十次。他是很多家賭場的貴賓，據悉他賭輸的金額超過 800 萬。[11]《華盛頓月刊》（*Washington Monthly*）與《新聞週刊》（*Newsweek*）記者問及貝內特的賭博習慣時，他表示：「我賭得很大，遵守規定，不拿奶粉錢來賭，不讓家人承擔風險，我也不欠任何人什麼。」[12] 貝內特自己宣稱他的損益幾乎兩平：「十年來，我可以說我近乎損益兩平。」

貝內特也是暢銷書《美德書》（*Book of Virtues*）的作者，該書的目的主要是教導大人與小孩如何過有紀律的生活。他在書中提到：「因為人們無法控制脾氣、欲望、熱情與衝動，所以世界上有很多不快樂與悲傷的事。」[13]

嚴格說來，貝內特可能沒有賭博問題，他很富有，也沒有因為賭博而產生負債或家庭失和。但他半夜（午夜到清晨 6 點）喜歡玩高額的吃角子老虎機，跟許多問題賭博者的行為很像。當他宣稱自己近乎損益兩平時，很可能有賭博者認知扭曲的問題。更可能的情況是，他無法精確評估實際虧損的大小，否則他可能已經戒賭了（《華盛頓月刊》的報導出刊後，他表示有意戒賭）。

據報導，賭博虧損龐大的名人包括籃球傳奇查爾斯‧巴克利（Charles Barkley，至少輸了 1,000 萬美元）與專業高爾夫球選手約翰‧達利（John Daly，據稱輸了 5,000 萬至 6,000 萬）。籃球大帝麥可‧喬丹（Michael Jordan）也很愛賭博，有報導提過他在賭城一擲千金。有些專家懷疑，運動員之類好勝心強的人比較可能出現賭博問題。即使機率之神有多種遊戲規則，他們還是想要贏。

11.3 ｜減少賭博

研究人員研究過以藥物、心理治療與教育來治療病態賭博。藥物治療是使用以下三種神經策略：(1) 改善前額葉皮質的衝動控制；(2) 增加杏仁核對損失的恐懼；(3) 強化報酬系統以減少對賭博的渴望。心理治療則是鎖定縮小損失與賭博社會成本的認知扭曲。

在一項研究中，提供與數學機率有關的教育並無法改變賭博行為，這表示賭博的決定通常是情緒性的，不是理性的過程。[14] 用警語說明不理性賭博的想法則可減少賭博的行為，[15] 這表示直接反駁不理性的想法與預期（例如心理治療）也可改變那樣的想法。

一般最常用來治療病態賭博的藥物是納曲酮。[16] 納曲酮與納美芬（nalmefene）都是阻擋 μ 鴉片受體的藥物，都能有效減少賭癮患者的賭博行為。[17] 在報酬系統中，μ 鴉片受體會刺激多巴胺的釋放。[18] 以納曲酮阻擋鴉片受體可以減少阿肯柏氏核中的多巴胺釋放，降低主觀的愉悅感。[19] 服用鴉片阻斷劑的賭博者就不會有迫切想要透過賭博刺激報酬系統的感覺，這可能是因為他們覺得財務上下波動沒那麼快樂了。

Bupropion（俗稱 Wellbutrin 或 Zyban）可以調節報酬系統中的多巴胺釋

放，或多或少可以減少賭博行為，副作用也比鴉片受體拮抗劑少。[20]

　　病態賭博不是終生疾病，通常時好時壞，原本有紀律的投資人可能會突然出現賭博行為，多年掙扎後也可能突然消失。許多名人都曾有問題賭博的現象。對每年有績效誘因的交易員來說，承擔過量風險可能是理性的（從私利的觀點來看），但病態虧損卻由客戶承擔。發現自己在市場上承擔過量風險的投資人，可以上 marketpsych.com 網站做賭博檢測，衡量自己容易陷入賭博的可能性。

　　賭博讓報酬線路不敏感的人感覺良好，伴隨獲利而產生的多巴胺急速釋放是讓人心滿意足又上癮的快感。問題賭博者覺得虧損的威脅沒有很大，他們的前額葉皮質產生的衝動控制也較少。所以病態賭博者透過獲利追求快感，虧損時又不太痛苦，很難控制賭博的衝動。

　　治療病態賭博可用心理治療矯正認知扭曲、用行為治療強化衝動控制、用藥物治療阻擋報酬系統中多巴胺釋放帶給賭博者的興奮感。病態賭博是可以成功治癒的，但是患者自己需要有戒賭動機才行，那往往是阻礙成功治療的主要障礙。

第 12 章

高績效投資者的人格特質

本章你可以學到這些 ▶

☑ 認識五大人格特質

☑ 不同的人格特質,適用不同的交易方式

☑ 理解市場複雜多變,常保犯錯思維,才能擁有彈性心智

> 投資理念其實是看性格,不是看智慧。事實上,好性格永遠勝過高智商。
> ——麥克・莫布新[1]

在 1983 年的電影《你整我,我整你》(*Trading Places*)中,兩位打賭的百萬富翁讓騙吃騙喝的小混混艾迪・墨菲(Eddie Murphy)與上流社會精英及投資人丹・艾克洛德(Dan Aykroyd)交換身分,艾迪・墨菲在毫無經驗下能夠成功縱橫交易圈嗎?艾克洛德可以用聰明才智擺脫貧困與無家可歸的窘境嗎?這對喜劇搭檔最後智勝干預者,從「冷凍柳橙汁」期貨中大撈一票,讓百萬富豪破產。但是那兩位老謀深算的富豪打賭的問題還是無解:交易員之所以卓越是因為先天技巧?還是後天經驗?

事實上,和多數心理議題一樣,這並沒有簡單的答案。成功投資的第一步是先有優勢,第二步是訓練大腦追求卓越績效。本章將說明讓人在市場上表現卓越的個性根源,以及讓卓越者從精英中脫穎而出的特質。

卓越投資人的某些特質是眾所皆知的,例如巴菲特對機率有敏銳的直覺,[2]索羅斯喜歡檢視他的投資思維過程有沒有缺陷,以找到缺陷為樂。多數

卓越的投資人對自己獲利的能力都很有自信，[3] 但是這些特質並非所有卓越投資人共有的，有些人有其他的優勢。投資成功的關鍵之一就是深入探索個人優勢，嚴格避開弱勢領域。

雖然很多成功特質都是天生的，但有些是從經驗中學到的。成功源自於四大心理領域的優勢：(1) 個人風格（本章所要探討的部分）；(2) 認知能力：大腦靈活度、審慎思考、速度與智力；(3)EQ：動機與熱情、勇氣、因應情緒的技巧與自我認知；(4) 訓練：以訓練改善個人缺點並強化優點。首先，投資人應該要有搭配個人投資風格的個性（內在性格）。第二，應該要有卓越的審慎思考技巧，包括以機率與期望值說明未來前景的能力。第三，EQ 與信心、果斷、虧損復原力等心理特質很重要。第四，培養復原技巧，取得成功因應市場危機與突發狀況的經驗。

有一大挑戰在於研究系統化架構中的多元投資人特質。說明投資人成功要素的案例有很多，但沒有系統化的科學研究就無法得出理想投資人的確切樣貌。另一個問題在於，成功投資牽涉的市場與個人特質相當多元。不同的人會在不同的時間及不同的市場中獲利。有什麼廣泛的特質是所有卓越投資人共有的？人格研究是回答這類問題的最佳科學方式。

本章將說明人格研究令人興奮的發展。人格是個性、行為、性情、情緒與心理特質的集合型態。[4] 最近的學術研究顯示，人格可分成五大特色，這五大特質（所謂的「Big Five」）和人們如何使用語言形容自己有關。五大特質當然並不完整，研究人員對於人格分類中應該分成多少特質仍有爭議（另一種可能是分成十六種特質[5]），不過五種是目前為止最好的分法。值得注意的是，每個人一生的人格特質通常很穩定。[6] 本章會說明這五大人格特質，並於結論探討卓越投資人的其他心理特質。

12.1 | 五大人格特質

1936 年，兩位美國心理學家高登・奧波特（Gordon Allport）與奧德伯特（H. S. Odbert）假設：「生活中最顯著、與社交最相關的個人差異最終會融入語言中，差異愈重要，就愈有可能用單一字彙表示。」[7]

1970 年代，奧勒岡大學的心理學教授路易斯・高德堡（Lewis Goldberg）以 1,250 個片語形容人格特質。他和學生挨家挨戶拜訪奧勒岡尤金市與春田市的 750 戶人家，請大家評估這 1,250 個片語對他們的形容是否貼切。這些片語包括「喜歡派對」、「遵守規定」、「害怕發生最糟情況」等。受試者以 1 到 5 的刻度來衡量這些片語形容他們的貼切度，圈選「極不同意」、「不同意」、「既非同意也非不同意」、「同意」、「非常同意」。

他們把受試者對其中 300 句的回應分成五個不同的類別，例如，同意「喜歡派對」的人通常也同意「散發喜悅」之類的語句，這表示好交際與樂觀的人有某類人格特質（後來稱為「外向」）。這五類用語就是所謂的五大人格特質：(1) 神經質；(2) 外向；(3) 開放性；(4) 親和力；(5) 嚴謹性[8]（參見表 12.1）。以下很多特質的描述與範例是摘錄自約翰・詹森（John Johnson）的免費線上 NEO 人格目錄，主要是延伸自他和高德堡合作的研究。

統計上來說，受試者的回應呈常態分布，有四成的人得分是在平均範圍內。每位受試者在每項特質的得分都是介於「很低」到「很高」之間。外向量表得分低的人稱為性格內向，得分高的人稱為性格外向。「高」與「低」和平均之間的差距都在一個標準差以上。每個人格特質都有主顯性格與反向性格（主要指標得分低的人）。所以根據定義，外向方面低分的人就是內向方面高分的人。

表 12.1 五大人格特質

人格	高分	低分
神經質	散亂、優柔寡斷、悲觀、緊張	情緒穩定、放鬆、老成穩重
開放	樂於實驗新點子與嘗試新經驗	傳統、比較念舊、較不喜歡改變
外向	樂群、樂觀與好交際	內向、喜歡獨處
嚴謹	自律、延遲享樂、有條理、遵守規矩、守時	衝動、無條理、很難循規蹈矩
親和力	重視合作、與人和樂相處、大方	自私、往往會稍微懷疑別人的意圖

總體來看，一個人的風格中，五大人格特質相互平衡。有些人有多重明顯的人格特質，嚴謹性與神經質都高分的人是完美主義者。導演伍迪・艾倫（Woody Allen）就是名人中多重特質都很高分的例子，他常覺得自己明顯的神經質沒什麼大不了，他給外界的感覺也很外向、樂群、開放。因為既外向又神經質，他喜歡在電影中展現焦慮，營造幽默效果。人的風格並不是由主要特質所決定，而是看他如何因應自己特有的優點與缺點，以及所有特質如何一起運作。

擁有某些特質但缺少其他特質並不會讓人變得比較好或比較糟。每種特質都表示你觀看世界時，某些情況是好的，但不是所有情況都很美好。我們稍後會看到，有些特質的確和財務獲利有關，但這些特質是否有益則視情況而定。同樣的特質可能有助於創投業者成功，但可能會阻礙炒短線交易者的績效。

有些人格特質是遺傳的，這表示它們有基因基礎（雖然這方面有多重影響因素且相當複雜）。人格特質是由多元經驗與行為構成的，最極端的還包含臨床的精神病。

閱讀以下說明時，切記這些人格特質代表的是受試者對 NEO 測試上幾個類似問題的極端反應。四成回應者屬於每一種類型的「平均」值，也就是說他們有各種特質兩個極端的混和個性。

外向 vs. 內向

在外向量表上，高分的人稱為個性外向者，低分的人稱為個性內向者。外向者喜歡和人共處，充滿活力，常有正面情緒。外向的特色是喜歡交際、樂群、比較樂觀。外向者比較可能強烈認同「熱愛生命」之類的描述，他們通常很熱情，行動力強，為了刺激勇於嘗試機會。在團隊中，他們喜歡講話、自信果斷、引人矚目。有趣的是，功能性核磁共振造影研究顯示，財務獲利為外向者帶來的報酬系統刺激比內向者多。[9] 也就是說，外向者比較容易為了財務獲利而受到機會的鼓舞。

內向者通常比較安靜、低調、深思熟慮、不愛交際。他們不需要太多社交互動就很自在，這不是因為害羞或憂鬱的緣故，只是他們需要的刺激不必像外向者那麼多而已；此外，他們可能比較喜歡獨處。內向者認同「迴避人群」之類的描述，比較會受到內在動力的鼓舞，而不是外在的刺激。也就是說，他們是從內心產生動力與興奮感，而不是尋求外在的刺激。

神經質 vs. 情緒穩定

神經質和情緒穩定是相對的兩種個性。神經質分數高的人比較會有負面感受，例如不安、憤怒或焦慮，比較會對人產生情緒化的反應。他們比較會認同「容易慌張」之類的描述。他們承受壓力時難以控制情緒，會破壞清楚思考、決策與因應事物的能力。功能性核磁共振造影的實驗顯示，受試者受威脅時，腦島啟動的程度和他們神經質的程度有關。[10] 這些發現顯示，神經

質的人比情緒穩定者敏感，比較容易對危險訊號產生反應。這種對威脅的高度警戒心可能很耗神，但也能確保他們在災難真的來襲時準備就緒。

神經質分數低的人情緒穩定，通常比較冷靜，不會受負面感受影響，他們比較會認同「有壓力時依舊冷靜」之類的敘述。不太受負面感受影響不一定是指他們有較多的正面感受。一般而言，他們即使在壓力下也比較可靠、堅強、放鬆。真正的危險逼近時，情緒穩定者過度鬆懈的態度可能會是問題。神經質者可能感覺比較像是虛驚一場，但他們對潛在風險也比較注意。

嚴謹 vs. 衝動

嚴謹是指人控制、調整與指引衝動的方式，嚴謹的人比較會為了達成目標而規劃與組織，追求目標時比較會遵守規則，過程中比較能控制衝動。他們通常比較認同「知道如何完成事情」的敘述。

衝動和嚴謹相反，衝動的人比較可能認同「往往臨時做決定」的描述。在遊樂而非工作時，他們的自發性可能很有趣。衝動的問題在於可能產生立即的效益、但卻會造成長期不好的後果。他們的成就有時候可能看起來很瑣碎零散、沒有一致性。

樂於嘗新 vs. 傳統

樂於嘗新是指樂於實驗傳統、追求新經驗、廣泛抽象地思考。開放的人比較有好奇心，較有藝術鑑賞力，對美的事物比較敏感，比較可能認同「喜歡解決複雜的問題」的敘述。開放的人往往以個性化、不墨守成規的方式思考與行動。

傳統的人比較喜歡平淡、直接與明顯的事物，比較不愛複雜、含糊與隱約的事，他們比較認同「我習慣傳統方式」的敘述。開放的人比傳統的人更

清楚自己的感受，但開放與傳統的思維在不同環境下各有好處。擁有開放風格的人比較適合當心理學家或教授，但研究顯示傳統思維和警界、銷售與一些服務業的優異表現有關。

親和力 vs. 自私

有親和力的人認為別人基本上是誠實、得體與可信賴的。親和力是反映在合作與社交和諧上。自私的人覺得私利比與人和睦相處重要，他們對別人的福祉比較不感興趣，所以比較不會為別人盡力。[11] 以下說明的 marketpsych. com 投資人人格測試因空間不足，並沒有衡量親和力，不過親和力仍是重要的五大人格特質之一。

12.2 | 個性基因

生活經驗對塑造一個人有很大的影響。人在成長中學習如何因應逆境，接受看顧者與模範給予的機會。除了這些薰陶外，每個人都有與生俱來的心理差異，源自於基因與生態。這些先天內建的差異是人格的基礎，在嬰兒身上就可看到。好動的嬰兒通常情緒比較正面、喜歡與人互動、對新奇事物比較好奇，反應負面與內向的嬰兒在幼年時期比較可能一直維持羞怯的個性（但不一定會延續到成年）。[12]

有兩種基因和個人的神經質與外向的分數有（微弱）關聯（參見表12.2）。

表 12.2　基因和風險承擔與風險態度有微弱關聯

基因	異常變形
血清素轉運基因	容易不安與憂鬱
多巴胺 D4 受體	追求新鮮與刺激

　　過去四年，DNA 分析顯示兩種人格上的發現和基因有關。血清素轉運基因可能有在很多人體內都有的多型（產生短型血清素轉運基因蛋白質）。血清素轉運基因蛋白質是再吸收通道，類似圖 4.2 描繪的結構。短型轉運基因讓血清素較慢離開突觸間隙。血清素分子在突觸間隙逗留時，突觸後血清素受體就會出現調節下降的現象，使血清素敏感度下滑，血清素濃度變低。[13]神經質分數和個人體內短型血清素轉運基因的存在有關，[14] 但變異很大。這是有趣的發現，但並非絕對的。有這個基因的人變得神經質的機率只比沒有這個基因的人稍微高一點而已。整體而言，神經質是由許多因素促成的，視多重基因與生活經驗的交互關係而定。

　　另一種基因與人格的關聯和多巴胺 4（D4）受體有關，D4 受體是管理刺激感的追尋（類似「追求新鮮感」的人格面向）。追尋刺激是外向的一種，有 D4 多型的人比較無法維持一夫一妻的關係，在某項研究中，他們有較多婚外情的情況。

　　追尋刺激的人格特質得分高時，表示比較可能在財務、娛樂、社交、健康等多方面承擔風險。從追尋刺激即可有效預測多種風險承擔的傾向，例如嗜賭或參與高風險活動。[15,16] 事實上，有項芬蘭的研究發現追尋刺激的人格特質和過度交易股票有關。[17]

　　追尋刺激有很高的遺傳性可以從個人 D4 濃度與冒險個性的關聯得到證明。[18] 最近有項研究指出，D4 多型與兒茶酚氧位甲基轉移（COMT）基因多

型的組合比較可能讓人出現輕躁症與外向的性格。[19] 不過，若要證實這些關聯還有待進一步的研究。

從上述證據可見，基因與人格有重要但微弱的關聯，很多基因需要有特殊環境事件誘發才會顯現。此外，單一基因不會決定人的個性，人格是由多元基因共同塑造的。這些發現只表示我們稍微知道哪種人可能比較神經質或喜歡追尋刺激而已。簡單的紙筆測驗（如下文）還是比基因研究更能有效做好人格分類。

12.3 ｜投資性格

> 只要有 25 以上的智商，想要投資成功就和智商無關。有了一般的智商，你需要的是控制投資衝動的性格。──巴菲特[20]

投資人的五大人格分數和他們的投資績效有關嗎？為了探索績效與人格之間的關聯，我設計了一份 70 題的人格測驗：從高德堡與詹森所創的人格敘述中挑出 60 句，最後放上 10 個研究問題。設計這份測驗時，我的目的是想找出人格特質與財務決策之間的關聯。這份測試衡量了五大人格特質中的四項：神經質、外向、開放及嚴謹。我會先說明這項研究使用的方法，接著說明研究結果。

撰寫本書之際，已有 1,000 人上 marketpsych.com 做過測試，每位受試者登記的身分是「企業家」、「交易員」或「投資者」。為了確定資料品質，我刪除了有明顯回應型態的測試結果（例如全填「非常同意」的人），也刪除年齡不滿 25 與 80 歲以上的人、來自未開發國家的人，還有投資經驗不到 5 年的人。人格敘述從 1 號編號到 60 號。

下面的實驗問題列在人格問題之後，這些問題一開始先附上前言要求受試者據實陳述。第 62 與 63 題是詢問咖啡因與酒精的攝取，但沒有得出明顯的結果。回應是採用「非常不同意」到「非常同意」的形式，或是像第 69 和 70 題一樣使用五個從低到高的數值。實驗問題如下所示：

61.（做夢）我躺在床上等著入睡時，會思考或夢想市場狀況或我的投資部位。

64.（退場計畫）在投入交易或投資部位以前，我都已準備好退場計畫，考慮過所有可能的突發情況。

65.（太晚認賠殺出）我持有虧損部位太久（往往比我原本打算的久）。

66.（太早獲利了結）有時候我的投資部位稍漲一點，我就獲利了結，即使原本沒這打算。

67.（孤注一擲）有時虧損後，我發現我會為了想回本而承擔更多的風險。

68.（不落袋為安）交易或投資出現帳面獲利時，我往往放著部位不管，結果獲利就此消失。

69.（總報酬）從 2000 年 1 月到 2004 年 12 月，我的交易或投資總獲利約……

70.（最大虧損額）從 2000 年到 2004 年，單筆交易或投資部位曾造成的最大損失占總資產值的比例約……

請受試者描述個人行為的一大缺點就是會有自我陳述偏誤的問題。例如，人們會依據先天偏誤來回答問題。比較神經質的人可能比較認同負面的

描述，外向者可能對自己的投資績效很自負、過於樂觀。還好，已有其他研究觀察過個人的實際投資行為，並將這些行為和他們的人格特質相比，所以這些研究發現還是可以拿來參考。

首先，我會以專業用語表示線上研究的結果，然後再用白話來說明。這個單元之後則是探討其他 NEO 相關的投資人格研究。以下是四項人格特質與實驗問題回應之間的關聯結果，此關聯是用線性迴歸算出來的，信賴區間符合 95% 者即列出。事實上，所有關聯除了一個以外都符合 99% 的信賴標準（p<0.01）。完整的結果列於表 12.3。第 70 題（最大虧損額）沒有明顯的關聯性，可能沒有某一人格特質特別容易出現風險管理不佳的情況。由於表格內容的資料比較密一點，我用以下篇幅來說明這些結果。

表12.3　人格特質分數與研究問題之間的線型相關
（箭頭向上表示正相關，箭頭向下表示負相關）

人格測試結果	外向	神經質	嚴謹	開放
61.做夢	—	↑	↓	↑
64.退場計畫	↑	↓	↑	↑
65.太晚認賠殺出	↓	↑	↓	↓
66.太早獲利了結	↑	—	—	↑
67.孤注一擲	—	↑	↓	—
68.不落袋為安	↓	↑	↓	↓
69.總報酬	↑	—	—	↑

箭頭向上表示人格特質與左欄所列的偏誤有正向的線性相關。例如，外向人格特質高分時，比較可能認同 64 題的「我已準備好退場計畫」。箭頭向下表示負面相關，也就是和人格特質的反面特質有正相關。例如，神經質分

數高的人，比較不可能認同第 64 題。

如果這樣不會太困惑，可以想想每種人格特質的反面特質。「情緒穩定」和神經質剛好是對立的，所以情緒穩定分數高的人比較可能認同第 64 題。外向和高投資報酬（第 69 題）也有正相關，內向和報酬則有負相關。

神經質投資人

就投資偏誤方面而言，神經質看起來是對投資人最危險的特質。有趣的是，神經質並不會讓投資報酬降低（第 69 題）。神經質的人通常對危險有高度警覺性，自我要求高，所以可能會善用這些特質創造優勢。他們比較知道自己有偏誤，會以這項認知避免犯錯。

一般而言，神經質的人大多表示他們晚上會夢到投資部位（第 61 題）、太晚認賠殺出（第 65 題）、會為了回本而承擔更多風險（第 67 題）、不落袋為安（第 68 題）。神經質和第 64 題負面相關，他們比較不可能有退場計畫。

在心理研究中，神經質的特質和臨床憂鬱症與焦慮症有關聯，這兩種症狀都會破壞睡眠型態（如第 61 題所述），導致在壓力下優柔寡斷（如第 64 與 65 題所述）。

神經質的相反是「情緒穩定」，所以這也是和投資偏誤最無關的特質之一。不過，情緒穩定的人獲利不會比神經質的人高，可能是因為他們缺乏重要的自我認知，他們可能有偏誤而不自覺。

表明自己是「交易者」的受試者，神經質的程度沒有「投資者」或「企業家」高，這是可以理解的。因應市價短期波動的人不會過於緊張或對壓力太敏感，太敏感會讓他們迅速心力交瘁。

我們稍後會看到，成功的投資人必須讓人格特質搭配交易風格。以神經

質的人為例，他們通常會避免短期交易及彌補偏誤，所以他們的報酬和情緒穩定的投資人差不多。

外向、開放與嚴謹的投資人

外向者表示，他們通常會為所有的市場突發狀況準備好退場計畫、在投資部位漲多時就脫手，他們提報的總報酬也比內向者多。外向者和第 65 題（太晚認賠殺出）與第 68 題（不落袋為安）的結果呈負向相關，而這表示內向和這些偏誤呈正向相關。

外向者認為他們不會太晚認賠殺出或不落袋為安。整體而言，外向者提報的總報酬比內向者高；這可能是因為確認偏誤的緣故，也就是外向者根據他們覺得研究人員想看的結果來陳述自己的技巧與報酬。不過外向者也坦承太早獲利了結是他們的缺點，所以他們也不完全是在粉飾自己。

開放得出的結果和外向一樣，只多了一項相關性。開放和第 61 題（做夢）正向相關：開放的人表示他們夜晚比較常想投資部位。整體而言，開放與外向是和整體投資報酬最相關的人格特質。

吉姆・羅傑斯（Jim Rogers）大概是既開放又外向的投資人中最知名的一位，他會積極尋找新經驗，也是金氏世界紀錄中騎摩托車與開車跨洲旅行最長的紀錄保持人。他寫過兩本書：《資本家的冒險》（*Adventure Capitalist*）與《全球投資漫談》（*Investment Biker*）。1990 年代後期，他在還沒多少投資人注意大宗物資的時候就率先創造大宗物資指數，他建議的投資市場相當多元，包括波札那、尼加拉瓜、玻利維亞等地。他曾宣布他和家人要從紐約市遷居亞洲的華語中心，以便更接近新世紀的商業中心。羅傑斯是索羅斯量子基金的早期合夥人，其開放與外向的性格讓他在縱橫市場與創造豐富人生時都能受益。

嚴謹的人格特質和第 64 題（退場計畫）的回應有關，嚴謹的投資人比較可能預先準備好退場計畫。但嚴謹和第 61 題（做夢）、65 題（太晚認賠殺出）、67 題（孤注一擲）、68 題（不落袋為安）似乎有反向關係；也就是說，和比較衝動的人相比，嚴謹的人在交易決策上比較有紀律：他們比較快認賠殺出，下跌時不會多承擔風險，趁帳面獲利沒消失前就先落袋為安。他們覺得投資想法不會干擾他們的睡眠。從嚴謹者所做的良好決策來看，大家可能會預期他們的報酬也比較高，但資料顯示並非如此。

在職業研究中，嚴謹和多種工作類別的成功有關，大家可能會因此以為嚴謹的投資人在市場上的績效表現較好，但他們提報的獲利並沒有比較高。這種職業表現與市場績效之間的矛盾令人不解。不過，投資並不是朝九晚五、有既定規則的規律工作，市場既複雜又多變動，或許以照本宣科的嚴格方式分析市場會破壞投資人的靈活度。

12.4 ｜其他人格研究

其他研究人員使用 NEO 發現績效與人格特質有重要的關聯。總體來看，以下的研究結果顯示，投資人與交易員會因為不同的人格特質受惠。澳洲有項小研究也呼應了我的人格研究結果。杜朗（Durand）、苗比（Mewby）與桑格尼（Sanghani）追蹤 18 個澳洲投資人的證券戶績效。他們寄出調查以蒐集心理、人格和財務績效的資料。一年後，他們發現外向者比內向者持有的股票多、交易較少、獲利較多。

他們也發現，開放與神經質等特質得分較高的人會承擔較高的投資組合風險。神經質的人交易比情緒穩定者頻繁。嚴謹的投資人承擔的風險比衝動者少。親和力高的人會承擔較多的風險。[21] 或許嚴謹型投資人承擔較少風險，

這點可用來解釋他們的報酬為什麼沒比衝動型投資人多。

以下段落將說明短期交易員心理測驗的結果。交易所需的技巧和長期投資或管理投資組合的技巧不一樣，所以有些研究人員的發現和我的研究結果相互抵觸。不過切記，我的研究是涵蓋了 1,000 位交易員、投資人與企業家，交易員占樣本的比例不到 25%。

范敦‧歐葵維（Fenton-O'Creevy）與同仁研究 118 位在投資銀行任職的交易員，他們的研究結果中有一點和我的發現一樣：交易員通常比較不神經質。不過有些結果則和我的發現相反。他們的結論是，成功的交易者通常情緒比較穩定（神經質指數低）、內向（外向指數低）、喜歡嘗新。[22] 雖然我們的研究都得出開放和成功有關，但他們發現內向和成功有關可能是針對短期交易員的客群而言，不適用於企業家與投資人（企業家和投資人是我的實驗主體）。

交易教練布瑞特‧史丁巴格（Brett Steenbarger）在琳達‧布拉福‧拉琦克（Linda Bradford Raschke, LBR）的交易研討會上對 64 位交易員進行人格測試。他發現高嚴謹度是預估交易成功最可靠的指標，這也是我在集合投資人與企業家的受試者中沒發現的現象。相反地，史丁巴格發現高開放度與高神經質和交易問題有關。[23] 高開放度和交易結果不佳的關係很難解釋，或許只能說短期交易者必須保持專注、不分心。他為這些結果歸納的解釋是：「這裡有一個很重要的啟示：交易成功和保持一致與計畫導向有關。」

交易教練道格‧赫胥恩的心理學博士論文是對交易員進行 NEO 人格研究。赫胥恩打過甲組棒球聯賽，他懷疑參與高階體育運動可以培養內在紀律，對短期交易有益。有趣的是，赫胥恩發現，在他的樣本中，有體育背景的人對交易成功並沒有幫助。他發現 NEO 特質中唯一和交易成功有關的是開放度低。[24] 短期交易員在交易分析時可能需要專心與保守，或許這是史丁巴

格與赫胥恩都發現交易成功和低開放度有關的原因。長期的投資人可能因為了解多元經濟趨勢與抽象財務概念而受益，或許這可以解釋杜朗和我發現開放度高和投資績效有關的原因。

羅（Lo）、雷賓（Repin）與史丁巴格檢視 80 位交易員 25 個交易日的交易型態、人格特質與日常情緒反應。由於研究期間大盤下跌 20%，80 位交易員中只有 33 位完成研究。這樣本可能太小而無法發現重要的統計關聯性，不過他們研究的結論是，人格特質本身和交易成功無關。[25]

維也納偉伯斯特大學的湯瑪斯・歐伯賴區訥（Thomas Oberlechner）把調查寄給 600 位歐陸與英國的專業外匯交易員，[26] 有 54% 的人回覆。每份調查都請交易員從 23 個特質中依序排列成功交易員的重要特色。其中大家認為最重要的特質是：(1) 反應迅速；(2) 紀律；(3) 經驗；(4) 專注；(5) 抗壓。歐伯賴區訥把 23 個特色分成八種「因素」，其中「有紀律的合作」最重要。衝動指數高（自律的相反）的受試者會做較多的交易，但無法改善績效。[27]

總之，對投資人來說，外向與開放似乎和承擔較高風險與整體報酬較高相關。對交易員來說，情緒穩定（神經質低）與嚴謹可產生較高的交易獲利。嚴謹有助於計畫導向的交易，對於需要耐心等候高風險／報酬機會的短期交易者來說尤其重要。

影響決策的因素不單只有可衡量的人格特質而已，許多其他的投資人特質也很重要。那些因素無法直接衡量，通常是從觀察決策的型態、審慎思考、解決問題與行為中顯露出來。以下將討論一些傑出投資人重要的認知與情緒特質。

12.5 │ 靈活的心智

　　愈來愈多人使用心理與情緒工具來改善執行與投資績效。[28] 知名避險基金經理人史帝夫・柯恩（Steve A. Cohen）就是這種趨勢的絕佳案例。《金融怪傑》作者傑克・史華格表示，柯恩「無疑是全世界最棒的交易員之一」。[29] 柯恩是賽克資本管理公司（SAC Capital）的創辦人，前奧運精神科醫師艾利・基福（Ari Kiev）是該公司的常駐醫師。柯恩在公司裡聘請績效精神科醫師，表示心理管理對承擔財務風險的人（包括已經表現卓越者）有益。

　　史華格觀察柯恩交易時，科恩氣定神閒的樣子讓他相當驚訝。史華格表示：「他在交易時似乎隨時都有幽默感。」柯恩的幽默與閒逸感顯示他並未把交易的損益放在心上，情緒不受影響（至少表面上看不出來）。一般財務決策者該如何維持情緒的平衡？如何對交易結果保持健康的觀點？

　　投資人應該要培養看法，但不要做出價值判斷，要抽離自我意識，維持彈性的預期。尤其，從業人員不該專注於決策的結果，而要把焦點放在規劃絕佳的決策流程上。逼自己達到特定結果的投資人，在壓力過大之下可能會出現反常現象（第 10 章）。此外，投資人也應該鎖定市場目前的動態，反覆思考過去事件反而對自己有害。每天重新衡量自己，讓每個部位看起來都像剛承做的一樣。

　　索羅斯是史上最優秀的交易員與慈善家之一，他提出的「會犯錯思維」（Belief in Fallibility）就是不執著的絕佳例子。「對別人來說，犯錯讓人感到丟臉。對我來說，認錯是一種驕傲。一旦我們了解人類的理解一定無法周全，犯錯就沒什麼好丟臉的，只有未能更正錯誤才丟臉。」[30] 索羅斯的思維讓他在市場低迷時得以迴避信任危機。其他人可能因恐懼與自我懷疑而受創，使判斷力惡化，但索羅斯還是維持感性的沉著與理性的好奇。

心智靈活是在市場上成功的關鍵。交易員尚・麥紐・羅山（Jean Manuel Rozan）曾經花了整個下午和索羅斯爭辯股市，索羅斯堅決看壞股市，也有詳盡的理論說明原因，結果卻是錯的——股市大漲。兩年後，羅山在網球錦標賽上巧遇索羅斯。羅山問他：「你還記得我們的爭論嗎？」索羅斯說：「我記得很清楚，我後來改變心意，大賺了一筆。」他改變心意了！[31]

　　對多數人來說，可能犯錯令人感到威脅，產生不安，尤其有內外部績效壓力或必須達到某些標準時更是如此。「索羅斯和多數交易員的差別在於，索羅斯覺得人都會犯錯，所以他一開始先認為他的假設有錯，而不是像其他人一樣覺得自己都是對的。」[32]索羅斯因為有犯錯思維，所以對他的投資部位抱持開放的心態。決策結果對他不利時，他很少出現否認、失望與憤怒之類的情緒反應。事實上，他的情緒反應可能看起來有點矛盾。索羅斯寫到他的邏輯流程：「我從發現錯誤中獲得實質的樂趣。」[33]索羅斯的心智靈活與勇氣是促使他成功的因素。

　　在下一單元中，我們將描述主要的認知決策偏誤，說明分析決策的基礎要件，例如了解機率與信任。之後更多章節則是探討系統化認知與自制扭曲。

3/

交易當下的心理機制

第 13 章

做出決策

本章你可以學到這些 ▶

☑ 說明投資人如何評估潛在結果的機率，以及評估的方式

☑ 探討投資人如何誤判預期值

☑ 理解自己的評估可能受到哪些情況影響

☑ 分析信任感對投資造成的影響

> 以獲利機率和可能獲利金額的乘積，減去虧損的機率和可能虧損金額的乘積，這就是我們想做的，這並不完美，但其實就是這樣。——巴菲特，1989 年波克夏年會 [1]

　　2000 年 6 月墨西哥總統大選競選期間，一位圈外人準備推翻統治墨西哥八十多年的建制革命黨政權。國家行動黨候選人文森·福克斯（Vincent Fox）的民調領先執政黨候選人奧喬亞（Francisco Ochoa）。執政黨利用買票、做票、民族主義宣導與恫嚇等貪腐手段掌握政權，黨內大老對於他們的候選人可能失敗相當震怒，在大選前兩週，奧喬亞表示萬一敗選，他希望不會發生暴動或街頭流血事件。

　　奧喬亞的話被解讀成威脅暗示，但他否認有任何惡意。隔週，墨西哥股市與披索都下跌 20%。原本看似不可能的政治暴力突然變成有可能，甚至很有可能。

　　奧喬亞發表言論兩週後，週日大選平靜落幕，福克斯在普選中以 6% 的

差距贏得選戰。選舉結果正式出爐後，福克斯舉行記者會。在勝選感言中，他表達了對墨西哥市場經濟的信心，誓言持續進行經濟與政治改革。結果沒發生任何暴力事件，兩天內墨西哥股市與披索大漲超越兩週前的水準。

政治暴力的可能性嚇壞了墨西哥投資人。我們稍後也會看到，投資人的感受（本例中是指恐懼）會扭曲他們對風險機率的評估。投資人對風險的觀感往往太低（尤其是最近獲利之後）或太高（例如虧損之後），而為機靈的投資人創造出契機。

風險觀感是由決策情況的三個特色所組成：(1) 心裡想的結果時間表（延長的結果感覺風險較小）；(2) 情境誘發的關聯（例如破產的恐懼）；(3) 對特定情緒反應的演化準備（注：演化過程中對特定刺激有預備的反應，例如某人是先天緊張或樂觀）。[2] 以上每個要素都可能扭曲機率的評估。

本章將說明投資人應該如何評估潛在結果的機率，以及他們真實評估機率的方式。此外，我們還要進一步探討投資人如何誤判預期值，以及對含混不明的情況產生過度反應。

13.1 ｜ 期望值與預期效用

投資人每天必須把投資機會轉換成投資機率，這的確是必要的技巧，所以我們需要仔細思考如何為多元情境估算機率及潛在陷阱位於何方。——麥克‧莫布新[3]

根據傳統的經濟理論，買彩券是不合邏輯、不理性的。每投資彩券 1 元的預期值約 0.4 元。這表示，一般彩券買家每投資 1 元平均虧 0.6 元。

但是大家還是照樣買彩券、上賭場、當日沖銷證券與外匯，即使他們經

常虧損也樂此不疲。過去三十年來,行為經濟學家已開始探究人為什麼會決定參與期望值是負的賭博。

在已知潛在結果的規模與機率下,我們大多是根據期望值的計算來做決策。這些計算是大腦分析式(不是直覺)決策系統的功能。分析式決策會考慮確切規模、機率、潛在盈虧的時間延遲等數學結果要素。

計算期望值時,我們是獨立檢視各個決策選項,以判斷哪個平均報酬率最高。針對每個選項,我們把每種可能結果的機率乘上可能的大小,再把幾個乘積加總起來,得出整體期望值。由於多數投資決策會產生規模未知、機率不定的結果,所以上述公式必須謹慎使用。

很多人玩股票是因為他們喜歡股市,喜歡和同事討論策略,喜愛情緒上的刺激。喜歡某種事物,毫不考慮數學結果,稱之為效用(utility)。根據「預期效用」所做的決策是依賴人對質量的考量。由於市場的未來基本上並不確定,多數投資人是根據預期效用而非期望值來做決策。

效用大多是主觀的現象。決策理論家表示,效用感來自於:(1) 目前的感受(當下效用);(2) 獲得結果後的預期感受(結果效用);(3) 決策本身的過程(決策效用);(4) 回憶過去的類似經驗(經驗效用)。貫穿這些不同效用的主題就是感覺;總結來說,效用就是人對決策與預期結果的感受。最終,投資人往往是追求他們預期可以讓他們感覺最好的決定。

在股市這種難以抉擇的環境中,多數人在估計結果的機率與規模時會犯下系統性錯誤。這些錯誤往往是因為感覺讓人在分析不確定或模糊的資訊時產生偏誤。或許令人意外的是,即使在結果資訊都已知的完美情況下,投資人還是會做出偏誤的決策。本章會先討論限定期望值的偏誤(例如賭場中的機率),接著再探討結果資訊模糊時的偏誤。

13.2 ｜頭彩陷阱

賭場中期望值最低的遊戲是基諾賭單（keno）。玩基諾時，玩家從 0 到 50 挑選 6 個號碼。如果他們挑的號碼中有任一碼兌中隨機搖出的六個數字，就可獲得彩金。賭客在基諾上每下注 1 元，賭場可拿 0.29 元，使基諾成為賭場遊戲中每賭 1 元期望報酬率最低的遊戲。深深吸引賭客的是基諾座位前方以大字顯示的彩金。

腦部攝影研究顯示，結果的規模對決策機率有不成比例的影響。潛在獲利金額愈高，報酬系統受到的刺激愈大（尤其是阿肯柏氏核）[4,5]。潛在報酬規模對情緒的刺激，比對應的機率變化帶來的刺激還大。[6,7]

2003 年我在史丹佛大學柯納森教授的實驗室工作時，我們設計了一個實驗來衡量報酬期望值改變對神經的影響。同樣的期望報酬會引起截然不同的大腦反應，視潛在報酬的特點（規模與機率）如何展現而定。

我們設計了一項實驗來釐清報酬規模（大小）與機率對大腦的不同影響。在我們初步得到的結果中，預期 5 元獲利所產生的報酬系統反應比預期 1 元時強烈許多。不過，當我們把報酬規模的影響從大腦刺激圖中排除後，結果就大不相同了。

人預期期望值不同的報酬時，如果報酬規模一樣但獲利機率不同，大腦受到的刺激不會有太大的差異。例如，獲利 5 元的機率是 80%（期望值 4 元）的遊戲，只比獲利 5 元的機率是 20%（期望值 1 元）的遊戲稍微刺激一點而已。但是 5 元的絕對報酬則比 1 元的絕對報酬刺激許多。也就是說，即使期望值相當，受試者主要是看潛在報酬的大小，而不是機率。

在圖 13.1 與 13.2 中，我們用同樣的統計臨界值產生這兩張圖。也就是說，這些刺激彷彿是以快門與光圈都固定的相機拍攝的。第一張圖可以看到

獲利大小對大腦刺激的顯著影響（5元 vs.1元）。第二張圖是比較在報酬大小固定是 5 元的情況下，最高機率（80%）與最低機率（20%）的差異。較大的報酬絕對值對大腦的刺激較大。

上述結果只是作為範例解說，不是絕對的。這項研究一直沒有發表，因為機率的「高」與「低」有些問題：有些受試者對「低」的定義其實是 50%，因為他們的技巧比別人好。我們後來重新設計實驗，讓報酬機率在不管技巧好壞下保持固定，然後在《神經科學期刊》（*Journal of Neuroscience*）發表一篇類似的後續研究報告。不過，圖 13.1 與 13.2 是第一次研究拍攝的，兩張大腦刺激圖截然不同的差異可能有一些（但不全然）是機率混淆造成的。

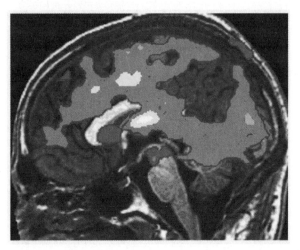

圖 13.1 相對於獲利 1 元的遊戲，玩獲利 5 元的遊戲時大腦受到刺激的情況。

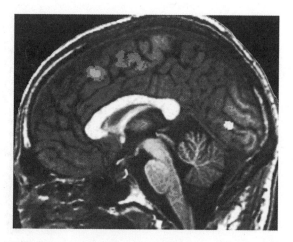

圖 13.2 相對於獲利 5 元的機率是 20%（期望值 1 元）的遊戲，玩獲利 5 元的機率是 80%（期望值 4 元）的遊戲時大腦受刺激的情況。這些圖是以同樣的顯著臨界值做記錄，從圖中可看出大腦對獲利規模的反應較激烈。

　　增加報酬大小的刺激會產生心理影響嗎？事實上，在之前的研究中，受試者表示他們等候較大報酬時覺得比較「快樂」（正面刺激）。[8]

　　在一些實驗中，受試者在模擬的股市中交易。這些實驗往往會出現股價泡沫化膨脹與暴跌的情況。研究人員為了探索這個現象，便測試受試者在市場生命週期中誤判機率的可能性，他們發現泡沫和交易者偏好價值高、機率低的報酬有關。這個發現直覺上是合理的，泡沫投資人因為追求報酬高但獲利機率低的標的，所以犯下機率錯誤。他們高估了大額獲利的機率。[9]

　　保羅・斯諾維克教授發現情緒在扭曲機率判斷上扮演主要的角色。根據「情感啟發」理論，賭博的結果若有強烈的情緒意義，做決策時心理上會高估潛在獲利（或損失）規模相對於實際的獲利機率。[10]斯諾維克的發現或許可以解釋，在我和柯納森的實驗中，為什麼大學生（也許經濟情況較差）在玩一連串潛在獲利 5 元的遊戲時（對他們來說很刺激的結果），會對報酬系

統產生那麼大的刺激。

13.3 ｜ 機率誤判

> 機運遊戲中，主要就是靠龐大幻覺來支持希望及對抗不利的機會。──西
> 蒙·拉普拉斯（Simon Laplace），1796 年

　　誤判機率是普遍的現象。最近的實驗證據就顯示人在面對簡單的賭博時
是如何誤判機率的。

　　結果可能發生，但機率不確定時，大家通常會高估它發生的機會，這就
是所謂的機率效應（possibility effect）。

　　結果很可能發生時，大家通常會低估它的機率，這種偏誤稱為確定效應
（certainty effect）。[11]

　　發生機率不到 40% 的事件容易受機率效應影響，發生機率大於 40% 的
結果容易產生確定效應[12]（參見圖 13.3）。

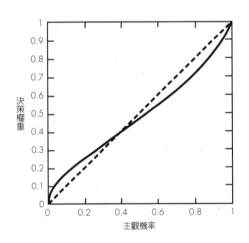

圖 13.3 多數評估風險的機率權重曲線。不同
的線代表賭客為獲利、虧損與其他變化所設的
機率函數。直線是真實的機率。

資料來源：Prelec, D. 1998。〈機率權重函數〉（The
Probability Weighting Function），《Econometrica》，60:
497-528。

例如，業餘玩家買賽馬彩票時通常喜歡把賭金壓在冷門的馬上。業餘玩家普遍愛賭冷門馬，所以他們的預期報酬比實際賭贏該有的報酬還低。愈多人賭冷門馬，他們贏的機率愈低，所以賭贏的獲利愈少。

由於賭客低估熱門馬匹實際贏得比賽的機率，所以他們不賭熱門馬。熱門馬往往是最好的賭注標的，他們贏的機率比多數賭客預期的還高。[13]

這主要是因為理智的風險判斷與對風險的情緒觀感之間出現脫勾。在不確定或有風險的狀況下，情緒對後果發生的可能性比較敏感，而不是對機率比較敏感，所以會高估極小的機率。[14] 一般而言，天真的投資人認為，機率很低但情緒比重很高的事件（例如潛在的股市崩盤）比實際更可能發生。[15]很可能發生的情緒加權結果（例如多頭市場）反而被認為比實際更不會發生。機率權重曲線顯示，結果經過情緒加權後，機率的錯估也跟著誇大（圖13.4）。

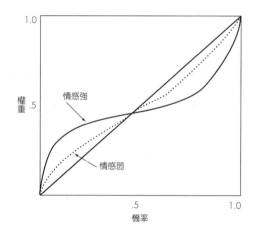

圖 13.4 潛在可能激起情緒（情感）時的機率權重曲線。考慮情緒的結果時，大家會進一步高估低的機率與低估高的機率。

資料來源：Hsee, C.K 與 Y. Rottenstreich，2001。〈金錢、親吻與電擊：論風險的情感心理〉（Money, Kisses, and Electric Shocks: On the Affective Psychology of Risk），《心理科學》（Psychological Science），12: 185-190。

機率評估偏誤不只是和事件結果有關的情緒造成的，偏誤也會受到個人內在情緒狀態的影響。比較快樂的人通常比較樂觀，判斷正面事件時會給較高的機率，判斷負面事件時會給較低的機率。[16] 情緒負面的受試者則出現相

反的型態。[17] 上面說明的機率誤判現象會出現在一段時間內不會一再重複的選擇上（賽馬彩票的例子除外）。單次選擇時容易出現高估小機率的現象，不過根據經驗所做的選擇則不適用。業餘者集體高估或低估機率時，經驗老到的投資人往往可以分辨出來。

13.4 | 逼真、想像與渴望

> 我們的機率評估會根據別人呈送資訊的方式而改變。——麥克・莫布新 [18]

　　可能的結果如果比較鮮明或可想像，投資人在情緒上會有比較強烈的反應。墨西哥大選前，墨西哥市預期發生暴亂，讓大家想到暴力、動盪、破壞與流血的影像。同樣的，大家對破產、貧困、失業或市場恐慌的可能性產生鮮明的想像，讓人想要拋售任何帶有這類風險的資產。財富與物質成就的可能性會讓衝動的投資新手產生強烈的動力，想要買進前景看似不錯的股票。

　　在風險或不確定下做決策時，恐懼感或擔憂會有全有或全無的特性：他們對可能性比較敏感，而不是對負面結果的機率敏感。例如，光想到要接受電擊就足以讓受試者產生強烈的恐懼感。電擊的確切可能性改變對恐懼的程度並沒有太大的影響。潛在報酬或災難的想像愈鮮明，愈會誇大機率效應。[19]

　　比較能掌握想像力的人在生理上對影像較會產生反應。例如，研究人員發現，這些人想到最愛的食物時分泌的唾液較多，在幻想時比較容易產生性欲，使用視覺想像較能增加心跳速度。這些人很容易誇大機率效應與確定效應。所以我們很容易推測，即將發生的財富或破產比較會刺激想像力豐富的人。

13.5 ｜市場上的不確定性

> 投資的根本定律是未來的不確定性。──彼得・伯恩斯坦（Peter L. Bernstein）

> 未來永遠都不清楚。為了可喜的共識，你在股市中付出高價。對長期價格投資者來說，不確定性才是朋友。──巴菲特

> 市場永遠處於不確定與變動的狀態，排除明顯徵兆，押注在意外事件上就能獲利。──索羅斯

　　大部分的人會迴避不確定與含糊不明的情況。有一項經典研究是探討大家趨避含糊不明的現象。該研究讓受試者從兩甕紅球與黑球中挑選，其中一甕的黑球與紅球比例不明，另一甕是黑紅球各半，研究人員會問受試者比較想賭從哪一甕取出黑球。多數受試者都會避免模糊不明的情況，因此比較喜歡賭比例已知的那甕。[20]

　　人們會迴避對資訊不充分的事物做決策，尤其當其他替代方案有較多的資訊或決策者對選擇的了解比其他人少時。大家比較喜歡在知道機率與可能結果的情況下做決定，避免在機率不明下投資。他們會從經驗中學習推斷局勢的大約機率。

　　公司的財報上有無法和未來評價產生關聯的含糊資訊時（例如研發開支），公司股票的報酬就會反映出大家趨避含糊的現象。盈餘品質不佳的股票（含糊資訊較多）的長期報酬比會計資訊好（資訊較透明）的股票更高。[21]投資人因為討厭會計報表上的含糊項目，會錯誤地迴避這些股票，因而錯失較大的長期報酬。

會計含糊的效應可能會造成投資人對股票觀感的偏誤。對股票資訊了解有限的投資人比較可能憑感覺判斷要買要賣。盈餘品質不佳時，感覺可能特別負面，不過也有一些有趣的例外。

迴避，或不迴避

　　一般而言，投資人比較喜歡迴避會計資訊含糊的股票，但是當大家都很樂觀時，投資人可能對不確定的資料做出毫無理由的正面預測。1990 年代末期，很多網路公司雖然現金流量仍是負值，但首次公開發行都有較高的最初交易價。研究人員表示：「1999 年，完全無法從盈餘評價這些公司。」[22] 投資人大概是認為負現金流量是對未來的投資，欠缺確切的盈餘資訊使大家誇張地預測投資人的樂觀。在這種「非理性的繁榮」下，投資人喜歡含糊不明的情況。總之，投資人通常會趨避含糊的情況，尤其是悲觀的時候，但是樂觀時，他們反而喜歡含糊的情況。

　　投資人的觀感會影響他們的購買行為與股價表現。研究人員想探討市場氣氛對財報資訊含糊或主觀的股價報酬有何影響，比較投資人觀感綜合指數與他們後續的表現。小型股、新股、高波動股、無獲利股、無股利股、高成長股與地雷股都算是高度主觀的股票。研究人員發現，投資人樂觀時，有含糊、不確定與主觀資訊的股票通常後續一年表現不如大盤。投資人悲觀時，情況剛好相反。逆向操作法可改善含糊不確定股票的報酬。[23]

　　情緒也會影響投資人對股票背後的「點子」或題材的感覺。研究人員發現，因股票概念而激起的情緒與想像會對股票表現的預期產生偏誤。投資標的的資訊模糊時，情緒與想像力可能是投資人唯一能依靠的判斷基礎。[24] 有刺激題材的股票會讓人預估較高的報酬。

　　有趣的是，當股市不確定性較大、股價波動、交易量也大時，投資人反

而會偏好比較熟悉的本土股票。[25] 股價波動顯示潛在的風險時，投資人比較偏重熟悉感與已知資訊，或許這種偏好是因為他們需要確定與安心感所促成的，這些在本土市場比較可能找到。

此外，投資人的行為偏誤會因為不確定性而變大。當股票比較難用客觀的會計資料衡量時，投資人會展現較強的錯置效果。市場普遍的不確定性會讓人更自負。[26] 即使是管理高層，企業會計的含糊不明也容易造成迴避損失與管理高層過於自負之類的行為偏誤。

當人們覺得他們需要的獲利比特定結果能提供的還多時，反而不會趨避含糊現象。在一項賭博實驗中，受試者的財務需求比所選擇的已知期望值大時，會比較喜歡含糊不明（高波動性）的選擇。[27] 當其他選擇無法給他們想要的報酬時，他們比較樂於冒險。網路泡沫時期，投資人與投資組合經理人爭著趕上別人的財富，可能會比較急著想為獲利冒險。

這種視需求追求含糊性的現象呼應了損失趨避與錯置效果。當投資出現令人痛苦的虧損時，投資人會寧可冒未知的風險等股市反彈，也不想認賠殺出。

在其他情境下，心理學家發現，人通常會認為他們可以擁有想要的一切，不管證據多麼不利。個人對結果的欲望愈強烈，評估實際達成的可能性時，錯估的可能性愈高。[28] 欲望讓他們對自己的技巧產生過分自信，進而轉變成對成功的預期。

在另一項研究中，研究人員叫受試者預期和他們的欲望相反的結果，但受試者並不在意。他們只記得支持他們有能力得到想要結果的資訊，而不是叫他們做反向預期的明確資訊。[29] 如果投資人認為虧損的網路股比有盈餘的股票更有價值，他們不管證據如何，都會給予網路股較高的評價。這些研究顯示了「確認偏誤」，亦即人們會接受呼應其欲望的資訊，但忽視反駁欲望

的證據。

含糊、風險與報酬的神經科學

加州理工學院的研究人員設計了一項金錢實驗，以找出指揮風險決策（已知機率）與不確定決策（沒有機率與結果的相關訊息）的大腦區域。誠如之前看到的，在風險決策的實驗中，機率已知的情況下，參試者比較可能冒險。[30]

經濟學家高林‧卡莫拉（Colin Camerer）也是研究人員之一，他們發現含糊度愈高，對杏仁核（恐懼與記憶）與前額腦區底部（感性與理性的整合）的刺激愈大，對阿肯柏氏核（獎勵）的刺激愈小。也就是說，參試者似乎覺得含糊不明很可怕，在那種情境下會試著把對未知風險的考量和先前的經驗加以整合。含糊不明導致阿肯柏氏核的活動減少，這表示含糊讓人失望。期望值較高的決策（不含糊）則會讓阿肯柏氏核的刺激增加。

前額腦區底部受損的病患（達馬吉歐發現的過量風險承受者）接受加州理工學院的測試時，研究人員發現他們對風險程度與選擇含糊感覺遲鈍。也就是說，他們不管結果的機率是已知還是未知，都會做出相同的決策。所以，前額腦區底部似乎主宰了感性與理性的整合：權衡實際的機率與報酬相對於個人對風險的觀感。前額腦區底部受損會讓人無法把趨避含糊的感覺（恐懼）整合到決策中。[31]

13.6 │ 高估的機率

投資人特別容易扭曲機率評估，尤其是碰到新奇或罕見事件的時候。市場的未來不確定，資訊往往含混不明，情緒通常是錯估機率的主因。以下是

投資人容易把低的機率高估以及被機率效應誤導的情況：

- 生動或輕易想像的結果
- 不太清楚事件的可能結果
- 投資人對那類事件沒什麼經驗
- 事件看起來是比較新奇／獨特的現象
- 渴望、想要或需要結果發生
- 結果攸關個人或情緒
- 對事件的發生感到興奮或恐懼
- 事件資訊模糊

投資人雖然可以在決策時試著注意上述情況，但要做到非常困難。這些情況又多又複雜，有些效應影響潛意識，非常隱約。不過，我希望這個清單可以幫各位想想自己的機率評估可能受到什麼影響。接下來我們要探討信任的問題。信任在投資人解讀市場資訊或和客戶互動中扮演什麼角色？

13.7 ｜信以為真

聽聞含糊或不確定的資訊又必須迅速做決定時，該如何評估事情的真實性？如果相信消息來源，就比較可能直接採信。

企業提交證券交易委員會的報表是最值得信賴的企業資訊之一，部分原因在於報表如有造假，管理高層必須面臨牢獄之災。過往資料來源的真實性與錯誤資訊造成的嚴重後果是證實資料真假的關鍵要素。

匿名傳真、電子郵件、冒昧電話與網路布告欄是最不可信的股市資訊來

源，推薦亞伯達省小金礦股票的傳真顯然就不值得信賴，因為錯誤資訊毫無重要性，而且推薦人也沒往來過。

投資資訊總是有點不可信，但如果資訊發自於所信賴的新聞來源，多數投資人就會相信可疑的資訊。德國敏斯特的研究人員發現，含糊的標題出現在廣受信賴的雜誌上時，受試者比較可能信以為真。他們的信任會啟動內側前額葉皮質，[32] 而令人滿意的事件與得知報酬都會啟動內側前額葉皮質。信任讓人感覺良好，當新聞來源和人們的根本政治理念與偏誤相符時，他們就會相信那個新聞來源。

13.8 ｜最後通牒遊戲

在經濟實驗中博取信任（或不信任）的最簡單方式之一，就是用一種名為「最後通牒」的遊戲。在每回合的最後通牒遊戲中，參試者有機會把實驗者給的錢轉帳給另一位參試者。錢轉出時，金額會翻三倍，收款人可以把這筆錢全部退回、部分退回或毫不退回給匯款人。例如，匯款人拿到 10 元、把其中 5 元寄給收款人。在轉帳過程中，實驗者讓金額翻三倍，變成 15 元。收款人可以從 15 元中撥款回饋匯款人。顯然，有些匯款人與收款人從不匯款，有些只匯一些，有些則是匯出大部分。每個人的匯款金額也有很大的差異。

轉帳也會受到「信任訊號」的影響，也就是每一回合其中一個人匯給另一人的金額大小。

有項研究以最後通牒遊戲進行實驗，結果發現不同年齡層與性別之間出現有趣的差異。實驗中，大家通常會比較相信同年齡層的人。年輕受試者對人的信賴度比年長受試者高，他們會比年長者多匯 24% 給對方。這項研究中也有很明顯的性別差異；女性對別人比較信賴，別人也認為女性比較值得信

賴。[33]

在另一種最後通牒遊戲中，匯款者提議從收款者那裡分一筆錢，如果收款者回絕提案，兩方都拿不到錢。在功能性核磁共振造影研究中，收款人在思考不公平的提案時，腦島刺激較多的人比較可能拒絕提案。[34] 收款者拒絕提案是因為情緒（討厭與痛苦）使然，他必須放棄既得獲利。在市場中，拒絕「不公平」事件可能是有害的。例如，某公司出現意外的負盈餘後，如果研究顯示股票的基本面依舊低估，投資人就應該壓抑處分（賣出）的衝動。

英國功能性核磁共振造影研究人員請受試者用「可信度」評估臉部照片。受試者判斷某個臉不可信時，雙邊的杏仁核與右邊的腦島活動就會增加。看到可信的臉出現時，顳葉的某一區就會啟動。研究人員表示，顳葉皮質啟動表示想要信賴的認知意圖，不信任則是自動的負面情緒反應。[35]

如果不可信賴的人有張「誠實的臉」，他們就可以避免馬上引起負面的情緒評估。當然，刻意的臉部操弄（例如安隆〔Enron〕執行長肯．恩雷〔Ken Lay〕的大方微笑）可能會讓杏仁核與腦島解除自動的負面反應，讓人不會加以迴避。此外，如今有一些間接證據顯示，理財顧問面對客戶時外表應該體面，在財務上也要大方（例如收費折扣），才能讓客戶信任，避免情緒上的誤解。

13.9 │ 信任荷爾蒙

加州克萊蒙大學的保羅．扎克教授（Paul Zak）對文化在經濟活動的信任中所扮演的角色一直很感興趣。扎克做過很多實驗檢視催產素（oxytocin）促進信任的功效。扎克第一次對催產素感興趣，是在《科學》（*Science*）雜誌上看到一篇報導描述催產素對野鼠的影響。

田鼠是北美地區的一種齧齒動物。草原田鼠住在大平原區，山鼠則是住在落磯山脈。這兩種老鼠除了性行為以外，在各方面都一樣。山鼠天性雜交，草原田鼠終生只有一個伴侶。研究人員檢視他們的荷爾蒙濃度時，發現草原田鼠的催產素濃度比山鼠高出許多。[36]

人體內的催產素可以幫忙建立母親與嬰兒之間的親密關係。哺乳可以讓母親與嬰兒釋放催產素，此外，高潮也可增加女性催產素的濃度，或許能讓她更貼近伴侶。扎克想知道催產素會不會影響「信任遊戲」（最後通牒遊戲）中的信任行為，所以設計了一項研究加以探討。

扎克發現，收款人從匯款人收到的金額愈多時，在收到匯款後，催產素會增加。[37] 此外，收款者回饋比較多錢給匯款者時，回饋前的催產素濃度又更高了。扎克認為，收款者覺得匯款者是展現信任的行為，所以他們的催產素濃度會增加。光是收到錢但沒有信任的意味並不會提高催產素的濃度。[38]

扎克和瑞士的研究人員合作，發現接受催產素（透過鼻腔噴灑）的匯款者在實驗之初比較可能匯出大筆金額給收款者。[39] 事實上，接受催產素的匯款者中，有 45% 的人匯出全部的金額。相較之下，接受安慰劑的人中，只有 20% 匯出全額。

扎克可能發現了造成投資人產生「原賦效應」（偏愛某支股票）、報答理財專員費用打折的衝動、把喜歡某家公司和看好它的股票混為一談、本土偏好等投資人偏誤的生理機制（催產素濃度）。

13.10 ｜你相信哪種市場？

投資人在挑選最佳選擇前，應先計算每種投資選擇的期望值。不過，對風險的觀感會影響期望值的判斷。2000 年墨西哥總統大選前對暴動的恐懼，

讓人覺得風險提高，而使股市暴跌 20%。

由於未來本質上就是不確定的，市場動態也會改變，過去並不適合指引未來。評估含糊或不確定的資訊時，投資人會高估危險的機率。他們往往會使用預測的情緒防衛機制，使他們因為恐懼而高估含糊資料中的風險。

恐懼之類的情緒也會讓人高估發生機率不高、但生動或加入了情緒考量的事件可能性。個人偏好特定的結果也會增加偏誤的嚴重性。自我察覺這些風險觀感偏誤很困難，因為思維扭曲是源自於潛意識的情緒。人會真的認為風險存在，並尋找確認的證據來佐證他們的風險趨避想法。

信任似乎和風險觀感有強烈的關聯，投資人相信收到資訊及傳送資訊的來源時，就會覺得風險較少。投資人通常比較不信任不熟悉的股票或市場，所以會覺得風險較高。這或許可以解釋為什麼即使海外獲利較高，多數已開發國家的投資人還是偏好本土投資標的。

催產素會讓人更加信任，別人對我們展現大方的行為時，我們的催產素濃度就會增加。催產素也和依戀、投資與互惠行為有關。在比較廣泛的全國與文化層面，信任似乎和市場報酬有關。扎克教授發現，信任度高的經濟合作暨發展組織（Organization for Economic Cooperation and Development, OECD）國家，在他取樣期間（1990~2000）的股市報酬也比較高。

第 14 章

因「框架」誤判市場

本章你可以學到這些 ▶

☑ 探討投資人「急著停利，抱不住好股」的心理偏誤

☑ 分析錯置效果的心理程序，並且透過技巧減少對獲利的衝擊

☑ 理解框架效應對交易造成的認知偏誤

> 賣出營運好的公司股票，買進營運差的公司股票，就好像為雜草澆水，摘除花朵一樣。——彼得‧林區，富達基金（Fidelity）

　　辛普洛（J.R. Simplot）讀到八年級就輟學了，是白手起家的億萬富豪。他因為獨具慧眼投資馬鈴薯農場與薯條製造業而創造驚人的財富。目前他擁有奧勒岡州南部全美最大的 ZX 農場，農場面積比德拉威州還大。辛普洛雖然相當富有，卻非常謙遜。在《速食共和國》（*Fast Food Nation*）中，他向艾瑞克‧西洛瑟（Eric Schlosser）提到他的財富累積：

> 　　當我問辛普洛成功的祕訣時，他說：「唉，老兄，我只不過是個運氣好的老農夫罷了。我唯一做過的聰明事是，你只要記得這點就好：99% 的人賺到第一個 2,500 萬或 3,000 萬時，可能會脫手變賣，我沒有那麼做，而是持續做下去。」[1]

　　雖然少數人可以抵抗誘惑，但多數投資人都太早獲利了結，因而錯失長期獲利。

研究人員在簡單的投資實驗中就發現太早獲利了結的偏誤。庫南和柯納森教授發現，行為投資配置策略實驗中的受試者如果前一次投資從股票獲利10元，這一次就比較可能轉抱債券。受試者獲利後改採比較保守的策略並沒有合理的理由。庫南表示：「這種行為顯示投資人想『保留』獲利，這跟趨避損失很像。」[2]

有些專家表示，太早獲利了結是「追求成就感」的結果，有些人則認為是因為害怕損失剛賺取的東西（不想回吐獲利）。在本章中，我們將看到太早獲利了結是一種名為「錯置效果」的心理偏誤。[3]

14.1 │ 錯置效果

華爾街有句老諺語：「任好股上揚，砍賠股為快。」這句話是要告誡大家別犯「損失趨避」的認知偏誤。損失趨避就是有強烈的欲望想避免損失的實現。人比較在意損失金錢或物件的可能，比較不在意獲得同樣物件或等值金錢的可能，損失趨避是導致錯置效果的根源。研究人員用錯置效果一詞來形容把損失趨避套用在投資上的情況。受錯置效果影響的人會太早獲利了結上漲的股票，面對賠錢的股票又不認賠殺出。

損失趨避是諾貝爾獎決策理論「展望理論」（prospect theory）的宗旨。展望理論以簡單的心理實驗為基礎，顯示多數人做危險決策時都太依賴框架、參考點與支柱。人都是從框架思考許多財務決策（不管是看成潛在虧損或潛在獲利），依賴框架與參考點會導致決策的系統化扭曲。損失趨避是指做決策時，人們通常會把損失的痛苦高估成獲利樂趣的兩倍。市面上已有專門介紹展望理論的書籍，我無法光用幾頁就充分說明這理論。在本章與下一章中，我會歸納整理框架與損失趨避對財務決策的影響，例如對投資人的影

響。

　　損失趨避的概念並不容易了解。我們在第9章看過艾默利大學葛瑞格‧柏恩斯教授所做的實驗，實驗顯示「恐懼」會刺激個人盡早接受損失。「恐懼者」會花錢消災，以便早點經歷他們畏懼的電擊。表面上，這個結果似乎和錯置效果相反，因為錯置效果基本上是指多付點錢以避免損失。但事實上，在錯置效果的實驗中，大家畏懼的損失有可能不會發生。當大家相信損失一定會發生時（就像第9章的研究），就會付更多的錢，讓事情早點結束。

　　在市場中，由於未來是不確定的，恐慌賣股與不願認賠殺出的差別在於個人認為未來可能變成什麼樣子。也就是說，如果他們認為有機會把虧損賺回來，就會抱著不放。不過，受強烈情緒主宰時，情緒會整個掩蓋前額葉皮質，由情緒驅動思考。強烈的恐懼及壓力荷爾蒙的心理效應會讓人出現進一步下跌與財務毀滅的悲慘想法。如果投資人認為他們的投資部位毫無希望，或是持有虧損部位的壓力已經太強烈，他們就會衝動賣出。當虧損看似必然，或是續抱虧損的股票已經壓力太大時，就會出現恐慌拋售。

　　根據價格變動買賣股票的投資人特別容易有錯置效果的問題。這種投資人觀察投資盈虧時，如果獲利很多，他們比較可能把未來的不確定性視為不利財富的風險（可能會讓他們失去目前為止的獲利）。如果他們的投資是虧損的，便會把未來視為扳回一城的機會。

　　很多因素會決定誰容易受錯置效果的影響。我認識一位從1990年代初期就在思科（Cisco Systems）擔任管理高層的人。開始工作時，他向父親建議買進一些思科的股票，而父親也買了。到了1999年底，股票價值700萬。兒子於1999年執行股票選擇權，所以他也有價值好幾百萬的思科股票。有一天他們慎重地討論了一些事。

　　父親說：「我要把思科股票賣了，把700萬元放進銀行可以永遠改變我的

生活型態。」

兒子說：「但是如果你繼續抱下去，可以賺更多。」

父親說：「我在矽谷看過這種反轉的情況，我不希望看著它下跌。現在有了這些錢，我可以提早退休，過我一直想要的生活。謝謝你當初報給我的消息。」

兒子覺得不解，也有點生氣，他告訴父親：「你會後悔的，我知道這家公司有多棒。」

當然，後面的事大家都知道了。父親現在過著輕鬆舒服的生活，兒子仍在思科工作。兒子的財務狀況並不是很差，但他還是後悔當初抱著所有思科的股票經歷泡沫幻滅期。

從錯置效果的角度來看，你可以說父親提早獲利了結，只不過如今回頭來看是比較聰明而已。你也可以說兒子太晚認賠殺出。當然，事後諸葛都很容易。在這個例子中，如何區分偏誤與明智決策？

父親知道科技類股是不持久的泡沫，他對獲利有特定的計畫，而他也達到了他的財務目標。父親在思科股價很便宜的時候買進，如今股價高不可攀。每次上漲都像是天外飛來的驚喜。他了解一旦財務目標達到了，不再期待進一步的獲利，就該是轉換跑道的時候。

兒子的股市經驗較淺，不知道漲跌循環的性質，也對思科的合理價沒有概念。他根據有限的經驗，預期如果再抱久一點，就會更富有。對兒子來說，每次股票上漲都是意料中的，下跌都是恐怖的。

對這兩個人來說，他們的觀點決定了他們對財富的感覺。對父親而言，一旦超越財務目標，股票的評價就開始高估了，於是他找機會賣出。兒子則是預期獲利會一直持續到可見的未來，對於股價盤整或下跌感到驚慌。股價開始下跌時，兒子無法理性考慮改變的市場條件，無法接受下跌的事實，因

而無計可施。他沒有獲利了結，而是讓他的股票失去90%的價值，一路跌到谷底。

14.2 │ 揪出問題

以下問題顯示了「趨避必然損失」的心理程序。「趨避必然損失」通常發生在做風險決策的時候，是產生錯置效果的原因。

- 問題一：想像你正面臨以下選擇。你可以選擇保證獲得1,000元或是冒險。如果你選擇冒險，結果是由拋硬幣決定。正面向上，你贏2,000元；反面向上，你贏0元。你會接受保證1,000元的獲利，還是冒險？
- 問題二：想像你正面臨以下選擇。你可以付1,000元，賭局就結束了。你也可以選擇冒險，結果由拋硬幣決定。如果正面向上，你輸0元；反面向上，你輸2,000元。你會接受一定輸1,000元的賭注，還是冒險？

當然，你的選擇並不是真的很重要。每種選擇都有相同的期望值。但即便如此，多數人會想在問題一中選擇保證1,000元的獲利，在問題二中選擇冒險。在類似的決策情境中，諾貝爾獎得主丹尼爾·卡尼曼（和特佛斯基合作）發現84%的受試者在問題一中會選保證獲利，70%的人在問題二中會選擇冒險。[4]

我在研討會中也一再發現，聽眾大多偏好問題一的保證獲利（78%）及問題二的冒險（72%）。某位專業交易員指出：「我可以感覺我想顛倒問題一

與二的決定，所以我想一定有問題。」他說的沒錯，是什麼感覺讓人做出相反的決策？

和虧損風險有關的任何決策中，都蘊含著恐懼。大腦對虧損特別敏感，在意虧損的程度是在意獲利的兩倍，所以能避免虧損實現的決策都會優先考量。如果手上已有獲利（在「獲利」思維中），這時的恐懼是擔心失去帳面獲利。如果經營時已有持續的虧損，就會有強烈的趨避機制，這也是因為恐懼而起。短期內，面對帳面利得最令人滿意的行動是獲利了結。獲利了結可以紓解「回吐」獲利的恐懼，也得以自滿與自豪。就帳面虧損而言，最能保護自尊的行動就是續抱虧損的部位，否認這是問題，同時希望能夠「損益兩平」。所以，投資人如何因應風險視決策的心態而定。

以學術用語來說，多數投資人「在獲利時會趨避風險」（所以會提早獲利了結，偏好落袋為安）、「在虧損時會追求風險」（寧可一賭，而不是接受特定的虧損）。在虧損的情況下，讓人決定續抱虧損股票的偏誤，和上述問題二中人們選擇冒險而不是確切損失的偏誤是一樣的。偏好冒險賭博就是在虧損時「追求風險」，這是投資人想用「平均成本法」處理虧損的股票、希望能扳回一城的原因。在這兩種情況中，趨避損失的投資人陷入的心態是只看到對財務的風險，而使他們的客觀性產生偏誤。切記，損失偏誤是說明造成錯置效果（太快獲利了結與太晚認賠殺出）的心理流程。

有時投資人會把愈來愈多的資源投入虧損部位中。例如，「沉沒成本」偏誤是指商業投資人相信的現象：「既然我已經在這專案中投入那麼多資金，我乾脆持續投資到獲利為止。」這樣的想法其實顯現了損失趨避的證據。很多市政府就是展現這樣有缺陷的推論，把愈來愈多的資金投入預算超額、品質糟糕的建案中（例如波士頓的「大鑿」〔Big Dig〕公路專案）。沉沒成本偏誤是希望虧損的點子能夠轉虧為盈，而不理性地反對重整垂死的計畫。

14.3 │ 被框架誤導的決定

決策被解釋成潛在獲利時，就會啟用大腦的追求報酬系統；當決策攸關可能的損失時，損失避免系統就會啟動。啟動這兩種激勵系統的差別視你如何看待決策而定：是當成潛在契機？還是潛在風險？以可能損失或可能獲利的方式呈現不同決策就稱為「框架」（framing）。

丹·艾瑞利在哈佛大學任教時，告訴兩班大學生他打算念他原創的詩給特定的學生聽。他問其中一班的學生願不願意付 5 元聆聽他的詩 10 分鐘，如果不願意，寫下他們可接受的金額也可以。然後又問另一班的學生願不願意收 5 元聆聽他的詩 10 分鐘，如果不願易，就寫下他們想收的價格。所有學生都表示願意付款（第一班）或願意收錢（第二班），兩班都沒有人寫下與提議相反的價格。這些學生的預期都被艾瑞利提出的決策情境框住了。[5]

框架研究顯示，投資的呈現方式（大好契機 vs. 風險與投機）會影響決策。框架就是損失趨避背後的心理流程。倫敦的研究人員決定探索根本的神經流程。

倫敦的神經科學家設計了一個實驗，利用框架誘發損失趨避背後的神經流程。在倫敦大學學院所做的功能性核磁共振造影研究中，貝奈戴托·德瑪提諾（Benedetto De Martino）招募 20 位男女進行三次 17 分鐘的大腦掃描。每次掃描開始時，研究人員就給受試者約合 95 美元的英鎊，然後請受試者在必然結果（獲利或虧損）與賭博之間選擇一樣。賭博的輸贏機率各半，賭金則是預先決定的金額。賭博者的期望值和必然結果一樣，所以從財務理由來看，受試者應該不會偏好其中任一種選擇。[6]

當選擇被設計成在「保留」固定金額或賭博中擇其一時，多數受試者會選擇保留固定金額。例如，研究人員告訴受試者，如果選擇不賭博，他們可

以保留 40% 的最初金額（亦即「保留 38 元」），受試者通常為了保險起見，只有 43% 的機率會挑選機率各半的賭博。當研究人員告訴受試者，如果不賭博就會「失去」60% 的最初金額時，即使賭博的期望值和固定金額都一樣，他們選擇賭博的機率是 62%。有趣的是，德瑪提諾的結果證明，損失趨避是由用來框設風險選擇的語言所誘發的。

實驗前，研究人員向受試者詳細解釋機率，他們知道每種情況的機率是一樣的。但是，他們的決定還是受語言所影響：「保留 38 元」讓他們進入獲利框架，「損失 38 元」則誘發他們的損失框架。受試者出現損失趨避時，他們的杏仁核（受風險刺激）會活躍地運作。受試者抗拒框架效應時，前額腦區底部（整合感性與理性）與前扣帶回（負責釐清內部矛盾）都會啟動。德瑪提諾表示：「我們發現每個人或多或少都會展現情緒偏誤，沒有人可以倖免。」[7] 四位參試者坦承他們的決策不一致，是根據框架做選擇，而不是根據機率。德瑪提諾表示他們的解釋是：「我知道，我就是忍不住。」[8]

在比較低等的動物腦中，杏仁核會激發「戰或逃」的行為以回應馬上碰到的威脅。杏仁核啟動時，人們會極盡所能地避免威脅侵害自己或其資源（財富）。圖 14.1 與 14.2 顯示出杏仁核的兩種樣子。

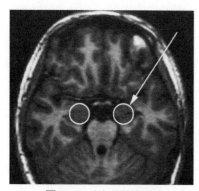
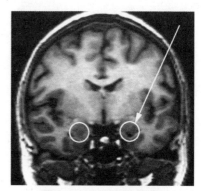

圖 14.1 杏仁核的橫斷面　　**圖 14.2** 杏仁核的冠狀面

14.4 ｜不願認賠殺出：「孤注一擲」

> 即使十次中只對三、四次，只要懂得在犯錯的投資上迅速認賠殺出，應該還
> 是能獲利。——美國知名金融家伯納德‧巴魯克（Bernard Baruch）

在許多專業族群中都可以看到損失趨避的現象：股票投資人、房地產投
資人、交易員等。整體而言，沒有哪種金融專業人員能夠倖免。2000 年，在
一篇名為〈專業交易員會有損失實現趨避現象嗎？〉的報告中，彼得‧洛克
（Pete Locke）與史蒂芬‧曼恩（Steven C. Mann）研究了芝加哥商業交易所
（Chicago Mercantile Exchange, CME）的場內交易員。他們發現最成功的交易
員比較少有損失趨避現象：「比較成功的交易員較不會抱著虧損部位不放。」[9]

1998 年，泰倫斯‧歐迪恩（Terrance Odean）研究個別投資人時，發現
零售交易者持有虧損部位的時間比獲利部位長，因此損及獲利。[10] 在 2005 年
的研究中，研究人員發現，早上虧損的芝加哥期貨交易所（Chicago Board of
Trade, CBOT）交易員在下午會多承擔 16% 的風險，中午過後交易較大的部
位，獲利反而降低。[11] 虧損時承擔更多的風險其實就好像抱著虧損部位不賣
一樣，投資人應該要認賠殺出，而不是抱著不放或加大部位。

不只專業交易員與個別投資人會受錯置效果影響，共同基金經理人也一
樣。[12] 在其他研究中，投資人在投資其他多種資產時也有損失趨避的現象，
包括房地產[13]、公司的股票選擇權[14]、期貨[15] 等。

投資人追蹤基本事業價值時，股價只能當成市場折價或高估的指標。巴
菲特與大衛‧卓曼之類的長期價值投資者都是買市價遠低於基本價格的事
業，買進以後等公司的市場評價不再是折價時才出售股票。

損失趨避的情況因人而異，同一個人的情況也會隨最近的事件而變。我

們稍早提過，讓大家選擇是否要投入有風險的財務賭博時，多數人對虧損的在意程度是獲利的兩倍。所以，損失趨避比例是 2：1。2：1 表示平均 λ（損失趨避係數）是 2（其實平均是 2.5，依情況而定）。λ 代表趨避損失相對於追求獲利所加重的權數（計算預期效用中的權數）。

天生不安的人，λ 是 6。他們非常擔心損失，即使輸贏的機率各半。他們大多不會賭博，除非潛在獲利是潛在損失的六倍以上才有可能。

許多卓越投資人的 λ 都很低，稍微大於 1 而已。他們知道承擔一連串機率不錯的風險可以獲得長期的報酬。病態風險承擔者（例如問題賭博者）的 λ 小於 1，他們願意為了承擔風險的刺激而付出。研究人員發現，很多 λ 高的人都不會從錯誤中學習，彷彿損失趨避是一種穩定的人格特質（例如神經質）。

投資人可能為不提早認賠殺出提出許多合理化的理由。他們就是很在意損失（或許是因為痛苦、丟臉、罪惡感或羞愧），所以難以接受。這種傾向最危險的特質是，我們大多會避免承認虧損，甚至不願對自己承認。

損失趨避的程度（與 λ）可能隨著時間改變。最近經歷損失後，多數人會變得比較風險趨避，彷彿整個人都由杏仁核主導般。任何損失都有這種效果：親愛的人喪生、病痛、意外、工作相關的損失或交易損失都會對我們產生類似的效果。或許這就是為什麼恐懼的臉孔會讓人潛意識減少風險承擔的原因。經歷過損失後，人們比較會趨避損失，保守地堅守他們已知的事物，以避免進一步的痛苦。

德國曼海姆大學的馬丁·韋伯（Martin Weber）與法蘭克·韋分斯（Frank Welfens）最近研究了市場從業人員的錯置效果，分析從 1997 年 1 月到 2001 年 4 月 3,000 位個別投資人在某德國網路券商上買進與賣出的交易。韋伯發現多數投資人都會受錯置效果的影響，但也有相當多的人（約總數的

三分之一）出現反向的錯置效果，賣虧損股票的速度比賣獲利股票快。另一個有趣的發現是，太早獲利了結的和太晚認賠殺出的並非同樣的投資人。[16] 韋伯也發現，太早獲利了結只限某些特定人士，但太晚認賠殺出則是多數投資人普遍都有的特質。[17]

許多研究已找出個人與族群趨避損失的細微差別。投資人的某些特質可以預估他們是否有趨避損失的傾向。高所得投資人與專業人士（任何職業）拋售虧損股票的速度比低所得與勞工階級的投資人快。採取積極投資策略的投資人出售獲利股票的速度比其他人快。此外，損失趨避也會隨著經驗增加而減少。例如，交易比較頻繁的投資人通常不會先獲利了結，但會提早認賠殺出。個別投資人持有股票愈久，就愈不可能受到錯置效果的影響。[18]

14.5 │順其自然

注意你出售獲利股票的理由，很可能你並無法分辨自己的推論有何扭曲。如果你受錯置效果的影響，可以試試以下技巧以減少對獲利的衝擊：

1. **事先記錄每項投資的計畫**。知道何時在什麼情況下你會賣股票。不要偏離計畫。把計畫放進你的交易或稅務紀錄中。

2. **當你覺得自己對獲利部分有所恐懼時，尤其是出現過可怕拉回走勢的標的，先不要賣，而是重新衡量你賣股的標準**。那個投資部位已經達到你的獲利目標嗎？是否股票的基本面有變，因而指引你應該現在就賣？如果價格是受心理因素驅動迅速上漲，或許這是脫手的好時機，但你應該事先在計畫中就考慮到這些行動。

3. **提早獲利了結和其他偏誤一樣都是短期情緒壓過理性思考的結果。**

注意你的投資部位上漲比預期多時的情緒狀態。你害怕獲利回吐（而後悔）嗎？你擔心如果不賣會覺得自己很笨嗎？你想獲利了結只為了引以為傲、向人炫耀或買什麼東西嗎？可能有很多種理由，視你的生活經驗與最近的財務進展而定。

4. **短期獲利的股票可能會回吐一些獲利，要有心理準備。**你可能會想用獲利上限（或追蹤獲利）機制來掌握價格迅速飆升，但一定要系統化。價格急漲後常會出現暴跌現象。

5. **不要太常查看股價！**對長期投資人與非專業人士來說這點尤其重要。如果你交易的部位平均投資期間是一年，就不要天天看股價。太常看股價會讓你更清楚波動性、情緒反應增強，很可能導致過度交易。如果你事先就有清楚的計畫（參見第 1 點），要記得遵循。

許多卓越的長期投資人是以長期的觀點發展事業。他們把小挫折視為機會，而不是賣出的理由，但是多數投資人都會想要出售脫手。時機正好及前景不妙時，許多投資人會想要提早獲利了結。

為了避免太早獲利了結，專業價值投資人是買目前股價遠低於公司基本價值的股票，所以短期價格風險較少。等公司的評價高於基本價值時，他們就會出售股票。

框架效應是容易把投資看成潛在機會（獲利）或潛在風險（損失）的傾向。每個人因立場不同，選擇也可能不同。一般而言，多數人害怕損失。有獲利時，他們比較喜歡先落袋為安，不冒獲利回吐的風險。有虧損時，他們寧可賭一把，看有沒有機會不賠，而不接受必然的損失。即使潛在獲利是潛在損失的兩倍，還是有這種損失趨避現象。這種 2：1 的風險偏好比稱為 λ。很多因素會改變 λ，包括最近的事件（最近的盈虧）、決策問題的框架、個

人風格、類似賭博的經歷等。

　　損失趨避源自於基本大腦結構中的損失避免系統與前額葉皮質。損失框架會啟動這些結構，讓決策變得更趨向自我保護。有趣的是，因害怕損失而受影響的人往往不知道他們本身有決策偏誤。

　　減少損失趨避有多種步驟。投資計畫與目標特別能幫助投資人維持一貫做法。每天更新開盤的投資觀點可以減少定位與參考點偏誤（例如感覺自己的部位在「虧損」或「獲利」）。追蹤對投資部位的恐懼程度也有幫助，尤其是在它讓你偏離計畫的時候。下一章將詳細探討太晚認賠殺出的行為。這種行為對財務有害，卻又普遍存在。

第 15 章

學習認賠殺出

本章你可以學到這些 ▶

☑ 為什麼決定賣出，比決定買入還難

☑ 理解損失趨避行為不會因為經驗增長而減少

☑ 克服損失趨避的方法

☑ 對市場上的各種經驗保持開放態度，避免成為某領域的專家

☑ 紀律比信念重要

> 你不能害怕虧損，這一行的成功者都願意承擔損失。——傑克‧史華格[1]
>
> 我並沒有比其他交易員優秀，只是比較快承認錯誤並邁向下一個機會罷了。——索羅斯

有些投資人會「愛上」某檔股票或某個部位，或許他們愛上那檔股票是因為目前為止它獲利不錯，或是他們喜歡公司背後的概念，或是他們在那家公司上班，喜歡擁有公司股票的感覺。不論是什麼情況，投資人太喜歡或過分認同一檔股票時，該賣股票時，他們便會失去理性思考的能力。就好像放棄最愛的老車或把地下室的「垃圾」清出來一樣，即使有機會重新買股票，你可能也不會買那麼多股，但賣股票可能讓人覺得痛苦也沒必要。人容易對擁有的東西（例如股票）產生依戀，這種傾向稱為「原賦效應」。原賦效應是損失趨避很容易衡量的結果。

由於投資人捨不得賣股，股票虧損時更是難以放手，所以研究人員便著手調查投資人買賣股票所花的時間差異。90% 積極的個別投資人表示，買進決策比賣出決策費時；不到 20% 的人表示，買進決策比較困難。[2] 投資人做賣出決策的時間較短，但八成以上的人表示賣出決策比較困難。賣出決策有什麼困難？買進決策通常是根據客觀資訊考量，但賣出決策往往是情緒上的權衡。

原賦效應是指人們過分重視自有物品的現象。在展示原賦效應的經典範例中，我隨機送筆給參與「行為財務學」研討會的一半與會者，請他們寫下喜歡這支筆的哪些地方，我也請另一半沒得到筆的人寫下筆的客觀特質。順帶一提，研究人員已發現，請受試者為擁有的物品寫下喜歡的特質時，原賦效應會增強，請受試者寫下客觀的特質時，則會降低原賦效應。

接著我請擁有筆的人設定願意把筆賣給沒筆者的價格，請沒有筆的人設定願意買的價格。沒筆者的平均出價是 $1.5，有筆者的平均要價是 $5.5。筆的擁有人給筆的評價比沒有筆的人高。這支筆的實際價格是 $1.5。一般而言，投資人對持有部位的評價比沒有持有者高，所以他們不願以看起來過低的價格出售。

從網拍可以看到一個有趣的原賦效應案例。研究人員表示，在類似 eBay 的網拍中，出價最高者發現自己出價最高時，可能會更具體思考要擁有想要的物品，所以他們可能會興起一種名為「準原賦效應」（quasi-endowment effect）的依戀感。研究人員發現他們預期的現象：在出價過程中，最高出價者發現自己的最高價被其他人的出價超越時，會積極取得該物品。[3] 類似情況也會出現在股票上，投資人限價掛牌買進卻買不到時，會把價格追高。

誠如第 6 章珍妮佛·勒納教授的研究所示，一個人的情緒狀態會改變原賦效應的強度。例如悲傷會讓人想要改變他們的處境，所以悲傷的人不會有

原賦效應，因為他們現在專注於改變自己的處境（賣出持有的部位、買進沒有的項目）。[4]

情緒狀態會影響原賦效應的強度，花錢購物的念頭或意圖賣出投資組合中的股票會降低原賦效應。下定決心脫手便能解除支持擁有權的內心構想。該賣的時間到了時，就不會有情緒牽連讓人多做他想。

理論上，專業人士心中不會讓原賦效應持續，因為這樣會侵蝕獲利。在結構化的實驗中，專業的棒球卡交易者經過許多回合的交易後，原賦效應會穩定下降（到完全消失）。[5]不過，如今還不確定股市參與者是否透過經驗降低原賦效應。

15.1 ｜損失趨避是本能

如果損失趨避的現象那麼常見，影響近乎三分之二的投資人，我們可以合理推測這應該和生理因素有關。第14章提過英國的功能性核磁共振造影研究發現杏仁核啟動（恐懼）是損失趨避的起因之一。有趣的是，從猴子的行為中可以明顯看到損失趨避與原賦效應。

耶魯大學的新銳經濟學家陳啟斯（Keith Chen）訓練僧帽猴使用與評價「通貨」（小金屬代幣），然後觀察猴子在幾項決策中（從不同量的蘋果片中做選擇，蘋果片是牠們最愛的食物之一）的選擇行為。他想知道損失趨避之類的偏誤是社會或文化學習的結果、特定環境經驗、還是所有靈長類共有的神經過程。[6]

僧帽猴原產於南美熱帶地區，是雄性主導的階級組織，由單一雄性首領、幾隻非首領的公猴與母猴群聚組成。僧帽猴是食物掠奪者，偏好簡單易食的水果，但被逼急的時候，還是會扳開堅果、扒樹皮、襲擊蜂窩，甚至殺

害小型脊椎動物。[7]

　　實驗者提供數量不同的蘋果片給僧帽猴，有些選擇塑造成獲利，有些則塑造成損失。陳啟斯發現僧帽猴也符合展望理論的許多原則，例如：「僧帽猴在意損失的程度比在意等量獲利還高，牠們不僅有參考點（注：reference-dependence，評估價值高低是以參考點為衡量基準。）的行為，還會趨避損失。」因而推斷：「我們的結果顯示，損失趨避是自古演化的先天人類偏好，在僧帽猴與人類的共同祖先分開演化之前，就已開始演化的決策系統功能。」

　　不僅熱帶的猴子有損失趨避行為，人類的小孩雖然無法以期望值了解賭博，但也會展現損失趨避行為。從小一直到上大學，受損失趨避的影響並不會隨著年齡增長而減少。[8]

15.2 ｜股票溢酬迷思

　　股票溢酬迷思（equity premium puzzle）是指股票報酬向來都比債券高的情況。經濟學家表示，美國股票過去十年的年平均實質報酬率（亦即通膨調整後的報酬）約 7.9%，同期比較無風險的債券實質報酬是 1.0%，兩者差額的 6.9% 就是股票溢酬。[9] 美國債券的報酬即使很低，依舊相當熱門，這點令人匪夷所思。投資人一定是覺得股票風險比表面上高出許多，這樣的迷思才會和「理性」的經濟模型相互呼應。[10]

　　投資人對波動性很敏感，他們愈常看股價，就覺得股市的風險愈大。研究人員改變股價報價的頻率，結果發現：愈不常評估過往決策的績效時（愈不常看股價），投資人會投資較多的股票。[11]

　　芝加哥大學的什洛莫・貝納茲教授（Shlomo Benartzi）與理查・泰勒教授（Richard Thaler）表示，這種資訊回饋所致的投資保守現象是「短視性損

失趨避」（myopic loss aversion）造成的。愈常收到股價變動的訊息，評估風險時就會愈短視近利。經常看股價的人因為觀看的樣本期間較多，比較有機會看到負面的價格變動，就會覺得股價變化對財富有威脅性。泰勒表示，股票溢酬的大小（6%）其實呼應了投資人每年評估投資、又把損失看得比獲利嚴重兩倍的情況。[12]

投資人短視性損失趨避會隨著接觸的資訊量與頻率增加而更嚴重。以色列最大的共同基金管理公司工人銀行（Bank Hapoalim）把基金績效報告從月報改成季報，並表示「偶爾的價格下跌不該嚇壞投資人」，可能就是為了應付損失趨避型客戶。[13]

有項實驗是比較大學生與芝加哥期貨交易所的場內交易員，結果發現交易員短視性損失趨避的現象其實比學生還嚴重。[14] 場內交易員可能已經學會迅速評估風險和報酬的技巧，比較會做短期的評估與決策，但他們的決定不見得是長期最佳的選擇。

同樣的道理，研究人員也發現專業交易員與投資人大多無法擺脫對市價的心理偏誤。雖然投資人明知自己可以獲得更多的獲利，但股票溢酬迷思之類的價格異常依舊存在。

睿智的投資人會怎麼做？他們會把長期積蓄全都放在股票上，而不是放在債券上或持有現金。可惜的是，這樣的建議說比做容易，而這也是股票溢酬一直存在的原因。

15.3 ｜隱含的賣權

2006 年初，32 歲的能源交易員布萊恩・杭特（Brian Hunter）以大筆資金賭長期天然氣合約（例如 2007 年 3 月與 4 月到期的合約）會收斂（注：因

期貨與現貨價不同所產生的套利情形稱為「期貨價格的收斂」）。2006 年 9 月，這些合約與其他合約的價格開始發散時，杭特賠得愈來愈多，但他卻一再加碼。同一時間，杭特所屬的阿瑪蘭斯顧問公司（Amaranth Advisors）據傳已虧損逾 60 億（資金總額約 90 億）。公司後來停業平倉，把剩下的資產歸還給投資人。[15]

2005 年，卡崔娜颶風導致天然氣價格急遽上漲，使杭特因卓越的交易績效而獲得 7,500 萬的薪資紅利。杭特這輩子的交易獲利雖然一直很可觀，但光是 2006 年，公司的投資人就虧了 66% 的資本。

杭特的資金崩垮前，連續好幾年都有相當優異的獲利表現，但他可能對自己管理風險的能力過於自負，2006 年 5 月損失第一次擴大時，他還加碼投資。還好，他的策略在 2006 年夏季奏效。但 2006 年 9 月市場再度反轉時，他依舊承擔過量的風險，這一次就沒那麼好運脫困了。長期資本管理公司的創辦人梅利威瑟也有同樣的趨避風險交易型態。他們兩人的情況都是在虧損時持續加碼（風險趨避）。他們無法接受虧損的痛苦，所以不願認賠殺出。有時候，趨避損失的投資人還會加倍加碼，並宣稱他們虧損的部位是理性投資。

承擔過量風險的避險基金經理人在操盤時，心中會有道德上的兩難，他們操作的是「隱含的賣權」，也就是說，超額風險如果壓對寶，他們就可以獲得極佳的報酬，但慘賠對他們的影響也不過是當年而已（除非他們也投入自有資金）。對他們個人來說（尤其是避險基金經理人），最糟的狀況不過是賠上工作、目前的收入與年度紅利而已。以杭特為例，2005 年他賺進 7,500 萬，扣掉投資阿瑪蘭斯的三分之一紅利，公司慘賠後，他的個人帳戶還有 2004 與 2005 年賺進的好幾千萬元。[16] 對 2006 年虧空公司 60 億元的人來說，這待遇一點都不賴。

杭特的成敗案例中，有一點特別有趣，那就是其他交易員對他的尊重與讚揚。34 歲德意志銀行的前同事史坦濟阿爾（Bruno Stanziale）表示：「他對市場的洞見無人能及。」另一位前同事也表示杭特應該回交易界：「聰明才智放著不用太浪費了。」[17] 長期資本管理公司崩解時，有些人也對梅利威瑟提出同樣的溢美之詞。

杭特與梅利威瑟的確都很了不起，但很多交易員沒有從他們衰敗的教訓中學到一課著實令人訝異。交易員不會因為幾年的巨幅獲利與睿智的市場觀點就倖免於一敗塗地的風險。風險管理是關鍵所在，但風險管理往往很無趣，也限制了獲利。陷入死亡漩渦的公司往往會為了掙脫漩渦而承擔更多的風險。加倍加碼通常一開始可行，但「風險上癮」可能讓人難以自拔。

有趣的是，新加坡霸菱銀行（Barings Bank）的尼克‧李森（Nick Leeson）與大和銀行紐約分行的井口俊英（Toshihide Iguchi）也在虧損時承擔過量的風險。李森和井口俊英就像杭特，一度被當成公司的明星，才會在風險管理上出現監督不利的疏失。

15.4 │ 克服損失趨避

> 我決心贏回虧損，隨著春天逐漸消逝，我交易得愈來愈多，承擔的風險日漸加大，我賠得很慘，卻日益相信我加倍加碼可以扳回一城……我一再加碼……就好像上癮一樣。──尼克‧李森[18]

認賠並不好過，卻是必要的。以下建議是針對發現自己的交易有損失趨避現象（不願認賠殺出，一再加碼想要扳回一城）的投資人與交易員所提出的。加倍加碼的結果可能讓投資部位翻盤，獲得更多的獲利，但翻盤也可能

永遠不會發生，反而讓人賠光一切，一無所有。

損失趨避通常會隨著經驗減弱，以下建議可以幫你累積實戰經驗，其中許多要點已在書中其他單元提過。

1. **重新評估投資組合時，考慮先賣一些虧損的股票，而不是獲利的股票。** 自問：「在所有條件相同下，今天我還會買進這個投資部位嗎？」如果「不會」，就掛牌賣出。

2. **注意你為了晚點認賠殺出所提出的合理化論點或藉口。** 許多違反個人停損原則的交易員表示，他們想看「股價在出售之前會不會反彈」。別相信自己，你在等價格反彈時，是在合理化自己糟糕的資金管理。你不想接受虧損的痛苦。承認失敗需要很大的勇氣。沒有接受痛苦之前，你無法為下一次的投資重新布局。

3. **不要讓無擔保選擇權一文不值地過期，你應該按計畫脫手出售。** 投資人很容易放著價外選擇權或長期「低風險」的套利部位不管，希望能夠翻盤，而不是認賠賣出。同樣地，賣空股票時，也一定要有嚴格與實際的銷售標準。

4. **切記，最近有損失或大額虧損後，比較可能出現損失趨避現象。** 注意生活中的損失與失望的事物，以及這些事對你投資的影響。

5. **謙遜是必要的。** 享有「卓越交易員」或「見解獨到」的美譽可能讓人驕傲自大。當你出錯時，因為害怕有損名聲，比較不可能承認錯誤。切記，你永遠比市場渺小。

6. **一定要設定並遵循停損原則。** 如果你沒有明確的資金管理系統，一定要規劃一套（參見上述第一點）。

15.5 | 拿莊家的錢下注

多數投資人很容易犯損失趨避的錯誤，例如太晚認賠殺出。太早獲利了結的人較少。研究人員也發現一種看似相反的錯誤。身兼基金經理人的泰勒教授發現，許多受試者在獲利過後會承擔較多的風險，他稱之為賭資效應。「莊家的錢」（house money）一詞源自於賭場常見用法，賭客贏錢後，賭注開始加大的現象就稱為「拿莊家的錢下注」。他們還沒把這些錢當成自己的錢，所以不擔心賠掉這些錢。

因損失趨避而「太早獲利了結」和因賭資效應而「太晚落袋為安」的確容易令人混淆。這兩種看似矛盾的偏誤可以看成是之前獲利的框架造成的。行為財務學專家赫許‧薛佛林教授（Hersh Shefrin）表示：「如果獲利之後，投入的賭注最大虧損不會超過先前的獲利，人們的反應可能像在獲利中尋求風險。如果之前沒有獲利，但根本的現金流量一樣，人們的反應可能像在獲利中趨避風險。」[19,20] 如果投資人想努力維持帳戶的獲利，就會提早實現獲利，以確保帳戶處於正值。不過，投資人現金太多時，就不會擔心風險，不會急著落袋為安。

研究人員分析 2001 至 2004 年間台灣證交所的所有選擇權交易，發現造市者出現賭資效應。[21] 造市者早上的交易績效不錯時，下午就會承擔較大的風險。其他針對個別投資人所做的研究也常發現同樣的效應。投資人在交易獲利後，往往會加強後續的交易強度，承擔較多的風險。[22] 賭資效應通常出現在績效較好的投資人身上，也就是說，績效較好的投資人比較可能出現太晚落袋為安的現象。不過，這種情況的確會隨著經驗的增加而減少。

就像薛佛林所言，投資人最近損益的參考架構往往會決定他們展現的偏誤類別。投資人如果擔心獲利回吐，就會過於趨避損失；如果覺得沒什麼好

輸的，就會過於追求風險。在兩種情況中，對潛在獲利與損失的感覺會左右他們承擔風險的行為。在以下專業投資人的例子中，請注意他們如何避免以情緒化的方式詮釋損益。

15.6 │ 教宗的啟示

吉姆·萊特納（Jim Leitner）是紐澤西獵鷹管理公司（Falcon Management）的避險基金經理人，有些人把他當成全球宏觀投資界的「教宗」來看待。他估計自己從事這一行以來，已為自己和員工從市場獲利近 20 億。萊特納相當認真、謙虛、充滿好奇，願意短期犧牲以求經驗或知識的累積。從 1997 年獵鷹管理公司創立以來，他的年平均獲利約 30%。避險基金顧問與作家卓布尼訪問萊特納，以了解他的投資祕訣。[23]

卓布尼問萊特納如何判斷價格異常時，他回答：「我沒有這種天分，主要還是靠我對市場的極度興趣及隨時觀察一切事物。」萊特納透過興趣與經驗培養出「一套資料庫，知道什麼東西應該在哪裡」。[24] 在某種程度上，他已經培養出評估期望值與發現事物偏離內心雷達警戒區的能力。

萊特納內心的評估機制是受真實事件與價格所驅動，不受外顯感情的影響，所以他形容他的交易「不會有任何情緒化的反應」。「損失對我而言毫無影響，我認為損益都是由機率決定的，所以偶爾出現損失也是在所難免……到現在，我太太還是看不出來我每天在市場上到底操作順不順利。」[25]

萊特納如何讓自己絲毫不受績效影響？他對結果毫不留戀，所以不會牽扯到個人自尊。除了不會有情緒化反應外，「……我真的覺得自己所知有限，雖然我的獲利相當可觀，但是我總覺得自己很多東西都不懂。」萊特納從來不會想用他的獲利能力來證明什麼，而是把投資當成熱愛的益智遊戲看待。

萊特納提到他最滿意的交易是他靠智慧在一夜之間從瑞士法郎賺進一碼的經驗，「我太太還記得我在半夜又蹦又跳地大喊：『我辦到了！我辦到了！』……那是一種同時掌握控制力與創意的特別感受。」[26]

接受訪談時，萊特納完全沒有架子或驕氣，只看得出來他對市場的極度好奇、謙遜及不斷重新檢視個人假設的意願。他提到一次忘了謙遜的經驗：「我為自己操盤時，芬蘭幣曾一度貶值，我剛好持有多頭部位。當時我太大意了，也有點自負，因為這種事從未發生在我身上。交易大神刻意要提醒我，操盤時還是要謙虛一點。」[27]

萊特納給有志投資者的建議是，對「市場上的各種經驗」抱持開放的態度，避免成為某個領域的專家，學習不要聽信消息。為了克服「聽信消息的偏誤」，萊特納的建議是：「我們應該把事情量化，以具體的評估方式了解某些標的便宜或昂貴的原因。」但我們也不該完全漠視消息，「消息還是必要的，因為消息可以吸引其他人參與，那正是驅動市場的原因。」[28]

萊特納會同時觀察議題的兩個面向，以平衡他的參考基準。他很清楚心理確認偏誤讓許多投資人只想看支持個人信念的資訊。「很少有人會訓練自己尋找反證……我在操盤時會試著去尋找反證，這是很難的事，我必須時常訓練自己自問自答：我為什麼認為某個市場會下跌，而不是上漲。」[29]

15.7 │ 索羅斯、都鐸與克瑞莫都說賣

> 我想我是全世界最保守的交易員，因為我非常痛恨虧損。——保羅・都鐸・瓊斯（Paul Tudor Jones）[30]
>
> 第一法則是不要賠錢，第二法則是不要忘記第一法則。——巴菲特

如果多數投資人都會受到損失趨避的影響，他們要如何擺脫這一點？加州大學柏克萊分校的西修斯（Seasholes M. S.）與方恩（L. Feng）認為，投資者的多元歷練（由投資組合的多元性等交易特質來衡量）與交易經驗會逐漸削減損失趨避的影響。光有交易經驗並無法消除損失趨避，還必須有多元歷練才行。他們的研究中有一項罕見的發現是，多元歷練與交易經驗會稍微降低實現獲利的偏好（37%），但不會完全消除。[31] 即使是有廣泛經驗的專業投資人也可能因為害怕而提早獲利了結。

索羅斯在科技股泡沫的顛峰關閉兩大股票型基金：量子基金與配額基金。2000 年 4 月底，他的投資組合經理人史丹利・卓肯米勒（Stanley Druckenmiller）對股市的看法是：「異常瘋狂，極其危險。」[32] 索羅斯對於他們抽離股市的看法則是：「我們最後進場，因此覺得有必要率先出場。」[33] 索羅斯透過率先出場展現他認賠殺出的決心，離開他覺得已經無法理解的市場。

都鐸・瓊斯也是史上最偉大的交易員之一，在傑克・史華格的著作《金融怪傑》中，都鐸提到第一年當專業交易員時碰到的大幅虧損對日後人生與交易所造成的影響：「現在我整天盡可能讓自己快樂與放鬆，有任何部位對我不利時，我就馬上脫手，對我有利時，我就留著。」[34] 都鐸藉由減少情緒的干擾來維持最佳心態，其中一種方式就是迅速認賠殺出。

都鐸每天更新參考基準，以此消弭造成損失趨避的框架偏誤。「不要太在意你是從哪裡開始投資的，唯一重要的問題是，你當天的投資部位是看漲還是看跌。永遠把昨天的收盤價當成投入點。」[35] 價格變動不重要，重要的是有沒有會改變基本面前景的新消息（除了價格變化之外）。

都鐸建議投資人不要想為之前的虧損扳回一城：「不要用平均法填補虧損，績效不好時就減少交易量，績效好時才增加交易。」為了避免在盤勢不變時捨不得脫手的衝動，都鐸建議：「不要只設股價停損點，而是使用時間

停損點。如果你覺得市場應該崩盤了，結果卻沒有，即使沒有賠錢也要出場。」[36]

克瑞莫曾是避險基金經理人，創辦 TheStreet.com，目前是 CNBC 電視節目《瘋狂熱錢》主持人。2000 年 3 月 11 日，那斯達克即將漲到史上新高的前幾天，他把太太寫的「交易十誡」重新寫出來。第一誡就是要求遵照紀律認賠殺出：

紀律比信念還重要。我太太的交易完全以「會犯錯」為最高指導原則，她知道雖然她對很多想法深信不疑，但這些想法很可能都是錯的。所以她有嚴格奉守的原則，不讓情緒左右投資，不抱著股票下跌，不跟著粉身碎骨。[37]

紀律涵蓋一切，可以阻斷所有情緒偏誤。克瑞莫在上述文章中建議投資人（於 2000 年 3 月）出脫股票離開股市，並表示大家之後會感謝他的建議。

前面提到的專業人士利用分析讓自己擺脫盈虧的羈絆，依循嚴格的紀律認賠殺出，保持謙遜之心以避免產生損失趨避之類的情緒偏誤。下一章我們將看到情緒對思考產生的另一種效應：時間折現與追求即時享樂。

第 16 章

自制力

本章你可以學到這些 ▶

☑ 投資人為什麼屈服短期小額收益，犧牲未來較大利得

☑ 加強自制力的技巧

> 我們最愛的持有時間是永遠。——巴菲特，1988 年致波克夏股東信

有多少人真的實現新年新希望？理論上應該不難，但年復一年，不管是維持理想體重、為退休存夠錢、或是為了長期利益忍受點其他痛苦，很少人可以照計畫進行，大家就是無法延遲享樂。時間折現的概念導致大家難以延緩享樂的時間。[1]

時間折現是指容易屈服於即時享樂的衝動（為了享受現在的小額短期收益，而犧牲未來較大的利得）。時間折現弔詭的地方在於，大家明知現在隨便，稍後就會遭殃，但一時的誘惑使邊緣系統尋求享樂的念頭凌駕警訊，前額葉皮質也只好無助地旁觀。

有一系列經濟實驗確定了正常大腦的折現功能。在典型的實驗中，研究人員問受試者比較想要現在的 10 元，還是一週後的 11 元，多數人會選擇現在就拿 10 元。如果問大家比較喜歡一年後的 10 元，還是一年又一週後的 11 元，多數人會選後者。如果他們選後者，過了一年以後再問他們要不要改變決定，大部分的人又會選今天先拿 10 元。這種型態顯示，許多人都抱持扭曲的折現概念，特別偏好立即的回饋。[2] 一般而言，人在短期較小收益與長期較

大收益之間抉擇時，會比較沒有耐心。

一般人認為現在的 100 元比一年後的 140 元好時，表示立即報酬的折現率是 40%，[3] 比平均股市報酬還高。現在就想要 100 元的唯一合理理由是：他們預期那筆錢的年獲利可大於 40%。這其實是非常可疑的。

把潛在金錢報酬的時間往後移，讓受試者從一年後的 100 元與兩年後的較大金額中抉擇時，「長期折現率」一般是 4.3%，[4] 比短期利率稍微少一些。

追求立即報酬可能讓投資人放棄穩定的長期投資計畫。購買共同基金（投資人爭相購買去年績效最佳的基金）、短期交易決策（尤其是長期投資人）或退休儲蓄決策往往會因為時間折現的概念而產生偏誤。許多追求短期報酬的投資人比較可能支付高於合理價的價格。有股票熱線消息的投資人會搶著買進，甚至融資購買，以趕上預期的價格大漲。在選擇權市場中，短期思維（時間折現）導致選擇權的權利金和數學模型脫勾。

本章的重點主要是放在利得上，不過潛在的懲罰也有折現效果。多數人如果可以選擇較大但較晚的懲罰，他們就會迴避較小但立即的懲罰。[5] 拖延（延緩不想擔的責任）就是懲罰折現的效果。我們在第 9 章看到拖延的相反現象，「高度恐懼者」寧可馬上接受較大的電擊，也不想等稍後再接受較小的電擊（以及後續的等待煎熬）。恐懼激發的高成本迴避效果是因為懲罰有迫切性。測試「恐懼」的實驗不需要等 5 分鐘以上。即使是拖延者，碰到期限逼近、壓力變得太大時，也會咬牙接受痛苦。

不是每個人都有同樣的折現傾向，每個人的程度各異，從折現率高（毒品上癮者）到延遲享樂（最有紀律的儲蓄者）都有。此外，有些狀況會讓人多少變得比較會有折現傾向。想要的目標近在咫尺的線索會讓人產生折現的想法，時間壓力也會讓人想要折現。有自制力的人，例如嚴謹特質比較高分的人（自律、有條理、循規蹈矩者），折現狀況不像衝動的人那麼嚴重。研

究人員也發現，藥物濫用者的個人折現曲線和他們的衝動程度與上癮嚴重性有關聯。[6]

16.1 | 把手拿開糖果罐

我擔任精神科住院醫師時，看過一部與兒童自制實驗有關的教學短片。影片中，他們把 4、5 歲的小孩帶進房間，讓他們坐在桌邊。桌上放著一片餅乾，實驗人員告訴小孩：「這是你的餅乾，你隨時可以吃。我要離開房間一下子，如果我回來時，你還沒吃掉餅乾，我會給你第二片，這樣你就可以吃兩片餅乾了。」

有些孩子會馬上吃掉餅乾，研究人員回來後沒給第二片餅乾，他們就會抱怨：「不公平！」有些孩子馬上靠著椅背耐心等候，延遲享受，等待加倍獎勵。有些孩子想等，但手卻不經意地伸向餅乾。有一個小孩看起來很掙扎，他乾脆把手壓在屁股下，不斷上下搖晃，痛苦地尖叫直到研究人員回房間為止。

這項實驗後續追蹤研究了 10 年，孩子能不能等待第二片餅乾，可以用來精確預測他們後來的學業成績與學能傾向測驗（Scholastic Assessment Tests, SAT）成績。10 年後，家長認為，能為第二片餅乾忍受的小孩比貪吃第一片餅乾的小孩觀察更入微、更專心、比較目標導向也比較聰明。家長也覺得能為第二片餅乾忍受的孩子比較能抵抗誘惑、忍受挫折及因應壓力。

提供餅乾的方式也會影響實驗結果。餅乾藏起來看不見時，小孩可以等久一點。叫小孩子想餅乾的滋味時，小孩的耐性也跟著減少。叫小孩思考餅乾的形狀與顏色等客觀特質時，可以安撫小孩的欲望，讓他們的等待延長。研究人員發現，小孩從 9 到 12 歲起會開始用思考調節自制力。他們認為，延

遲享樂的能力是一種被大家忽略的重要智慧。[7]

2006 年的後續研究發現，能把注意力從餅乾移開的小孩（表示較能掌控注意力與焦點）比較會延遲享樂。他們刻意把注意力移開誘惑的能力可能就是日後成功的關鍵。研究人員推測，由於注意力是依賴額葉皮質與「紋狀體」（內含阿肯柏氏核）的連接，所以延遲享樂的能力可能是「這條神經線路（衝動抑制線路）的功能完整性有先天的個別差異」。[8]

16.2 │ 為什麼大腦很難延遲享樂？

立即享樂是報酬系統偏好的選擇，執行自制與長期計畫則是大腦前額葉皮質的功能。普林斯頓大學的神經科學家山謬・麥克魯（Samuel McClure）對參與時間折現實驗的受試者進行大腦造影實驗。實驗人員給受試者幾對決策選擇，請他們說出偏好。例如，從今天價值 $20.28 的亞馬遜禮券與一個月後價值 $23.32 的禮券中選一樣。在短期例子中，他們請受試者從兩週後的 30 元與六週後的 40 元之間做抉擇。

麥克魯發現，時間折現源自於兩種神經系統合併的影響。邊緣系統讓人偏好立即擁有的報酬，而所有選擇都會用到前額葉與頂葉皮質。在情緒與認知的大腦流程中會分別牽動這兩個系統，做折現決策時，兩系統之間似乎會彼此競爭，如果邊緣系統的刺激較大，就比較可能追求即時享樂。

麥克魯還發現，受試者挑選較大的延緩獎勵時，側葉皮質與前額葉皮質等皮質區會出現活動增加的情況，[9]這些大腦區和較高層級的認知功能有關，例如規劃與數字計算。有一項關於囚犯的研究也支持麥克魯的理論，研究發現延遲享樂對囚犯皮質區的刺激很少，這或許可以解釋為什麼他們的決策通常比較短視近利。[10]麥克魯表示：「我們的研究結果可以幫忙解釋，為什麼除

了時間接近性以外，還有很多因素和衝動行為有關，例如看到、聞到或摸到想要的東西都有影響。」[11] 如果不耐煩的行為是由邊緣系統驅動的，這表示任何可以激發這類反應的因素都有類似的即時效應。[12] 麥克魯認為，刺激邊緣系統的時間迫切性可能只是讓人產生不耐[13] 與衝動行為的諸多因素之一。

折現的影響不光只對財務決策而已，「這可以解釋為什麼我們會做出各種違背個人利益的行為。」賴伯森教授（Laibson）表示：「情緒中心告訴你，今天戒菸很痛苦，一週後會感覺好一點。等一週過後，它又說：『我知道一週前我答應戒了，但是我還是想延後。』」[14]

有些研究顯示，自我約束的能力對累積資本來說是必須的，自制力比較強的人通常也比較富裕。投資的任何正面激勵因素，例如和機會、成功或立即收益有關的牽連，都會產生類似時間折現對邊緣系統的刺激。情緒會讓人把做決策移向邊緣神經路線，削弱我們延遲享樂的能力。不過，前額葉皮質的強烈活動可以抑制邊緣系統追求立即享樂的衝動。

在化學物質方面，鴉片化學物（例如嗎啡）會誘發時間折現效果，讓人更容易衝動。例如，有海洛因毒癮的人，在毒癮高漲時（施打鴉片類作用劑之前）會比毒癮壓抑時（剛吸完海洛因後）出現更大的折現效果。[15] 上癮者想吸毒的念頭也會讓報酬系統的其他區域產生更大的不耐（折現）。

降低衝動頻率的藥物包含鴉片受體拮抗劑，可抑制報酬路徑中多巴胺的釋放。多巴胺減少可以降低立即享樂的樂趣，病態賭博或竊盜癖等衝動控制失調症都可以用納曲酮[16] 與納美芬之類的鴉片受體拮抗劑成功治療。

演化上來說，折現對人類的生存可能是有道理的。當多數重要資源因缺乏明確或強制規範的所有權而容易腐壞或難以防衛時，強烈的折現效果可能是適應環境的最佳方式。[17] 研究發現，靈長類的猴子與猩猩也很難延緩享樂，這項發現也支持了上述理論。

例如，在一種名為「反向應變實驗」的遊戲中，受試者伸手拿較小獎勵時，實驗者會給牠較大獎勵；受試者伸手拿較大獎勵時，實驗者就給牠較小獎勵。玩這種遊戲時，猴子與猩猩不會為了獲得較大獎勵而學習拿較小的獎勵。當實驗修改成牠們伸手指小獎勵或大獎勵的符號時，多數靈長類都能學會。或許看到實際的獎勵會啟動邊緣線路，破壞前額葉皮質的壓抑效果。[18]

麻省理工學院的艾瑞利教授設計了一項功能性核磁共振造影研究，請受試者在一個月後拿獎金和馬上看情色照之間做抉擇。受試者為了不看照片拿獎金，必須持續按鈕反應。艾瑞利為了增加實驗的難度，不斷提高不看照片的獎金。當不看照片的獎金減少時，比較多人選擇看照片，而不是拿（小額）獎金。艾瑞利發現，獎金提高時，自制變得更容易。當受試者決定不看情色照，改選一個月後拿獎金時，大腦受刺激的部分就是前額葉皮質（抑制）及頂葉皮質（與計算期望值有關的大腦區域）。[19]

在現代世界裡，網路、銀行帳戶費用、信用卡與退休儲蓄之類的技術大幅增加了時間折現與衝動的個人財富成本。可即刻擁有的消費性商品五花八門，聰明的廣告花招也訴諸我們根本的衝動與欲望，這些可能都是讓我們無法存夠退休老本的重要因素。[20]

16.3 ｜在交易廳裡大賺一票

在市場中，投資人恐慌時的時間折現最誇張，每個人都想馬上尋求短期獲利以擺脫痛苦的暴跌部位。理查・傅利森（Richard Friesen）曾是選擇權專家，也在太平洋證券交易所（Pacific Stock Exchange）當過會員。他表示，市場波動時，情緒反應可能變成影響風險觀感與選擇權價值的主因。這時，投資人只想療傷止痛，不想承擔風險。意外危機引起的迫切性讓價外選擇權

（尤其是賣權）的權利金大漲。這時似乎是選擇權賣家趁投資人風險意識高漲大撈一筆的最好時刻，不過有時候市場的恐懼具有感染力。

理論上其他人覺得危機重重的時候，專業選擇權交易員應該保持冷靜才對。即使其他人的折現曲線因為恐懼而變得很陡，他們仍應保持長期的觀點。傅利森表示，市場危機時，「我們出售賣權還嫌不夠快。」

傅利森指出，1987 年 10 月股市崩盤時，非理性的選擇權價值讓他和其他選擇權交易員都看傻了眼。這時的關鍵在於：整個金融體系似乎都朝懸崖逼近時，你必須避免陷入驚嚇。

黑色星期一那天，交易廳的氣氛異常緊繃，湧進大量賣權的買單，但沒有場內交易員願意賣。傅利森記得當時有位同事走進毫無動靜的交易廳，開出價格驚人的選擇權賣價，奉命必須結清破產帳戶的恐慌投資人與經紀商瘋狂地搶購他的賣權。除非市場再跌 50%，否則他的賣價保證他一定可以賺錢。他的公司很快就恢復理性行為，開始出售賣權給情緒化的買家。傅利森表示：「這種時候交易的感覺很奇妙，你站在理性的立場，和一群陷入情緒性恐慌的群眾交易，感覺很像『靈魂出竅』般。你確切知道將會發生什麼事，當交易員紛紛了解你已知的道理時，你就會看到價格下跌了。」

16.4 ｜加強自制力

> 盲動無法獲利，要正確才行。至於要等多久，我們會無限期等下去。——
> 巴菲特，1998 年波克夏年會

研究人員發現，落實自制與減少拖延的最好方法，就是指派一位外部執法者，例如同事或配偶，為你設定有意義的獎懲辦法，讓你遵循計畫。[21]

另一種強化自制的行為策略是迴避。如果節食者每天上班途中都會經過

誘人的甜甜圈販賣店，他可以繞路避開誘發欲望的線索，避免聞到與看到甜甜圈。同樣的，投資人如果每次看報價時，發現股價下跌就開始慌忙出脫長期投資部位，他可以避開資訊來源或設定保護性停損點。

《都是基因惹的禍》（*Mean Genes*）的共同作者泰瑞·柏翰（Terry Burnham）在書中表示，1990 年代末期，他因為太熱中當日沖銷交易，甚至影響到他的社交生活。有一年，他賺進 2 億 5,000 萬。他發現自己需要靠外部機制來幫他減緩交易，於是試了很多方法。他把寬頻連線換成電話撥接，關閉折扣券商帳戶（必須打電話給經紀商才能下單），有時候則是請朋友保管網路線，讓他下班後無法查市場行情。有些外部行為約束法（例如柏翰使用的方法）是最有效的自制安全措施。

自制的關鍵主要在於認知（運用不同的思想、感覺與記憶來說服自己自我限制的價值），其他技巧則是行為面。例如，戒菸者可能想再抽一根菸就好，但是他接著想到已逝的祖父生前深受肺氣腫所苦。把香菸和家人的痛苦聯想在一起，可能會引發強烈的嫌惡感，反射性打消抽菸的念頭。

神經語言程序學的從業人員（例如激勵大師安東尼·羅賓〔Anthony Robbins〕）找到人們想要持續保有壞習慣的情緒來源，然後透過心智運動幫人轉念，讓人把好的情緒連結轉成非常負面的連結。例如，有人因為容易偷吃甜食而難以落實減肥計畫，這時他就應該找出驅動食欲的美好記憶關聯。

有些人的兒時記憶可能是感冒臥病在床時，祖母買甜點安慰他。為了逆轉這個和甜點有關的正面關聯，他可以喚起所有和甜點有關的負面與破壞經驗。重複感受以下影像的情緒強度，讓它們和甜點產生關聯。例如，想到家族中的遺傳性心臟病已讓一位叔叔喪命，想到甜點會讓其他親愛的家人也產生同樣的問題，想像他們的動脈管壁上出現粥狀硬化斑（如果需要參考圖，可上網搜尋），想像糖分如何加速你的老化，削弱你的免疫系統，讓你更容

易感冒與罹患慢性病。這些都只是例子而已。

　　為自己想一個想要戒除的習慣，找出適當的反向關聯，加以感受，然後重複感受那個習慣有多糟，直到一想到就讓你覺得不舒服為止。例如，投資人可能想要戒掉愛上股票的習慣（原賦效應），那麼他必須努力找尋那家公司的負面消息或相關看法。發現自己迷上某檔股票時，可以刻意回想以前愛上的股票讓他們失望（與虧損）的痛苦。

16.5 │ 在市場恐慌時貪婪

　　《華爾街日報》報導，2005 年的最佳生技類股分析師是馬丁・奧斯特醫師（Martin Auster）。[22] 我問奧斯特他和其他分析師有何差異時，他表示他是看股票的長期發展。多數分析師著重 6 到 12 個月內即將展開的臨床試驗與新品上市，奧斯特看的是未來 12 個月到 18 個月的發展。這種長期觀點讓他在其他分析師開始注意到他早已納入建議的事件時，他已拔得頭籌。

　　投資人可以找出自己的弱點，藉此加強自制與對抗時間折價的問題。多數投資人情緒化的時候（例如市場波動時），折現會驅動他們的短期思維。例如，自稱「長期」投資的投資人可能會因為新產品即將發表或盈餘公布而一時興奮買下股票。

　　根據每個人的需求不同，了解時間折現有很多優勢。專業分析師可以因為看得比其他分析師更遠而受惠。投資人陷入恐慌，看到眼前危機只想馬上避免進一步的損失時，選擇權交易員可以趁機大賺一筆。投資組合經理人可以避免受到短期盈餘異常的影響。有趣的是，投資人有時會集體出現折現現象，導致市場出現一致觀感與一窩蜂的行為。

第17章

避免陷入團體迷思

本章你可以學到這些 ▶

☑ 區分「群聚現象」與「團體迷思」

☑ 分析投資人如何受到權威與群眾的影響

☑ 明瞭反向操作可能錯失大多頭行情

☑ 善用「群聚現象」找到獲利機會

> 絕對不要聽信別人報的明牌，想在市場獲利，就必須自己決定，許多交易員都說聽信他人是他們犯過最糟糕的錯誤。沃頓（Walton）與米納維尼（Minervini）就是因為這樣的誤判而賠光一切。──傑克‧史華格[1]

絕對不要聽信股市明牌，這是眾所皆知的道理。

但萬一是信賴的朋友提供的消息，他有內線消息，又特別確定這檔股票一定會飆漲，那該怎麼辦？

我已經很久沒聽信明牌買股票了，多年來我一再灌輸大家：「不要聽信明牌買股票。」

所以當大學某位信賴的友人（姑且稱他為 F）跟我說他有很棒的股票消息時，我完全不為所動。F 在倫敦的避險基金上班，算是生技類股的專家，他有鈕賽公司（非真名）的內線消息。鈕賽是家小型製藥廠，目前有一種治療阿茲海默症的新藥正等著美國食品暨藥物管理局（Food and Drug Administration, FDA）的核准。鈕賽的藥品已在歐洲獲准上市，正等著美方核

准。

F 表示：「他們很快就會獲得食品暨藥物管理局核准，我已經和研究過他們藥品的所有主要審查人員談過了。」

F 告訴我，他打電話問過檢查這項藥品的 12 家醫學中心，裡面的神經科專家與精神科研究人員都稱讚這項藥品。

我懷疑研究人員沒看到長期副作用的資料，他們可能沒看到藥物測試時的真正性質，F 自信滿滿地揮手撇開我的疑慮。

「如果是我，就會為小孩上大學的基金買進這檔股票。」

對我來說，這聽起來是滿大的背書保證，如果我沒幫孩子的大學教育賭上這支股票就太粗心大意了。我以前從沒看過 F 那麼興奮過，基本上他已完全迷上這家公司及其產品。

我知道他的基金過去幾年績效很好，從 1996 年以來，平均年報酬率都高於 20%。我之前才和基金創辦人見過面，他說：「我們只投資我們確定明年會飆漲 30% 的標的。」

鈕賽是保證的贏家，有績效卓越的避險基金掛保證，看起來好像是所謂的「強力買進」股。我一時想到：「不該相信消息買這檔股票。」但打電話問過 12 家醫學中心的人向我保證，這又讓我動搖了。

我買了一些股數，然後又多買了一些，到後來才發現我買太多了。我每天都在等食品暨藥物管理局發布核准函，興奮感愈來愈強烈。

結果食品暨藥物管理局駁回鈕賽的申請！

因為服藥者中風機率較高，所以食品暨藥物管理局對這項藥品的態度並不樂觀，不過還是有機會獲得核准，鈕賽需要提出更多的資料。食品暨藥物管理局駁回申請使鈕賽的股價在一週內跌了 60%。

我充滿疑惑，不禁自問：「我為什麼會買這檔爛股票？我根本不懂心導管

術，現在虧了 60%！」

我很快就發現自己陷入的麻煩比我想的還慘。

食品暨藥物管理局駁回申請後一週，我接到F的電話，他聽起來很樂觀：「天啊，工作忙瘋了，鈕賽現在實在超跌了，我們盡可能買進，它下跌第一天我就買了一堆。」

「還要買更多？」我不敢置信。我已做了一些計量研究，出現意外負面消息後的一般股價走勢是：股價重挫後，出現短暫反彈回升，之後還會有更多人賣股。他為什麼第一天下跌就買進？我突然想起一句商業格言：「如果你不知道誰是傻瓜，那個傻瓜可能就是你。」喔，天啊！

當然，F不只通報我把家產賭上鈕賽而已，他也把這檔股票推薦給其他親朋好友。

這下F麻煩大了，他有很多朋友都賠了一屁股。所以他基於沉沒成本偏誤（類似原賦效應），被迫必須持續叫好鈕賽，他有強大的社會壓力必須發送好消息，陷入正面分析的框架無法自拔，他已經不再客觀了。

如果你曾經報過明牌，你可能已經後悔了。一般而言，有人興奮到向別人推薦明牌時，好消息大多已經反映在股價裡了。股價可能已經上漲，其他買家很可能跟你一樣興奮，這通常不是好現象。而且，當你向親朋好友宣告這支股票一定會漲時，為了維持口徑一致，你的心裡會很難擺脫那樣的信念。

我很快就把鈕賽股票賣光了。我當初沒有預想萬一食品暨藥物管理局駁回申請要怎麼辦，我太沒紀律了，根本沒想到。華爾街有句諺語說得好：「覺得懷疑，就趕快脫手。」你稍微鬆懈，市場就會擺你一道。

聽信明牌是一種群聚現象。在財務學上，群聚現象（herding）是指投資概念的集體與感染影響。多數投資人依循領導者的建議行事，沒有親自做必要的實地查核時，就是群聚現象。

17.1 ｜群聚現象

就生物學來說，群聚是指有些動物集體尋求安全的傾向。動物覺得受到威脅或感應到某成員找到機會時，就會出現群聚現象。有時候整群動物會嚇得突然一起飛起，有時會同時衝向同一片綠地。

投資人往往把群聚現象和其他現象搞混了。團體迷思（groupthink）是指有同質性的團體成員得出相同（但往往是錯誤）的結論。「暴民」或「群眾」行為是指群眾中某人突發的行為具有感染力，通常會引起恐慌或暴力。團體迷思是投資委員會特有的問題，銀行擠兌則是一種群眾行為，例如 1998 年俄羅斯債券倒帳與盧布貶值期間的莫斯科。

群聚現象真的是那麼糟糕的行為嗎？如果時機抓不好，可能會讓你虧損。但如果你是率先行動者，則可能致富。等你看到群眾蜂擁而上時，你可能已經來不及閃開了。不過，如果你找到比較有利的機會，可以率先投入，等群眾跟上時，你已經布局好了。

領導是群聚現象的必要特色，羊群都是跟隨公羊首領行動。牧羊犬通常會找出領導的羊隻，只對牠連哄帶騙，藉此指揮整個羊群。這種跟隨傾向在出現恐懼時（例如來自掠奪型牧羊犬）更是明顯。

在市場中，你可以藉由觀察領導者來獲利。他們把焦點放在哪裡？他們賣出什麼？在公開上市的公司裡，管理高層、董事會成員與其他內部人士就是領導者。通常有重要內部人士開始賣股或股票再次發行時，麻煩就跟著發生了。當然，內部人士永遠不會承認那是警訊。身為睿智的投資人，你應該

仔細檢視權威，而不是隨之起舞。

2000年，我針對舊金山的某個避險基金做了一些有趣的研究，該基金合夥人正在搜索美國股市中便宜的鐵道與能源類股。2000年，如果你向高爾夫球球友推薦鐵道或煤礦類股，他們會覺得你瘋了；那一年大家一窩蜂投入的是網路、科技與生技類股，而非能源股。但這檔基金有先見之明。2002年，市場的先鋒開始轉投鐵道與能源類股。2006年，這些股票已經變成市場上的熱門股，那家避險基金投資的許多股票都漲了十倍。

觀察資金流動與媒體焦點可以很容易看出投資人的群聚現象。不過，要找下一個新契機並不容易，避免跟著大家一窩蜂行動也很難，因為社會與同儕壓力可能相當強大。

在投資委員會或董事會之類的決策單位中，很難避免群聚現象。團體迷思、順從權威或認同的社會壓力會讓內部人士出現群聚現象。權威或有領袖魅力的領導者往往在不經意下扼殺了歧見。即使團隊鼓勵成員提出異議，反駁領導者感覺還是不為團隊所容。本章的主旨是要找出群聚現象的過程，避免自己與團隊出現這種情況，善用市場中的群聚現象。

17.2 │ 跟著大家行動比較安全？

我來告訴你一個石油探勘者在天堂之門遇到聖彼得的故事。聖彼得聽到他的職業後說：「很抱歉，你似乎符合上天堂的所有條件，但我們有個大問題。你看到那處圍欄了嗎？那是我們讓石油探勘者等候上天堂的地方。那邊已經客滿了，我們沒有空間再塞一位了。」石油探勘者想了一會兒說：「你不介意我對那些人說幾個字吧？」聖彼得說：「我不覺得有何不妥。」於是這位探勘老手拱起手掌大喊：「地獄發現石油了！」石油探勘者馬上扭

開圍欄的門飛出去，拚命拍動翅膀往下飛。聖彼得說：「這招真的滿好的。去吧，那地方是你的了，這下空間很大了。」那老傢伙搔搔頭說：「不，如果你不介意的話，我想我會跟其他人一起去，那謠言可能真有幾分真實性。」——巴菲特轉述葛拉罕（Ben Graham）最愛的故事

讀了亞歷山大的故事之後，凱撒沉思了一會兒，最後流下淚來。他的朋友很驚訝，問他為什麼流淚。他說：「你覺得我沒有理由哭泣嗎？亞歷山大在我這個年紀時已經征服那麼多國家，我到現在卻沒有任何值得紀念的成就。」——布魯達克（Plutarch），《凱撒傳》（*Life of Caesar*）

在不確定的情境中，我們往往是從觀察別人來學習該做什麼。我們等其他人「確定」正確的行動路徑，而不是自己負起釐清一切的責任。心理學家羅伯·齊歐迪尼（Robert Cialdini）把尋找確認的行為稱為「社會證明」（social proof）。[3] 社會證明提供心理捷徑，我們不必再想問題的每個步驟，只要看著夥伴，跟著他們做就行了。

在市場中，群聚行為通常會導致遲來者損失。跟著社會證明與群聚行為行事的投資人是依賴別人的決策。群聚的領導者犯錯時，被誤導的投資人就開始失去信心，如鳥獸散。不過，許多人也會開始產生強烈的情緒防衛機制，他們無法接受自己的信念與領導者竟然是錯的。

2000 年代初期跟著網路股飆漲與暴跌的投資人就是這種狂熱者。他們無法更改對網路股前景的堅定信念，直到 2002 年許多鼓吹網路泡沫的股市分析師遭起訴後，他們才終於失去龐大的信眾。

奇怪的是，即使「新網路經濟」已經證實是幻想了，許多狂熱者還是持續強力鼓吹。為什麼還有人會認同已經證明有誤的想法，更別說是四處鼓

吹？對這些鼓吹者來說，接受失敗太痛苦了，所以他們就像損失趨避一樣，仍抱有一絲希望，甚至想要聚集新的信眾。在死忠認同者心中，愈多人相信他們的主張，他們就愈有可能是對的。

有時候投資人會覺得自己必須跟著價格趨勢走，這就是一種「隨勢群聚現象」（herding-by-proxy）。他們知道別人在買股票，但不知道是誰在買。股市開始出現走勢時，大家通常會認為驅動股價的投資人比自己更清楚未來。於是他們就開始「追高」。有些投資人會等出現這樣的價格「確定」（有利趨勢）後才投資。預期的價格走勢「確認」他的看法是對的，這下就可以安心買進了。

如果股市暴跌，投資人緊張，他們會看公認的領導者怎麼行動，以決定最佳因應方式。投資人尤其會觀察那些和他們類似的人。如果投資人對同儕的認同度多於華爾街人士，在不穩定期，他們可能會相信同事給的線索，尤其是同儕中公認領袖的見解。

社會比較

凱撒在 35 歲左右已是卓越的律師，僅次於西塞羅（Cicero），但他也是因為自己的優異而覺得相形見絀。他所有偉大的軍事壯舉都是在提出上述悲嘆後不久打造的。事實上，凱撒感嘆自己不如亞歷山大大帝後，就急起直追，征服之前獨立的西班牙部落。

凱撒是對不利的社會比較做出反應，他從亞歷山大大帝的一生中得出自己的目標與個人期許，以偶像的豐功偉業來評估自己的績效。凱撒發現自己落後亞歷山大時，馬上行動重建自己的可信度與征戰聲譽。

社會比較可用來解釋人們對財務狀況的滿意度；多數人講到財富時，喜歡「鶴立雞群」的感覺。1995 年，哈佛研究人員問受試者他們比較願意拿 5

萬元年收入住在平均年收入 2 萬 5,000 元的社區，還是拿 10 萬年收入住在平均年收入 20 萬的社區（物價不變）。受訪的 159 名學生中，52% 選擇 5 萬年收入，受訪的 75 位哈佛教職員中，35% 也選擇 5 萬年收入。他們寧可只賺一半的錢，只要他們的收入是社區平均收入的兩倍就行。[4]

和同儕比較不僅能驅動人追求目標，也可鼓勵我們克服恐懼。知名社會學家阿爾伯特‧班杜拉（Albert Bandura）研究證明，人光是觀察他們認同的人自己克服類似的恐懼，就可以治好恐懼症。怕蛇的成人觀看假裝怕蛇的演員逐漸克服恐懼感的影片，就可以克服對蛇的恐懼。影片結尾，演員還把蛇纏繞在肩膀上。

班杜拉的另一項實驗則是研究怕狗的學齡前兒童。怕狗的孩子每天看其他小孩和狗玩 20 分鐘，4 天以後，之前怕狗的小孩中有 67% 願意在其他人離開房間時，爬進圍欄裡和狗在一起，撫摸與搔弄小狗。小孩觀看許多不同的孩子和狗遊樂的影片後，可以更快克服對狗的恐懼。顯然，許多人提供證明時，社會證明的效果最佳。[5]

班杜拉的研究也可運用在削弱投資人的風險趨避上。投資人看到其他人買進高風險類股時，他們的恐懼也會跟著下降。以我為例，我原本不可能買鈕賽的股票，但聽到朋友 F 與其他共同朋友都買了鈕賽後，我也降低了自己的風險觀感。我在沒做實地查核下，看到其他人的舉動，就相信鈕賽穩賺不賠。保證獲利與共同經驗讓我降低了平常的警覺性。

從眾化傾向

1951 年，社會心理學家所羅門‧艾希（Solomon Asch）設計了一項實驗，檢視外人的壓力多大時會影響一個人的觀感。實驗者安排參試者和一群 8 至 10 人的其他「參試者」（他們其實是實驗者的朋友）在一組，然後讓整

組觀看圖 17.1，並告訴大家這是視覺觀感研究，請每位小組成員大聲說出圖二中哪條線最接近圖一的線。真正的參試者會回答 A 線。

實驗者要求其他參試者在 18 次提問中，有 12 次回答 C 線或 B 線比較像圖一的線（顯然是錯的答案）。真正的參試者共有 50 名，其中 37 名至少認同多數人 1 次，參試者平均在 12 次的提問中認同 4 次。經過進一步的實驗後，艾希推論，人云亦云的兩大原因是：他們希望獲得團隊的喜愛，以及他們認為團隊知道的事比他們多。

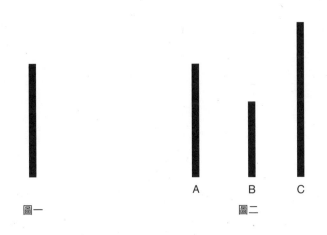

圖 17.1　類似艾希用的實驗直線

資訊階流

投資人通常是從類似的來源獲得投資資訊：資料提供者、證券交易委員會報表、公司的顧客與供應商、企業管理高層與員工、媒體。投資人處理資訊的方式雖然不同，但潛在消息來源卻有限。

有時候，可取得的資訊讓投資人做出類似的結論，當投資人按結論行動時，就會讓市場價格產生變動。有些投資人只從市場價格的變動獲得股價走

向的線索，並把這個線索當成比較了解內情的投資人的行動指標。有人觀看前人行動而模仿跟進時，就會出現資訊階流（information cascade）。

不只價格行動會藉由傳遞別人的想法與感受而引起資訊階流，很多投資人在不經意下，也會觀察同事與媒體人的言語、肢體語言與情緒線索。這些非語言的溝通反映出「市場的脈動」。

這類非語言溝通的缺點是，互動的人通常思想與行為比較類似，[6]他們從新資訊得出類似的結論，做出同樣的回應。研究這類團隊成員的語言與非語言線索時，可以透視他們的集體推理。誠如第 1 章所述，圈外人了解偏誤的集體推理，就有能力在市場上找到契機。

股市行情討論版是想討論股市未來（與爭論彼此能力）的投資人經常聚集的地方，上面除了惡言相向與激烈爭吵的情況外，研究人員也發現可以從參與者的用字遣詞中解析有用的資訊。

聖塔克拉拉大學的山吉夫・達斯教授（Sanjiv Das）與同仁設計了一項高技術性的有趣研究，分析 1 萬 2,000 名使用者在 7 個月間發表的 10 萬 3,000 則股市討論版訊息。研究人員發現在訊息數、股市交易量及後續股價的表現不如大盤之間有正相關。股價下跌時，張貼的訊息愈多，投資人的意見愈分歧（也比較不看好）。留言討論中，損失趨避的現象很明顯，投資人期許價格反彈。整個討論版的氣氛反映出之前的交易量與價格。達斯表示，衡量版上的討論氣氛並沒有任何預言效果。[7]

17.3 ｜ 權威影響你的決定

許多投資人不知道自己受市場專家與意見領袖影響的程度。二次大戰後數十年，學術界完成了一項經典的「權威效應」研究。耶魯大學的教授史丹

利‧米爾格蘭（Stanley Milgram）想要探究德國人對權威的服從，目的是想了解獨裁納粹的崛起。[8]他在耶魯先推出測試性實驗，而且很快就發現他不必到海外就可以找到非常順從的受試者。

米爾格蘭的實驗清楚證明，人先天就是服從權威的，即使是很殘酷的方式也一樣。受試者抵達米爾格蘭的心理實驗室時，會遇到兩個人：一位是身穿實驗衣、拿著寫字夾板的研究人員；另一位則是穿著普通的人，且自稱是另一位受試者。其實另一位受試者才是研究人員。

實驗者告訴受試者，實驗是測試懲罰對學習與記憶的影響。偽裝成受試者的人被選為學習者，真正的受試者被指派當老師。老師當然以為學習者只不過是另一位受試者而已，但其實被研究的人是這位老師。

學習者試著記憶連串單字配對，記好後就進入實驗室（研究人員可透過一面玻璃牆進行觀察）。學習者會被綁在椅子上，皮膚連上看似可以導電的假電極點。老師念出單字配對的第一字時，學習者要說出配對的第二字。如果學習者記錯，老師就會對學習者施以電擊。

每答錯一題，老師會宣布電擊的電壓強度，然後啟動電擊開關。每次電擊後，下一次的電壓數會增加 15 伏特。在問及電擊的嚴重度如何時，研究人員告訴老師「雖然痛苦，但不會造成『永遠的組織壞死』」。一般而言，測試的第一部分都進行得很正常，但隨著電壓伏特數的增加，學習者開始抱怨。

學習者接受 75、80、105 伏特的電擊時，開始咕噥抱怨。120 伏特時，學習者會對著連至控制室的麥克風大叫電擊真的開始疼痛。150 伏特時，會對著麥克風大吼：「到此為止！讓我出去！讓我出去！拜託！讓我出去！」但研究人員還是會持續提出下一個問題要求老師繼續問學習者，老師也只好繼續下去。電擊在 200 與 300 伏特之間時，學習者會扭動尖叫，不斷踢牆、叫囂，懇求讓他出來。

切記，學習者其實是偽裝的，也沒有受到任何電擊，但老師並不知道這點。有三分之二的老師會繼續以 450 伏特的電壓面對受試者，直到實驗結束為止。沒有老師會在 300 伏特之前停手，這時的學習者已經發出「痛苦的哀鳴」了。很多老師這時看起來很苦惱，要求研究人員停止實驗，但研究人員還是持續念出下一題，而老師只好順從。在 300 伏特時，學習者大喊他們不會再回答記憶測驗的問題了，這時是第一次有老師表示他們不願再繼續實驗。

研究結果讓米爾格蘭與同事都很驚訝，在實驗之前，他們請學生與同事猜會有多少老師測到 450 伏特，大家猜測的比例介於 1% 到 2% 之間。另外 39 位精神科醫師則認為，只有千分之一的人會願意持續到實驗結束。[9] 但事實上，有三分之二的人一直測到最大伏特數。顯然大家覺得自己受權威的影響沒有實際那麼大。

在另一項改版實驗中，即使學習者大叫他有「心臟問題」、電擊已開始影響他的心臟了，還是有 65% 的老師會一直測到最大伏特。在另一個實驗中，有兩位研究人員在場，電擊強度增加時，學習者哀求釋放，一位研究人員要求老師繼續、另一位則表示停止。這時老師通常會在兩位研究人員身上看來看去，想看出哪個人的地位較高。當他們無法看出誰的位階較高時，老師就會停止實驗。

17.4 | 人要金裝

> 人要金裝，裸體的人對社會沒什麼影響。——馬克吐溫

第一次和某人見面時，通常會問對方在哪兒高就，名片上會列出他在公司的職位，公司網站上的簡歷會列出他的學經歷背景、職務和發表過的文章

或著作。履歷背景可以把人塑造成權威，但實際能力要之後才看得出來。

　　從遠處看，服飾比頭銜或履歷更顯而易見，同樣也能傳達權威感。德州的研究人員發現，過馬路時，尾隨西裝筆挺者闖紅燈的人數是尾隨穿工作服者的 3.5 倍。[10] 除了衣服外，珠寶與汽車也是顯而易見的財富象徵。

　　舊金山做過一項研究，研究人員開名車或普通車停在綠燈前，停在普通車後的所有車主幾乎都會按喇叭，有兩人甚至衝撞車後的保險桿。停在名車後面的車主中，有 50% 會耐心等候前面的車開走、不按喇叭。

　　多數人都不相信自己會根據權威行動，既不會想在名車後面等待，也不想盲目聽從專家的建議。舊金山的研究人員問一班學生，如果綠燈亮時，前面擋著一台名車或普通車，他們會如何反應。男學生表示他們對名車按喇叭的速度應該會比普通車快，但他們又覺得自己的行為會和實際情況相反。[11]

　　在電擊實驗中，米爾格蘭的同事大幅低估實驗者把伏特數調到最大的比例。我們覺得自己不會那樣。社會心理學家羅伯‧齊歐迪尼表示，服從權威是發生在潛意識的瞬間反應。在潛意識下，我們從權威接收到指示後，就從思考情境轉變成回應。「權威提供的資訊給我們一個重要的捷徑，幫我們決定在情境中如何行動。」[12]

　　財務分析師是華爾街的股票與市場權威，他們的看法與建議可以左右數十億資金的流向。從米爾格蘭的實驗結果不難了解，投資人為什麼會一窩蜂地湧向分析師建議的股票。當分析師貪婪或不道德時，就會有問題了。1990年代末期，網路類股明星分析師亨利‧布羅傑（Henry Blodget）、瑪麗‧米克（Mary Meeker）、艾比‧柯恩（Abby Joseph Cohen）喊「買進」時，就有數百萬人義無反顧地跟進。

17.5 ｜合作的神經科學

血清素看起來可以調節社交合作的行為。血清素的胺基酸前驅物是色胺酸，第4章提過它在大腦扮演的角色。膳食中排除色胺酸時，腦內血清素濃度就會降低。在囚犯兩難的遊戲中（信任與合作遊戲），缺乏色胺酸的受試者在耗盡的第一天較常叛離，比較不願合作，彷彿血清素低讓人更自私自利、減少合作意願一樣。

在囚犯兩難實驗中，對缺乏色胺酸的受試者進行功能性核磁共振造影掃描時，發現前扣帶回與前額腦區底部刺激減少，這表示血清素濃度低的人在做會影響他人的社會財務決策時，比較不需要社會增強（social reinforcement），較少用到前額葉皮質（抑制衝動）。

在前述艾希實驗的改良版中，神經科學家發現，不顧同儕壓力、硬是提出正確答案的人，其杏仁核與尾狀核受到較大刺激，所以特立獨行者會遭受很大的情緒壓力，不認同顯然有錯的意見需要很大的勇氣。[13]

17.6 ｜分析師濫用權威

> 我當分析師時……我太在意看起來懂得比我多的人怎麼想（錯在我，不在他們）。更令我不安的是，我看到其他人也這樣對我。——亨利·布羅傑，前華爾街分析師[14]

證券分析師在高壓環境下工作，絞盡腦汁想和企業管理高層打好關係。評等機構會密切追蹤他們建議的股票績效，難怪新手分析師眼看比較成功的分析師改變股票建議時，會有「追隨領先者」的壓力。

財務教授伊弗·威爾屈（Ivo Welch）發現，分析師受彼此看法的影響很大。一位分析師改變買進或賣出的建議，會影響接下來兩位分析師即將提出的建議。[15]

1990 年代末期，許多華爾街網路類股分析師坐擁高薪，公司也鼓勵他們推薦他們其實不屑一顧的股票。美林（Merrill Lynch）、德意志、摩根士丹利（Morgan Stanley）等各大投資銀行都覬覦這些受推薦公司的銀行業務。分析師如果對投資銀行想拉攏的公司喊出「賣出」建議，銀行就將分析師降職或予以開除。

摩根士丹利幫意得網站（Priceline）籌資，光是收費就賺了數百萬。摩根的網路股分析師瑪麗·米克建議以 $134 美元的價格買進意得的股票，當意得的股價跌至 $78 時，她還是喊買進，在意得跌到不到 $3 的過程中，她一路喊買。[16]

美林的分析師布羅傑負責分析 Pets.com 的股票，Pets.com 的資金大多是美林幫忙籌募的，美林也藉此賺進好幾百萬。布羅傑對 Pets.com 掛出每股 $16 的買進建議，當股價跌至 $7 時，布羅傑還是喊買進，跌到 $2 還是喊買，跌到 $1.69 再度喊買。等到每股跌至 $1.43 時，布羅傑把評價下調成「逢低買進」。最後，Pets.com 終於從證交所下市。投資人可能賠得很慘，但 2000 年，布羅傑和米克的年收入都高達 1,500 萬。[17]

電視商業頻道也助長了網路股的狂熱，CNBC、CNNfn 與其他財金頻道都需要邀請來賓上節目。有些分析師會出現在馬克·漢斯（Mark Haines）主持的 CNBC《股市擴音器》（*Squawk Box*）上。漢斯回憶，每次來賓建議一檔股票後：「我會看報價螢幕，那檔股票會突然跳漲 5 元或 10 元。」成千上萬投資新手看著這些來賓，卻不知道這些人建議股票的客觀性和他們的收入之間可能有利益衝突。CNBC 如今要求來賓上節目前先揭露利益衝突。[18]

華爾街很清楚這些利益衝突，但他們並沒有清楚向網路股投資散戶揭露這點。政治圈為了討好 2000 到 2002 年間因聽信分析師建議而虧損數百萬元的選民，群起抨擊。這些損失是因為分析師不當鼓吹他們私下鄙視的股票所造成的嗎？還是要怪數百萬投資人因為貪念而聽信所謂的專家，猛買毫無價值的股票？

17.7 ｜共同基金與群聚現象

> 當一個人的薪資是建構在他對事情的不了解時，就很難讓他了解什麼。
> ——厄普頓·辛克萊爾（Upton Sinclair）

共同基金也有群聚現象，尤其是成長基金與小型股基金。對基金來說，群聚現象不見得都是不理性的。事實上，對共同基金的先鋒來說，群聚現象是有利可圖的。後續六個月，群體買進的股票表現通常比賣出的股票好 4%。[19]

共同基金的群聚現象和經理人之間的口耳相傳有關。事實上，同一城市的經理人有較大的群聚效應。有項研究是探討 15 個美國城市內的 1,635 支共同基金。同一城市的基金比不同城市的基金更常同步交易。[20]

研究人員觀察分析師如何處理他們認為自己「獨有」的資訊，研究樣本包含 1985 到 2001 年間 5,306 位分析師為 3,195 家公司所做的 130 萬項預測。平均而言，分析師通常會高估他們認為自己獨有的資訊。不過，當分析師的預估比眾人的預估有利時，他們通常會進一步高估獨有的資訊。當他們的預估比眾人的預估不利時，他們通常會低估獨有的資訊。也就是說，多數分析師會把獨有資訊解釋成對公司有利的訊息。研究人員發現這種錯估情況不是因為明顯的認知偏見，而是因為分析師想為自家銀行吸引更多的交易佣金。[21]

如果你是投資散戶，了解潛意識偏誤如何破壞你的感覺可能讓你覺得有點厭煩，在這種負面心理環境下，你如何才有可能成功？有些投資散戶對市場是採取反向操作觀點。

17.8 ｜ 反向操作

> 投資人最重要的特質是性情，不是智力……。你需要的是不管順著人群或逆著人群都不會讓你獲得極大樂趣的性情。——巴菲特

認為自己反向操作的投資人通常是「逆向趨勢」專家，他們並沒有統一的人格特質，不過很多反向操作者都對熱門投資技巧與熱門人物存疑。我和某位死硬派反向操作者有過一次很有趣的電話對談。

詹姆斯原是倫敦的場內交易員，後來移居美國成立避險基金，他在場內為自己操盤的績效很好，也是知名的交易員，但是他很看不起同事，他說：「他們只會『尾隨領先者』，真的很蠢，我覺得很噁心。」

他因為看不起他要行銷的對象，所以避險基金的推銷成效一直不太好。「他們根本不懂市場，只不過有好看的學歷，認識一些某家退休基金的關鍵人物罷了。」

我說他似乎對潛在客層很有敵意。

詹姆斯回答：「我就是不喜歡白癡。」他很有個人主張。

我問：「你要如何銷售你的基金？」

「我需要找到像我一樣真正了解市場狀況的人。」

我問他為什麼那很難，他告訴我：「我從跟隨市場趨勢的白癡身上獲利，我知道他們何時轉向，那是我的天賦，我從來不跟隨趨勢交易！但多數人都

屬於趨勢的一部分，那正是趨勢形成的原因。大型投資人或退休基金都不了解我為什麼要反向操作，他們覺得我瘋了。」

「如果你幫他們賺錢，我不知道他們為什麼會認為你瘋了。」

「那是我的人格特質！我不做其他人做的事。我過反向操作的人生。我去戲院看電影，看到有人排隊時，我會改看別部電影。我不做其他人做的事。我和我太太結婚是因為大家覺得我不會結婚。」

他真的是反向操作到底了，他在市場中找到符合他人格特質的利基點。他可能是對的：很少投資人可以找出趨勢的尖峰或谷底，因為他們都陷入題材之中，無法清楚或審慎思考。

價值與逆向趨勢投資策略是反向操作者的特色，他們有從人群外找出契機的先天優勢，往往能從大家忽略的類股中找尋扎實的投資標的。只要有時間，各個類股都會輪動。

反向操作者通常也會看空新興趨勢，這可能是很痛苦的。如果你是反向操作者，在賣空熱門股票或類股時，一定要找出反向或耗竭的明顯徵兆。

反向操作可能是破壞性的習慣，有些自稱反向操作者的投資人只看到危險，所以在擔心股市即將崩盤之際，反而錯失大多頭市場。過度不安與健康的審慎思考是不同的，所以一定要了解你是介於兩者之間的哪一點。不安的人無法像反向操作者撐那麼久。

17.9 ｜投資行為建議

在市場中，隨眾起舞的投資散戶比較可能聽信股市明牌、「大師」的建議與謠傳，而不是做獨立研究的投資決策。多數投資人都屬這一類。

如果你想注意群眾與趨勢，一定要注意群眾行為背後的根本道理。如果

你是趨勢跟隨者，可以採取適合你社交人格特質的策略（例如順勢交易或成長策略）。只要注意趨勢變化，又有明確設定何時出脫部位的原則，投資熱門類股也沒有關係。

如果你好交際，就善用這個優點了解新趨勢與熱潮，看看是否能找到策略善用這些趨勢。避免看 CNBC 與熱門雜誌之類的財金媒體資訊。權威效應會讓每個人都很容易一窩蜂追趕媒體上最新披露的投資熱潮，那通常是不太平順的投資。

投資委員會的決策往往會因為成員想要取得共識而受限。背離群體意見，尤其是新人或年輕員工，可能會覺得很不好意思。他們因為害怕提出愚蠢的見解而不敢多發表言論。

赫許・薛佛林教授在 2006 年的著作《公司行為財務》（*Behavioral Corporate Finance*）中為產生偏誤的投資委員會提出幾項建議：

1. 請團隊成員在討論之初不要說出個人的偏好。
2. 明顯鼓勵爭論、異議與資訊分享。
3. 為各大提案指定一位成員從反面角度提出質疑。
4. 定期邀請外部專家參與會議，請他督促團隊不要為了追求共識而溫順服從。[22]

本章檢視了群聚現象的心理源起，多數投資人都會在不經意下依循領導者、專家或穿著體面者的建議。決策複雜或未來看來特別不確定時，比較可能出現群聚現象。反向操作者能積極善用他們圈外人的觀點操盤。投資委員會因內部有取得共識的壓力，所以決策容易受限。

第 18 章

圖表解盤與資料探勘

本章你可以學到這些 ▶

☑ 避免過度解釋統計數據、取樣不足與自我欺騙

☑ 分析「圖表解盤」可能造成的心理偏誤

☑ 採用回復均值投資法，需特別留意風險管理

> 如果研究的獨立現象夠多，同時也再尋找事件關聯，一定會找到一些……
> 這就是統計學家所說的「列舉有利情況的謬誤」。——卡爾·沙根（Carl
> Sagan）[1]

　　人的聰明才智有從隨機股市資料中找出預測跡象的神奇能力。以往，預言者從自然界尋找預測跡象，例如星象變化、鳥類遷徙、潮汐等。即便是今天，星象財務學網站還是有電子報利用占星預言金融市場走勢。

　　20 世紀有許多股市領先指標惡名昭彰。1920 年代，裙襬指標相當熱門；女性的裙子愈短，股市會跟著上揚，這是因為經濟蓬勃時，大家的態度也比較開放。超級盃指標的由來則是聽說當國家美式足球聯盟的球隊贏得超級盃時，股市就會上揚。以超級盃指標預測 1967 至 1997 年的股市走勢，準確度高達 90%。但不管是超級盃指標還是裙襬指標，都是隨機的巧合。

　　預測市場的計量工具有確定的魅力，可以用圖表呈現。最早用來預測市場的技術分析工具包括陰陽線（俗稱 K 線），早在 17 世紀，日本米商就已採用陰陽線。20 世紀初，查爾斯·道（Charles Dow）等從業人員以價格表預估

市場。20 世紀末，隨著電腦處理速度的急速增加，這些圖表工具都可透過電腦來顯示。

　　1980 年代初期，大家成功運用電腦化交易找出預言價格的簡單數學關係。1980 年代末期，華爾街的眾多人士頌揚人工智慧將是未來的決策模式，但結果不如預期。1990 年代初期，混沌理論與複雜理論看起來像是預估市場的創新技術，但它們也無法持續命中大盤。1990 年代中期，類神經網路變成從歷史價格資料中尋找預測型態的熱門統計工具。以上這些統計工具都有些價值，但帶來的徹底變革都不如狂熱者宣稱的那般驚人。

　　隨著電腦試算力的增加，我們可以從以往無法讀取的區域尋找預測關聯。資料探勘技巧讓研究人員可以從數百萬筆資料中發掘市場預估潛力。可惜的是，利用電腦分析資料也同時創造出成千上百種自欺的新方法。

18.1 ｜市場一直在變，但人性不變

> 在這一行，如果你很行，十次會對六次。你永遠無法達到十拿九穩的情況。——彼得·林區

　　電腦現在幾乎是華爾街各種股票分析的平台：計量分析、技術分析、基本面分析等。有些從業人員認為，如今電腦有能力做出比人更好的投資決策。這種想法是假設人類科技的操作者不會突然把他們的缺失插入系統中。

　　我曾經因為計量預測工具失靈而歷經慘痛的教訓。1995 年與 1996 年，我用類神經網路與基因學習運算法開發財務軟體，以便找出市場價格資料中的型態。我設計的預測軟體可以精確預估市場，一開始看似一大勝利。這套軟體最初六個月套用在即時交易時，股價走勢的準確度可達 59%，這成績並

不賴。

　　但之後軟體的預測力開始下滑。使用一年後，1996 年的準確度已降至 53%（近乎隨機）。所以，我又開發新的預測軟體。新軟體最初幾個月的效果不錯，但後來準確度也開始下滑。1997 年，開發新計量軟體的優勢已經微乎其微。顯然，1990 年代初期與中期看來可以找出型態的不錯工具都已過時。

　　投資人發現錯價時，他們的買賣活動（套利）就會讓價格漸趨合理價，逐漸減少他們的優勢。有足夠的金錢投入市場掌握錯價機會時，優勢就會完全消失。或許這就是我的類神經網路無法再預測市場的原因：太多人使用類似的工具想找出同樣的獲利機會，他們持續從中獲利，直到沒有獲利空間為止。

　　我以個人經歷來闡述一項重點。我們在資料中發現型態時，很可能別人也發現同樣的東西。有足夠的金錢投入追求這些獲利機會時，這些機會很快就會消失。我就碰過這種消失的獲利。市場不斷在變，量化的型態大家終究都會發現。不過，源自人類大腦的價格型態可能是最持久的。

18.2 │ 資料探勘與自欺

> 棒球場與交易場上的人都帶著信念與偏誤運作，當你可以完全排除信念與偏誤，改以資料取代時，你就有明顯的優勢。——約翰·亨利（John Henry），避險基金經理人與波士頓紅襪隊老闆[2]

　　從金融資料中搜尋預測型態稱為「資料探勘」。資料探勘往往會讓人發現隨機的巧合，「數字命理學家」與粗心的統計學家可能很容易就被騙了。強大的電腦演算功能增加了統計巧合的問題。我們可以搜索政府經濟統計的

龐大資料庫、過去的金融價格、網路資訊或企業資料，找出股市的預測關係。

大衛‧林韋伯（David Leinweber）擁有哈佛數學博士的學位，在華爾街許多大型公司的技術交易部工作過，包括第一象限（First Quadrant）與科典公司（Codex）。1990 年代初期，林韋伯看到太多華爾街人士想用電腦找出資料裡的假相關，所以他決定戳破許多無用的結果。他寫了一篇文章名為〈愚蠢的資料探勘把戲：過度解釋 S&P 500〉（Stupid Data-mining Tricks: Overfitting the S&P 500）。[3]

林韋伯分析聯合國大宗物資生產數字的資料庫，好奇是否能在這些數據與 S&P 500 之間找到關聯性。他發現用孟加拉的奶油產量預測 S&P 500（樣本）有 75% 的準確度，若把紐西蘭的綿羊產量也加入模型，準確度更躍升到 90% 以上。他語帶輕鬆地做這些分析，以顯示在隨機資料中發現高度可預期關係有多麼容易。

可惜的是，金融媒體往往會宣揚市場資料中的假關係。2006 年 7 月 17 日，以色列剛入侵黎巴嫩不久，《華爾街日報》的資金與投資單元就刊出一篇文章，標題是〈全球衝突之際保持冷靜〉（Keeping Cool Amid Global Strife），並搭配一張表來顯示自 1967 年以來五次中東戰爭後的美國股市每日與每年報酬率。[4] 五次之前的戰爭中，有三次戰爭的一週與一年報酬率是正的。《華爾街日報》的結論是：「中東戰爭對美國股市幾乎從來沒有長期的負面影響。」雖然我認同《華爾街日報》的目的，但這篇文章沒有提到五次戰爭的樣本並沒有足夠的統計意義做此結論。

不管我們是用棒球數據、孟加拉的奶油產量、類神經網路或歷史價格與圖表來預估股市，我們都要非常小心，以避免過度解釋統計數據、取樣不足與自我欺騙。

18.3 | 從雜訊中找出型態

> 筆跡學就像占星術，似乎都是依靠「空想錯視」：人們會把型態或意義加諸在隨機的影音事件上。——史帝夫・戈迪溫（Steven Goldstein）[5]

空想錯視（pareidolia）是指把模糊與隨機的刺激誤解為可辨識事件的心理現象，[6] 常見的例子大多有宗教意味。1978 年，一名新墨西哥州的婦女在燒焦的玉米餅上發現耶穌像，吸引八千多人到她家朝聖。同樣的錯誤推測也發生在名人身上，例如驚見已故貓王。在財務方面，讀圖表與技術分析時容易出現空想錯視。

研究圖表型態的學者，尤其是做技術分析的人，都發現預測價值有限（但有意義）。例如，聯邦準備理事會（Federal Reserve）的經濟學家為了自動偵測外匯資料中的頭肩型態（head-and-shoulders pattern）而開發數學運算法。他們發現六種取樣貨幣中，有兩種貨幣（日圓與德國馬克）如果採用頭肩型態交易策略，可以在統計上獲得顯著的獲利。[7]

麻省理工學院的羅聞全教授（Andrew Lo）量化了八種技術價格圖表類型背後的原則。羅聞全介紹其研究時坦承：「面對視覺證據時，很難爭論價量表的潛在價值。」他指出：「技術分析已盛行多年，或許是因為它的視覺分析模式比較能幫助人類認知，也因為辨識型態是電腦還沒有絕對優勢的少數重複性活動之一。」[8]

羅聞全把技術分析師想從圖表中找出的視覺線索轉變成數學演算式。他測試了頭肩型與雙底型（double bottom）之類的圖表型態的預測力，分析股價的時間從 1962 年至 1996 年。研究人員發現，有些技術型態似乎可為日中價格變動提供「增額資訊」。羅聞全與同仁雖然沒有確認技術分析在用於獲

利方面是可靠的，但他們的結論是：「技術分析似乎真有可能為投資過程增添價值。」[9] 羅聞全如今為自己的 AlphaSimplex 避險基金擔任研究主管，這支基金就是採用計量分析技術。

18.4 │ 圖表解盤中的趨勢與回復均值偏誤

> 不確定性愈大，愈多人受市場趨勢影響。順勢投機的影響愈大，情勢就愈不確定。——索羅斯

許多學術界的經濟學家對技術分析之類的圖表技術優點提出反駁。羅聞全表示：「主要障礙之一是技術分析高度主觀的特質。歷史價格表內是否會出現幾何圖形往往是見仁見智的看法。」[10] 波頓・墨基爾（Burton Malkiel）在著作《漫步華爾街》（*A Random Walk down Wall Street*）中推斷：「在科學的嚴密檢視下，圖表解盤和煉金術的地位差不多。」圖 18.1 是技術分析師標上圖解線索的走勢圖範例。

雖然學術界提出質疑，很多投資散戶還是使用圖表幫他們做決策。不過，過度依賴圖表取代其他資訊可能對績效有害。

心理學家發現，投資人往往喜歡根據圖表顯示的價格資訊買進股票。最高價與最低價、最近的價格走勢及股價的長期平均值等資訊都會影響投資人的判斷。投資人看見圖表顯示長期股價走勢上揚時，比較可能買股票，因為他們直接用走勢推估未來。看到圖表顯示長期下跌走勢時，比較可能賣出股票。[11]

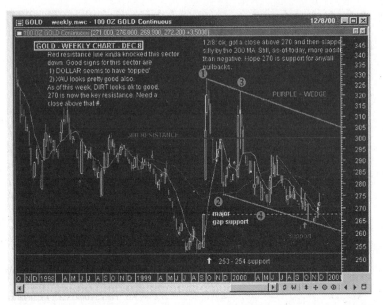

圖 18.1 1990 年代末期與 2000 年代初期的每月金價表。注意技術分析師用來判斷
價格趨勢的支撐線、壓力線與其他計量指標。
資料來源：Securitytrader.com

　　人們認為目前的交易價格高於或低於長期平均趨勢的股票可能會「回復
到平均值」（mean revert）。回復均值是指一般認為股價偏離平均價格後，最
終一定會反轉，回復到平均水準。回復均值簡單地說就是「升久必跌」。圖
18.1 的支撐線與壓力線就代表預期價格將回復均值的點，如果沒有反轉，就
稱為突破（breakout）。

　　此外，最近價格相對於長期平均值的走勢，也會影響投資人的買進賣出
偏好。一般而言，如果最近價格走勢上揚，投資人比較可能預測未來報酬為
正，如果最近價格趨勢下滑，投資人比較可能預期未來報酬為負。[12]

　　例如，我在行為財務學研討會上做過一項研究，我問與會者比較可能買
進與賣出下面哪種假設性的股票。圖 18.2 與 18.3 是我使用的圖表。

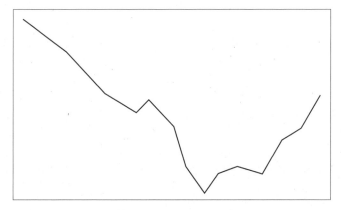

圖 18.2 最近上揚趨勢

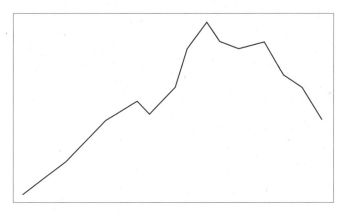

圖 18.3 最近下跌趨勢

　　每檔股票顯示出回復均值理論與最近股價走勢之間的矛盾。大部分投資人（平均 60%）選擇買進圖 18.2 的股票，40% 選擇圖 18.3 的股票。基本上，他們的選擇表示最近的股價走勢對他們的決策影響較大。如果圖 18.2 的價格上升趨勢較短，最後的價位停在平均趨勢線之下，選擇買圖 18.2 股票的人可能較少，因為同時有回復均值與最近股價走勢效應的影響。一般而言，使用圖表分析的投資人在評估未來的股價走勢時，會同時權衡最近的價格走勢與

回復均值的情況。

投資人究竟是相信趨勢會延續、還是回復均值，要看價格走勢的長度而定。走勢較短時，投資人通常覺得自己有「好手氣」，認為趨勢會持續。走勢較長時，投資人比較可能預期回復均值。[13]

斯諾維克教授表示，在長期思維與預測中，人們會從可得的資訊中概括推論。在短期預測中，他們則是根據細節做預測。[14] 根據預測類型的不同（長期或短期），資訊處理會出現系統性偏誤。

18.5 ｜過於依賴圖表

股價圖出現明顯高點或低點時，會讓人產生回復均值偏誤。德國研究人員湯瑪斯・穆斯韋勒（Thomas Mussweiler）與卡爾・許奈勒（Karl Schneller）測試了投資人容易把預期「鎖定」（定錨）在最近股價高點與低點的論點。[15] 研究人員設計了兩種一年期的股價圖：(1) 從中線開始，隨著時間漲至高點，然後再跌回中線上方（參見圖 18.4）；(2) 從中線開始，隨著時間跌至低點，最後又漲回中線上方（參見圖 18.5）。整體而言，兩張圖都顯示一年間從期初到期末的報酬是 20%。

研究人員募集了好幾群私人與專業投資人來研究，他們給參試者半篇文字說明這家假設性公司、基本的經濟統計數據及去年的股價圖，請參試者預估股票一個月後的目標價，並決定他們要買或賣這支股票。圖表是隨機搭配文字說明，因為研究人員想知道的是圖表的效應。每位受試者拿到的文字說明都一樣，只有圖表不同。

研究人員以「比較效應」說明實驗設計。看到股價圖出現低點的投資人會刻意找負面資訊解釋那個低點，看到股價圖有高點的投資人則偏好找正面

資訊解釋較高的價格。

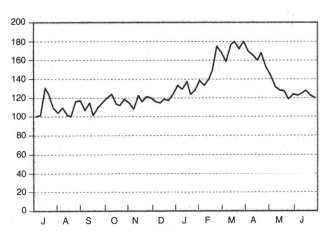

圖 18.4 穆斯韋勒與許奈勒使用的明顯高點圖 [16]
資料來源：Lawrence Erlbaum Associates

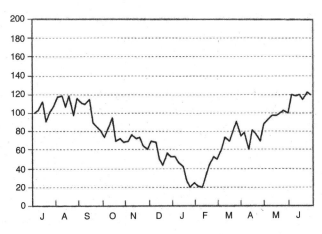

圖 18.5 穆斯韋勒與許奈勒使用的明顯低點圖 [17]
資料來源：Lawrence Erlbaum Associates

研究結果誠如實驗者的預期，受試者預測股票一年的報酬率時，如果他們看到的圖有高點，一年後的預期價格較高。對不同群的投資人做同樣的實驗，問他們會買多少股票時，看到股價高點圖的人想買的股數較多（約三倍）。重新設定實驗，並問投資人要賣多少股時，看到股價低點圖的人想賣的股數較多（約兩倍）。投資人對未來報酬的預期、買進選擇、賣出計畫都和圖表型態有關。

　　重要的是，研究人員增加企業資訊量時，結果對圖表的依賴更深。研究人員從折價券商的網站擷取某家真實網路公司的完整文字資訊：統計與公司資訊加起來共三頁半。看到明顯股價高點的受試者（包括專業投資人）買的股數幾乎是看到低點者的兩倍。資訊過量的結果導致投資人更依賴圖表。

　　在實驗後的調查中，看到明顯股價高點的受試者提到較多股票的正面資訊。即使他們顯然是根據圖表決定買進，而非考慮資料（因為所有文字資訊是隨機提到多種主題），他們還是會引用文字資訊裡的正面訊息來佐證他們的買進決策。受試者的思考因過去價格表的樣子而改變，但他們都不知道這個強大的效應。

18.6 ｜ 賭徒謬誤

　　賭徒謬誤是指誤以為過去的獨立事件會影響未來事件的邏輯錯誤。一連串的賭博都得到相同的結果後，玩家通常會誤以為：(1) 過去的結果會持續下去（好手氣謬誤）；(2) 過去連串的結果會回復至平均值。第一種趨勢持續的例子是，大家通常會認為連投進好幾球的籃球選手有好手氣，誤以為他的下一球會更容易投進。第二種回復均值的例子則是，市場策略家通常會預測股市下一年的表現會和前一年相反。事實上，每年的報酬並沒有趨勢也沒有逆

轉，但大家卻常有這樣的想法。學術界人士與專業人士比較可能產生回復均值錯誤，新手比較可能以目前的趨勢推估未來，亦即好手氣錯誤。

在兩種情況下，投資人都假設市場是有「記憶」的，所以會受過去行為的影響。雖然那樣的記憶在市場上確有些許的影響力（我們會在第 23 章看到順勢交易與長期反轉的例子），但對未來價格的影響並不像投資人想得那麼大。

18.7 ｜ 非理性繁榮……說得太早

1996 年 12 月 3 日，耶魯大學的羅伯‧席勒（Robert Shiller）、約翰‧坎貝爾（John Campbell）和聯準會主席葛林斯潘（Alan Greenspan）對談。他們解釋，過去股市本益比（P/E）高時，後續十年持有股票的報酬通常較低。席勒表示，當時市場的表現已經不理性。[18]

席勒在 2000 年初出版的著作《非理性繁榮》（*Irrational Exuberance*）[19] 中詳細說明其論點：「美國股市最近的高評價完全沒有什麼合理的理由……股市高漲是因為數百萬人無所謂的思想結合而成的效應，很少人覺得有必要對整體股市的長期投資價值做詳細的分析，他們都大受情緒、隨機注意、傳統觀點所激勵。」[20]

葛林斯潘和席勒會面後，1996 年 12 月 5 日，他在正式晚宴的演講中提到「非理性繁榮」一詞。葛林斯潘在 14 頁的演講稿中反問了一個問題：「但我們怎麼知道非理性繁華已把資產價值過分抬高了？我們免不了要面對像日本過去十年那樣的長期緊縮？」他接著修飾他的問題：「如果財務資產泡沫崩解不會威脅實質經濟、生產、就業與價格穩定，在中央銀行任職的我們就無需擔心了。」[21]

葛林斯潘的演講在 C-SPAN 現場轉播，他提出問題沒多久，日本股市馬上暴跌，收黑 3%。香港恆生指數也跌 3%，接著法蘭克福與倫敦股市跌 4%，隔天早上美國股市開盤下跌 2%。[22]

但股市全面走跌後，市場又迅速反彈回升。接下來三年，股市出現有史以來最大的金融泡沫。

席勒根據歷史資料主張本益比可用來預估十年的報酬並沒有錯，但股市的記憶沒那麼簡單。過去本益比的平均值是 14.2。自 1872 年以來，大多時候的平均本益比一直在 8 到 12 之間變動。1996 年 12 月，平均本益比高達 28。所以席勒與坎貝爾預測，1997 到 2006 年間，股市的實際價值會蒸發 40%，S&P 500 會剩下 450。事實上，2006 年 7 月 S&P 500 是 1,273，本益比是 17.5。這些教授沒有預測到的是：所採用的資料是資訊科技企業，因而導致生產力與盈餘大幅成長。

1996 年，《巴隆週刊》（*Barron's*）問華爾街各大投資銀行的策略家對 1997 年股市前景的看法。道瓊工業指數在 1995 年漲 33.5%、1996 年漲 26%，7 位策略家都受到回復均值的影響，預期 1997 年的道瓊指數會平均下跌 0.2%，結果 1997 年的實際報酬是 22.6%。股市在 2000 與 2001 連跌兩年後，《巴隆週刊》再度訪問策略家，他們預期隔年的股市會大幅上揚。策略家預期 2001 年 S&P 500 的平均報酬是 18.7%、2002 年 S&P 500 會漲 21%，結果 S&P 500 在 2001 年下跌 13%，2002 年又下跌 23.4%。[23]

專業人士與學者都會受到回復均值預測的影響，但散戶投資人為什麼不會？他們為什麼會有「好手氣」偏誤，但不會產生回復均值偏誤？散戶投資人的記憶回溯與經驗比較短，他們比較會注意最近的報酬，再以最近走勢推估未來。

投資人像學者或專業人士擁有許多關於過去報酬的資訊時，就會注意到

明顯的高點與低點（例如過去的高本益比），接著他們會從高點或低點鎖定預期方向，相對於整體趨勢，估計未來。如果目前股市較高或較低，從歷史走勢來看，可能就會回復平均值。這種思考的問題在於，未來不一定和過去一樣，明顯的高低點都是事後辨識出來的（在回復均值之前可能更進一步擴散）。

許多專業人士根據回復均值理論運用策略，為了避免抓錯高低點時機，他們交易量小、布局多元、計畫長期持有。吉姆．萊特納表示：「回復均值是不言而喻的常理，時間久了，一切都會回歸平均值。為了善用這一點，投資期間至少必須長達 1 年多，投資 5 年多最為理想。」長期投資之所以有效，是因為許多投資組合經理人都有短期績效壓力。「大型無效率並不會因為套利而消失，因為真正長期投資的資金很少。」回復均值投資法還是有獲利機會，但是採用這種方式時必須特別注意風險管理。

18.8 │ 東吳賭局實驗

大學生參與賭局時，出現罕見的虧損行為模式，可能就是賭客的謬誤（好手氣效應）造成的。台灣東吳大學與陽明大學的研究人員發現，如果賭博策略產生連串的小贏與偶爾大輸幾次，賭博者還是會一直選擇虧損的策略。研究人員利用「東吳賭局實驗」（Soochow Gambling Task, SGT）發現這種奇怪的行為。[24,25] 東吳賭局實驗是改編自達馬吉歐的愛荷華賭局實驗（參照第 2 章）。

在實驗中，實驗者請受試者從四副牌中選牌，賺愈多愈好。這四副牌分別標上 A、B、C、D，每張牌都顯示獲利或虧損金額。A 牌和 B 牌的期望值是每翻五張牌－ $250，C 牌和 D 牌的期望值是每翻五張牌＋ $250。每副牌的

報酬都不一樣。A牌是每贏四次 $200、輸一次 $1,050，B牌是每贏四次 $100、輸一次 $650，C牌是每輸四次 $200、贏一次 $1,050，D牌是每輸四次 $100、贏一次 $650。[26]

目前約有 600 人參與東吳賭局實驗，詳細資料請參閱表 18.1。

表 18.1 東吳賭局實驗中，每副牌的結果機率與頻率。注意最右欄的期望值。

東吳賭局 實驗	每五張牌的 平均獲利次數	獲利 大小	每五張牌的 平均虧損次數	虧損 大小	每五張牌的 期望值
A副牌	4	$200	1	−$1,050	−$250
B副牌	4	$100	1	−$650	−$250
C副牌	1	$1,050	4	−$200	+$250
D副牌	1	$650	4	−$100	+$250

奇怪的是，多數參試者喜歡從虧損的牌堆中挑牌。翻了 200 多次後，有 60% 以上的牌是翻自 A 與 B，導致多數參試者虧錢，但他們還是背著個人利益而行，即使翻過 200 次牌後，也沒有學會改變（參見圖 18.6）。

研究人員林錦宏與邱耀初看到大家的績效持續不佳，便決定在翻 100 張牌後提醒受試者每副牌的實際報酬與機率。[27]

但是受試者即使知道這些資訊，還是從 A 牌與 B 牌中翻出近乎一半的牌。受試者知道機率後雖然不再持續輸錢，但也只是損益兩平而已。

注意圖 18.7 中，A 牌與 B 牌的挑選頻率在翻 101 次以後開始和 C 牌與 D 牌的頻率聚合（圖 18.7 X 軸上的「101_120」）。翻第 200 張牌時，受試者的選擇已大致平均分配於 A、B、C、D 了。林錦宏表示：「我們的實驗中，幾乎每個受試者都輸錢。我們不知道在這種不確定的情況下該如何幫他們。」[28]

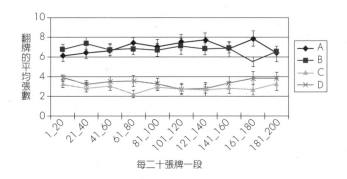

圖 18.6 受試者在不知道每副牌的機率與報酬下選牌的頻率。注意，受試者無法經由學習改挑望值為正的牌。

資料來源：林錦宏提供。

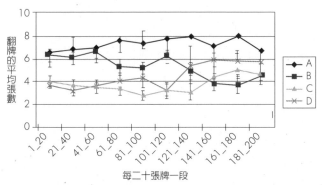

圖 18.7 這張選牌頻率圖顯示，即使受試者翻了 100 張牌後被告知每副牌的期望值，他們還是持續挑期望值為負的牌。

資料來源：林錦宏提供。

受試者為什麼會從報酬低的牌堆中翻牌？因為連續小贏有誘惑力。在 A 牌與 B 牌中，每五張牌裡，贏的滿足感發生四次，輸的痛苦只發生一次。連續贏牌有種上癮的效果。贏錢的感覺很好，所以投資人為了享受連續小贏的感覺，甘願冒偶爾碰上大虧損的風險。

這些結果在某種程度上類似損失趨避。投資人喜歡提早獲利了結，以確保小額獲利，又太晚認賠殺出，而經歷偶爾的巨大損失。如果單次虧損的痛苦是單次獲利愉悅感的兩倍，四次獲利的愉悅感和虧損一次的痛苦相比則是兩倍（儘管大小不同）。

專業投資人不會像受試者那樣趨避損失，許多專業交易員的獲利／虧損比例不高，他們可能八成的投資都虧損，但兩成的獲利即可彌補所有的損失。基本上，卓越的投資人會願意從 C 牌與 D 牌中持續翻牌，把連串的小額虧損當成投資的必要代價，只為獲得大型獲利。

卓越的投資人不會因為幾次投資損失就更改投資理念。他們已事先知道自己的優勢，知道虧損是無可避免的。他們對個人判斷與投資方式的高度自信讓他們可以不在意小額虧損。

對許多尋求小額獲利的投資人來說，股利支付給人安心感。但股利高的股票對趨避風險的投資人來說可能是另一種心理陷阱。即使股價停滯不前，每季的股利還是讓人感覺良好。研究顯示，高股利股票的漲幅遠不如低股利股票。

東吳賭局實驗中的連串獲利驅動受試者的神經報酬學習，大腦中名為尾核（caudate nucleus）的部分幫人學習找出預測財務報酬的線索與型態。

研究人員發現，受試者開始玩紙牌時，尾核比較活躍。等受試者學習哪些牌可以預測獲利、哪些牌可以預測虧損後，每次這些牌出現時，尾核的活動就會減少，彷彿個人在學習每張卡所代表的財務結果一樣。[29]

對投資人來說，習慣逐漸養成時，尾核活動就會減少。投資者為了做出更好的決策，會學習該注意哪些線索，例如宣布盈餘或價格圖的型態。當他們學到關聯時，警覺性就會降低，比較容易受到意外的影響。

投資人學到的假設意外失常時，他們在驚訝之餘，必須重新評估環境。

當投資人對公司一貫的正面或負面盈餘績效過於自滿時，就會出現這種學習、驚訝、再學習的情境。

18.9 | 盈餘報表的型態

公司長期發表優異（或差勁）的盈餘時，投資人便開始預期這樣的型態會持續下去。公司盈餘不如（或超越）預期而破壞「型態」時，投資大眾的反應是延遲的。也就是說，價格反應的期間會拖得比預期所有好壞消息都會立刻反映在價格上的時間還長。

研究人員研究 1983 到 1999 年間上市公司股價面對盈餘意外時的反應。結果顯示，投資人短期內對盈餘公布的反應不足，要一段時間後盈餘消息才會反映在股價上。不過，盈餘意外時則有過度反應；也就是說，除非是很大的盈餘意外，否則公布正負面盈餘時，股價一開始不會有太大反應。[30]

投資人可能會把盈餘趨勢和公司聯想在一起，如果盈餘符合他們的預期，他們的反應不大，但意外消息會切斷尾核的習慣性決策，要求重新調整與重新學習報酬線索。當投資人重新調整預期時，就會反應過度。

有些共同基金會善用盈餘公布期間股價的過度反應與反應不足，富勒與泰勒資產管理公司總裁儒斯·富勒表示，他的公司就是用這種策略獲得優於大盤的報酬。有些「行為」基金也開始積極把握盈餘公布期間投資人的冷淡或集體意外反應。

18.10 | 隨機陷阱

股市中，價格暴跌的天數比「常態分布」預期的還多，這就是所謂的厚

尾現象或報酬變異的左傾。簡單地說就是，股市中每日價格暴跌的情況比隨機預期的還多，但多數投資人都忽視每天價格暴跌的可能性，尤其是在已經很久沒發生過的情況下。

誠如前述，賣權是投資的一種保險契約，市場下跌時，賣權價值就會增加。但如果市場不跌，賣權就會逐漸失去價值。過期日以前如果市場沒有大跌，價外賣權過期後便一文不值。

如果市場近期內沒出現負面的大事件，賣權權利金較低。股價暴跌期間與過後不久，賣權權利金很高。賣權權利金低往往反映出投資人長期記憶不佳，低估未來風險。

在東吳賭局實驗中，受試者不太怕不常發生的大損失，喜歡短期的小獲利。基本上他們等於是付款給實驗者，好讓自己不要經常經歷小損失，即使偶爾可能獲得大獲利也不在意。

對於投資人寧可要小獲利也不要偶爾大災難的現象，納西姆‧塔雷伯（Nassim Taleb）稱這種投資型態為災難投資（catastrophe investing）。塔雷伯會投資在報酬已經好一段時間都不錯的市場。在這類市場中，投資人習慣於每年的小額獲利，而且這些市場的選擇權隱含波動率已下降（往往降到極低的水準）。塔雷伯會買極價外的賣權，唯有在特定期間內股市暴跌，他的賣權才有獲利。通常這些賣權都讓他虧損。

塔雷伯形容他的策略是所謂的「黑天鵝」，沒看過黑天鵝並不表示黑天鵝就不存在。他的策略完全建構在隨機意外事件會橫掃市場的前提上。「塔雷伯買選擇權是因為他深信自己一無所知，或更精確地說，是其他人以為自己知道的比實際還多。」[31]

塔雷伯設計了一套策略，這策略可能讓他多年逐漸虧損，但只要市場突然發生大事件，就會幫他賺進驚人的長期報酬。馬爾康‧葛拉威爾

（Malcolm Gladwell）在《紐約客》（*New Yorker*）雜誌的文章〈爆炸〉（Blowing Up）中引述塔雷伯的話：「塔雷伯說：『我們不會爆炸，只會慢慢失血而死。』失血而死、吸收持續虧損的痛苦，正是人類先天迴避的狀況。」塔雷伯所能接受的基金投資人是可以長期思考的人：願意承擔年復一年的小額虧損，但知道總有一天，可能是多年後，他們的耐心會獲得驚人回饋。這種投資人很少，他們對損失的偏見是先天的，這也是為什麼他的策略可能在數十年後很有賺頭的原因。

塔雷伯的策略並不誘人，或許是怯懦的，怎麼會有人把自己放在那麼悲觀的立場上，逐漸虧損的同時一再打賭讓眾人措手不及的意外負面大事會發生？這和美國企業盛行的冒險、勇敢、樂觀信念背道而馳。葛拉威爾表示：「這是塔雷伯帶給我們的啟示……反抗人類衝動，刻意痛苦地為難以想像的事預做準備，其實需要更大的勇氣。」[32]

第 19 章

注意力與記憶

本章你可以學到這些 ▶

☑ 理解投資人注意力渙散的成因

☑ 認識「後見之明偏誤」與減少偏誤的技巧

☑ 分析吸引投資人目光的熱門標的命名

☑ 探討投資人如何落入根據注意力買股的陷阱

2003 年，我認識一位名叫科林的交易員，他在證券自營商工作，專長是用高度槓桿在不同的市場之間賺取小額的錯價價差。例如，他在倫敦與紐約之間，或在紐約與東京之間套利，賺美國存託憑證（American depositary receipts, ADR）買賣價的價差。

科林的套利機會通常只會短暫存在，他必須同時下買單與賣單才能掌握獲利。如果動作太慢，就會損失交易成本（有時甚至虧更多）。有一次他告訴我，他可以在兩秒內發現機會、下單與完成整個交易。為了搓合交易，他必須隨時注意價格資料。交易日如果分心，可能就錯失良機。

他專注市場價格的方式相當耗神，但逐漸適應、可以長時間盯盤。科林學會在工作上專注後，卻發現自己其他方面的能力退化了。他無法專心聆聽女友說話，無法靜下心閱讀，很容易動怒，不參與密集活動就渾身不自在。

不交易時，他喜歡上網玩撲克牌。他有三台桌上型電腦，方便半夜同時玩撲克牌遊戲。他以玩遊戲的額外獲利（其實遠比他的交易收入少）為這種

行為辯解。

2003 年底，電腦化「機器交易員」的出現讓科林的工作愈來愈競爭，他需要更高的注意力，反應更快，才能把握獲利良機。他試著以化學藥品改善注意力與工作績效。低劑量的抗鬱劑氟西汀（Fluoxetine，商品名為百憂解）改善了他易怒的狀況，但無法改善注意力分散度。

他試吃莫達非尼（modafinil，商品名為 Provigil），發現注意力明顯改善，但之後他開始濫用莫達非尼，熬夜玩線上撲克牌遊戲，每個交易日清晨 5 點（太平洋時間）起床等著紐約股市開盤。每個上班日的早上，他都服一錠莫達非尼以保持當天的警覺性。在神經方面，科林的報酬系統內的多巴胺受體變得不敏感，導致長期愉悅度下降，注意力渙散，並產生賭博與冒險（線上撲克牌遊戲）的衝動以刺激多巴胺的釋放。他開始需要靠冒險誘發多巴胺釋放才覺得正常。

科林睡眠不足也有危險。一般而言，一週每晚只睡 4、5 個小時會造成相當於血液酒精濃度 0.1% 的知能障礙，整晚沒睡也會產生相同結果，隔天出現反應時間遲緩、解題成效不佳、判斷受損是常見的現象。

科林服用莫達非尼降低睡眠的欲望（這種藥的目的），而不是睡眠的需求，所以每晚 4 到 5 小時的睡眠，再加上每天服用莫達非尼，幾個月下來讓他嚴重睡眠不足，導致執行複雜任務時（例如處理人際關係與未來規劃）做出糟糕的判斷。

最後女友離他而去，解除婚約，也取消公寓的租約。科林還是繼續半夜玩撲克牌遊戲。因為睡眠不足與情感問題，他的交易績效開始下滑。他忘了公寓租約已經取消，所以該搬家時也毫無準備。

有個週末他睡著了，房東來察看公寓時完全叫不醒他。幾個月累積的睡眠不足，現在全湧上來了。當醫護人員抵達時，科林還是神智不清。他整晚

待在醫院的急診室，在輪床上睡得不省人事。

經過這次事件後，科林明白他的生活必須徹底改變。他放棄交易，搬進旅館，規劃長假，訂機票進行整年的環遊世界之旅。

一年半後，他回到舊金山，我們共進晚餐，他變得非常不一樣（也很快樂）。他說他到印度參加一個月的靈修，覺得那段經驗是讓他個性整個轉變的最大功臣。他也和愛爾蘭的親人重建關係，包括素未謀面的堂兄弟姊妹。

他不在的那年，電腦化交易機器完全取代他之前的交易策略。自動化軟體可以比人腦篩檢更多的市場價格資訊，速度更是不在話下，可以在毫秒內迅速下單。

科林後來到灣區的避險基金公司擔任法人交易員，他不再靈修後，一些分心的情況又出現了。科林說：「整天看盤盯螢幕有股奇怪的力量，它會改變我。」科林的故事說明了交易員注意力耗竭的影響。

19.1 ｜ 決定資訊的優先順序

多數交易桌後方都有整牆的液晶螢幕或電視螢幕，有些專心盯螢幕的交易員在不知不覺下改變了他們的神經化學。有項孩童看電視的研究顯示，每天看電視的時間和注意力時間縮短有關。美國 1 歲幼童平均每天看電視 2.2 小時，3 歲幼童平均每天看 3.6 小時。這些年紀的孩童如果每天看電視的時間超過平均值 1 小時，7 歲時被診斷出患有注意力不足與過動障礙的機率就增加 10%。這結果和家庭認知環境的效果無關。小孩子看電視過量會縮短注意力的時間。交易員是不是也是如此？對有些交易員來說的確是，但絕對不是每個人都會這樣。

如果電視容易耗損注意力，電腦螢幕又是如何？每天花好幾小時打電腦

的青少年比較可能感到憂鬱。有關電視與電腦對注意力與情緒的負面影響，絕大多數的證據都是出現在成長中的大腦，成熟的交易員長時間看盤的問題比較沒有幼兒或青少年嚴重。但是在我的臨床經驗中，偶爾會看到交易員因為隨時注意消息動態而出現心力交瘁的徵狀。

人面臨太多資訊需要處理時，就會出現資訊過量的情況。資訊過量時，多數人會選擇抽離，等比較了解情況後再做決定。如果決策無法延後，我們通常會憑感覺與記憶行事。所以，手邊資訊太多時，就容易產生偏誤。投資新手沒排好決策用的資訊優先順序時，就容易受資訊過量的影響。

19.2 | 代表性報酬

許多交易員看盤時會注意每天「成交量最大」的清單。很多投資新手會把最近的報酬當成預期未來績效的代表性數據。

預估未來時，和過分看重目前事件有關的偏誤稱為代表性啟發（representativeness heuristic），和第 18 章提過的「好手氣」偏誤有關。基本上，代表性啟發是短期記憶偏誤，是指決策時過分看重最近資訊線索的現象。

德哈教授（Dhar）與庫瑪教授（Kumar）調查 5 年內 4 萬多戶美國家庭在折扣券商買進的股票。平均而言，投資人買進的股票在買進前一週已經上漲 0.6%。德哈與庫瑪擴充調查的時間範圍時發現，購買前兩週、一個月與三個月，股價已分別上漲 1.2%、2.2%、7.3%。投資散戶買的股票大多是最近表現優於大盤的股票。[1]

學者預測股市時也會受代表性偏誤的影響。伊弗・威爾屈教授透過調查，請其他教授估計未來 30 年預期的每年股票風險溢價。股票風險溢價是指股票年報酬率大於債券報酬的部分。而最近的市價趨勢會大幅影響他們的 30

年估計值。

第一系列的調查是在 1997 至 1999 年的多頭市場進行，[2] 財務學教授判斷，未來 30 年預期的每年股票風險溢價是平均 7.2%。

威爾屈在 2001 年空頭市場時又對教授做一次調查。[3] 如果教授之前的估計是根據回復均值理論，可能有人會預期，股市下跌後回應者會預估較高的股票風險溢價。事實上，2001 年對未來 30 年股票風險溢價的平均預期是 5.5%，比多頭市場的估計低 1.7%。這種景氣好、估計值高，景氣差、估計值低的型態剛好和代表性偏誤相符。也就是說，教授的估計不是源自於對過去數 10 年的客觀考量，而是根據市場最近的狀況。

上述研究中，受試者並沒有受到回復均值偏誤的影響。第 18 章有證據顯示，專業人士與學者在預估時比較可能產生回復均值偏誤，顯然這裡有明顯的矛盾。或許學者出現代表性偏誤是因為：(1) 他們無法參考股票溢酬的歷史價格表；(2) 他們是做 30 年的預估，而不是年度預估（如第 18 章的例子）。

投資人的買進決策因為受代表性啟發的影響很大，證券管理當局於是規定，所有基金廣告都必須附加「過去績效不保證未來報酬」的免責聲明。有關當局的目的就是要警告投資人不要做偏誤的決策。

19.3 │ 美好回憶

一般而言，大家比較想記得有強烈情緒關聯的事件（不分好壞），所以他們參考過去來預測未來時，會過分看重這些事件的重要性。投資人如果在市場上有強烈負面或正面的經驗，他做未來計畫時，可能會加重考量那次經驗。

對 1929 與 1930 年在股市失去所有積蓄的人來說，如果他們不再回股

市，就會永遠認為股市是很危險的投資場所。那些鼓起勇氣返回市場的人，會比較記得1940年代與1950年代的大額獲利，因為這些記憶距離現在較近，相對於1929年模糊的崩盤回憶，他們會更看重獲利這一段。

柯納森教授的金錢動機延緩（monetary incentive delay, MID）實驗是不斷提高給受試者的獲利與虧損金額，觀察受試者的功能性核磁共振造影掃描。史丹佛研究生艾立森・艾得卡（Alison Adcock）用金錢動機延緩實驗測試報酬記憶形成的強度。實驗後三週，受試者比較清楚記得獲得高額報酬線索（可能贏5元）後所拍的神經圖與物件。受試者回憶這些圖、看到伴隨高額報酬線索的影像時，阿肯柏氏核與海馬迴（外顯記憶區）的刺激較大。艾得卡與柯納森認為這些發現呼應了以下假設：報酬激勵有助於記憶形成，是在學習之前先在海馬迴釋放多巴胺。

有趣的是，研究人員發現，每個人的記憶編碼（memory encoding）各不相同，預期報酬系統所受的刺激較大的人，記憶力也比較強。對潛在的報酬愈興奮（阿肯柏氏核啟動），就愈記得報酬線索發生的情境與環境（海馬迴啟動）。[4] 在股票推薦中看到性感模特兒與跑車的投資人更可能記得股票的名稱。回憶股票時，他們比較可能對它產生正面感受，更有可能冒險買進。

隱藏在海馬迴裡的記憶似乎會讓人對未來的看法產生偏誤。後來發現人們在估算或預測將來時，會用到海馬迴。[5] 這項發現可能表示大家考慮未來時，無法不顧記憶。事實上，人們會運用記憶建構用來規劃的可能情境，或許這可以解釋：(1) 投資人為什麼容易產生代表性（最近）偏誤；(2) 投資人估計未來結果時，為什麼容易誤判（自負）。專業人士在未經練習與訓練下，也無法擺脫記憶的影響。金融市場沒有記憶，陷入過往心智模式的投資人比較無法適應改變的市場狀況。

19.4 | 克服後見之明偏誤

　　最危險的記憶偏誤之一就是後見之明偏誤（hindsight bias）。後見之明偏誤是指多數人認為他們「早就知道了」。事件發生後，他們覺得自己事先已預知事情會發生，其實並沒有。後見之明偏誤的危險在於，它讓人無法從錯誤中學習。除非他們先記下預測，否則沒有客觀證據可以顯示他們預期事件發生。

　　斯諾維克 [6] 教授發現，對抗後見之明偏誤的方法就是鼓勵大家清楚思考「反事實」。也就是說，事件發生後，鼓勵受試者思考可能發生哪些其他可能的結果？哪些情況可能導致不同的結果？思考這類問題時，受試者比較不會鎖定實際的結果（實際結果會支配他們的記憶），在事件前比較能接納其他可能的推論。

　　斯諾維克在實驗中發現，採用這項技巧時，還是會出現後見之明偏誤，不過情況會大幅減少。斯諾維克的研究結果支持了日誌的重要性。例如，投資人可能宣稱他早就知道 2002 年美元會升值到高峰，如果他有在日誌裡記下這些想法與觀察，就可以確認記憶。他們可以重新檢視自己早在總體經濟與貨幣體系中找到的風險與機會。他們確定美元貶值真如自己記憶的那樣嗎？重要的是，檢視日誌可以幫人們找出忽視的風險與輕忽的機會（光靠記憶想不起來）。如此檢視思考流程，確實找出反事實證據，可以改善外來的推論。

　　以下單元不討論記憶偏誤，而是注意力偏誤，探討人如何專注、什麼事物干擾注意力集中，以及集中注意力背後的神經科學。

19.5 ｜注意力渙散

　　集中注意力的過程應該和喚起加以區別。警戒、失眠、喚起、警覺等都不算是注意力，聚焦與專心才是。喝十份雙倍濃咖啡沖泡的拿鐵可以提高警戒心，卻讓人更無法專心。

　　有些人擅長鎖定焦點，有些人容易分心。有些人因為時常分心與不注意，所以無法正常工作或維持人際互動。他們可能患有注意力不足與過動障礙——這方向有許多相關的研究，此疾病源於神經，也有藥物可以治療（於下一單元說明）。

　　冥想大師往往都有絕佳的注意力，打坐時經常訓練注意力的冥想者可以改善聚焦、注意與專心的能力。許多長期打坐者都可以展現這種專心所帶來的優點，偶爾以專心的方式自我調節生理過程（例如心跳、血壓與皮膚溫度）。此外，功能性核磁共振造影也證實，老練的冥想者比不冥想者更能抑制邊緣系統的衝動，例如驚嚇的反應與恐懼。有證據顯示，冥想者過人的專注力是源自於前額葉皮質。研究人員也發現，冥想者的腦波圖上，前額葉皮質有較強的電流刺激。前額葉皮質不是唯一和專心有關的大腦區域。

　　報酬系統會試著讓人把注意力轉移到新鮮或不尋常的事物，做進一步的探究。神經造影研究顯示，新奇的事物會啟動報酬系統，[7] 而報酬系統會讓人產生好奇心及探索新事物。要專注於一件事，就要壓抑報酬系統讓人經常尋求新奇的衝動。

　　報酬系統尋求新奇與轉移注意力的衝動是由前額葉皮質決定優先順序與管理。它會考慮來自報酬系統的多元訊號，然後決定要繼續做目前的工作，還是轉移注意力。有時前額葉皮質變薄，就會缺乏力量管理報酬系統。長期吸毒者、老年人（80 歲以上）或囚犯的前額葉皮質都比健康的中年人薄，無

法長時間專注在一件工作上，對潛在報酬的誘惑（毒品、投資騙局、犯罪）都很掙扎。

前額葉皮質運作不良與因此造成的無法專心可以利用運動（例如冥想或瑜珈）或藥物來改善。研究人員發現經常練習瑜珈，把注意力持續集中在重複的禱文或呼吸的感覺上，可以減少小孩出現注意力不足與過動障礙的徵狀。治療注意力不足與過動障礙的藥物可以幫我們了解這種失調現象的化學來源。

最能有效幫注意力不足與過動障礙患者改善注意力的藥物是安非他命與其他化學衍生物。安非他命是阻礙神經再吸收正腎上腺素與多巴胺，增加突觸間隙裡這類神經傳遞物質濃度的興奮劑。1950 與 1960 年代，安非他命是提神用的處方藥丸，因為這些藥丸可讓人更機靈警覺與專心。如今美國已把安非他命列入嚴格管制。用來治療注意力不足與過動障礙的商業用藥包括 methylphenidate（Ritalin）、愛德樂、Concerta 等。

神經造影研究人員發現，注意力不足與過動障礙患者的前扣帶回皮質所受的刺激比正常人少，這種差異表示注意力不足與過動障礙患者的大腦缺乏衝突調解力。大腦接到的刺激通常是透過前扣帶回皮質來決定優先順序；[8] 在結構上，前扣帶回皮質是前額葉皮質裡的一區。

柯納森教授在受試者參與金錢動機延緩實驗、進行功能性核磁共振造影掃描以前，先為受試者施打安非他命。施打安非他命的受試者預期財務獲利時，他們的阿肯柏氏核高峰活動減少，但啟動時間較長。這種啟動型態可能是注意力改善的結果：減少對特殊報酬刺激的突然反應。[9]

柯納森也發現，罹患注意力不足與過動障礙的兒童在預期報酬時，報酬系統的刺激減少，尤其是阿肯柏氏核。[10] 這種刺激不足的現象可能就是造成注意力不足與過動障礙患者難以維持目標導向、記憶與學習受損、容易產生

憂鬱的神經因素。

以本章一開始提到的科林為例，對當沖客來說，如果密集追蹤盤勢會讓多巴胺線路不再敏感，這可以用來解釋為什麼科林的人際互動技巧與愉悅感會逐漸下降。在交易日，他學會不讓前額葉皮質運作，以便迅速找到潛在交易目標。每個潛在機會都會讓多巴胺激增，最後，下游神經元經過好幾天的持續刺激後，就會向下調節多巴胺受體。這種敏感度降低的現象可以透過訓練恢復。一個月的靈修讓科林的報酬系統重新平衡，也強化了前額葉皮質的作用。

19.6 ｜只要取對名字

股市交易所中「成交量最大」的清單是吸引投資人注意的一種方式，它們的名稱也可以是有效的行銷工具。研究發現，投資人通常會投資較多的資金在名字好記或有魅力的股票上。這種命名偏誤主要是神經裡的報酬系統造成的。

研究人員發現，1994 年至 2001 年的 296 檔共同基金中，更改的名稱如果和最近「熱門」投資的型態有關，改名後隔年基金存量淨增 27%。即使改名只是象徵意義，實值投資型態或策略並沒有改變，還是有這種效應。

一般而言，投資人在共同基金改名後投資通常會虧損。研究人員指出，改名似乎是為了讓投資人預期未來的績效會比實際更好。[11]

公司也可以改變股票代碼，讓股票變得更有魅力。例如哈雷（Harley Davidson）就把代碼從 HDI 改成 HOG。有趣的是，這類股票在改變代碼後，股票報酬還相對大盤增加。這種喚起特殊形象的股票代碼包括：西南航空公司（Southweat Airlines）的 LUV、蘇富比（Sotheby）的 BID、眼力健公司

（Advanced Medical Optics）的 EYE。從 1984 到 2004 年，精選代碼的股票每年複合成長率是 23.6%，相較之下紐約證交所與那斯達克所有的股票只漲 12.3%。[12] 研究人員表示：「造成這種結果的可能原因之一是，大家比較想接觸可輕易處理的資訊。」[13]

普林斯頓心理學家做的另一項研究為名稱的「非理性」價值提供了進一步的證據。他們發現一群股市代碼可像單字一樣念出來的公司，首度公開發行後第一個交易日的股價漲幅比其他股票高 11.2%。[14]「這項結果表示，以簡單認知法塑造人的行為有時候比典型複雜的方式更有效。」[15] 投資人做投資決策時，比較會想到好記的股市代碼與好念的名稱，這些名稱就像是簡單的處理捷徑，往往有刺激效果，所以比較容易獲得注目，容易記起。[16]

不只共同基金的名稱和精選股市代碼可以吸引投資人，新經濟之類的概念也會反映商業的根本轉變，表示投資的舊風險已不再適用。網路與科技類股投資人往往受「新經濟」的新奇與無限潛力所誘惑。

千禧年之際，前蘇維埃聯盟、中國、印度等新開放的出口市場為美國企業提供了數十億新消費者。其中一個開放市場（中國）與改變世界的科技（網際網路）光靠名字就為史上最誇大的股市熱潮提供了很大的想像空間。

19.7 ｜中國盛業網路控股公司

1990 年代，外國企業紛紛到中國成立公司，他們懷抱著許多憧憬。中國被塑造成擁有 13 億消費者的未開發市場，先驅者的投入時機已成熟。股市投資人急著找在中國市場中定位不錯的公司。1999 年底，中國盛業網路控股公司（China Prosperity Internet Holding）就因為公司名稱給人的預期而吸引投資人瘋狂搶購。

1999 年 11 月，我上網瀏覽中國股票的討論區。當時我還是採用自己設計的操盤策略，根據股票討論版上交流的心理操盤。1999 年 11 月 16 日上午，我在一個常去的討論版上發現一則關於中國盛業網路控股公司（CPIH）的股票消息。

一位貼出消息的網友宣稱 CPIH 將會是下一個焦點，我心想：「這名字還滿好記的。」便決定瞧一瞧這支股票。奇怪的是，我從搜尋引擎、雅虎財金、證交會、證交所公告欄網站都找不到這家公司的基本面資訊。

我觀察股價表，發現過去 3 個月交易的股數寥寥無幾，股價一直維持在 $0.25。11 月 16 日那天，收盤前 5 小時，股價已從 $0.25 跳漲至 $1。我親眼看著股價迅速飆漲，收盤時，CPIH 已經漲到每股 $14。隔天，CPIH 的股價繼續上漲，跳空開高，一開盤就已經 $20，後來 CNBC 提到這支股票，1 小時內股價就飆到當日最高價 $82，11 月 17 日當天是以每股 $32 收盤。隔天，股價逐漸下滑，到 2000 年初已經毫無交易，後來就下市了。

探究夠深的投資人應該都可以找到關於 CPIH 的消息，結果消息顯示，香港證券管理當局起訴 CPIH 的董事，他們謊稱公司即將與一家位於百慕達的公司合併。1999 年春季被起訴之前，他們設法到美國上市，所以這家公司基本上只是一個空殼，是一樁騙局，股價無人聞問，公司等著被起訴。

如果 CPIH 不是一家貨真價實的公司，怎麼會在兩天內大漲 32,000%，連 CNBC 都提到它？網路上除了可以找到這家公司的名稱外，沒有任何正面資訊，討論版上的匿名訊息一開始也沒有吹捧這支股票，只是建議大家「瞧一瞧」而已。

除了股價表和討論版上的臆測外，並沒有其他的資訊，因此 CPIH 之所以大漲可能是因為名稱的關係——它的名稱同時涉及中國與網路。另一個比較隱約的原因是，投資人通常希望自己對買進的股票有些信心。「盛」是個

讓人放心的字眼，「控股」表示公司不會曇花一現，可能有複雜的企業結構（所以才會缺乏具體的財務數據），也可能有龐大的資產或許多營收來源。整體而言，CPIH 有讓人提高預期、誘使投資人短期爭相搶購的完美名稱。

CPIH 的股價飆漲至 $14 是因為討論版上的推薦迅速散布，第二天 CNBC 提到 CPIH 又讓它的股價再度上揚。投資人即使沒有什麼 CPIH 的基本面消息，還是買進，就只是因為他們聽過這家公司，公司名稱感覺不錯，股價又在上漲。有那麼多資源可以研究，但如果沒什麼時間可以詳讀，投資人如何尋找績優股投資？

19.8 │ 不可只看表面

投資散戶通常研究的是吸引他們的股票，但注意力是有限的。由於很多投資人都會收看相同的財金資訊（例如 CNBC 或彭博〔*Bloomberg*〕），所以大家常會一窩蜂買進最近新聞中提到的股票。新聞中提到的股票，例如瑪莉亞・巴蒂洛莫（Maria Bartiromo）在 CNBC《盤中現場》（*Midday Call*）提到的股票，交易量都會在幾分鐘內暴增近 5 倍。[17] 促使投資人買進股票的不只巴蒂洛莫的節目。

財務學教授泰倫斯・歐迪恩發現，在取樣的眾多證券戶中，投資散戶是這些受注目股票（例如新聞中提到的股票、出現異常交易量的股票、單日暴漲的股票）的主要買家。歐迪恩分析兩家券商的資料時發現，散戶在「備受矚目日」（上新聞那天）買進的股票通常後續的表現都不如他們賣出的股票。新聞發布後投資人買個股的比例比平常高。「以大型折扣券商的數字來看，沒上新聞的股票，買賣差異（buy-sell imbalance）是 2.7%，上新聞的股票則是 9.35%。以大型零售券商的數字來看，沒上新聞的股票，買賣差異

是 –1.84%，上新聞的股票則是 16.17%。」[18]

不管新聞是什麼，投資人通常會買大家注意的股票。投資散戶會在許多引人注目的事件後買進，例如交易量多、股價暴跌或暴漲日、發布新聞稿等。投資人甚至會在盈餘出現意外後買進，不管消息是正面還是負面的。[19]

散戶容易陷入根據注意力買股的陷阱，專業投資人則不會如此。歐迪恩發現，投資法人（尤其是價格策略投資人，理論上比投資散戶機靈）並沒有根據注意力買股的情況。其他研究人員則發現，專業投資人會從喜歡追高的散戶身上獲利。

馬克・西修斯教授（Mark Seasholes）與同仁發現，在上海股市交易所中，如果股票前一天漲停，隔天散戶就是淨買入的買家。這天第一次買家買進的比例比其他天高。散戶買進的效果很短暫，10 天內股價就會恢復漲停前的水準。西修斯表示，有少數專業投資人會趁股價短暫上漲與需求突增時，占散戶的便宜。[20] 在紐約交易所中，研究人員也發現類似中國股市的情況。股價大漲一天後，隔天開高跳空通常稱為「反應過度」，因為當天股價通常會從開盤後開始下滑。這種反應過度的現象在出現壞消息後（跳空開低後拉回）比出現好消息後更強烈。[21] 其他研究人員在東京交易量最大的股票上也看到類似的型態。[22] 投資人似乎都是看到價格動力而一窩蜂買進，隔天價格失去動力後就開始脫手。

在其他投資人根據注意力瘋狂買進時，反向操作有利可圖嗎？西修斯教授發現了這種短期交易策略。他從上海交易所 2,100 多筆的交易資料發現，交易員在市場收盤時買進幾乎快漲停的股票，隔天開盤賣出，平均每筆交易每天的獲利是 1.16%（賺取開盤跳高的漲幅）。[23] 西修斯懷疑，開盤跳高可能是受到中國晚間財金節目的影響。看那些節目的投資散戶隔天早上會一窩蜂買進績效好的股票。

交易員會注意市場上交易量最大的股票，當投資散戶買賣成交量最大或價格變化最大的股票時，他們是在追高殺低。這種順勢交易策略都是無利可圖的。只有知道如何管理動能導向投資熱情的專業人士能夠趁機從這種注意力導向策略獲利。

第 20 章

性別、年齡與文化

本章你可以學到這些 ▶

☑ 區分男女有不同的交易型態

☑ 分析老化而造成的決策差異，以及延緩老化的方法

☑ 分析東西方文化對風險承擔的態度差異

☑ 中國投資人比其他地區投資人更注意短期績效，也有更明顯的群聚現象

　　吉姆是我在研討會上認識的理財規劃師。客戶有時候會讓他覺得很挫敗，因此想和我談談一些客戶難題。尤其，最近有位叫雪倫的客戶更是讓他丈二金剛摸不著頭緒。雪倫的先生湯姆突然過世，她因而繼承了一大筆財產。湯姆生前在國際紙業公司（International Paper, IP）任職，退休基金裡有許多國際紙業的股票。事實上，他這輩子沒買過其他股票，唯一的持股就是國際紙業，且占總資產價值的七成以上。

　　雪倫和湯姆從來沒討論過買股票或債券的事，她對投資沒有興趣，她找吉姆是為了在退休以前整理好一切財務。

　　他們最初幾次見面時，吉姆提出財富風險分散的概念，以及這概念的數理基礎。他向雪倫解釋，如果她願意賣一些國際紙業股票，可以大幅降低財務風險，報酬也可能更好。他提出幾種建議，包括在投資組合中加入債券與共同基金，而這需要先出售一些國際紙業持股。

　　雪倫婉拒吉姆的賣股建議。他們見過幾次面後，吉姆認為自己沒有好好

讓雪倫了解她的財務風險所在，所以更積極建議分散風險的概念。他覺得避免雪倫受意外市場風險的波及是他的職責，雪倫如果堅持不賣股票，就是不讓他做好工作。每次見面，吉姆都會更加積極地說服雪倫讓他幫她做多角化投資。

他們談了 6 個月後，雪倫告訴吉姆：「請你不要再說了。」

吉姆說：「我不明白。」

「不要再叫我分散風險了。」

「好吧，如果你可以告訴我原因，我就不再說了。」

雪倫不耐地回答：「我已經告訴你好幾個月了，那支股票我不能賣。」

「為什麼不行？」

「因為那是湯姆的。」

「湯姆的股票！？」

雪倫並沒有回應，而是把眼神撇向另一邊，吉姆看得出來她不太高興。他知道自己說錯話了，但還是不太明白。雪倫對國際紙業公司的依戀是因為她把股票和先生聯想在一起。

投資人往往會因為不同的原因而對股票產生依戀，例如特殊記憶或是感念之前帶來的獲利。

一般而言，女性比男性更容易產生不捨的現象以及情緒與記憶偏誤，這些偏誤會影響女性處理股票的方式。在下個單元中，我會提出幾項研究說明男女根據情緒投資的差異傾向，稍後則會說明老化對投資決策的影響，以及東西方股市投資人的明顯差異。

20.1 ｜感性記憶

雖然以下所述可能是刻板印象，但在許多心理與神經造影研究中，女性對感性事件的記憶比男性好。在一項實驗中，研究人員讓受試者看誘發負面情緒的照片（例如手術照）或中性照片（例如門）。實驗三週後，女性受試者比較記得負面情緒的照片。回憶時，女性的大腦有受到負面情緒經驗刺激的現象（左杏仁核），男性則是使用較多以事實為基礎的記憶結構（右杏仁核）。一般而言，情感和事件有關聯時，女性的記憶似乎比男性好。[1]

對於投資人，我們可以做一些有趣的推論。投資虧損的女性比較可能保留負面的投資記憶，所以歷經空頭市場後，比較可能把錢擱在一邊先不投資。男性經歷負面情緒經驗後，比較容易復原，所以即使歷經痛苦的虧損，也比較可能捲土重來。對於不知道自己在做什麼的男性來說，這可能是不幸的——難以從痛苦的投資錯誤中學習可能是導致男性過度交易的主因。

由於每個人的男性化與女性化程度各異，有些研究人員會先詢問受試者自覺男性化／女性化的程度，然後測試他們的記憶功能。覺得自己很女性化的人有很強的感性記憶力，自覺男性化的受試者則比較擅長回憶事實。[2] 一般而言，男性（與男性化的女性）會根據事實基礎（例如原始資料）處理投資資訊，女性（與女性化的男性）比較注意投資的感性面（例如社會責任的程度）。

雌激素與黃體激素的效用會增加女性過人的感性記憶。這些荷爾蒙會改變情緒經驗與行為，尤其生理期前雌激素低的時候最明顯，這和經前症候群的易怒有關。懷孕時，雌激素濃度較高，許多女性表示在中後期會特別開心，就是因為腦內雌激素受體處於飽和狀態。

研究發情期（雌激素低）的老鼠時發現，這些老鼠比較無法承受認知壓

力。研究人員推論，這種認知壓力反應和前額葉皮質上的雌激素支持效用有關。當雌激素低落時，也就失去支持的效力。[3,4] 所以女性投資人，尤其是經前焦慮症嚴重（生理期前心情不好）的女性，在雌激素低落時，最好避免因壓力反應而做投資決策。雌激素低落的女性對潛在風險比較敏感，對負面事件的反應可能會更強烈。

「囚犯的兩難」是經濟學家用來衡量人類合作與欺騙傾向的一種工具。研究人員使用功能性核磁共振造影進行觀察，發現玩囚犯的兩難時，女性參與合作行為對報酬系統的刺激比參與欺騙行為時大。[5] 其他研究顯示，男性採取報復行動時，報酬系統比較可能受到刺激。[6] 這些發現可能是女性在合作與衝突之間，比較重視合作的原因，即使受騙也是一樣。而男性發現對方欺騙他時，比較可能公開攻擊。

投資委員會的成員常問我如何促進角色與關係的運作。有些性別研究可以為這些團體提供有趣的參考。在投資委員會中，男性可能比較想和人一較高下或表現出高人一等的樣子，而不是合作挑選最佳投資標的。男性積極的幹勁可能會讓他們挺身反對錯誤的群眾決策，有些女性比較可能同意多數看法以求和諧。男性在行動前比較不可能為衝突溝通，女性通常會運用語言了解與化解人際危機。不過，應該注意的是，一個人男性化或女性化的程度對投資委員會行為的影響可能比性別的影響還大。

20.2 ｜離婚者的理財規劃

馬克是理財規劃師，他和我分享了一個與性別有關的誤解。馬克離開全國知名的投資顧問公司自己創業，他請原來的客戶跟他一起轉到私人公司。

馬克說他的客戶中只有中年離婚女性不願跟他轉到新公司，他向她們解

釋過新的服務方式對她們的財務與個人有哪些好處，也鼓勵她們在決定前先思考轉換的成本與優點。「她們難道不懂優點何在嗎？收費較低，又有個人化的服務。」馬克一再向不願意的客戶說明「事實」：可節省的收費金額與較高的報酬。馬克實在不懂她們為什麼還是舉棋不定。

馬克不明白客戶的感覺，所以無法因應她們的需求。數字分析（實質資訊）所提出的投資優點比較無法說服女性，她們對理財規劃師的信賴與信心（感性和諧）比較能影響她們的決策。此外，對離婚的客戶來說，看著馬克離開大公司自己創業讓她們隱約聯想到自己結束長期關係的痛苦記憶。馬克可能也不了解女性比男性更趨避風險，換公司讓她們覺得風險較大。

我和馬克討論這些議題，他看起來有點困惑，不太相信有些女性會受隱約的感覺與記憶所影響，卻不為資料所動。對馬克來說，客戶的感覺似乎不相干。如果馬克了解感覺的重要性，可能會發現以前沒注意到的人類經驗的龐大領域。

20.3 ｜男性自負

女性比較趨避風險，男性（尤其是年輕男性）則是對自己處理風險的能力過於自負。歐迪恩教授與巴柏教授分析 1991 年 2 月到 1997 年 1 月間，3萬 5,000 個家庭在大型折扣券商的交易紀錄。「結果和自負模型的預測相符，我們發現男性的交易次數比女性多 45%，風險調整後的年淨利報酬比女性少1.4%。」[7] 單身會增加自負交易。「單身男性與單身女性的差異更是明顯，單身男性的交易次數比單身女性多 67%，風險調整後的年淨利報酬比單身女性少 2.3%。」[8]

一般而言，年輕男性投資時比較會追求風險，交易比較頻繁，承擔的整

體財務風險比年輕女性多。[9] 就生理上來說，這種風險承擔可能是因為男性報酬系統的多巴胺線路在年輕時比較不敏感，就好像病態賭博者與傷心的人一樣，他們尋求風險與新奇來刺激多巴胺。不只多巴胺會驅動男性承擔風險而已，男性年輕時的體內荷爾蒙也是為了承擔風險而做好準備。[10]

演化生物學家推論，單身男性有股動力想在年輕時掌握較多的社會與金融利益，所以為了追求目標會承擔較多的風險。等年紀大一點後，男性會花比較多的時間整合與善用既有資產，而不是尋求高風險的新機會。

20.4 │ 年齡

有很多資料顯示了人腦隨年齡改變的方式，那些改變對個人財務來說可能是有益或是有害的。多數人是溫和地老化，想辦法因應年紀造成的限制，比較注意他們的優點。老年人也會出現兩種比較健康的人格特質。

隨著年紀增長，人通常會變得比較不神經質也比較嚴謹。第 12 章提過，神經質的投資人比情緒穩定的投資人犯更多投資錯誤。一般而言，年紀較大的成年人比較不會有神經質的現象（情緒穩定性增加），此外也比年輕人嚴謹（比較自律、有條理）。

大腦造影研究顯示，老年人變得情緒比較穩定不是因為邊緣系統的活力消失，而是因為前額葉皮質的效力增強，壓抑邊緣系統的衝動。[11] 情緒穩定在人類壽命的 70 年間是呈線性逐步改善。理論上，情緒穩定改善與衝動控制（嚴謹性）是因為我們改用比較多的內側前額葉皮質來控制負面情緒。[12]

以功能性核磁共振造影觀察人對財務報酬的預期時可以看到，年輕人的阿肯柏氏核比老人活躍。[13] 年紀大的投資人買進股票以前比較可能花時間研究與規劃策略，他們承擔的財務風險也較少，尤其是退休以後。[14]

一般而言，隨著年齡的成長，人們會用比較優質的方式處理較少的資訊，專業度增加時也會出現同樣的資訊處理型態。[15] 心智捷徑提高了認知效率，所以可以更快處理之前經歷過的決策情境。

老人年滿 70 歲時，前額葉皮質與邊緣系統之間的聯繫開始減弱，如果兩者間的聯繫嚴重受損，前額葉皮質又無法抑制刺激的衝動或整合風險相關資訊，就容易受騙上當，相信詐騙的投資機會。

一般而言，在賭博實驗中，老人比年輕的受試者更趨避風險。年過 70 的人比較容易搞不清楚複雜的財務決策，這可能是認知減緩的結果。由於他們容易搞混，所以往往會避免處理投資議題，並把投資決策交給家中的年輕成員代為決定，或完全拒絕做決策。年輕人比較可能因為承擔過度風險而犯財務錯誤。[16]

20.5 │ 西雅圖成人發展縱貫研究

1903 年以來，心理學家、學校教師與其他研究人員已對成千上萬個西雅圖人做過統一的心理測驗，研究的目的是為了追蹤個人成長的認知變化。研究人員給受試者一連串的測驗，每七年重測一次。測驗是要評估受試者的語言技巧、空間技巧、推理能力、數字能力及其他的認知運作特色。表 20.1 是完整的清單與評估技巧的定義。[17]

研究人員觀察個人分數隨著時間經過會如何改變。人們會失去某些能力、獲得某些技巧、還是兩者混合的情況？接著，研究人員再比較生於某十年間的人與往後數十年間同歲數的人。五十年前出生的人和現代成年人有相同的天分與技巧嗎？

表 20.1　認知技巧與開始衰退的年齡

技巧	定義	開始逐漸衰退的年齡
語言能力（理解力）	了解文字表達的能力。	81（但如今的年輕人在技巧方面不如以前的世代）
空間方位	想像或在內心操作平面或立體空間結構、維持空間物體的方向感、察覺空間中物件關係的能力。	67
歸納推理	辨認與了解新概念或關係的能力，牽涉邏輯問題的解決（預知與計畫）。	67
數字能力	了解數字關係、運用數字、迅速與正確地解開簡單計量問題的能力。	60（但如今的年輕人在技巧方面不如以前的世代）
知覺速度	找出數字、做比較、執行其他和觀察速度與精確度有關的簡單任務的能力。	60
語文記憶	記憶與回憶有意義的語言單位的能力，主要以記憶清單衡量。	67

　　研究人員追蹤 1903 年出生與之後每 7 年出生的人，最早發現的認知衰退現象是從 60 歲起開始衰退的知覺速度與數學能力。歸納推理、空間方位與語文記憶從 67 歲開始衰退。語言能力到 81 歲都還很健全。[18] 一般而言，80 歲以前的衰退都還很小，之後就迅速衰退了。

　　在另一類分析中，研究人員比較不同世代在相同年齡時的差異，例如比較 1903 年與 2005 年 20 歲年輕人的認知技巧。做這種比較時，最近世代的技巧通常比較好，除了語言與數學能力不如祖父輩以外。

　　基因也是造成認知力隨年齡漸長逐漸衰退的原因，尤其人類脂蛋白元 E（apolipoprotein E, ApoE）是造成老人癡呆症的危險因素。在西雅圖研究中，研究人員發現有一、兩種人類脂蛋白元 E 基因（e4/2 與 e4/4 對偶基因）的人認知衰退率較大。[19]

　　陳敘性記憶也會隨著正常老化小幅衰退，無法想起最近遇到的人或發生

的事情就是這種現象。這種衰退和海馬迴功能小幅老化受損有關，海馬迴是腦中記憶最近經歷、交談與日常互動的區域。有人類脂蛋白元 E 對偶基因的人，老化後蛋白質累積妨礙神經傳輸，所以海馬迴有比較明顯的缺陷。還好，人對事實與數字的記憶在正常老化後大致維持不變。

大腦老化後另一個明顯的改變是前額葉皮質變薄，多工處理、心算、迅速轉移注意力等能力也會跟著減弱。

以上改變可以解釋老人容易受金融詐騙的原因，如果他們的數字能力變遲緩、語言能力不變，他們可能不了解投資標的的根本風險，但外表看不出無能跡象。美國有一半以上的老人傷害案件和金融詐騙有關，受害人數多達 50 萬人。[30] 老年人也因為處理速度較緩，可能聽信理財顧問的建議，而不會自己花時間心力查證。

是什麼原因造成這些老化相關缺陷？從技巧訓練的明顯結果可看出，衰退大多是因為缺乏使用的關係，「用進廢退」就是這個道理。增加前額葉皮質的使用可以改善學習與規劃的能力，減少老化相關的認知衰退。[21]

1970 年代，西雅圖的研究人員展開一項訓練計畫，看是否能持續改善受試者的技巧，防止功能衰老退化。他們發現，老年人接受延緩或改善技巧衰退的簡單訓練時，他們的技巧會隨著時間持續改善，沒接受訓練者則是能力驟降。[22]

關於大腦老化，壞消息是前額葉皮質與海馬迴（事實記憶中心）的確會喪失一些作用，不過好消息是，有些書籍與軟體提供了能強化這些老化區域的運動。舊金山的安置科學公司（Posit Science）銷售的軟體據稱可以訓練大腦，讓大腦減少約十年的老化。但是在你衝出去為老化的大腦買軟體或健腦書之前，你的手邊其實還有個更簡單的解答：新奇。參與特殊挑戰與新活動可以像那些訓練一樣強化大腦。大腦就像肌肉，可以用軟體或書籍鍛鍊特定

區域，也可以鍛鍊整個大腦探索與解決更大規模的事物（或是雙管齊下）。

老化也有一些好處，老人的情緒比較穩定、嚴謹，較能辨識關係與人生事件中的型態。他們思考類似情境時，因為有深刻的「啟發方式」（捷徑），可以迅速做例行決策。老人累積的專業知識也比較多。成人只要對世界與工作場合保持好奇與興趣，就能長保身體健康，到 85 歲左右都能持續工作。很多人可能認為他們應該退休了而提早退休，並不是因為他們已經失去某些專業能力。

20.6 │ 東西方文化

1992 年，我第一次造訪中國，共產主義的痕跡還是清楚可見，上海與深圳證交所成立不到兩年，國營百貨公司是大部分零售商品的主要來源。國營事業的員工話不多，愛擺架子，有時還充滿敵意。證交所剛成立不久，規模很小，多數股票都只是表面做做交易。

2001 年與 2004 年我再度造訪中國，中國與其資本市場已經整個改變了。精心打造的券商坐落在各大城市的大街上，當沖客與退休者群聚在券商，坐在特製的交易站前，熱切地盯著電腦螢幕與券商大廳裡的大看板。

一個人口 13 億的國家在 20 年內經歷經濟振興改革時，投資人與股市行為一定會出現特別的階段。但很可惜，金融方面的文化比較文獻非常有限。多數研究文化投資態度的報告是比較西方（歐美）與東方（中國、日本或台灣）的投資人，很少關於南亞、中東、拉丁美洲或非洲投資人的研究。

本章一開始我們看到投資人之間的差異主要是生理造成的，東西方投資行為的文化差異則幾乎都可以用經濟發展或財務教育的不同來解釋，但跨文化投資研究的確可以得出一些有趣的發現。

20.7 │ 中國的冒險者

很多關於財務風險承擔與觀感的研究發現，東方人的風險承受度高於西方人。艾可‧韋伯教授（Elke Weber）比較中國與美國投資人的風險態度與行為時發現這樣的結果。韋伯認為，中國投資人比較肯冒險是因為社會結構較大，可讓成員免受重大的損失。[23] 其他研究人員推測，中國投資人不清楚風險與報酬的關係，可能因此改變他們的風險承擔態度，[24] 有項研究證實賭馬者有這樣的情況。[25]

韋伯從中國與美國的小說中推斷決策過程。他發現中國人的決策型態比較著重關係考量與角色邏輯；美國小說典型的處理方式是分析，決策是以最佳結果的成本效益考量為基礎。[26] 或許比較令人擔心的是，中國的公司董事會比較會順從領導者的意見，比較不受成本效益分析的影響。

上述發現顯示，中國人雖然承擔較大的財務風險，但比較不注意機率結果，知道萬一失敗還有社會架構可以支撐。由於中國投資人有大家庭的保障，他們可以比較不在意龐大損失的機率，所以會比風險趨避的美國人投入更多理性的冒險行為。

中國投資散戶和西方投資人有相似的行為偏誤。中美研究人員檢視 1998 年 5 月 20 日到 2002 年 9 月 30 日中國五大城市的 46,969 個個人投資帳戶的交易紀錄，發現中國投資人有自負（過度交易、根據太少資訊買進）、錯置效果（太晚認賠殺出、太早獲利了結）、代表偏誤（追高）等現象。即使是經驗老到的中國投資人也有這些行為偏誤。[27]

中國投資人常太晚認賠殺出，太早獲利了結。1 年後，他們賣出的股票比買進的股票獲利多 2.5%。這報酬雖然是負的，但比歐迪恩研究的 6 萬多個美國證券戶稍微好一些。

中國投資人也會「追高」過去表現優異的股票，他們買進的股票前 4 個月的平均報酬超過 17%，這些股票過去一年的報酬是 2.9%，這表示投資人買股票時主要是看最近短期的績效。在這個例子中，中國投資人比其他地區的投資人更注意股票的短期績效，他們會追高迅速上漲的股票。

因為中國投資人風險分散不足，又經常交易，所以研究人員認為他們過度自負。不過，應該注意的是，在研究期間，較常交易的投資人其實比較不常交易者獲得更高的報酬（每月每筆 0.5%）。[28]

2002 年，深圳證交的研究收集到更多錯置效果的證據：54.1% 的投資散戶表示，股價上漲 10% 他們就會賣股。當他們被問及虧損會怎麼做時，只有 27% 的投資人表示會結清部位。

在台灣，研究人員發現，台指選擇權交易所的造市者如果上午有獲利，下午就會承擔高於平均值的風險。事實上，上午獲利的造市者會影響下午交易的流動與波動性。[29] 研究人員也發現芝加哥的專業交易員在上午獲利後，下午會承擔較多的風險，但這種賭資效應在台指交易員身上更明顯。不過，上午獲利就增加下午風險承擔的程度似乎會隨著經驗而降低。[30]

在中國股市中也可看到以過去價格作為參考基準的群聚現象，尤其是在流動性較低的 B 股市場。[31] 中國投資人的交易就好像集體行動一樣，研究人員發現，工作地點相近的人比較可能買相同的股票（總部位於當地的公司），或許是因為口碑效應所致。這些投資人也比較可能出售同一公司的股票（通常是非當地的公司）。[32] 在不同的基金公司上班、但位於同一城市的美國共同基金經理人也有類似的集體行動現象。這種想法蔓延的現象舉世皆然，但中國尤其明顯，因為券商有集體行動的情況。

總之，男女有不同的交易型態，女性的感性記憶較好，比較趨避風險，男性通常會承擔較多的財務風險，長期報酬較低。投資風險的承擔會隨著年

齡的增長而改變，這可能是認知能力會隨著年齡增長而改變，愈來愈難了解風險的結果。中國交易員承擔的風險比西方交易員多，但也容易受到相同的行為偏誤所影響，例如自負與錯置效果。中國投資人更常出現代表偏誤（追高）的現象。

4

透過心態修練，成為市場贏家

第 21 章

情緒管理

本章你可以學到這些 ▶

☑ 説明減少行為偏誤與改善投資決策的簡單步驟

☑ 複習心理學的基本概念

☑ 説明培養自律的必要步驟

☑ 學習以「禪意」看待短期損益

☑ 自律的根本在於情緒管理，用以專注與有條理的心境檢視投資

☑ 撰寫決策日誌的方法

> 隨時認錯可以讓當權者失去警覺，讓你有機會犯更多的錯。──馬克吐溫

索羅斯、巴菲特、都鐸‧瓊斯等人看起來好像是渾然天成的投資高手，他們有先天的才能嗎？那是一定的。是什麼心理特質讓他們的績效如此卓越？某些特質有助於締造優異的績效，例如靈活適應、自信、樂觀、情緒穩定等。但一般而言，真正的卓越是融合多項特質促成的，並非單一特色就能決定。

投資要達到優異的成果，第一步是學習。你一定要知道自己在市場做什麼。你的策略是什麼？為什麼比較好？你如何管理波動性？

下一步是自我評估。找出你的優缺點，盤點你的資源。你心理上的致命缺陷是什麼？如何防範？如何取得社交支持與商業人脈？你有安全措施、應變計畫嗎？進行全面自我評估很難，因為每個人都會受到自欺與偏誤的影響。

偏誤可能嚴重影響財務績效，讓專業經理人與投資散戶過度交易、過分樂觀或太晚認賠殺出。財務分析師容易受群聚現象之類的社會偏誤影響。專業交易員最近虧損後容易承擔過多的風險。這些偏誤行為都源自於大腦先天既定的認知與情緒系統，因為是源自於潛意識深處，所以自己很難辨識，更別說要加以矯正了。

心理狀態的正面改變、心智訓練及身體健康可以提高成功決策的機率。決策成功的機率稍微增加，久而久之就可以獲得比較好的長期結果。

本章將說明減少偏誤與改善投資決策的簡單步驟，複習心理學的基本概念，概要介紹情緒適應與因應技巧，以及說明培養自律的必要步驟。本章可以幫你啟動改善的歷程，或許中間還可以提供一些幫助，但並無法從根本改變你是誰。最後，真正重要的還是你對這些資訊的理解程度。誠如激勵大師吉姆・羅恩（Jim Rohn）所言：「沒人可以幫你做伏地挺身。」

21.1 ｜把心思放在決策過程

我聽過一些投資人的目標是賺進「數到手軟」的獲利或累積「數代」的財富，但是為了錢而追求獲利可能很快就會出問題。這樣的動機在決策時會牽涉到自尊，也會增加人們對結果的情緒反應。此外，以追求財富為目標也是個人幸福降低與自尊低落的徵狀。

以「追求財務成就」為重的人，「心理活力」與「自我實現」較低，身體上的抱怨較多。主張自我接納、融入、社群感與身體健康的人比較幸福，壓力也比較少。[1] 或許聽起來很矛盾，但是以追求獲利為主要目標可能是情緒疾病的徵兆。

當然，金融業的人想賺錢是很自然的，不過，當金錢變成目標，而非工

作的副產品時，情緒穩定就容易受到干擾。

最卓越的投資人、銀行家或企業人士把工作做好並不是為了金融報酬，而是因為他們喜愛這些工作。管理大師彼得・杜拉克（Peter Drucker）離開投資銀行是因為他對那一行沒有熱情：「1930 年代中期，我在倫敦的投資銀行工作，那工作顯然很適合我的優點。但是我看不出來我身為資產管理者有什麼貢獻。我重視的是人，覺得自己沒必要在入土為安時成為墓園中最富有的人。我沒有錢，也沒有未來的就業目標，儘管當時正值經濟大恐慌，我還是辭職了，那是正確之舉。」[2] 杜拉克轉而追求他熱中的職業，世界也因此變得更好。

只管獲利多寡也會影響投資決策，有些談交易的書籍與文章就建議以「禪意」（超凡心態）看待短期損益。[3,4] 對損益過於執著會因為比較短期成果與預期而誘發更強烈的情緒反應。看淡結果，把焦點放在投資決策的過程，可以增加市場動盪時的情緒穩定，隨著策略的逐步修正，即可獲得更好的長期報酬。

研究人員發現，無意間思考金錢會影響行為，效果並不是隱約的。在一連的實驗中，看到金錢的線索（例如描述錢的海報或解讀財金相關的句子）會改變人們解題的方式與人際互動。金錢線索會增加受試者的自給自足感，讓人產生無依賴感與無依附者的欲望。

看到金錢線索的受試者在進行困難的任務時，會等久一點才向實驗者尋求協助（314 秒 vs. 173 秒），協助困惑同仁的時間減半（67 秒 vs. 148 秒），離開實驗室時，捐給「大學學生基金」的金額也只有一半（$0.77 vs. $1.34）。在進一步的實驗中，受金錢影響的受試者比較想要獨自玩樂、獨自工作、和新認識的人保持較遠的距離（118 公分 vs. 80 公分）。[5] 整體而言，想著金錢的受試者變得比較自給自足、不大方、跟別人比較疏離。這種「在

意金錢」的效果是潛意識產生的，對社交互動與行為有深遠的影響。

21.2 │ 情感防衛

大腦不喜歡負面情緒的不安感，所以會想辦法迴避處理不安、失望與憤怒之類的感覺。情緒防衛機制包括否認、壓抑或假裝感覺不到。負面情緒往往在無意識下遲遲不散，隱約影響我們的判斷與行為。洞察真相很難，也可能很痛苦。人們不從錯誤中學習（或不從觀察別人的錯誤學習）的真正原因是因為他們不願意，而且往往無法一開始就承認那些錯誤。對多數人來說，承擔犯錯的責任實在太痛苦了，所以很難察覺潛意識的負面情緒。

在前面章節，我提過一項實驗，實驗者在受試者不知情下操弄他們的情緒，於是他們的判斷與行為也跟著改變了。受試者表示他們在誘發下意識情緒之前與之後的感覺都一樣。潛意識的情緒會在人們不知情下產生影響，對人們的決策方式則有更深遠的影響。為了處理與管理潛意識情緒，最好能了解這些情緒如何產生。潛意識的情緒大多是先天促成的，但情緒生活的其他面向則是逐漸學習的，或是對事件反應的經驗累積。

有些技巧可以有意識地用來對抗情緒偏誤：揭露情緒暗流，善加利用。這些技巧屬於心理治療與自修領域，我們將在下一章討論。

21.3 │ 追求幸福

有些人長期抱持樂觀態度，他們的正面觀感絕大多數是先天的。一般而言，每個人平均的幸福感和父母的幸福感有關。幸福感的遺傳可能高達八成，[6] 不過一般比較接受的比例是五成。[7] 每個人似乎都有幸福感的基線，主

要是由基因決定。雖然短期的幸福程度可能會有很大的變化，但長期平均而言大多和先天遺傳的基線差不多。

除了遺傳外，我們因應成敗、順境與逆境的策略也會影響幸福的程度。潛意識情緒也會產生短期的情緒影響，例如大腦比較器回應短期事件（例外一筆意外之財）而產生的情緒，但短期情緒不會長久持續下去。

或許驚人的是，人在經歷重大的人生事件後，還是會回到習慣的原始狀態。例如，發橫財的人剛開始會比較快樂，但一年後，他們的生活滿意度會回到和原始狀態差不多。在心理文獻中，這就是所謂的享樂適應（hedonic adaptation）。[8] 研究幸福的學者證明，最近中彩券的人並不會比沒中者快樂，[9] 最近癱瘓的病患一年後的幸福感只比其他人少一點而已。[10] 大家都會自然而然地為新的情境調適自己，並重新設定期望。

心理治療的目的是要讓病患更了解思想、感覺與後續決定之間的關聯，藉此增加病患的心理適應力。有項研究顯示，連續三天每天描述與分析人生中最糟的經驗 15 分鐘，四週後衡量的生活滿意度與身心幸福感會增加。同樣的研究人員也發現，光是思考同樣的不好經驗，但不分析、不說也不寫出來，並不會改善幸福感。[11]

由於人通常不會意識到自己根本的感覺，所以西方的心理治療與東方的冥想技巧都有工具幫人察覺與因應這些感覺。這些工具並不簡單，也不容易運用。事實上，它們需要投入許多時間與心力學習。如果你決定採取這些方式，一定要自問，為了找尋適合自己的治療師或冥想技巧，你是否已準備好投入所需的時間與心力。

21.4 | 神經可塑性

我們可以看見行事的錯誤，加以更正，練習自律時，大腦就會漸漸重新設定。有些先天的偏誤可以透過名為「神經可塑性」（neuroplasticity）的重新雕塑流程予以降低。神經可塑性是指神經元為了適應新環境的需求而改變結構與功能的傾向。對鋼琴家來說，協調與控制手指迅速移動的神經元會廣泛相連，那個大腦區域也會比一般人大。那樣廣泛的神經網路是因為長期練習與密集使用而慢慢形成的。不練習彈鋼琴的人就不會有這樣廣泛的神經元網路。

同樣的，如果我們練習增加 EQ 的技巧，可能就會增強自我意識與控制衝動的能力。西藏喇嘛每天花好幾個小時禪修，在一項未公布的研究中，研究人員比較了禪修時數超過 1 萬小時的喇嘛與一群禪修新手的大腦功能性核磁共振造影。和禪修新手相比，喇嘛大腦中和正面感覺有關的區域（左前額葉皮質）比較活躍，與不安或憤怒等負面情緒有關的區域（右前額葉皮質）比較不活躍。[12]

在一項用腦電圖追蹤大腦皮質腦波的研究中，研究人員發現，喇嘛禪修時，伽馬波的腦波同步性（gamma-wave synchrony）很高。喇嘛似乎可以透過禪修，學習專注與同步化腦部活動，提高注意力，同時改善心情。「我們的研究證實，專注與感情過程（如伽馬波腦電圖同步化所示）是可以訓練的彈性技巧。」[13]《華爾街日報》評論：「這表示大腦很有可能像全身其他部位一樣，可以刻意改變。就像有氧運動可以雕塑肌肉，心智練習也可以雕塑頭腦，科學家這才開始深入了解方法而已。」[14]

神經可塑性給我們的主要啟示是，在有人指導、時常練習與自律下，大腦的結構與功能是可以改變的。心智與情緒練習就像是一般運動，只要專心

訓練，身心也可以達到想要的成果。心智「運動員」在做決策以前，從外表並無法看出他們的天賦，但從他們因應新資訊的方式、如何應付價格波動與損益、分析技巧與直覺判斷中，可以看出他們的實力。

21.5 | 化學穩定因子

飲食中的化學物、藥物或毒品對財務判斷有很多的影響（如第 4 章所述），我們攝取的脂肪、咖啡因與酒精對決策同樣有深遠的影響，但很少投資人認為這些物質是有問題的。交易員與投資人大多忽視化學物與飲食的原因可能是因為它們的效果很隱約。此外，咖啡因之類的物質對某些投資人來說可能有益，卻可能破壞其他人的認知變通性。

雖然膳食改變可能讓決策更彈性靈活，但沒有什麼藥物可以在所有市場情境中達到同樣的效果。對已有醫療與神經狀況的人來說，有些藥物似乎可以改善財務判斷與行為。有些服用乙型阻斷劑治療高血壓或焦慮的投資人後來發現，這些藥物有助於評估投資標的。乙型阻斷劑可以讓人抽離群眾的擔憂。有些執行長為了降低領導時的不安，會服用血清素再吸收抑制劑。我認識一位交易員因為躁鬱症而服用鋰鹽，他會為了幾天想要迅速思考、熬夜工作與創意需要而自行調整服用劑量。我個人是不推薦以藥物改善投資決策。

有些投資人擅自使用酒精、古柯鹼或安非他命等違禁品，長期而言，這通常會產生更糟的結果。工作一天後喝啤酒紓壓的交易員，其實是用化學物抑制工作一天下來產生的不安與高度警戒心；但酒精會干擾快速動眼睡眠（rapid eye movement, REM），導致隔天容易認知疲勞、判斷稍微受損。服用興奮劑（例如古柯鹼或安非他命）的交易員雖然可以增強多巴胺的作用並增加信心，但劑量可能出錯，導致上癮及永遠的傷害。

一位專業撲克牌玩家大言不慚地說，服用安非他命處方藥（Adderall）讓他長時間遊戲後，還可以保持比其他玩家更高的警覺性，為他賺進數百萬元。提高警覺性在撲克牌或象棋之類的耗神遊戲中很有幫助，尤其是對手沒借重藥物提神的時候，但對投資人來說不太可能有什麼好處。

21.6 ｜自律

> 自律是唯一重要的成功因素，沒有自律，其他都甭談了。——霍爾・弗萊施曼（Howard Fleischman），績效心理學家

　　自律是每個人各異的人格特質，重要的是，一個人自律的程度和財富水準有關。一般而言，追求即時享樂有損績效。自律是執行本書中任何自助訓練的先決條件。開始改造自我以前，一定要先有啟動的動力、探索的好奇心、碰到挑戰時堅持下去的紀律。一旦動搖，就必須從頭開始。

　　對沒有紀律的人來說，任何投資「規則」都沒有用。事實上，沒有紀律的人就應該遠離任何策略導向的積極投資。那麼沒紀律的人要如何變得更有條理呢？

　　自律的根本在於情緒管理，這和情緒控制不同。管理著重知覺與改變方向，而不是對抗與壓抑情緒。對抗與壓抑討厭的感覺所造成的內部緊繃，反而會消耗認知資源。19 世紀初，佛洛伊德甚至主張壓抑情緒是造成精神病的主因。把強烈的情緒引導到有意義的出口加以紓解，可以有效維持個人的喜樂及人際關係的和諧。

　　自律並不是指嚴守投資策略，而是以專注與有條理的心境檢視投資。許多投資人因為經驗不足、對市場的知識不夠，所以不了解合適的範圍，也不

知靈活變通。

馬克‧庫克（Mark D. Cook）之類的股市大師便學會善用情緒覺察與自律來幫助交易。庫克可說是史上最成功的短期交易員，他表示：「每次我對市場最恐懼的時候，那情緒幫我決定買進⋯⋯每次我的恐懼變得無以復加時，紀律告訴我買進。紀律必須勝出，否則你就注定要失敗。」[15] 我們不僅該找出情緒衝動，庫克還以這些衝動作為反向操作的訊號，鼓起勇氣做和強烈情緒指標相反的事。

表 21.1 列出了加強投資自律的技巧。

表 21.1　找出自律失效的情緒因素

自律	用來診斷自律失效的問題
自我意識	什麼感覺會讓你違反個人原則？你有這種習慣嗎？你的理由或藉口是什麼？
看法	自律對你來說有何損失？
勇氣	什麼原因讓你無法規劃策略或維持有紀律的心境？什麼難題是你寧可不要處理的？
架構	你可以設計一套配合你的優點但不忽略其他關鍵因素的分析方式嗎？

在平衡自律與認知變通下，大家可以遵循規範以提升績效。這些方法對短期投資人與交易者特別有益，不過分析師與投資組合經理人也適用。

1. **每天重新開始**。選擇權專家理查‧傅利森不管最近的績效如何，每天都以下面的想法提醒自己市場潛藏著風險：「今天將有子彈朝我的頭而來，我一定得找出它來自何方及如何阻止它。」這種念頭讓他不會自滿，心懷謙遜，鼓勵他做好準備。

2. **投資感到放心的金額**。如果你投資的金額或想要得到的獲利讓你感到擔心或興奮,你的判斷就會失去效用,無法清楚思考。你投資的金額不要超過你可以忍受的虧損極限。當情緒大到無法負荷時,就認賠賣出一些,花錢消災。

3. **計畫與預期,不要反應**。交易教練琳達‧布拉福‧拉琦克建議:「開盤以前就先知道你要做什麼。」[16] 馬克‧庫克表示:「規劃是交易的客觀面,從最糟的情境開始著手……,一旦投入交易,就換情緒主導了,所以計畫必須在活動開始之前就先準備就緒。」[17]

21.7 | 撰寫決策日誌

有些研究人員認為,交易員找出過去的錯誤並從中學習,可以讓他們學會理性運作。寫日誌是大家最常提到的方法。記下驅動決策的假設與這些決定的結果,可以洞悉判斷的優缺點型態。

心理決策日誌的格式大致應該如表 21.2 所示,格式應該根據你的特定決策流程加以調整。誠如交易心理學家布瑞特‧史丁巴格所言,寫決策日誌是交易員日常訓練的重要部分。運動員是鍛鍊身體與培養身體技能,投資人則是必須知道他們心智運作的缺陷與優勢。[18] 雖然寫日誌的過程可能既麻煩又費時,但你可以想想運動員為了實際比賽的那幾個小時而需要練習與訓練數百小時。如果你很難照著這個格式記錄,就把它簡化到你可以接受的程度。

追蹤決策後,對於檢視收集到的資料會有很大的幫助。從你的感覺與決策中尋找型態。感覺會扭曲我們評價資訊與評估結果的方式,所以你應該觀察自己的判斷是否和感覺有關。

這份心理決策日誌表應該作為標準試算表的補充資料,試算表應包含交

易型態（短線交易、當沖交易、長期部位投資）之類的統計數據、出場時機與價位以及目標（價格、新聞、時間或基本價值）。該衡量的重要資料包括預期風險和報酬的機率（根據歷史分析）、每筆交易的預期與實際損益、買進與賣出的交易數、獲利與虧損的交易數、持有虧損股票與獲利股票的時間比較、策略在不同市場環境中的獲利性等。[19]

表 21.2　有助於規劃心理決策日誌的問題（應搭配計量日誌）

心理決策日誌：自問以下問題並記下你的回答	
決策前	我買這支股票的理由是什麼？按重要性排列。
	這項投資給我的感覺如何？
	我對這項決策有多少信心？
	我的優勢是什麼？
	別人為什麼沒發現這個機會？
	哪些客觀條件變化會讓我更改決定？
	我賣股有哪些特定標準？
決策後，結果前	我對決定有任何懷疑或其他感覺嗎？
結果後	這是正確的決定嗎？
	判斷或決策過程有瑕疵嗎？
	這個決策和之前的決策有共同的型態嗎？
	我是否偏離自己的投資理念？
	這項決策最成功的地方是什麼？

　　你不只可以從心理決策表的回答中找出偏誤，從統計資料中也可以察覺。例如比較持有獲利部位與虧損部位的時間長短時，就可以發現自己有沒有損失趨避（持有虧損股票的時間比獲利股票還久）的現象。從你在多頭或

空頭市場中持有的獲利股票較多即可看出，你的策略或決策過程偏向市場氣氛有利的期間。不管是什麼偏誤，在攤開來檢視之前都還是有問題。

下一章將討論因應損失、恐懼或壓力時更深入的心理管理策略。

第 22 章

改善投資技巧

本章你可以學到這些 ▶

☑ 減少過度的風險觀感、壓力與不安的技巧

☑ 讓自己停止負面思考，並撰寫壓力日誌

☑ 簡單改變生活型態與紓壓建議

☑ 當自己的交易教練，學會從失利中重新振作的認知技巧

> 當投資人發現投資績效不是來自外部控制，而是源自內部控制時，獲利也就跟著來了。——凡·沙普博士

　　本章將說明減少過度的風險觀感、壓力與不安的技巧。這些情緒需要用一整章來說明，因為它們是刺激大腦損失避免系統的主要結果，可能也是造成投資錯誤的主因。這些情緒是造成錯置效應、股票溢酬迷思、高估低機率和風險、市場恐慌等個人與集體投資錯誤的原因。整體而言，損失避免系統所產生的情緒會影響股票的觀感與評價，為勇敢的投資人創造一些最佳機會（在下一章說明）。

　　理論上，減少這些情緒應該是很直接簡單的。但很可惜，痛苦與潛在損失會啟動自動神經流程。它們會在潛意識下運作，很難避免受到影響。本書引用的研究證實，甚至連專業交易員與投資人都容易受損失趨避與錯置效應（太晚認賠殺出）的影響。經驗再加上經常的績效回饋與財務動機，似乎也不足以完全消弭源自大腦損失避免系統的偏誤。

事實上，損失趨避之類的偏誤會因為虧損而加重。例如，在巴巴・雪夫教授對大腦受損者與正常受試者所做的 20 元拋銅板實驗中（參見第 15 章），正常受試者的績效其實會隨著實驗的進行變糟。參試者變得更不理性，更常迴避賭博，獲利也愈來愈少。

以失去的獲利來看，損失趨避錯誤的代價很大，所以該如何減少這樣的錯誤呢？有些投資顧問問我，他們知道客戶看到一季的績效不好就會生氣並退出交易，那麼他們該如何賣風險產品給這些客戶？雖然眼睜睜看著客戶的財富閒置在現金帳戶中對他們而言很難，但他們也知道若要客戶買更多股票，可能會讓客戶感到緊張。

教育與經驗應該是減少投資人偏誤的最佳方式。教育很有用，但和智慧有關，而且在績效不佳時，無法和他們的不安產生共鳴。對過於趨避風險的投資人與客戶來說，本章簡要介紹的心理技巧可能比較有用。

沒有受過訓練、不知道如何應付不安客戶的投資顧問可能會弄巧成拙。市場反轉時，最容易看出哪些是真正不安與風險趨避的客戶。有些顧問告訴我，他們實在不敢相信客戶在風險承受度問卷中的回答。許多客戶覺得他們可以應付波動性，但市場真的波動時，他們就開始恐慌了。顧問曾經開玩笑地提到，恐慌的客戶打電話到他們辦公室的頻率就是反向市場指標。

顧問要如何安撫驚慌的客戶？技巧有很多種，例如完全依照他們的意願出售、要求賣出一小部分以紓解壓力（花錢消災）或和他們溝通以安撫他們的損失避免系統，幫他們維持長期投資的觀點。我準備了一份說詞，市場波動時，理財顧問可以把它用在恐慌客戶的身上（表 22.1）。我以「IDEAS」這個字來幫助記憶。同一份說詞可以加以修正，用來管理客戶過分自信的情況（如表中的第二個例子所示）。

如果你是投資顧問，可以根據自己的需求調整對話，但這張表的主旨應

該可以用在多數充滿情緒的互動上。IDEAS 說詞應該有助於溝通，它也假設你和客戶之間已有既定關係，你已規劃理財計畫，也教過客戶長期風險與報酬的概念。

　　IDEAS 說詞並無法改變深層的心理議題。以下段落將說明改變不安思維與減少壓力回應的認知技巧，另外也會說明和呼吸吐納、冥想及生活型態有關的不安與壓力管理技巧。

表 22.1　可用在恐懼或自負客戶身上的說詞（IDEAS）

點子	步驟	問恐懼客戶（F）與自負客戶（O）的問題範例
I	問他們做得如何	F：「你最近在市場上做得如何？」 O：「最近特別注意什麼股票嗎？」
D	複誦他們的說法（稱為「反映」）	F：「所以你對波動性感到不安。」 O：「所以你看好奈米科技類股的前景。」
E	與他們感同身受	F：「看著積蓄波動當然很難受。或許我們應該賣掉一些持股，紓解一點壓力。」 O：「當然，研究新鮮的股票很有趣。」
A	加入另一個觀點（又稱「轉念」）	F：「史上最偉大的投資人曾說過：『街上血流成河時買進。』恐懼期是最佳的買進時機。」 O：「我們該如何在不危及你的退休積蓄下，滿足你對波動性新興股票的興趣？」
S	建議解決方案	F：「如果我記得沒錯，你說過你的投資期間是 10 年。試著不要看股市新聞或察看股價。長期而言，每季與每年的市場表現並不重要。」 O：「你何不開個交易帳戶，裡面放些你覺得虧損也無所謂的錢？我們就拿你積蓄的 5% 來開一個。」

22.1 │ 認知行為治療與壓力管理

　　本章接下來的部分主要是探討認知行為心理治療與壓力管理技巧。認知

行為治療（cognitive-behavior therapy, CBT）是熱門有效的心理治療形式，可以幫績效好的人走出谷底陰霾，也可以臨床治療不安與憂鬱。治療師會幫客戶培養具體的因應技巧與策略，他們使用的技巧包括：(1) 挑戰自貶信念；(2) 教導正面的自言自語技巧；(3) 取代負面想法；(4) 減少敏感或調節訓練；(5) 教育相關徵兆；(6) 教導因應技巧，例如放鬆與呼吸。

治療師發現人承受壓力時，想法與感覺往往會重複同樣的型態。如果心中可以破解這種壓力型態，就能停止壓力反應。每個人都應該了解自己有哪些適應不良與誘發壓力的想法。你可以用以下練習來幫助自己。質疑你的負面想法，刻意用靈活應變的用語予以取代。每天做意識想法取代練習，並追蹤日常生活中的改變，可能就會發現隱約的改善。久而久之，你會發現自己對習慣性壓力事件、人物與情境的反應減少了。

自問下列問題來停止負面的思考型態：

■ 還有其他的解釋嗎？
■ 有什麼證據可以證明這種想法是正確的？
■ 持續這樣想會有什麼影響？
■ 最好、最糟、最實際的結果各是什麼？
■ 這件事發生的可能性有多高？[1]

把你對壓力事件的反應記在像表 22.2 的表格中，以便更清楚了解它們對你的影響。

人們從壓力管理中學到的主要技巧是自我觀察、認知重建（如上述）、放鬆訓練、時間管理與解決問題。自我觀察通常是以每天寫日記或日誌（如表 22.2）的方式來進行。在日誌的第一欄寫下當天感到壓力的時刻，下一欄

寫下壓力事件的前因，第三欄記錄自己的行為反應，第四欄說明行為的後果。使用這種策略的投資人可以察覺自己的自動行為型態，學會辨識前兆（最後他們可能會看到重複的型態），減少與壓力相關的偏誤。刻意面對觸發因素、反應與結果可以鼓勵你中斷反應型態，進而避免這類反應。

最方便的減壓技巧是簡單改變生活型態：和支持你的朋友閒聊、運動、禱告、冥想。有些活動結合了上述幾種方式，例如宗教禮拜或瑜珈。

表 22.2　記錄壓力相關事件的日誌格式

前因（壓力事件與先前驅動因素）	壓力等級（0 至 100）	行為反應	後果（結果）	理性回應（重塑的選擇）
例子：一筆大額虧損	80	・想法：我這季毀了，我將失去最好的客戶。或許我做的都是錯的。 ・感覺：沮喪、生氣、不滿。 ・生理反應：分心、緊張性頭痛、想喝酒與吃甜食、咬牙切齒、胃翻攪、胸悶。 ・行為：開始因為小錯而對旗下分析師大吼大叫，對話時常常左顧右盼，開車心不在焉。	我一發現自己偏離計畫時，就馬上出脫部位。我必須從這裡面對損失，現在至少不會再虧下去了。出清部位後，我就可以為未來規劃計畫。我現在對家人與朋友也好一點了。	理性想法：「我這一季的情況就是現在的樣子。我和客戶的關係深厚，他們也信任我。這是有史以來第一次這樣。市場先天就不穩定，我依循我所知的最佳決策流程。」

22.2 | 瑜珈、冥想與生活型態

研究一再顯示運動對一般人的好處，尤其是心肺運動。運動可以改善心情與注意力，並紓解壓力。社交或團隊運動是紓壓的絕佳方式，尤其是那些需要和隊友正面互動的運動。

瑜珈之類的個人運動在雕塑肌肉組織的同時，也能訓練呼吸和冥想的技巧。研究顯示，瑜珈可以減少不安[2]、憂鬱[3]、注意力不足與過動障礙[4]、上癮[5]或強迫症[6]的徵兆。此外，練習瑜珈也可增加情緒穩定性與耐心。有些研究隨機分配受試者去練瑜珈、游泳或跳舞，結果發現練瑜珈的人比游泳或跳舞者的認知功能改善較多。

研究顯示，冥想可以改善情緒健康。冥想是促進心靈與身心成長的古老技巧，有很多種類型。正念冥想（mindfulness medication）是學習刻意與系統化因應自身壓力、痛苦、疾病、日常生活的挑戰與需求的技巧，[7]可以改善生活滿意度與強化免疫系統（強化抗體對感冒病毒的反應）。[8]在心理層面上，不同類型的冥想可以改善心情[9]、減少不安[10]、拉長注意的時間[11]，以及加強共鳴、感念與同情的感覺[12]。例如，修定（concentration medictation）是訓練直接注意力。每天練習持久注意力，即可強化支持專心與控制衝動的神經元。

運動與飲食是每位醫師推薦的健康基石，吃全麥食物、許多蔬菜、深海魚類與其他富含 Omega-3 的食物都有好處。從散步到爬山等活動都算運動。運動的用意在於逐漸增強或維持耐力；運動應該有點挑戰性，但不會痛苦。心肺運動對延年益壽特別有用。運動可讓組織與大腦釋放成長因子，刺激新神經元的成長與修復。在有趣或具挑戰性的情境下進行多元運動對大腦健康特別有益，例如競爭性運動。

情緒健康方面最被大家忽略的要素之一就是社交聯繫，正面的社交互動

（包括職場上的互動）是永保安康的關鍵。許多女性先天就知道這點，但男性在工作至上的情況下，很容易忽略社交聯繫。親密友誼（可宣洩外在問題）與家庭支持對健康也有很大的助益。

22.3 ｜簡單紓壓

上述的壓力與不安管理技巧需要自律與實踐的決心，不過還有一些紓壓技巧隨時隨地都可使用。最簡單即時的放鬆技巧就是深呼吸。我第一次接上用來衡量臉部肌肉刺激與皮膚傳導性的精神生理器材時，以為自己已經放鬆了。然後有人叫我深呼吸，當我看到內心的緊張釋出體外時相當訝異，我完全不知道內心還有緊張情緒。請大家試試下面的技巧。吸氣時默數：「一、一千（1-1000）、2-1000、3-1000。」慢慢吸入空氣，然後停一拍。吐氣時默數：「3-1000、2-1000、1-1000。」慢慢呼出空氣，數完停一拍後再重複。持續這種呼吸吐納練習 5 到 20 分鐘，你就可以感受到壓力大減。

另一種紓壓的方式是用長期大方向的觀點來看目前的煩惱。例如，想像自己站在山頂，眺望平原與遠山或綿延到天際的大海。你也可以想像自己一邊聽著營火劈啪響，一邊抬頭看夜空的星星，慢慢感覺自己往周遭的空間擴散。

另一種減少身體緊張的技巧是刻意收縮緊繃的肌肉，憋住緊繃感數秒，然後放鬆。為了讓全身放鬆，逐漸由弱到強繃緊與放鬆身體的肌肉。例如，緊繃雙腳、稍微憋一下，然後慢慢放鬆肌肉。接著再緊繃小腿、稍微憋一下，然後放鬆。逐漸往上，一步一步來，收縮與放鬆你的大腿、屁股、腹部、雙手、手臂、胸部、肩膀、脖子、臉龐和頭皮。完成時安靜地坐著，閉上雙眼，緩緩平順地呼吸 3 到 5 分鐘。

有很多種緩和緊張的技巧可以幫我們在壓力下釐清心念與強化判斷力。芳香療法的香味，例如薰衣草與茉莉香，可以改善靈敏度與舒緩心靈。薰香與輕柔的音樂也可以紓壓。在大自然散步或泡熱水澡對有些人也有幫助。運動、玩樂、跳舞是其他的紓壓方式。長期生活型態的改變，例如運動、冥想、宗教信仰與社交活動則是長期放鬆的最好方法。以下是完整的減壓技巧清單。在突發狀況下，放鬆肌肉與深呼吸之類的短期工具與長期觀點都很有幫助。（即時與長期的）不安與壓力管理技巧包括：

- 呼吸運動
- 放鬆技巧
- 充足的睡眠
- 有規律且有活力的運動
- 笑
- 冥想
- 時間管理
- 對個人的意義與目的有信心
- 減少咖啡因與糖分的攝取
- 減少飲酒與吸食大麻
- 心理治療，例如認知行為治療
- 草本療法，例如菊花茶與薰衣草芳香療法
- 臨床焦慮症方面是使用血清素再吸收抑制劑、苯二氮泮類安眠鎮靜劑、乙型阻斷劑之類的藥物

22.4 ｜從失利中振作

　　許多投資人在某段時間會發現自己持續做出糟糕的決定，一再虧損往往只是運氣不好，但投資人卻會認為這是他們的策略或個性有問題，而這也是為什麼回溯測試自己的策略那麼重要的原因，它能讓你在連串投資不利時，對自己的策略依舊抱持信心。投資失利會削弱決策，容易造成惡性循環。為了從失利中振作，你可以採用以下的認知技巧（很多是改編自交易教練道格‧赫胥恩與薛恩‧莫非（Shane Murphy）的著作《交易健將》〔The Trading Athlete〕[13]）。

1. 每個人都會碰到投資失利的情況。

2. 投資失利是統計上的事實：回顧你過往的資料，判斷過去績效最糟時的長短與程度。很可能你現在的情況並沒有過去那麼糟。

3. 切記投資失利都是暫時的，一定會反轉，只是需要一些時間。例如，價值投資者在網路泡沫時期很難堅守他們的策略，因為有近三年的時間他們的績效都遠低於大盤。那些堅持下去的人在 2000 年與 2001 年都獲得極佳的報酬。

4. 不要對抗投資失利。培養耐心，利用這個機會做更多基本面的研究。

5. 把投資失利當成休息與再生的時機。等市場局勢對你有利時，一定要表現得比過去更優異。

6. 把投資失利當成一種急需的沉潛休息。這種轉念技巧可以幫你更有效地利用這段時期。

7. 切記，這不是你的問題，市場不是衝著你來的。

8. 投資失利在所難免，你要怎麼解釋全由你作主。如果你只會自怨自

艾，就無法做出什麼有建設性的事。如果你把挫折看成學習與改善績效的契機，你東山再起時會表現得更優異。[14]

9. 如果你持續持有的虧損部位讓你更憂鬱，你就想，以現在的基本面與技術面來看，「我今天會不會買這個部位？」如果不會，就不該繼續持有。

歷經大額虧損後，持續參與投資以撫平經驗是很重要的，即使金額很小也無所謂。不碰市場，在市場上的創痛記憶就會遲遲不散。心理治療中有句話是這麼說的：每次會見治療師時，這次的起始點和上次的結束點在潛意識上都是同一點。人因應市場的方式也是一樣的。在心理上，你重新投資時的心態是上次市場經驗的延續。持續待在市場中學習很有幫助，因為如此一來自我懷疑就不會完全壓抑個人成長與維持觀點的能力。

22.5 ｜ 交易教練

對已有既定優勢、但需要有人指導精進天分的交易員來說，交易教練很有幫助。大多數的投資人與分析師都需要有人針對他們可能自我欺騙的地方提出誠實的意見。從市場中獲得價格回饋資訊是一回事（可能是隨機的雜訊，也可能不是），找專家分析你的決策過程又是另一回事。如果我們真的想要改善財務決策，就必須控制我們所能控制的事物並忽略雜訊。交易教練能幫我們從真正重要的資訊中篩除雜訊。

交易教練和運動教練一樣有許多專業訣竅，運動員是以身體活動獲勝，投資人則是靠心智決策勝出。投資教練的主要功能是：(1) 協助設定目標；(2) 建立練習與訓練架構；(3) 檢討績效；(4) 重新喚起對決策過程（而非結果）

的熱情；(5) 支持自信（尤其是績效不佳時）；(6) 提供正面支持與鼓勵。[15] 以上所有教練功能都可以改善績效，根據我和客戶互動的經驗，這些也可以幫他們改善投資決策。

有些交易教練是直接處理交易員的決策相關情緒，以便幫他們改善績效。弗拉維亞‧賽巴利特（Flavia Cymbalista）在巴西長大，然後在德國接受經濟學博士的訓練。她從人類如何在不確定下做決策的傳統經濟理論中發現一個缺口。她想知道，既然經濟決策普遍具有不確定性，那麼經濟與市場行為怎麼可能理性？

她拿博士後研究的獎學金在加州大學柏克萊分校研究心理學。她對哲學及心理治療技巧「對焦」（focusing）的興趣讓她開發出一種名為「市場對焦」（MarketFocusing）的方法。市場對焦結合了直覺與邏輯來改善市場中的決策。多年來，她幫交易員評估他們的身體知識與增加可靠度，藉此改善績效。換言之，她是教導交易員如何開發「生理軟體」。[16]

賽巴利特與索羅斯為《股票、期貨與選擇權》（*Stocks, Futures, and Options*）雜誌寫了一系列的文章（共四篇）。賽巴利特表示，索羅斯是整合隱約的感覺與分析決策過程，得出最後的市場決策。索羅斯則舉例說明有些專家在不確定情況下是使用直覺決策流程。以索羅斯為例，清楚自己的身體反應是他成功的主要因素。

丹妮斯‧紹爾（Denise Shull）是神經心理學家，專修現代心理分析，同時也是長期交易員。她的工作是幫散戶與交易員改善績效。紹爾表示：「我得到的效果比我想讓交易員思考／談論／感覺他們的感受還好。」紹爾鼓勵交易員把自己當成物體一樣塑造感覺，以不是對人的方式、而是物件導向的模式來詢問感覺如何（以對人的方式可能會引起情緒防衛）。她也發現很多交易員會一直犯重複的錯誤，就好像他們得一直重複過去明顯的情緒事件一樣。

紹爾表示，許多交易員不願寫日誌。「這方面真的很誇張，很少交易員真的有寫日誌的習慣，大部分的人都很排斥，我只好讓一些客戶對著錄音機講就好。另一個我愛用的工具是 Microsoft One Note。」[17] 紹爾強調，任何追蹤交易員經歷的工具都很重要。以好奇、非批判的方式自我分析投資決策中做錯了什麼通常可以改善後續的績效。

22.6 │ 效法他人

當你內心抗拒改變時，有一種解決方式是角色扮演。交易教練凡・沙普建議投資人可以效法他人，例如卓越的投資人。想像這些卓越的投資人在處理你目前的情境時會抱持什麼樣的心態。探究幸福來源的研究已經證實凡・沙普建議效法他人的論點。

人們可以藉由想像自己是其他人來改善自己的幸福。在為期四週的研究中，研究人員要求參試者經常進行兩種心智練習：感恩與想像「自己最好的情況」。這種練習可以提振正面情緒，而且持續做下去會愈來愈好。[18] 在這兩種練習中，想像自己最好的情況最能有效提高與維持正面的心情。[19] 投資人可以把這個點子擴充到幸福以外，應用到投資或其他想見賢思齊的努力上。

22.7 │ 培養愉悅感受

多數人都希望自己快樂一點，但很少人知道如何培養愉悅感。讓人快樂的因素有先天的、也有後天學習的。預測快樂的最佳指標是：(1) 樂觀的人格特質，包括外向與不神經質等特質；(2) 健康的社交關係（滿意友情，不寂寞）；(3) 有人生目的；(4) 對整體生活的滿意度。[20] 這些因素中，有些是固定

的，有些可以調整。

　　一般而言，人快樂的程度是由三大因素所決定，其中只有一個是既定的。這三個因素是基因決定的定點、生活環境以及和快樂相關的活動與習慣。[21] 為了增加快樂的程度，能帶來歡樂的活動是最簡單直接的方法，嗜好、宗教、娛樂、學習與自願是讓人快樂的一些活動。每個人都應該找出一些可以與之產生共鳴的活動。有時候，簡單改變生活環境，例如搬家或換工作，就能對幸福產生很大的助益（尤其是目前的狀況中如果有有害的因素更是如此）。

　　正面心理學家強調，人可以利用一些心智練習讓自己學著更快樂。例如，我們可以在一天中安排更多正面的經驗，花時間欣賞與注意美麗的事物。虧損時，把焦點放在自己的優點與因應技巧上，而不是一再檢討哪裡出錯了。

　　許多治療師建議客戶列出感恩清單，每天早上在清單上多加一、兩個項目。許多長期列感恩清單的人已列出好幾千項感恩目標，當他們感恩時，想到自己的好運就會覺得更愉快了。

22.8 ｜神經回饋

　　每次我講完行為財務學中關於神經科學的部份，免不了有人會問我能不能幫他們做腦部掃描以改善他們的投資績效。整個 2006 年我都必須回答：「我不知道，還沒有這項技術可用。」不過最近功能性核磁共振造影科技的驚人進步，尤其是即時功能性核磁共振造影，顯示掃描投資人大腦的日子已經不遠了。但在我們使用即時功能性核磁共振造影改善交易能力之前，還是有一些障礙需要克服。

核磁共振造影掃描器很敏感，一噸 200 萬元的核磁共振造影磁鐵需要有自己的無鐵金屬空間，通常放在主要醫療或研究中心裡。在史丹佛掃描時，掃描本身就需要 1.5 個小時，而準備時間至少還要 1 小時，移動同樣耗費時間，更別說使用磁鐵的時間成本了：每小時 500 美元。受試者不能服用任何精神作用性藥物（連解熱鎮痛劑 ibuprofen 都不行）。此外，有三分之一的受試者會移動頭太多而破壞資料。因為有這些障礙，所以很難找到願意大老遠跑來我們這裡測試的灣區投資人。

既然研究人員已經找出有四個大腦區域（阿肯柏氏核、內側前額葉皮質、前腦島、杏仁核）可以預期財務決策中的不同偏誤，我們就可以拿新受試者和平均值相比。可惜的是，實驗時，每個人這些區域的刺激狀況截然不同。每次試驗時，通常很難看到刺激的確切位置，功能性核磁共振造影影像看起來不是很明顯，每次都不精確。只有集體平均結果可以得出像本書前述章節看到的清楚影像。

功能性核磁共振造影有一項突破性技術讓掃描投資人大腦的夢想更接近事實，那就是即時功能性核磁共振造影（rtfMRI）。即時功能性核磁共振造影讓使用者可以看到大腦活動時的影像，藉由觀察想法與感覺對大腦啟動的影響，他們可以學習如何刻意改變回應特定事件與做重要決策之前的感覺與想法。即時功能性核磁共振造影就像是生理回饋（biofeedback）技術，生理回饋技術是請使用者刻意改變想法與感覺，藉此訓練他們提高皮膚溫度或降低心跳速度。但是即時功能性核磁共振造影更根本、更精確，人們真的可以使用即時功能性核磁共振造影來學習改變他們的想法與感覺。

克里斯多佛・德查姆斯（Christopher deCharms）曾是史丹佛功能性核磁共振造影研究人員，現在是歐訥龍（Omneuron）的執行長。歐訥龍位於加州門洛帕克，是由創投成立的公司，目前正在開發即時功能性核磁共振造影的

臨床應用。歐訥龍的研究人員想知道人是否能學習調高與調低特定大腦區域的活動，藉此產生醫療效用。

在 2005 年的研究中，德查姆斯表示受試者可藉由調節前喙扣帶回皮質（rACC）的活動，控制他們從發燙金屬方塊感受到的痛苦。調節前喙扣帶回皮質是大腦中察覺與管理痛苦的區域。「當受試者刻意讓功能性核磁共振造影影像中的調節前喙扣帶回皮質活動增加或減少時，對高溫刺激所造成的痛苦感覺也會跟著改變。」[22]

長期為病痛所苦的病患經過即時功能性核磁共振造影訓練後表示，受訓後降低了他們病痛的程度。「這些發現表示，人獲得適當的訓練即可自由控制特定大腦區域的運作。自由控制調節前喙扣帶回皮質的活動可以掌控痛苦的感覺，這些效果強到足以舒緩長期嚴重的病痛。」[23]

神經回饋技術一開始的研究是先用來治療痛苦、不安與其他情緒失調，這些失調症狀顯然和神經調控障礙有關。而策略性事業與投資決策比較複雜，即時功能性核磁共振造影技術還需要再經過多年的研究才能把這些決策最佳化。自負（從阿肯柏氏核見得）、風險趨避（源自前腦島）、損失趨避、群聚現象、注意與記憶偏誤等心理偏誤或許可以藉由即時「神經回饋技術」予以減弱。這項技術很有可能改善投資人的績效，但囿於前面提到的後勤方面的挑戰，還需要好一段時間我們才能得到可靠的結果。

基本上，神經回饋技術是複雜的績效提升方式，給予使用者一個架構，讓他們使用心理工具，並在即時大腦影像中呈現立即的結果。

雖然未來使用神經回饋技術可能對投資人有療效，但你不需要等到那個時候才開始正面改變你的投資方式或人生。本章提到的其他技巧，例如瑜珈與冥想，都已經通行數千年了，到處都有開課。此外，認知行為治療、教練、寫日誌、社交支持、壓力管理、選擇健康的生活型態（例如正常作息、

避免夜間飲酒）等都是直接可用的方式。養成感恩的習慣、想像自己最好的情況、尋找生活中的光明面都可以增加你的幸福感。把上述任何改變納入生活中可能只是小小的調整，但對你的股市投資與其他方面卻會產生正面的結果。

22.9 | 以「學習」為目標

史丹佛大學的心理學家凱洛·德沃克（Carol Dweck）數十年來潛心研究心態對成功的影響。她發現，雖然樂觀心態對成功很重要，但對個人成長與學習感興趣及感到好奇會更有幫助。什麼原因會讓人感到好奇與抱持開放心態？

德沃克檢視固定外部目標與動態內部目標對績效的影響。她用腦電圖追蹤一群學生大腦皮質的電波活動，其中一部分學生主要是以績效為目標（對成就有固定信念），另一部分是以學習為目標。在此之前，德沃克已發現績效導向的學生比較無法從錯誤中學習，在挑戰性高的任務上表現較差。在腦電圖檢測中，他們比較注意負面回饋，記住並從這類回饋中學習的時間較短。[24] 德沃克的證據顯示，想達成目標的人（例如財務獲利或高投資報酬）會比注意學習與成長的人得到更糟的結果。

德沃克在東哈林區的生命科學中學（Life Sciences Secondary School）進行一項實驗，該校的學生大多表現不佳。德沃克把國二學生分成兩組，讓每組學生上八堂課，其中一組只上學習技巧課，另一組除了上學習技巧課以外，還上一堂關於智力非先天的講座。第二組看了大腦的投影片，學到大腦受到挑戰時會長出新的神經元。

第二組學生展現的結果相當驚人，他們的習慣與成績都改善了，數學成

績不再一直下滑。「對照組與實驗組的唯一差別是兩堂課，全部 50 分鐘不是用來上數學，而是只教一個概念：大腦是肌肉，多加訓練就會讓你變得更聰明。光是這樣就讓他們的數學成績進步了。」[25]

最佳目標應該是內部，而且是持續進步的。知道自己能改善就可以達到更好的成果，光是著重成就本身則會導致報酬較低。這有一種正面的安慰劑效應。如果一個人知道成功需要時間，也對績效改善抱持希望，只要多鍛鍊心智肌肉，就能獲得更大的成果。大腦最棒的地方在於學習與適應能力，以及面對挑戰時會成長。唯有透過謙遜、勇氣、好奇與努力才能管理潛意識的偏誤，把瘋狂的市場轉變成滾滾金流。

第 23 章

與玩家對玩

本章你可以學到這些 ▶

☑ 理解沒有一個策略在市場中是絕對的

☑ 分析利用風險觀感套利的策略

☑ 促成「聽謠言買，見事實賣」的心理因素

☑ 理解獲利只是附帶好處，幸福滿足的人生才是終極目標

> 成功投機股市的基礎，是假設未來大家會繼續犯以前犯過的錯。——湯瑪斯・武拉克（Thomas F. Woodlock）[1]

　　本書主要是和使個別投資人行為產生偏誤的大腦運作有關。但把個人偏誤加以歸納整理後，就不再有多元性，市場價格可能突然變得可以預期。本章將說明有偏誤的投資人集體產生的市場型態。

　　我擔任計量分析師時開始對這個領域產生興趣。從 1995 到 1997 年，我設計了以類神經網路為基礎的股市預測軟體。我的軟體比隨機預估多一點優勢，但後來很快就失去優勢了。由於其他人很容易複製計量預測軟體，導致獲利逐漸下滑，於是我決定改做投資人行為模型。我認為，數學套利很難完全消弭強大的生理導向市價型態。

　　我在研究行為財務學時，發現可以用心理策略改善投資獲利。這些策略是可以量化的，所以可以測試並以統計確認。研究中，我發現績效最好的行為策略是長期及偶爾忍受大幅下跌的策略。它們的表現優於大盤的程度並不

是非常多，但是在多數基金經理人年復一年表現低於大盤的情況下，考量行為變成擊敗大盤的關鍵。

　　本書說明的策略中沒有一種是絕對的，由於這些都是眾所皆知的策略，所以很可能將來會逐漸從市場消失（或許不會太久）。事實上，很多原本被視為「行為」類的投資策略，例如價值與順勢投資策略，都已經是主流財務學的一部分。本章將先檢視操盤專家吉姆·萊特納如何善用其他投資人偏誤的風險觀感為自己創造優勢，接著再看價值型股票的表現優於熱門股、順勢投資，以及其他心理導向的投資機會。

23.1 ｜獲得風險溢酬

　　以金融用語來描述「恐懼」的最佳說法就是「風險觀感」。投資人感覺風險高時，風險溢酬就高。風險觀感往往因為本書之前提到的種種偏誤而和實際風險不同，包括情緒（恐懼導致投資人高估低可能性的災難）、時間折現（眼見立即的危險）、群聚現象（投資人觀察彼此找尋線索）、不確定性與不信任（政府公布的統計數據真實度不明朗）和損失框架（把倒帳看成風險，而非機會）。所以，利用風險觀感套利的策略都有不錯的表現。

　　第 15 章介紹的獵鷹管理公司負責人吉姆·萊特納表示，在貨幣市場方面，風險觀感的差異往往反映在利率上。有貶值危機的貨幣通常債券殖利率較高。投資人認為政府可能出現下列情況時，就會覺得貨幣有貶值風險：(1) 不履行債券償付（債券收益）；(2) 大幅增加貨幣供給，導致通貨膨脹；(3) 利用其他方式讓貨幣貶值，例如赤字開支。債券計價的幣別如果有貶值的風險，債券利率就會上升。風險溢酬是依投資人的恐懼與短視近利而定。

　　2002 年，大家認為巴西政府可能無法償付以巴西里拉計價的債券，在差

點倒債的隔年，投資人因為代表性偏誤，還是覺得巴西里拉有很高的貶值風險，所以巴西債券的利率必須很高才能吸引投資人投資。但是，風險觀感並不一定反映實質的風險。如果投資人賭大家認為金融不穩的國家（例如巴西）利率會下跌、金融穩定的國家（例如美國）利率會上升，在後續幾年兩國利率差距逐漸縮小時，就能從中獲利。

萊特納就是做這樣的交易，趁機賺取高利率與低利率貨幣之間的風險溢酬差額。這類交易必須持有多年：「有時候這種方式並沒效，但多年下來的確可以發揮效用。」萊特納是善用其他投資人偏誤的風險觀感來獲利。

選擇權權利金中包含對未來價格波動性的估計，亦即衡量投資人的風險觀感。萊特納發現，投資人害怕潛在損失而導致選擇權錯價：「短天期選擇權裡因為有保險貼水的成分，所以波動性太高。」也就是說，投資人太擔心投資標的的短期價格表現，所以願意為選擇權提供的「保險」多付點錢。第 17 章介紹的理查・傅利森就是利用這個效應獲利。

另一個同時善用投資人自負（特別是誤判）與短視近利恐懼感的方法是萊特納發現的，他發現「相對於未來每天的波動性，長天期選擇權的評價太高。但是相對於未來的現貨價格走勢，長天期選擇權的評價卻又太低。」[2] 多數人都無法精確估計未來市場價格趨勢的信賴區間。誠如第 8 章所述，只有 39% 的財務長正確估出一年後股價落在 80% 的信賴區間內。投資人擔心短期的波動性，所以為選擇權的保險出價太高。但長期而言，根據他們原本的誤判，他們無法預知選擇權價格延伸至另一層級的可能。也就是說，投資人看長期時，對自己預估未來價格範圍的能力過分自信。買短期選擇權時，卻又過度短視近利與恐懼。

23.2 │ 風險溢酬與期望

2001 年麥克‧莫布新與貝納德‧雷巴波特（Bernard Rappaport）合著《預期投資》（*Expectations Investing*）一書，描述善用投資人短視近利的預期來獲利的策略。作者表示，企業長期現金流量的趨勢與投資人短期現金流量的預期之間的差異（如目前的股價所示）是報酬的來源。作者主張，想取得正報酬，就必須正確預測其他人預期的改變。

2002 年夏季巴西債券差點倒帳時，《經濟學人》（*Economist*）雜誌曾經暗示預期驅動價值的重要性。巴西因為受鄰國阿根廷的金融風暴波及，利率持續上漲。雖然巴西以當時的利率來說金融穩定，但利率大漲與里拉大跌造成巴西無法履行償債義務。投機客與趨避風險的投資人了解這個風險，開始拋售債券。他們的賣壓又進一步推高利率。利率節節高漲，眼看已經快超越巴西的償債能力，使債券倒帳的風險突然成真。巴西會不會倒帳完全看債券投資人的信心，如果投資人預期會倒帳，他們拋售債券就會讓利率變得更高，導致政府無法履行支付利息的義務。如果投資人重拾對巴西政府償債能力的信心，利率就會下滑，進而避免倒帳。倒帳與否是看市場參與者的風險觀感與預期而定。《經濟學人》以複雜理論與期望來說明這個難題：

> 最近，「多重均衡」理論獲得證實，這理論主張可能結果不只一個，市場預期通常是決定因素。巴西的公債總額或外債可以支撐下去，也可能大到無法掌控，全看市場今後的預期而定。[3]

巴西最後並沒有倒帳，全球財力雄厚的銀行家信心喊話以後，投資人迅速恢復信心，降低風險觀感。而在其他例子中，投資人的風險觀感則是過於

樂觀，即使公司財報已經明顯傳達風險資訊也一樣。密西根大學的李逢教授（Li Feng）做了一項有趣的實驗，他計算企業呈報至證券交易委員會的 3 萬 4,000 多份年報中，出現風險（risk）、危險的（risky）、不確定（uncertainty）、不確定的（uncertain）等字的頻率，結果發現風險相關字眼出現頻率大增的企業比風險相關字眼稍增的企業表現差，差距是每年 10%。李逢因此推論：「我發現年報中愈強調風險，未來的收益愈低。年報展現的風險氣氛也可以用來預估未來報酬。」[4] 從這個例子看來，即使公司明顯談及股票的風險，投資人還是反應不足。或許投資人形成預期時是鎖定錯誤的資訊。

23.3 │ 價值 vs. 魅力

大家最早發現的市場異常現象，是「便宜」價值型股票的長期表現優於較貴的熱門股票。價值策略因為使用已久，績效又好，已經納入當代財務學課程中。巴菲特就是奉行價值型投資策略。價值型股票的賣價比公司實體資產（例如建物、工廠、設備、專利、品牌或市場滲透率）的實際根本價值、預期的收益成長或潛在現金流量低。三種常用來衡量股票價值的財務比例是：(1) 股價淨值比（price to book ratio, P/B ratio）；(2) 本益比（P/E ratio）；(3) 市價現金流比率。

股價淨值比是衡量目前股價相對於資產價值的比例。比例低時，股價相對便宜。比例低於 1 時，股價比資產價值低。本益比是另一種衡量價值的方式。公司目前的收益比股價高時，本益比低，股價相對便宜。有些公司的股價低是因為收益預期低，或大家不看好公司的事業。

價值投資策略是 20 世紀初由班哲明·葛拉罕提出，20 世紀後半葉由大衛·卓曼推廣。探究價值策略的研究人員發現，這種策略的績效優異許多。

1992 年，范瑪教授（Fama）與法藍西教授（French）分析 1963 至 1990 年的美國股票報酬。[5] 他們根據股價淨值比把股票分成十級。股價淨值比最低的股票（「價值型」股票）每月平均報酬比股價淨值比最高的股票（「熱門型」股票）高 1.53%。他們分析本益比時發現，低本益比股票（價值型）比高本益比股票（熱門型）每月報酬平均多 0.68%。全球各地的股票都可以看到價值型股票表現優異的情況。[6]2005 年 2 月，我用 Factset 軟體分析股價淨值比和本益比皆低的價值型股票。我把市值超過 2.5 億美元的所有美國股票按兩種比例高低分別排列，然後再加總兩個排名重新排列。我用百分比表示最後的排名。2005 年以前的 15 年（1990 至 2004 年），每年都在 1 月 1 日重新排列清單，過去 15 年的平均報酬如圖 23.1 所示。從圖中可以看出，前 100 名最便宜股票的年報酬率（左邊）幾乎是前 100 名最熱門股票（右邊）的兩倍。最右邊的長條是下市股票的績效。

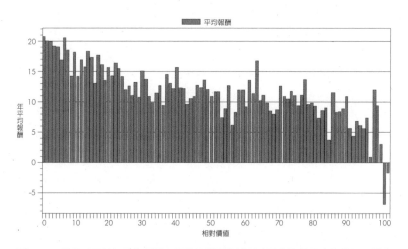

圖 23.1 美國股票的年平均報酬，根據相對價值排列（最左邊是深度價值股，最右邊是最貴的股票）。長條代表百分比，根據市賬率與本益比排名的加總排序。涵蓋期間從 1990 年到 2004 年。最左邊的股票是深度價值股，最右邊是熱門股。

23.4 │ 動力、規模與最適組合

價值型股票長期而言通常表現不錯，但想找短期的好股則需要不同的技巧。研究人員發現，前六週股價上漲的股票通常後續兩年的表現會優於大盤，順勢策略就是善用「價格動力」會讓股價進一步上漲的原則。

賈卡地許教授（Jegadeesh）與提特曼教授（Titman）根據股票過去的績效把股票分成十級，藉此找出動力異常現象。[7] 他們把 1963 到 1989 年間的美國股票按過去 6 個月的報酬分組，然後再算每一級後續 6 個月的平均報酬。過去報酬較高的股票在未來 6 個月的表現比過去報酬低的股票好，平均年報酬多 10%。後來又有另一項研究證實，原本獲利好的股票未來表現優於原本獲利差的股票可長達 3 年之久。[8]

研究人員也檢視了其他改良版的順勢策略。李教授（Charles M.C. Lee）與史瓦米納尚教授（Bhaskaran Swaminathan）在他們 1999 年的論文〈價格動力與交易量〉（Price Momentum and Trading Volume）中探討交易量與順勢投資策略。[9]

他們研究三種考慮之前交易量的順勢策略並比較三種策略的報酬。初期順勢策略（early-stage momentum strategy）是買進低量獲利股，賣出高量虧損股。後期順勢策略（late-stage momentum strategy）是買進高量獲利股，賣出低量虧損股。兩種策略的績效都優於大盤 1 年，但初期順勢策略的績效遠比後期策略及大盤的績效優異（高出 35%）且長達 4 年。後期策略 1 年後的表現就不如大盤了。所以，低量獲利股是最有可能維持優異表現的股票，高量虧損股可能持續表現不佳。

短期內，沒有支撐力的動能會迅速反轉。當股價上漲和新聞事件毫無關聯時，下個月的走勢通常會逆轉。[10] 毫無原由的價格上漲並沒有價格動力。

順勢策略理論上績效可以優於大盤，但需要經常輪動（持有時間較短），所以交易成本較高。此外，2006年順勢策略表現不佳。2006年中，華爾街有家大銀行就因為績效不佳而關閉順勢交易室。

順勢效益長期而言有有趣的反轉現象，過去3到5年表現不佳的股票，平均而言在未來3到5年的趨勢會反轉。理查．泰勒教授衡量紐約證交所1926至1982年間每3年的所有股票報酬率，[11] 以35檔績效最好的股票組成「贏家組」，以另外35檔獲利最糟的股票組成「輸家組」。後續3年，輸家組的年平均報酬每年比贏家組多8%。

另一方面，長期而言小型股的表現通常優於大型股。研究人員研究1963到1990年間每年股票報酬與公司市值之間的關係。他們把紐約證交所、美國證交所與那斯達克的股票根據規模分成十級。規模最小那一級的平均報酬每月平均比規模最大那一級高0.74%。風險的差異還不足以解釋報酬的差異。

我們該如何把這些市場異常現象全都併入打敗大盤的投資組合中？艾默利大學的宣肯（Shanken）與科薩里（Kothari）想找出最適資產配置，以便同時善用小型股、價值股和動力等市場異常現象獲利。[12] 他們以1963到2000年的股票為樣本，考慮到三種異常組合的未來獲利可能不如過去。結果發現，即使未來預期報酬只是過去報酬的四分之一，最適組合中約有一半以上是投資價值型股票，有三分之一是投資動力型股票。在維持風險不變下，這種策略可讓年預期報酬增加0.6%。當預期報酬是過去報酬的一半時，預期報酬增加更多，將近2%。

我們在第1章看過，積極的投資管理對多數投資人（不分散戶與專業投資人）來說都是虧損的。所以，學術界建議個人購買指數型基金，10年內避免察看股價（對長期投資人來說）。指數型基金費用低，長期績效比較可能優於債券（善用股票溢酬迷思）。指數型基金的風險管理也比直接買各檔股

票容易。投資人可以自己組合配置不同類型的指數型基金（各類股、外幣、大宗物資），創造風險較低的多角化投資組合。對多數投資人來說，買進指數型基金並長期持有是報酬率最高的投資方法。不過，如果投資人一再檢查基金價值，他們會看到更多的下檔風險，比較可能脫手賣出。

23.5 │ 聽謠言買，見事實賣

「聽謠言買，見事實賣」（buy on the rumor and sell on the news, BRSN）價格型態是指股價因預期可能事件而上漲，然後事件發生後馬上回跌的現象，這似乎是幾種偏誤造成的。許多交易員因預期正面事件而買進股票，例如「優於預期」的獲利報告、備受矚目的商品發表或有利的經濟消息。大家說交易員是「聽謠言買進」，因為正面事件尚未發生。預期事件的確發生時，股價往往會下跌，和大家預期的相反。

投資人對期待事件的正面預期會啟動阿肯柏氏核，阿肯柏氏核會驅動投資人承擔過量風險，隨著事件發生時間的逼近，阿肯柏氏核誘發的興奮感、時間折現與欲望誇大預期等現象，讓投資人對「優於預期」的新聞更加期待。這種過分樂觀也會增加投資人失望的機率。有項研究探討網路泡沫期間的「聽謠言買，見事實賣」效應，發現這種情況非常明顯。

加州大學柏克萊分校的布瑞特・楚魯曼教授（Brett Trueman）與同仁在網路泡沫的獲利發表期間發現「聽謠言買，見事實賣」型態。他們分析 1998 年 1 月到 2000 年 8 月之間 393 家網路公司的 1,875 份每季盈餘報告。結果發現在盈餘公布 5 天前買進網路股，然後在盈餘公布隔天開盤時馬上賣出的平均市場調整報酬是 4.9%。在盈餘公布隔天開盤就賣空小型股，5 天後收盤回補的平均市場調整報酬是 6.4%。[13] 大家對網路股的樂觀轉變成對獲利報告的

興奮期待。

光是著重市場氣氛或行為指標並無法設計出打敗大盤的策略，有多種條件促成「聽謠言買，見事實賣」型態。特定心理與神經科學因素都擴大了這種型態，包括：

- 會計資訊很有限或含糊
- 交易員有太多的流動性
- 概念非常鮮明或很有想像空間（即使是生動的名稱也有幫助）
- 有近乎「無限」的潛在市場可以驅動營收
- 團體迷思與群聚現象（例如不確定的謠言與媒體提及）
- 對公司或該類股原本就抱持樂觀
- 潛在報酬幅度很大
- 覺得報酬很確定
- 最近的價格變動趨勢
- 事件即將發生
- 交易員追求潛在獲利的高度衝動 [14]

交易員可以反轉上述因素，利用「聽謠言賣，見事實買」的型態獲利，但是這種策略的動態和「聽謠言買，見事實賣」不同。[15]

23.6 | 套利限制

「套利限制」防止交易人利用行為價值扭曲獲利。市場上很容易找出價值扭曲型態，但要找到扣除交易成本與結構障礙（例如賣空限制）之後還有

利可圖的型態就難多了。

套利限制主要分成三類：賣空限制、規模限制、交易成本。有些先決條件防止交易人在特定市場賣空，例如櫃檯交易市場（over-the-counter, OTC）或其他外國股市。有些市場只准造市者賣空，有些則是完全禁止。很多券商不讓投資人放空特定金額以下的股票，尤其是規模小的客戶。此外，經紀人通常不能借券賣空。

規模限制是指投入大筆套利部位就一定會導致市場關閉套利機會。在最糟的情境下，結清大筆套利部位會讓價格回到之前的價格無效率狀態，長期資本管理公司想出清部位時就是如此。

交易成本是大家最容易忽略的投資面向。交易成本一般包括佣金與證券滑價，以及共同基金的申購手續費與贖回手續費。每次買進或賣出大型股的交易成本是本金的 0.1%，買賣小型股的交易成本比例較高，買賣價差很大時，交易成本通常多達 10%。期貨的交易成本通常最小，不到 0.05%。積極進出股市的投資人可能因為交易成本而損失大幅獲利。

3Com 公司旗下 Palm 公司的首度公開發行就是有明顯套利機會卻不能做的例子。2000 年 3 月，3Com 在首度公開發行中出售子公司 Palm 5% 的股份，公司仍保留 95% 的持股。首度公開發行後，3Com 的每位股東間接持有 1.5 股的 Palm（9 個月後預計完全分割）。首度公開發行第一天交易後，Palm 的收盤價是每股 95 元，所以 3Com 的股價應該是 142 元以上；但 3Com 的收盤價其實是 81 元，這表示市場對於 3Com 不算 Palm 之後的事業評價是每股負 60 元。套利機會顯而易見，兩者股價在後續 9 個月顯然會逐漸聚合，但由於有賣空限制（可借券數有限），幾乎不可能進行套利。原本可以透過套利獲得的必然獲利，結果很多交易員都看得到摸不著。

23.7 | 行為財務基金的績效

　　行為財務學是應用投資心理的原則來投資。以行為財務學為投資策略基礎的基金長期的表現都優於大盤，其中一個明顯的例子就是富勒與泰勒資產管理公司從創立以來，平均基金報酬約 4%。不過最近許多資金也開始採用行為策略投資，可能削弱了一些富勒與泰勒資產管理公司的優勢。

　　李奇登斯坦（Lichtenstein）的 LGT 資本管理公司以行為財務學為原則，結合技術面與基本面市場評價法，來設計投資組合。有些策略是利用「投資人的不對稱風險觀感及多種投資期間」來獲利。[16] LGT 的說明書指出：「金融市場因應的不是實際狀況，而是預期，更精確地說是『預期的改變』。」[17] LGT 的基金波動性一直都比大盤低，成立以來報酬也比大盤高。他們的主檔基金從 1998 年 12 月 31 日成立以來已上漲 65%，相較之下，摩根士丹利全球指數才上漲 43%。

　　空間基金顧問公司（Dimensional Fund Advisers）由芝加哥大學商學院的范瑪教授與法藍西教授創立，管理的資金多達 690 億。范瑪與法藍西是 20 世紀後半葉最積極主張效率市場假設的學者。法藍西教授也曾在個人網站上發表打敗大盤的投資組合範例，[18] 他們兩位都是空間基金顧問公司的顧問。空間基金的選股依循三大原則，投資股票的比例高於固定收益標的（賺取股票風險溢酬）。他們投資較多小型股，因為小型股的長期報酬較高；此外也投資較多低價的價值型股票，低價價值股比高價成長股的預期報酬高。[19]

　　其他績效優異的行為財務學導向基金包括大衛‧卓曼管理的基金和 LSV 資產管理公司的基金（LSV 是由一些行為財務學先驅創立的）。過去幾年，很多大銀行與基金管理公司紛紛趕上行為財務投資策略的熱潮，摩根士丹利與 J‧P‧摩根也在其中。

23.8 ｜行為投資商品

投資散戶利用調整過情緒偏誤的投資計畫也可以獲利。目前很少美國人有足夠的積蓄可以退休，大多是因為以下幾種偏誤合併造成的：時間折現（拖延儲蓄的痛苦）、惰性（優柔寡斷與毫不行動）、害怕市場風險（避免投資股市）、過度自信（認為以後可以存更多）。

什洛莫・貝納茲教授與理查・泰勒教授設計了一套退休計畫來改善儲蓄率，他們稱之為 SMarT 計畫。「我們的目的是設計一套計畫，幫助想要儲蓄更多但缺乏意志力落實這項欲望的員工。」這項計畫已經大幅提升退休儲蓄率，SMarT 計畫的參與者在 40 個月內，平均儲蓄率從 3.5% 增加到 13.6%。[20]

SMarT 計畫的做法如下。第一，員工預計加薪前的 3 個月，請他們準備增加儲蓄率。第二，加薪後，第一份薪水入帳時就提高儲蓄率。第三，每次加薪就提高儲蓄率，直到儲蓄率達到預設的最高點。第四，員工可以隨時選擇退出。

為了鼓勵員工參與 SMarT 計畫，研究人員把儲蓄的痛苦往後延緩一些。此外，他們從員工未來的加薪中撥存較高的比例到儲蓄金，所以可以減少短期的痛苦。設計者也利用自動化的好處，讓參與者不需為了存錢採取任何行動。2006 年美國政府立法規定必須有「選擇退出」的退休計畫。在「選擇退出」計畫中，員工自動加入退休儲蓄計畫，定期從收入中扣款存入退休儲蓄金。在申請退出之前，他們可以每年保有入會身分。這種自動化設計可以用來對抗人的惰性。

除了 SMarT 計畫外，還有很多人想在金融商品的設計中加入行為財務學原則。「目標導向投資」是把儲蓄投入多個鎖定目標的投資組合中，以管理心理帳戶（注：mental accounting，人們心中同時存在好幾個不同的帳戶，可

以把不同的資訊分別放入相對應的帳戶中）的心理偏誤。這種方式的目的是要簡化投資過程，讓它更容易了解。

「生命週期」資產配置策略則是隨著年紀漸長，逐漸把資產配置從風險性股票移到固定收益債券上。這是根據加入年紀自動改變，也會考慮到退休後風險趨避的自然增加。

23.9 │ 結語

本書涵蓋的議題很廣，並不是全部都講得很精簡。雖然行為財務學領域如今已逐漸風行，但神經財務學仍在起步階段。不過，神經財務學的工具正迅速進步，例如神經回饋、大腦導向訓練課程、財務人格分類等。如今阻礙進步的主要因素是缺乏訓練有素的人員進行研究並應用到投資領域中，另一個障礙則是缺乏方便攜帶、舒適、便利的神經科學技術。

神經財務學會是曇花一現的熱潮嗎？我想應該不會。

投資人還沒能好好利用神經財務學，在個人層面與投資組合及交易策略的設計上都還有應用空間。神經財務學具有重要的力量，它以數百萬互動大腦的內部處理為基礎，還有心理學的法則為依據。幾十年後，隨著技術發展，接受度提高，神經財務學將會對投資過程產生很大的貢獻，不過目前仍在初始階段。

我希望投資散戶可以把本書的一些見解與知識運用到日常投資中，雖然情緒、動機、認知偏誤與情感防衛都是潛意識的，但多了解它們可以使其浮上檯面。在自知自覺與自律下，我們可以採取行動糾正缺點與強化優點。人們已經和潛意識的偏誤對抗上千年了，冥想與瑜珈之類的訓練課程已歷經好幾世代的開發與改進。

本書前前後後提供了不少自助式建議，但有一點需要在此提醒讀者，在沒有外部教練或指導下，很可能忽略這些技巧的使用（這又是另一種情感防衛）。

如果你決定展開內心改變之旅，切記，外部報酬（獲利）只是附帶的好處，快樂與滿足的人生才是終極目標。

感謝各位花時間閱讀本書，歡迎大家隨時向筆者提出問題與指教，祝各位富足安康。

謝辭

　　這本書寫了好幾年，很多人都有貢獻，我無法在此一一答謝。我很感謝家人與朋友的關懷與鼓勵，內人 Sarah 在撰稿期間所展現的樂觀與耐心，尤其令我深深感念。

　　我也很感激數百位研究人員與研究助理的努力，他們的實驗是本書的基礎。沒有他們的奉獻與熱情，人類知識就無法進一步拓展。

　　許多科學家在無數討論中分享他們的觀點，這些內容即使沒有明顯納入本書，但觀念上已經融入。Brian Knutson 是我的恩師，沒有過去追隨他學習的日子，這本書永遠不可能完成。林錦宏大方提供他為東吳賭局實驗所做的實驗資料，Carrie Armel 教我臉部肌電圖的基礎。我也想感謝 Paul Zak 針對經濟行為與個人生理之間的交集所發表的宏觀見解，還有 Hilke Plassman、Scott Huettel、Paul Slovic、Greg Berns、Elke Weber、Ernest Barratt、Jamil Bhanji 等人的鼓勵，他們都大方和我們進行長時間的討論並接受專訪。

　　在財務方面，我特別感謝父親 Richard Peterson 在我年輕時就帶我投資市場，這些年來多次和我精采討論財金議題。謝謝 Camelia Kuhnen 熱心分享行為財務學與神經財務學的優缺點。感謝 Hersh Shefrin、Mark Seasholes、David Leinweber、Zhaohui Zhang、Andrew Lo、Hank Pruden 幫我了解現代行為財務學與行為投資策略的基礎。《行為財務學期刊》（Journal of Behavioral Finance）的編輯 Bob Olsen 對本書也有很大的貢獻，他編輯的期刊針對心理偏誤的實務效應提出了許多精闢見解。

　　謝謝投資心理學家 Frank Murtha、Doug Hirschhorn、Denise Shull、Flavia Cymbalista、Alden Cass、Janice Dorn 等人分享的精采故事與實務觀點。我為

本書的自修章節準備內容時，表現心理學家 Howard Fleischman 提供了不少寶貴建議。

謝謝 Michael Mauboussin 在我們的精采討論與其佳作中說明了基金管理的心理實務面。我也很感謝 David Strong、Martin Auster、Carlo Cannell、Patrick Acasio、Rafael Drouhy、Sean Phelan、Faris Hitti、Dan Beale、John Cammack、Bill Miller、Arnold Wood、Dan Case、Emily Wong 等金融從業人員所提供的實務觀點。另外，Shirley Mueller、Ken Winans、Michael Lauren、Santosh Keni、Adil Yousufzai、Michael Mcdonough、Nitin Birla、Andy Byer 等財務顧問也分享了他們的見解。

好友 Tom Samuels 既樂觀又熱情，是我心理治療的啟蒙老師，自從我大言不慚告訴他，我可以在 40 小時內寫完本書以來，他都一直支持著我。Richard Friesen 打從一開始就為我加油打氣，誠實提供意見。沒有 Wiley 出版社 Emilie Herman 的督促與耐心，這本書不可能問世。謝謝 Pamela van Giessen 與 Bill Falloon 讓我在撰寫本書時可以好好休息，感謝 Wiley 出版社的 Christina Verigan 幫我鎖定主題。

最後要謝謝與我分享個人經歷的投資人，他們的名字無法在此曝光，但他們精采與慘痛的投資經驗都鼓勵我進一步探索投資人的內心世界。我希望藉由分享他們的經歷，能讓後人不再重蹈覆轍，並效法他們的卓越投資訣竅。

關於作者

理察‧彼得森（Richard L. Peterson）是市場心理顧問公司（Market Psychology Consulting）創辦人，專門協助金融從業人員改善績效。彼得森曾研發「金錢與投資人格測試」等五套心理測試產品，如今正在開發管理投資組合的市場分析軟體與創新的投資策略。

1995年，彼得森在德州大學取得電機工程學士與 Plan II 課程的藝術學位。2000年，他從德州大學醫學院以優異的成績取得醫學博士學位。2004年，他在聖馬刁醫療中心（San Mateo Medical Center）完成精神科住院醫師訓練，同時在史丹佛大學進行神經科學的博士後研究。

大學畢業後，彼得森為一家投資合夥事業設計股市預測軟體並從事期貨交易。後來，他念醫學院以及在史丹佛研究神經造影時，便開始探究情緒對財務決策的影響。

彼得森曾在經濟、財金、心理與精神科學期刊發表科學論文，他是《行為財務學期刊》的副編輯，也在社會科學研究網絡（Social Science Research Network, SSRN）的實驗與行為財務領域擔任顧問。此外，彼得森也是神經經濟學會（Society for Neuroeconomics）、心理與市場學會（Institute of Psychology and Markets）、美國精神醫學學會（American Psychiatric Association）等組織的成員。

他的專業興趣主要是研究情感對投資決策的影響，尤其是金融市場中以神經為基礎的異常套利。他對市場的長期興趣源自於早年的投資經驗（12歲起）與期貨交易，後來則是持續應用心理原則來開發投資策略。

注釋

序章

1 路易士（M. Lewis）。1990。《老千騙局》（*Liar's Poker*）。紐約：企鵝出版社（Penguin）。第 15 頁。

2 羅文斯坦（R. Lowenstein）。2000。《天才殞落：華爾街最扣人心弦的風險賭局》（*When Genius Failed: The Rise and Fall of Long Term Capital Management*）。紐約：藍燈書屋（Random House）。

3 麥凱（C. MacKay）。1841。《異常流行幻象與群眾瘋狂》（*Extraordinary Popular Delusion and the Madness of Crowds*）。倫敦：皇冠出版社（Crown Publishing）。www.historyhouse.com/ book. asp?isbn=051788433X。

4 鮑爾斯（R. Powers）。2005。《馬克吐溫的一生》（*Mark Twain: A Life*）。紐約：自由出版社（Free Press）。第 xi 頁。

5 馬克吐溫。1872。《苦行記》（*Roughing It*）。第 26 章。經典文學圖書館的免費公共版權作品。http://mark-twain.classicliterature.co.uk/roughing-it/。

6 同上。

7 同上。第 58 章。

8 同上。

9 史戴曼（M. Statman）。2003。〈一世紀的投資人〉（A Century of Investors）。《財務分析師期刊》（*Financial Analysts Journal*），59（3）（5／6 月號）。

第 1 章

1 強森（R.L. Johnson）。1998。〈零售券商的當沖分析〉（Day Trading: An Analysis of Public Day Trading at a Retail Day Trading Firm）。www.nasaa.org/searchablefiles/1405/ DayTradingAnalysis. pdf。

2 傅魯（A. Frew）。1999。〈當局開始取締當沖交易，但合理嗎？〉（States Spearhead the Crackdown on Day Trading ,but Is It Warranted?）。Money.CNN.com。9 月 1 日。http://money.cnn. com/1999/09/01/investing/daytraderegulators/。

3 卡明（C. Karmin）、謝斯特（M. Sesit）。2005。〈貨幣市場成為投機標的，詐欺當沖客在外匯交易中找到新管道；很多人都想當索羅斯〉（Currency Markets Draw Speculation, Fraud Day Traders Find New Outlet in Foreign-Exchange Wagers; A Lot of George Soros Wannabes）。《華爾街日報》。7 月 26 日。

4 巴柏（B.M. Barber）、李怡宗（Yi-Tsung Lee）、劉玉珍（Yu-Jane Liu）、泰瑞斯・奧丁（Terrance Odean）。2005。〈交易中誰虧損？台灣的實證〉（Who Loses from Trade? Evidence from Taiwan）。AFA 2006 年波士頓大會論文。http://ssrn.com/abstract=529062。

5 奧丁、巴柏。2000。〈交易不利財富：散戶的普通股投資績效〉（Trading Is Hazardous to Your Wealth: The Common Stock Investment Performance of Individual Investors）。《財務期刊》（*Journal of Finance*）。55（2）：773–806。

6 奧丁。1998。〈投資人不願認賠殺出嗎？〉（Are Investors Reluctant to Realize Their Losses?）。《財務期刊》，53：1775–1798。

7 奧丁、巴柏。2000。〈什麼人玩什麼股〉（You Are What You Trade）。《彭博個人理財》（*Bloomberg Personal Finance*）。5 月。

8 奧丁。1999。〈投資人交易太頻繁嗎？〉（Do Investors Trade Too Much?）。《美國經濟評論》（*American Economic Review*）。12 月：1279–1298。

9 柏格（J.C. Bogle）。2005。〈六十年後的共同基金產業：變好或變糟〉（The Mutual Fund Industry Sixty Years Later: For Better or Worse?）。《財務分析師期刊》，61（1）（1／2月號）：15–24。

10 大壩研究公司新聞稿（Dalbar Press Release）。2003。大壩 2003 年投資人行為的量化分析（QAIB）。www.dalbarinc.com/content/printerfriendly.asp?page=2003071601。

11 沃莫斯（R. Wermers）。2000。〈共同基金的績效：實務剖析選股能力、型態、交易成本與費用〉（Mutual Fund Performance: An Empirical Decomposition into Stock-Picking Talent, Style, Transactions Costs, and Expenses）。《財務期刊》，55（4）（8月）。

12 賈哈特（M. Carhart）。1997。〈共同基金績效的持久性〉（On Persistence in Mutual Fund Performance）。《財務期刊》，52：57–82。

13 沃莫斯等人。2006。〈共同基金的明星真的會挑股票嗎？自立分析的新證明〉（Can Mutual Fund Stars Really Pick Stocks? New Evidence from a Bootstrap Analysis）。SSRN 研討論文。

14 米拉克（B. Mizrach）、威爾茲（S. Weerts）。2004。〈網路專家：公開網路聊天室內的交易活動分析〉（Experts Online: An Analysis of Trading Activity in a Public Internet Chat Room）。經濟系研討論文。羅格斯大學（Rutgers University）。

15 喬其特・傑森（Georgette Jasen）。2002。〈十四年後收起飛鏢：華爾街日報停辦飛鏢選股〉（Putting Away the Darts after 14Years: The Wall Street Journal's Dart board Ends Its Run）。4 月 18 日。

16 麥克里（R. Michaely）、沃麥克（K. Womack）。2005。〈市場效率與偏誤〉（Market Efficiency and Biases）。理查・泰勒（Richard Thaler）編輯的《行為財務學的進展》（*Advances in Behavioral Finance*）第二集。紐約：羅素薩吉基金會（Russell Sage Foundation）。

17 巴柏、羅伊弗樂（D. Loeffler）。1993。〈投資標的建議欄：二手資訊與價格壓力〉（The 'Dartboard' Column: Second Hand Information and Price Pressure）。《財務與量化分析期刊》（*Journal of Financial and Quantitative Analysis*），28：273–284。

18 巴柏、樂哈維（R. Lehavy）、尼可斯（M. Nichols）、楚門（B. Trueman）。2001。〈投資人可因預言獲利嗎？證券分析師的建議與股票報酬〉（Can Investors Profit from the Prophets? Security Analyst Recommendations and Stock Returns）。《財務期刊》，61。No.2：531–563。

19 富勒（R. Fuller）。1998。〈行為財務學與 α 來源〉（Behavioral Finance and the Sources of Alpha）。《退休金計畫投資期刊》（*Journal of Pension Plan Investing*），2（3）（冬季號）。

20 同上。

21 「由期初起算報酬」的平均 α 和基準相比。摘自 2006 年第 2 季。www.fullerthaler.com/quarterlyReview/newsltr2006Q2.pdf。

22 莫布新（M. Mauboussin）。2006。《魔球投資學》（*More Than You Know*）。紐約：哥倫比亞大學出版社。

23 同上。83 頁。

24 赫舒拉發（D. Hirshleifer）、尋威（T. Shumway）。2003。〈好日子陽光明媚：股票報酬與天氣〉（Good Day Sunshine: Stock Returns and the Weather）。《財務期刊》，58（3）（6 月）：1009–1032。

25 坎斯壯（M. Kamstra）、克萊默（L. Kramer）、勒維（M. Levi）。2003。〈冬季憂鬱：傷感的股市循環〉（Winter Blues: A SAD Stock Market Cycle）。《美國經濟評論》，93（1）（3 月）：324–343。

26 林帕法永（P. Limpaphayom）、洛克（P. Locke）、薩拉裘蒂（P. Sarajoti）。2005。〈隨風而去：芝加哥天氣與期貨交易〉（Gone with the Wind: Chicago Weather and Futures Trading）。2005 年 FMA 年度大會研討論文。www.fma.org/Chicago/Papers/gloomdoomweather futurestrading.pdf。

27 克里維爾優瓦（A. Krivelyova）、羅柏提（C. Robotti）。2003。〈地磁風暴與股市〉（Playing the Field: Geomagnetic Storms and the Stock Market）。研討論文。亞特蘭大聯準備銀行。

28 袁（K. Z. Yuan）、鄭（L. Zheng）、朱（Q. Zhu）。2001。〈投資人會受月亮盈缺的影響嗎？月相與股市報酬〉（Are Investors Moonstruck? Lunar Phases and Stock Returns）。9 月 5 日。http://ssrn.com/ abstract=283156orhttp://dx.doi.org/10.2139/ssrn.283156 "\t" blank。

29 克拉克（R. Clarke）、史戴曼。1998。〈看多或看空？〉（Bullish or Bearish?）。《財務分析師期刊》，5 ／ 6 月號。

30 費雪（K. Fisher）、史戴曼。2000。〈投資人情感與股票報酬〉（Investor Sentiment and Stock Returns）。《財務分析師期刊》。3 ／ 4 月號。

31 同上。

32 同上。

33 費雪、史戴曼。2004。〈情感、價值與市場時機〉（Sentiment, Value, and Market Timing）。《投資期刊》（*Journal of Investing*），秋季號：10–21。

第 2 章

1 高曼（D. Goleman）。1995。《EQ》（*Emotional Intelligence: Why It Can Matter More than IQ*）。紐約：班坦出版社（Bantam）。

2 達馬吉歐（A. Damasio）。1999。《發生的感覺：意識形成時的身體與情緒》（*The Feeling of What Happens: Body and Emotion in the Making of Consciousness*）。紐約：哈考特・布雷斯公司（Harcourt Brace & Company）。

3 比爾（J.S. Beer）、奈特（R.T. Knight）、戴斯波西多（M. D' Esposito）。2006。〈控制情緒與認知的整合：區分有益與有害資訊時，額葉皮質的角色〉（Controlling the Integration of Emotion and Cognition: The role of Frontal Cortex in Distinguishing Helpful from Hurtful Emotional Information）。《心理科學》（*Psychological Science*），17（5月）：448–453。

4 貝沙拉（A. Bechara）、達馬吉歐（A.R. Damasio）、達馬吉歐（H. Damasio）、安德森（S.W. Anderson）。1994。〈人類前額葉皮質受損後對未來後果毫不在意〉（Insensitivity to Future Consequences Following Damage to Human Prefrontal Cortex）。《認知》（*Cognition*），50：7–15。

5 貝沙拉、達馬吉歐、崔訥（D. Tranel）、達馬吉歐。2005。〈愛荷華賭局實驗與軀體標記假說：一些問與答〉（The Iowa Gambling Task and the Somatic Marker Hypothesis: Some Questions and Answers）。《認知科學的趨勢》（*Trends in Cognitive Sciences*），9（4）（4月）。

6 貝沙拉、達馬吉歐、崔訥、達馬吉歐。1997。〈在知道優勢策略前先做有利決策〉（Deciding Advantageously before Knowing the Advantageous Strategy）。《科學》（*Science*），275：1293–1295。

7 麥克林（P.D. MacLean）。1990。《三位一體腦演化》（*The Triune Brain in Evolution: Role in Paleocerebral Functions*）。紐約：充實出版社（Plenum Press）。

8 普拉巴卡蘭（V. Prabhakaran）、瑞普瑪（B. Rypma）、加布力里（J.D. Gabrieli）。2001。〈數學推理的神經基礎：進行必要算數演算測試時新皮質啟動的 fMRI 研究〉（Neural Substrates of Mathematical Reasoning: A Functional Magnetic Resonance Imaging Study of Neocortical Activation during Performance of the Necessary Arithmetic Operations Test）。《神經心理學》（*Neuropsychology*），15（1）（1月）：115–127。

9 戴維森（R.J. Davidson）、傑克森（D.C. Jackson）、卡林（N.H. Kalin）。2000。〈情緒、塑性、背景、規範：情感神經科學的觀點〉（Emotion, Plasticity, Context, and Regulation: Perspectives from Affective Neuroscience）。《心理報告》（*Psychological Bulletin*），126：890。

10 斯賓塞（H. Spencer）。1880。《心理學原理》（*Principles of Psychology*）。紐約：艾波頓出版社（Appleton Press）。

11 希斯（R.G. Heath）。1964。〈直接刺激大腦的人體愉悅反應：生理與心理動力的考量〉（Pleasure Response of Human Subjects to Direct Stimulation of the Brain: Physiologic and Psychodynamic Considerations）。希斯編輯的《歡樂在人類行為中的角色》（*The Role of Pleasure in Human Behavior*）。紐約：賀伯出版社（Hoeber），219–243 頁。

12 歐多赫提（J. O' Doherty）、戴希曼（R. Deichmann）、奎齊立（H.D. Critchley）、多蘭（R.J. Dolan）。2003。〈時間差分模型與人腦的報酬相關學習〉（Temporal Difference Models and Reward-Related Learning in the Human Brain）。《神經元》（*Neuron*），38：329–337。

13 卡拉瑪（S.Karama）、樂顧斯（A.R. Lecours）、樂魯（J.M. Leroux）等人。2002。〈觀看情色電影片段時男女大腦的啟動部位〉（Areas of Brain Activation in Males and Females during Viewing of Erotic Film Excerpts）。《人腦圖》（*Human Brain Mapping*），16（1）：1–13。

14 瑞林（J. Rilling）、古特曼（D. Gutman）、策（T. Zeh）等人。2002。〈社交合作的神經基礎〉（A Neural Basis for Social Cooperation）。《神經元》，35（2）：395。

15 厄克（S. Erk）、史匹瑟（M. Spitzer）、溫德里希（A.P. Wunderlich）等人。2002。〈文化物體調節報酬線路〉（Cultural Objects Modulate Reward Circuitry）。《神經報告》（Neuroreport），13（18）：499–503。

16 莫伯斯（D. Mobbs）、葛來修斯（M.D. Greicius）、艾柏戴爾 - 阿幸（E. Abdel-Azim）等人。2003。〈幽默調節中腦報酬中心〉（Humor Modulates the Mesolimbic Reward Centers）。《神經元》，40（5）：1041–1048。

17 德括帆（D.J. deQuervain）、費許巴赫（U. Fischbacher）、崔友（V. Treyer）等人。1994。〈利他懲罰的神經基礎〉（The Neural Basis of Altruistic Punishment）。《科學》，305（5688）：1254。

18 〈來自大腦受損投資人的啟示〉（Lessons from the Brain-Damaged Investor）。《華爾街日報》。2005 年 7 月 21 日。

19 張（H.K. Chang）。2005。〈情緒可負面影響投資決策〉（Emotions Can Negatively Impact Investment Decisions）（9 月）。史丹佛 GSB。www.gsb.stanford.edu/news/ research/finance_shiv_invesmtdecisions.shtml。

第 3 章

1 舒茲（W. Schultz）、大洋（P. Dayan）、蒙塔格（P.R. Montague）。1997。〈預期與報酬的神經基礎〉（A Neural Substrate of Prediction and Reward）。《科學》，275：1593–1599。

2 蘇里（R.E. Suri）、舒茲。2001。〈時間差分模型降低預期神經活動〉（Temporal Difference Model Reproduces Anticipatory Neural Activity）。《神經運算》（Neural Computation），13:841–862。

3 參見注 1。

4 梅德維（V.H. Medvec）、梅德里（S.F. Madey）、吉羅維其（T. Gilovich）。1995。〈違實思考與奧運得獎者的滿足〉（When Less Is More: Counterfactual Thinking and Satisfaction among Olympic Medalists）。《人格與社會心理期刊》（Journal of Personality and Social Psychology），69（4）（10月）：603–610。

5 克希（I. Kirsch）、薩皮爾斯坦（G. Sapirstein）。1998。〈抑鬱劑的統合分析〉（Listening to Prozac but Hearing Placebo: A Meta-Analysis of Antidepressant Medication）。《預防與治療 1》（Prevention &Treatment 1）（6 月）。

6 塔爾柏（M. Talbot）。2000。〈安慰劑處方〉（The Placebo Prescription）。《紐約時報》。1 月 9 日。

7 BBC。1987。〈華爾街崩盤後股價暴跌〉（Shares Plunge after Wall Street Crash）。10 月 19 日。http:// news.bbc.co.uk/onthisday/hi/dates/stories/october/19/newsid3959000/ 3959713.stm。

8 同上。

9 昆達（Z. Kunda）。1990。〈動機性推理案例〉（The Case for Motivated Reasoning）。《心理報告》，108（3）（11 月）：480–498。

10 迪多（P.H. Ditto）、姆洛（G.D. Munro）、阿帕諾維其（A.M. Apanovitch）等人。2003。〈自然懷

疑：對有利與不利的醫學檢驗結果產生的激勵與預期互動〉（Spontaneous Skepticism: The Interplay of Motivation and Expectation in Responses to Favorable and Unfavorable Medical Diagnoses）。《人格與社會心理報告》（*Personality and Social Psychology Bulletin*），29（9）：1120–1132。

11 魏斯登（D. Westen）、布拉哥夫（P. Blagov）、哈仁斯基（K. Harenski）、基爾茲（C. Kilts）、哈曼（S. Hamann）。2006。〈動機性推理的 fMRI 研究：美國總統大選的黨派推論〉（An fMRI Study of Motivated Reasoning: Partisan Political Reasoning in the U.S. Presidential Election）。研討論文。10 月 1 日。http://www .uky.edu/AS/PoliSci/Peffley/pdf/Westen%20The%20neural%20basis%20of%20 motivated%20reasoning.pdf。

12 同上。

13 同上。

14 道森（E. Dawson）、吉羅維其、瑞根（D. Regan）。2002。〈動機性推理與瓦森實驗的績效〉（Motivated Reasoning and Performance on the Wason Selection Task）。《個性與社會心理報告》，28：1379–1387。

第 4 章

1 弗爾（J. Foer）。2005。〈服用愛德樂的我：我與 ADHD〉（The Adderall Me: My romance with ADHD）。2005 年 5 月 10 日週二上午（美東時間）7:26 更新。Slate.com。www.slate.com/ id/2118315/。

2 阿哈亞尼安（G. Aghajanian）、山德斯 - 布希（E.Sanders-Bush）。2006。〈血清素〉（Serotonin）。《神經心理藥物學：第五代流程》（*Neuropsychopharmacology: The Fifth Generation Process*）。www. acnp.org/Docs/ G5/CH215–34.pdf。

3 葛雷斯（A. Grace）。2006。〈多巴胺〉（dopamine）。《神經心理藥物學：第五代流程》。www. acnp.org/G4/GN401000014/CH014.html。

4 〈美國按數量排名的前三百大處方藥〉（The Top 300 Prescriptions for 2005 by Number of US Prescriptions Dispensed）。2006。〈藥品索引：網路藥物索引〉（RxList: The Internet Drug Index）。www.rxlist.com/top200.htm。

5 萊夫（A. Reif）、賴胥（K.P. Lesch），2003。〈個性的分子架構〉（Toward a Molecular Architecture of Personality）。《行為大腦研究》（*Behavioral Brain Research*）。

6 侃里（T. Canli）、歐姆拉（K. Omura）、哈斯（B.W. Haas）等人。2005。〈情感之外：認知注意實驗期間，血清素轉運物質的基因變化在神經啟動中的角色〉（Beyond Affect: A Role for Genetic Variation of the Serotonin Transporter in Neural Activation during a Cognitive Attention Task）。《國家科學院會議紀錄》（*Proceedings of the National Academy of Science*），102（34）（8 月 23 日）：12224–12229（電子版：2005 年 8 月 10 日）。

7 赫曼（M.J. Herrmann）、忽特（T. Huter）、慕勒（F. Muller）等人。2006。〈血清素轉運物與第二色胺酸氫氧化脢基因變化對情緒處理的強化效果〉（Additive Effects of Serotonin Transporter and Tryptophan Hydroxylase-2 Gene Variation on Emotional Processing）。《大腦皮質》（*Cerebral*

Cortex）。6月26日（電子版比印刷版早）。

8　羅傑斯（R.D. Rogers）、藍卡斯特（M. Lancaster）、沃克里（J. Wakeley）、巴格瓦加（Z. Bhagwagar）。2004。〈乙型接受器阻斷劑對人類決策因素的影響〉（Effects of Beta-Adrenoceptor Blockade on Components of Human Decision-Making）。《心理藥物學》（*Psychopharmacology*）（柏林），172（2）（3月）：157–164。

9　羅法洛（W.R. Lovallo）、阿爾阿柏西（M. Al' Absi）、布里克（K. Blick）、懷賽特（T.L. Whitsett）、威爾森（M.F. Wilson）。1996。〈年輕健康男子體內腎上腺皮質激素對咖啡因產生類壓力反應〉（Stress-like adrenocorticotropin responses to caffeine in young healthy men）。《藥理學、生物化學和行為》（*Pharmacology Biochemistry & Behavior*），55，365–36。

10　栗山（S. Kuriyama）、島津（T. Shimazu）、大森（K. Ohmori）、菊地（N. Kikuchi）等人。2006。〈綠茶攝取量及日本心血管疾病、癌症與其他原因的死亡〉（Green Tea Consumption and Mortality Due to Cardiovascular Disease, Cancer, and All Causes in Japan）。《美國醫藥學會期刊》（*Journal of the American Medical Association*）（9月13日）：1255–1265。

11　蓋胥（C.B. Gesch）、哈莫德（S.M. Hammond）、漢普森（S.E. Hampson）等人。〈補充維他命、礦物質與必須脂肪對年輕囚犯反社會行為的影響：隨機安慰劑對照實驗〉（Influence of Supplementary Vitamins, Minerals and Essential Fatty Acids on the Antisocial Behaviour of Young Adult Prisoners: Randomised, Placebo Controlled Trial）。《英國精神病學期刊》（*British Journal of Psychiatry*），181（7月）：22–28。

12　本哈特（S.L. Bernhardt）。2005。〈躁鬱症：緩和躁鬱症的瘋狂〉（Bipolar Disorder: Tempering the Mania of Manic Depression）。www.have-a-heart.com/bipolar-depression.html。

13　費孚（R. Fieve）。1978。《情緒波動》（*Moodswing: The Third Revolution in Psychiatry*）。紐約：班坦出版社。

14　美國精神醫學學會（American Psychiatric Association）。2000。《心理疾病診斷及統計手冊》（*Diagnostic and Statistical Manual of Mental Disorders*）第四版。文字改版（DSM-IV-TR）。2000。華盛頓特區：美國精神醫學學會。

15　金（S.W. Kim）、葛蘭特（J.E. Grant）、艾德森（D.E. Adson）、辛（Y.C. Shin）。2001。〈以納曲酮與安慰劑治療病態賭博的雙盲比較研究〉（Double-Blind Naltrexone and Placebo Comparison Study in the Treatment of Pathological Gambling）。《生物精神醫學》（*Biological Psychiatry*），49（11）（6月1日）：914–921。

16　迪加拉（G. Di Chiara）、印柏拉多（A. Imperato）。1998。〈μ與κ鴉片類親和劑對阿肯柏氏核內多巴胺的釋放及自由移動老鼠的背部尾端所產生的相反效果〉（Opposite Effects of Mu and Kappa Opiate Agonists on Dopamine Release in the Nucleus Accumbens and in the Dorsal Caudate of Freely Moving Rats）。《藥理學與實驗療法期刊》（*Journal of Pharmacology and Experimental Therapeutics*），244：1067–1080。

17　加亞蘭—林德史壯（N. Jayaram-Lindstrom）、溫伯格（P. Wennberg）、賀德（Y.L. Hurd）、法蘭克（J. Franck）。2004。《臨床心理藥物學期刊》（*Journal of Clinical Psychopharmacology*），24（6）（12月）：665–669。

18　布洛克（K. Bullock）、可藍（L. Koran）。2003。〈購物狂的心理藥物學〉（Psychopharmacology of compulsive buying）。《今日醫藥》（*Drugs of Today*）（巴塞隆納）：695–700。

19　賽克森納（S Saxena）與梅德門（Maidment KM）。2004。〈治療強迫性囤積症〉（Treatment of compulsive hoarding）。《臨床心理學期刊》（*Journal of Clinical Psychology*），60（11）（11月）：1143–1154。

20 賈各斯（A. Jacobs）。2005。〈愛德樂優點〉（The Adderall Advantage）。《紐約時報》。7月31日。www.nytimes.com/2005/07/31/education/edlife/jacobs31.html?ex= 1160280000&en=7662c0a7d4339 c43&ei=5070。

21 菲利普斯（P. Phillips）。2005。〈2005年世界撲克牌大賽：我如何大賺 $350,000：我的化學武器莫達非尼〉（The 2005 World Series of Poker: How I Blew $350,000 Plus: My Chemical Weapon, Modafinil）。Slate.com。7月7日。

22 內斯（R. Nesse）。2000。〈市場在服百憂解嗎？〉（Is the Market on Prozac?）。《第三文化》（*The Third Culture*）。2000年2月28日。

23 克拉麥（P.D. Kramer）。1993。《聆聽百憂解：精神科醫師探索抗鬱劑及個人再造》（*Listening to Prozac: A Psychiatrist Explores Antidepressant Drugs and the Remaking of the Self*）。紐約：維京出版社（Viking）。

24 柯納森（B. Knutson）、沃克維茲（O.M. Wolkowitz）、柯爾（S.W. Cole）等人。1998。〈以血清氨基酸類選擇性改變個性與社交行為〉（Selective Alteration of Personality and Social Behavior by Serotonergic Intervention）。《美國精神病學期刊》（*American Journal of Psychiatry*），155：373–379。

25 戴爾本（C.M. Del-Ben）、迪肯（J.F. Deakin）、麥克其（S. McKie）等人。2005。〈正常的自願受試者服用解憂喜後對神經心理實驗的神經反應：fMRI 研究〉（The Effect of Citalopram Pretreatment on Neuronal Responses to Neuropsychological Tasks in Normal Volunteers: An fMRI Study）。《神經心理藥物學》。4月13日。

26 藍恩（S.D. Lane）、切瑞克（D.R. Cherek）、闕若米欣（O.V. Tcheremissine）等人。2005。〈大麻對人類冒險程度的重大影響〉（Acute Marijuana Effects on Human Risk Taking）。《神經心理藥物學》，30(4)（4月）：800–809。

27 藍恩、切瑞克、皮耶創斯（C.J. Pietras）、闕若米欣。2004。〈酒精對人類冒險程度的影響〉（Alcohol Effects on Human Risk Taking）。《神經心理藥物學》（柏林），172（1）（2月）：68–77。

28 羅傑斯、藍卡斯特、沃克里、巴格瓦加。2004。〈乙型接受器阻斷劑對人類決策因素的影響〉（Effects of Beta-Adrenoceptor Blockade on Components of Human Decision-Making）。《心理藥物學》（*Psychopharmacology*）（柏林），172（2）（3月）：157–164。

29 迪肯（J.B. Deakin）、艾特肯（M.R. Aitken）、道森（J.H. Dowson）等人。2004。〈待爾靜錠對男性自願受試者產生非抑制認知效果〉（Diazepam Produces Disinhibitory Cognitive Effects in Male Volunteers）。《心理藥物學》（*Psychopharmacology*）（柏林）。173(1–2)（4月）：88–97。

30 藍恩、闕若米欣、李文（L.M. Lieving）等人。2005。〈阿普唑侖對風險決策的重大影響〉（Acute Effects of Alprazolam on Risky Decision Making in Humans）。《心理藥物學》（*Psychopharmacology*）（柏林）。4月14日。

31 摩根（D. Morgan）、葛蘭特（K. Grant）、蓋吉（H. Gage）等人。2002。〈猩猩的社會主導：多巴胺第二型受體與自行服用古柯鹼〉（Social Dominance in Monkeys: Dopamine D2 Receptors and Cocaine Self-Administration）。《自然神經科學》（*Nature Neuroscience*），5：169–174。

32 同上。

第 5 章

1 布朗寧（E.S. Browning）。2006。〈在全球紛擾中保持冷靜〉（Keeping Cool amid Global Strife）。《華爾街日報》。7 月 17 日。

2 柯恩（J. Cohen）。2005。〈人腦的瓦肯化：從神經觀點看認知與情緒之間的互動〉（The Vulcanization of the Human Brain: A Neural Perspective on Interactions between Cognition and Emotion）。《經濟觀點期刊》（*Journal of Economic Perspectives*），19：3–24。

3 諾藍傳德斯（T. Norretranders）。1998。《使用者錯覺》（*The User Illusion: Cutting Consciousness Down to Size*）。紐約：企鵝維京出版社（Penguin Viking）。

4 高夫曼（M. Kaufman）。2002。《索羅斯傳：傲視全球的金融天才》（*Soros: The Life and Times of a Messianic Billionaire*）。紐約：經典出版社（Vintage）。140 頁。

5 辛巴里斯塔（F. Cymbalista）、麥克雷（D. MacRae）。2004。〈索羅斯：他如何知道他所知的事。第一單元：會犯錯思維〉（George Soros: How He Knows What He Knows, Part1: The Belief in Fallibility）。《股票、期貨與選擇權》（*Stocks, Futures, and Options*）。3 月 8 日。

6 赫胥宏（D. Hirshhorn）。2007。個人談話。2 月 16 日。

7 勒菲弗（E. Lefevre）。1923。《股票作手回憶錄》（*Reminiscences of a Stock Operator*）。美國研究會（American Research Council）。

8 彼得斯（E. Peters）、利普克斯（I.M. Lipkus）、迪分巴赫（M.A. Diefenbach）。〈情感在健康溝通與建構健康偏好的功用〉（The Functions of Affect in Health Communications and in the Construction of Health Preferences）。《溝通期刊》（*Journal of Communication*），56：S140–S162。

9 同上。

10 彼得斯、費斯特耶爾（D. Västfjäll）。2005。〈老年人決策的情感過程〉（Affective Processes in the Decision Making by Older Adults）。《老年人決策需要研討會論文》（*Papers from the Workshop on Decision Making Needs of Older Adults*）。研討論文。//www7.nationalacademies. org/csbd/peterspaper.pdf#search=%22fear%20induction%20loss%20 aversion%20curve%22。

11 高曼。1998。《EQ II：工作 EQ》（*Working with Emotional Intelligence*）。紐約：布魯斯貝瑞出版社（Bloomsbury）。317 頁。

12 同上。319 頁。

13 洛溫斯坦、勒納。2003。〈情感在決策中的角色〉（The Role of Affect in Decision Making）。戴維森、高德史密斯（H. Goldsmith）、雪若（K. Scherer）編輯的《情感科學手冊》（*Handbook of Affective Science*）。牛津：牛津大學出版社。619–642 頁。

14 同上。

15 溫基爾曼（P. Winkielman）、貝里奇（K.C.Berridge）、威爾巴傑（J.L. Wilbarger）。2005。〈下意識對笑臉與怒臉的反應會影響消費行為與價值判斷〉（Unconscious affective reactions to masked happy versus angry faces influence consumption behavior and judgments of value）。《個性與社會心理報告》（*Personality and Social Psychology Bulletin*），1：121–135。

16 楚魯希羅（J. Trujillo）、柯納森、波樂斯（M.P. Paulus）、溫基爾曼。2006。〈臉部表情對賭博的影響〉（*Taking Gambles at Face Value: Effects of Emotional Expressions on Risky Decisions*）。研討論文。Workingpaper.http://www.gsb.stanford.edu/FACSEMINARS/events/marketing/pdfs%20 2006/200604-19Winkielmanpaper2.pdf。

第 6 章

1 尼登索（P. Niedenthal）、哈爾伯施塔特（J. Halberstadt）、英內斯格（A. Innes-Ker）。1999。〈情緒反應分類〉（Emotional Response Categorization）。《心理學評論》（*Psychological Review*）106（22）：337–361。

2 尼登索、北山（S. Kitayama）編輯。1994。《心眼：情緒對觀感與注意的影響》（*The Heart's Eye: Emotional Influences in Perception and Attention*）。紐約：學術出版社（Academic Press）。

3 勒納、凱特納（D. Keltner）。2000。〈誘發力之外：情緒對判斷與選擇的影響模式〉（Beyond Valence: Toward a Model of Emotion-Specific Influences on Judgment and Choice）。《認知與情緒》（*Cognition and Emotion*），14：473–493。

4 洛溫斯坦、勒納。2003。〈情感在決策中的角色〉。戴維森、高德史密斯、雪若編輯的《情感科學手冊》。牛津：牛津大學出版社。619–642 頁。

5 弗瑞德瑞克森（B.L. Fredrickson）。2001。〈正面情緒在正面心理學中的角色：正面情緒的拓延和建構理論〉（The Role of Positive Emotions in Positive Psychology: The Broaden-and-Build Theory of Positive Emotions）。《美國心理學家》（*American Psychologist*），56：218–226。

6 柳波莫斯基（S. Lyubomirsky）、薛爾登（K.M. Sheldon）、施卡德（D. Schkade）。2005。〈經常性正面情感的效益〉（The Benefits of Frequent Positive Affect）。《心理報告》，131：803–855。

7 阿比（A. Abbe）、塔克（C. Tkach）、柳波莫斯基。2003。〈天性快樂者的生活藝術〉（The Art of Living by Dispositionally Happy People）。《快樂研究期刊》（*Journal of Happiness Studies*），4：385-404。

8 博登郝森（G.V. Bodenhausen）、克萊默（G.P. Kramer）、蘇瑟（K.Süsser）。1994。〈快樂與社會判斷中的典型思考〉（Happiness and Stereotypic Thinking in Social Judgment）。《個性與社會心理期刊》，66：621–632。

9 伊森（A.M. Isen）、敏斯（B. Means）。1983。〈正面情感對決策的影響〉（The Influence of Positive Affect on Decision-Making Strategy）。《社會認知》（*Social Cognition*），2：18–31。

10 福加斯（J.P. Forgas）。1991。〈情感與社會判斷：簡評〉（Affect and Social Judgments: An Introductory Review）。《情感與社會判斷》（*Emotion and Social Judgments*）。福加斯編輯。牛津：培格曼出版社（Pergamon Press）。3–29 頁。

11 同上。

12 伊森、奈格仁（T.E. Nygren）、艾須比（F.G. Ashby）。1998。〈正面情感對個人損益主觀效用的影響〉（Influence of Positive Affect on the Subjective Utility of Gains and Losses: It Is Just Not Worth the

Risk）。《個性與社會心理期刊》，55（5）（11 月）：710–717。

13 伊森。1999。〈正面情感〉（Positive Affect）。《認知與情感手冊》（*Handbook of Cognition and Emotion*）。戴爾格萊西（T. Dalgleish）、鮑爾（M. Power）編輯。英國契切斯特（Chichester）：約翰·威立出版公司（John Wiley & Sons）。

14 柳波莫斯基、諾能 - 赫克什曼（S. Nolen-Hoeksema）。1995。〈自我反省對負面思考與人際解題的效果〉（Effects of Self Focused Rumination on Negative Thinking and Interpersonal Problem Solving）。《個性與社會心理期刊》，69：176–190。

15 美樂斯（B.A. Mellers）、舒瓦茲（A. Schwartz）、瑞托夫（I. Ritov）。1999。〈情緒導向的選擇〉（Emotion-Based Choice）。《實驗心理學期刊》（*Journal of Experimental Psychology*），128：332–345。

16 弗傑爾（S.O. Fogel）、貝瑞（T. Berry）。2006。〈錯置效果與投資散戶的決策：懊悔與違實選擇的角色〉（The Disposition Effect and Individual Investor Decisions: The Roles of Regret and Counterfactual Alternatives）。《行為財務學期刊》（*Journal of Behavioral Finance*），7（2）:107–116。

17 同上。

18 赫利（D. Hurley）。2005。〈離婚率：沒你想得那麼高〉（Divorce Rate: It's Not as High as You Think）。《紐約時報》。4 月 19 日。

19 勒納、斯摩（D.A. Small）、洛溫斯坦。2004。〈心弦與錢包：情緒對經濟交易的轉移效應〉（Heart Strings and Purse Strings: Carry-over Effects of Emotions on Economic Transactions）。《心理科學》，15：337–341。

20 同上。

21 勒納、凱特納。2001。〈恐懼、憤怒與風險〉（Fear, Anger, and Risk）。《個性與社會心理期刊》，81：146–159。

22 參見注 19。

23 博登郝森、雪帕（L. Sheppard）、克萊默。1994。〈負面情感與社會判斷：憤怒與傷心的差別影響〉（Negative Affect and Social Judgment: The Differential Impact of Anger and Sadness）。《歐洲社會心理期刊》（*European Journal of Social Psychology*），24（1）：45–62。

24 參見注 19。

25 席夫（E.M. Sieff）、道維斯（R.M.Dawes）、洛溫斯坦。1999。〈對 HIV 測試結果的預期與實際反應〉（Anticipated versus Actual Responses to HIV Test Results）。《美國心理期刊》（*American Journal of Psychology*），112（2）：297–311。

26 瑞德（D. Read）、洛溫斯坦。1999。〈金錢的長久痛苦：根據觀感與痛苦記憶所做的決策〉（Enduring Pain for Money: Decisions Based on the Perception and Memory of Pain）。《行為決策期刊》（*Journal of Behavioral Decision Making*），12（1）：1–17。

27 唐寧（D. Dunning）、凡柏芬（L. Van Boven）、洛溫斯坦。2001。〈社交互動中自我中心同理心的缺口〉（Egocentric Empathy Gaps in Social Interaction and Exchange）。洛勒（E.Lawler）、梅西（M. Macey）、泰（S.Thye）、沃克（H. Walker）合編的《團體流程進階》（*Advances in Group Processes*）。第 18 冊。紐約：愛思唯爾有限公司（Elsevier Limited）。65–97 頁。

28 吉爾柏（D.T. Gilbert）、丕諾（E.C. Pinel）、威爾森（T.D. Wilson）、布倫柏格（S.J. Blumberg）。1998。〈免疫疏漏：情感預測的耐久偏誤來源〉（Immune Neglect: A Source of Durability Bias in Affective Forecasting）。《個性與社會心理期刊》，75（3）：617-638。

29 美樂斯、舒瓦茲、何（K. Ho）、瑞托夫。1997。〈情感判定理論：情感對危險選擇結果的反應〉（Decision Affect Theory: Emotional Reactions to the Outcomes of Risky Options）。《心理科學》，8：423–429。

30 參見注 4。

31 威爾森、惠特里（T. Wheatley）、梅爾斯（J.M. Meyers）等人。2000。〈情感預測的耐久偏誤來源〉（A Source of Durability Bias in Affective Forecasting）。《個性與社會心理期刊》，78（5）（5 月）：821–836。

32 葛羅斯（J.J. Gross）、勒凡森（R. W. Levenson）。1993。〈情感壓抑：生理學、自我報告、表現行為〉（Emotional Suppression: Physiology, Self-Report, and Expressive Behavior）。《個性與社會心理期刊》，64：970–986。

33 凱特納、洛克（K.D. Locke）、歐卓恩（P.C. Audrain）。1993。〈負面感覺對個人滿意度的歸因影響〉（The Influence of Attributions on the Relevance of Negative Feelings to Personal Satisfaction）。《個性與社會心理報告》，19：21–29。

34 蓋斯普（K. Gasper）與可洛（G.L. Clore）。1998。〈不安者持續使用負面感情衡量風險〉（The Persistent Use of Negative Affect by Anxious Individuals to Estimate Risk）。《個性與社會心理期刊》，74：1350–1363。

35 勒納、泰洛克（P.E. Tetlock）。1999。〈當責的影響〉（Accounting for the Effects of Accountability）。《心理報告》，125：255–275。

第 7 章

1 證券管理委員會（SEC）。〈SEC 起訴網路詐騙：和解要求歸還 $285,000 的不法利益〉（SEC Brings Fraud Charges in Internet Manipulation Scheme: Settlement Calls for Return of $285,000 in Illegal Gains）。2000–135 案。華盛頓特區。2000 年 9 月 20 日。證券交易委員會新聞稿。www.sec.gov/news/press/2000-135.txt。

2 路易士（M. Lewis）。2001。〈列別德：股票操弄者，SEC 宿敵，年僅 15 歲〉（Jonathan Lebed: Stock Manipulator, S.E.C. Nemesis—and15）。《紐約時報雜誌》（New York Times Magazine）。2 月 25 日。

3 〈炒股詐騙〉（Pump and Dump）。2000。《六十分鐘》（60 Minutes）。CBS 新聞網：紐約。10 月 19 日。

4 柏格（S.Z. Berg）。2000。〈股票詐騙依舊困擾投資人，SEC〉（Fraudulent Stock Schemes Still Vexing Investors, SEC）。《TheStreet.com：個人理財：投資》（TheStreet.com: Personal Finance: Investing）。TheStreet.com。12 月 16 日。

5　埃爾斯巴赫（K.D. Elsbach）、巴爾（P.S. Barr）。1999。〈心情對個人使用架構化決策協定的影響〉（The Effects of Mood on Individuals' Use of Structured Decision Protocols）。《組織科學》（*Organizational Science*）181：185–194。

6　紐約檢察長艾烈特·思必策（Eliot Spitzer）辦公室。1999。〈從華爾街到網路：網路券商產業的問題與承諾報告〉（From Wall Street to Web Street: A Report on the Problems and Promise of the On-line Brokerage Industry）。投資人網路保護局與證券局（Investor Protection Internet Bureau and Securities Bureau）提出。1189 PLI/Corp 355, 395（1999）。www.oag.state.ny.us/investors/1999on-linebrokers/brokers.html。

7　坎恩（J. Kahn）。1999。〈網路券商以廣告爭取新顧客〉（On-line Brokerages Use Advertising in a Battle for New Customers）。《紐約時報》。10 月 4 日。www.nytimes.com/ library/tech/99/10/biztech/articles/04trad.html。

8　納夫辛格（J.R. Nofsinger）。2001。《投資狂熱：心理如何影響投資……以及該怎麼辦》（*Investment Madness: How Psychology Affects Your Investing...and What to Do about It*）。紐約上鞍河（Upper Saddle River）：學堂出版社（Prentice Hall）。129 頁。

9　李維特（A. Levitt）。〈探討網路投資〉（Plain Talk About On-line Investing）。在國家記者俱樂部（National Press Club）的演講（5 月 4 日）。也參見 NASDR 關於網路券商廣告的報告（1999 年 9 月 21 日）。

10　參見注 6。

11　證管會法令遵循審查與調查辦公室（Office of Compliance Inspections and Examinations）。2001。〈檢視券商的網路交易服務：檢視結果與建議摘要〉（Examinations of Broker-Dealers Offering On-line Trading: Summary of Findings and Recommendations）。1（1 月 26 日）。www.sec.gov/news/studies/online.htm。

12　凱瑟迪（J. Cassidy）。2002。〈貪婪循環：金融體系如何鼓勵企業瘋狂〉（The Greed Cycle: How the Financial System Encouraged Corporations to Go Crazy）。《紐約客》。9 月 23 日。

13　克魯曼（P. Krugman）。2002。〈貪婪是壞事〉（Greed Is Bad）。《紐約時報》。6 月 4 日。

14　庫南（C. Kuhnen）、柯納森（B. Knutson）。2005。〈承擔財務風險的神經基礎〉（The Neural Basis of Financial Risk Taking）。《神經元》47（5）（9 月 1 日）。

15　柯納森、瑞克（S. Rick）、威莫（G.E. Wimmer）等人。2007。〈購買的神經預測因素〉（Neural Predictors of Purchases）。《神經元》，4；53（1）：147–156。

16　希斯。1964。〈直接刺激大腦的人體愉悅反應：生理與心理動力考量〉。希斯編輯的《歡樂在人類行為中的角色》。紐約：賀伯出版社。219–243 頁。

17　柯納森、馮（G.W. Fong）、貝納特（S.M. Bennett）等人。2003。〈內側前額葉皮質追蹤金錢報酬結果〉（A Region of Mesial Prefrontal Cortex Tracks Monetarily Rewarding Outcomes: Characterization with Rapid Event-Related fMRI）。《神經造影》（*Neuroimage*），18：263–272。

18　柯納森、亞當斯（C.S. Adams）、馮、侯莫（D. Hommer）。2001。〈金錢報酬的期待選擇性運用阿肯柏氏核〉（Anticipation of Monetary Reward Selectively Recruits Nucleus Accumbens）。《神經科學期刊》（*Journal of Neuroscience*），21：RC159。

第 8 章

1 薩繆森（P. Samuelson）。2002。〈獲得諾貝爾獎殊榮後還有人生嗎？〉（Is There Life after Nobel Coronation?）。《諾貝爾網》（*Nobel Web*）。http://nobelprize.org/economics/articles/samuelson/index.html。

2 拜恩（J.A. Byrne）、西蒙茲（W.C. Symonds）、希勒（J.E. Siler）。1991。〈執行長病〉（CEO Disease）。《商業週刊》（*Business Week*）。4 月 1 日：52–60。

3 倫茲那（R. Lenzner）。1998。〈前所羅門兄弟交易員約翰・梅利威瑟使用槓桿〉（John Meriwether, Former Salomon Brothers Trader, Uses Leverage）。投資：華爾街上的阿基米德（Investing: Archimedes on Wall Street）。《富比士》（*Forbes*）。10 月 19 日。

4 卓曼（D. Dreman）。1977。《心理學和股市》（*Psychology and the Stock Market: Investment Strategy Beyond Random Walk*）。紐約：AMACOM。78 頁。

5 比艾斯（B. Biais）、希爾頓（D. Hilton）、瑪祖季耶（K. Mazurier）、普傑（S. Pouget）。2002。〈心理傾向與交易行為〉（Psychological Disposition and Trading Behavior）。未出版手稿。

6 歐葵維（F. O'Creevy）、尼克爾森（M.N. Nicholson）、索恩（E. Soane）、威爾曼（P. Willman）。1998。〈個人與環境對金融專業人員市場行為的影響〉（Individual and Contextual Influences on the Market Behavior of Finance Professionals）。未出版手稿。

7 史文森（O. Svenson）。1981。〈我們都比別人風險低又技術好嗎？〉（Are We All less Risky and More Skillful than Our Fellow Drivers?）。《心理學刊》（*Acta Psychologica*），47：143–148。

8 弗斯曹（B. Fischoff）。1977。〈事實的資訊度〉（Perceived Informativeness of Facts）。《實驗心理學期刊：人類認知與表現》（*Journal of Experimental Psychology: Human Perception and Performance*），J3（2）：349–358。

9 葛蘭姆（J.R. Graham）、哈維（C.R. Harvey）。2005。〈預期、樂觀、自負〉（Expectations, Optimism, and Overconfidence）（1 月 12 日）。研討論文。http://icf.som.yale.edu/ pdf/seminars04-05/Harvey.pdf。

10 蘭傑（E.J. Langer）、羅斯（J. Roth）。1975。〈贏我居功，輸怪運氣不好〉（Heads I Win, Tails It's Chance: The Illusion of Control as a Function of the Sequence of Outcomes in a Purely Chance Task）。《個性與社會心理期刊》32：951–955。

11 同上。

12 同上。

13 弗斯曹、斯諾維克（P. Slovic）、李奇登斯坦（S .Lichtenstein）。1982。〈把缺點與專家謊言放進風險判斷中〉（Lay Foibles and Expert Fables in Judgments about Risk）。《美國統計學家》（*The American Statistician*）36（3）：240–255。

14 海斯托夫（A.H. Hastorf）、許耐德（D.J. Schneider）、波勒福卡（J. Polefka）。1970。《人的知覺》（*Person Perception*）。麻州瑞丁市（Reading）：（Addison-Wesley）。

15 庫柏（A. Cooper）、吳（C. Woo）、當可柏（W. Dunkelberg）。1988。〈創業家認定的成功機會〉（Entrepreneurs' Perceived Chances for Success）。《創業期刊》（*Journal of Business Venturing*），3：

97–108。

16 史戴爾‧馮‧霍爾斯坦（Stael von Holstein）。1972。〈機率預估：與股市有關的實驗〉（Probabilistic forecasting: An Experiment Related to the Stock Market）。《組織行為與人類表現》（Organizational Behavior and Human Performance）8：139–158。

17 魯梭（J.E. Russo）、修馬可（P.J. Schoemaker）。1992。〈管理自負〉（Managing Overconfidence）。《史隆管理評論》（Sloan Management Review）33（2）：7–17。

18 狄翠屈（D. Dittrich）、艾勒西斯（V. Alexis）、古斯（W. Guth）、梅西裘夫斯基（B. Maciejovsky）。2005。〈自負的投資決策：實驗法〉（Overconfidence in Investment Decisions: An Experimental Approach）。《歐洲財務期刊》（European Journal of Finance），11（6）（12月）：471–491。

19 卡尼曼（D. Kahneman）、瑞普（M.W. Riepe）。1998。〈投資人心理面向〉（Aspects of Investor Psychology）。《投資組合管理期刊》（Journal of Portfolio Management），24（4）（夏）：52–65。

20 參見注 15。

21 蘭傑。1975。〈控制錯覺〉（The Illusion of Control）。《個性與社會心理期刊》，32：311–328。

22 普雷森（P. Presson）、班納西（V. Benassi）。1996。〈控制錯覺：整合分析檢討〉（Illusion of Control: A Meta Analytic Review）。《個性與社會心理期刊》，3：493-510。

23 麥克魯（S.M. McClure）、基爾成瑞（M.S. Gilzenrat）、科恩。2004。〈以正腎上腺素與多巴胺活動為基礎的探索—開發模型〉（An Exploration-Exploitation Model Based on Norepinephrine and Dopamine Activity）。《神經資訊處理系統的進展》（Advances in Neural Information Processing Systems），18。

24 同上。

25 卓布尼（S. Drobny）。2006。《避險基金交易祕辛：13位頂尖避險基金經理人談全球宏觀策略》（Inside the House of Money）。紐約赫伯肯（Hoboken）：約翰‧威立出版公司。72 頁。

26 同上。76–77 頁。

27 同上。

28 同上。

29 同上。78 頁。

30 史華格（J. Schwager）。2002。《金融怪傑》（Stock Market Wizards: Interviews with America' s Top Stock Traders）。紐約：約翰‧威立出版公司。

31 史華格。1992。《新金融怪傑》（The New Market Wizards）。紐約：哈潑商業出版公司（Harper Business）。467–468 頁。

32 歐伯賴屈訥（T. Oberlechner）。2004。《外匯市場的心理》（Psychology of the Foreign Exchange Market）。英國契切斯特：約翰‧威立出版公司。

33 坎恩（H. Kahn）、庫柏（C.L. Cooper）。1996。〈倫敦外匯交易員如何因應工作壓力〉（How

Foreign Exchange Dealers in the City of London Cope with Occupational Stress）。《壓力管理國際期刊》
（*International Journal of Stress Management*），3：137–145。

34 布倫菲爾德（R. Bloomfield）、利比（R. Libby）、尼爾森（M.M. Nelson）。〈資訊不足之投資人的信心與福利〉（Confidence and the Welfare of Less-Informed Investors）。《會計、組織與社會》
（*Accounting, Organizations and Society*），24：623–647。

35 查克羅基斯（A.L. Zacharakis）、雪佛德（D.A. Shepherd）。〈資訊特質與創投業者的自負〉
（The Nature of Information and Venture Capitalists' Overconfidence）。《創業期刊》，16（4）：
311–332。

36 狄翠屈、艾勒西斯、古斯、梅西裘夫斯基。〈自負的投資決策：實驗法〉。《歐洲財務期刊》，11（6）
（12月）：471–491。

第9章

1 克瑞莫（J. Cramer）。2000。〈買權與履約價的遊戲〉（The Game of Calls and Strikes）。
TheStreet.com。3月17日。

2 羅斯（W.T. Roth）、布萊維克（G. Breivik）、喬曾森（P.E. Jorgensen）、赫夫曼（S. Hofmann）。
1996。〈跳傘新手與專家跳出時的啟動〉（Activation in Novice and Expert Parachutists while
Jumping）。《精神心理學》（*Psychophysiology*），33：63–72。

3 莫納特（A. Monat）。1976。〈時間不確定性、期待時間、威脅下的認知因應〉（*Temporal
Uncertainty, Anticipation Time, and Cognitive Coping under Threat*）。《人類壓力期刊》（*Journal of
Human Stress*），2：32–43。

4 凡柏芬、洛溫斯坦、唐寧、威爾屈（N. Welch）。2005。〈勇氣的錯覺：低估害怕尷尬的影響〉
（The Illusion of Courage: Underestimating the Impact of Fear of Embarrassment on the Self）。未出
版的手稿。收錄於凡柏芬、洛溫斯坦，2005，〈交叉情境預估〉（Cross-Situational Projection）。
艾力克（M. Alicke）、克魯格（J. Krueger）、唐寧編輯的《社會判斷中的自己》（*The Self in Social
Judgment*）。紐約：心理出版社（Psychology Press）。43–64頁。

5 〈熟悉市場狀況：工業指數漲破7600與7700；羅夫・羅蘭首次公開發行飆漲〉（Abreast of the
Market: Industrials Break 7600 and 7700; Polo Ralph Lauren IPO Surges）。1997。《華爾街日報》。
6月13日。

6 柏恩斯（G.S. Berns）、切柏洛（J. Chappelow）、瑟及克（M.Cekic）等人。1996。〈恐懼的神經生
物學基礎〉（Neurobiological Substrates of Dread）。《科學》312（5774）（5月5日）：704–7。

7 米勒（L. Miller）、泰柏（K. Taber）、蓋柏德（G. Gabbard）、赫利（R. Hurley）。1996。〈恐懼與
其調節的神經基礎：焦慮症的意涵〉（Neural Underpinnings of Fear and Its Modulation: Implications
for Anxiety Disorders）。《神經精神醫學與臨床神經科學期刊》（*Journal of Neuropsychiatry and
Clinical Neuroscience*），17：1（2月）。

8 坎恩（A. Khan）、寇次（R.L. Kolts）、拉帕柏（M.H. Rapaport）等人。2005。〈各種精神異常
中安慰劑反應的程度及藥物—安慰劑的差異〉（Magnitude of Placebo Response and Drug-Placebo

Differences across Psychiatric Disorders）。《心理藥物》（*Psychological Medicine*），35（5）（5月）：743-749。

9　偉格（T.D. Wager）、瑞林、史密斯（E.E. Smith）等人。〈安慰劑讓 fMRI 測量的痛苦預期與經驗改變〉（Placebo-Induced Changes in fMRI in the Anticipation and Experience of Pain）。《科學》，303：1162-1167。

10　柯恩。2005。〈人腦的瓦肯化：從神經觀點看認知與情緒之間的互動〉。《經濟觀點期刊》19：3-24。

11　凡柏芬、洛溫斯坦。2003。〈瞬間驅動狀態的社會預估〉（Social Projection of Transient Drive States）。《個性與社會心理報告》29：1159-1168。收錄於凡柏芬、洛溫斯坦，2005。

第 10 章

1　卓布尼。2006。《避險基金交易祕辛》。紐約赫伯肯：約翰‧威立出版公司。

2　布朗寧（E.S. Browning）。2006。〈股價接近新高時，專業投資人壓力跟著累積〉（As Stocks Near a High, Pressure Builds for a Professional Investor）。《華爾街日報》。9 月 29 日。

3　同上。

4　沙勒裴諾（E.P. Sarafino）。1998。《健康心理學：生物心理社會互動》（*Health Psychology: Biopsychosocial Interactions*）。第 3 版。紐約：約翰‧威立出版公司。

5　克瑞莫。2000。〈克瑞莫重寫「交易女神」的十誡〉（Cramer Rewrites 'The Trading Goddess' 10 Commandments）。TheStreet.com。3 月 11 日。

6　艾瑞利（D. Ariely）。2006。〈大賭注、大錯誤〉（Large Stakes, Big Mistakes）。對史丹佛理論經濟學院「心理與經濟會議」的簡報（2006 年 8 月 7 日）。

7　同上。

8　同上。

9　羅伯‧薩波斯基（Robert M. Sapolsky）。2004。《為什麼斑馬不會得胃潰瘍？壓力、壓力相關疾病及因應之最新守則》（*Why Zebras Don't Get Ulcers*）。紐約：亨利賀爾特公司（Henry Holt and Company）。264 頁。

10　史密德（R.E. Schmid）。2004。〈研究人員：壓力讓人健忘〉（Researchers: Stress Causes Forgetfulness）。美聯社。10 月 28 日。（美東）晚上 9:04。

11　參見注 4。

12　葛雷瑟（R. Glaser）、萊斯（J. Rice）、瑟理登（J. Sheridan）等人。1987。〈壓力相關的免疫抑制〉（Stress-Related Immune Suppression: Health Implications）。《大腦行為與免疫》（*Brain Behaviour and Immunity*），1：7-20。

13　薛爾登（S.E. Shelton）、柏拉德（J.D. Berard）、卡林（N.H. Kalin）。1997。〈攻擊、恐懼與小獼

猴的可體松〉（Aggression, fear and cortisol in young rhesus monkeys）。《神經心理內分泌學期刊》（*Psychoneuroendocrinology*）22：補充 2。S198。在第 28 屆國際神經心理內分泌學會年度大會上的簡報。加州舊金山。

14 伯恩邦（S.G. Birnbaum）、袁（P.X. Yuan）、王（M. Wang）等人。2004。〈蛋白激酶 C 過度反應破壞記憶的前額葉皮質調節〉（Protein Kinase C Overactivity Impairs Prefrontal Cortical Regulation of Working Memory）。《科學》，306（5697）（10 月 29 日）：882–884。

15 參見注 5。

16 羅（A. Lo）、雷賓（D. Repin）。2002。〈即時財務風險評估的精神心理學〉（The Psychophysiology of Real-Time Financial Risk Processing）。《認知神經科學期刊》（*Journal of Cognitive Neuroscience*），14：323–339。

17 賽利格曼（M. Seligman）、麥爾（S.Maier）。1967。〈無法逃脫創傷衝擊〉（Failure to Escape Traumatic Shock）。《實驗心理學期刊》，74：1–9。

第 11 章

1 貝奈特（W.J. Bennett）。1996。《美德書》（*The Book of Virtues*）。紐約：西蒙與舒斯特（Simon & Schuster）。

2 庫瑪（A. Kumar）。2006。〈誰在股市中賭博？〉（Who Gambles in the Stock Market?）（7 月 11 日）。AFA 2006 年波士頓大會論文。可上 SSRN 取得：http://ssrn.com/ abstract=686022。

3 美國精神醫學會。1994。《心理疾病診斷及統計手冊》第四版。華盛頓特區：美國精神醫學學會。

4 法藍增（H. Franzen）。2001。〈賭博──像飲食與嗑藥──在腦中產生報酬感〉（Gambling─Like Food and Drugs─Produces Feelings of Reward in the Brain）。《科學人》（*Scientific American*）網路版。5 月 24 日。www.sciam.com/article.cfm?articleID=0004400A-E6F5-1C5EB882809EC588ED9F。

5 高德力安（A.E. Goudriaan）、奧斯特蘭（J. Oosterlaan）、德柏斯（E. de Beurs）、凡登布林克（W. van den Brink）。2006。〈病態賭博者決策不足的精神生理決定因素與伴隨因素〉（Psychophysiological Determinants and Concomitants of Deficient Decision Making in Pathological Gamblers）。《對藥物與酒精的依賴》（*Drug and Alcohol Dependence*）。3 月 28 日。

6 路透（J. Reuter）、瑞德勒（T. Raedler）、羅斯（M. Rose）等人。2005。〈病態賭博和中腦報酬系統的啟動減少有關〉（Pathological GamblingIs Linked to Reduced Activation of the Mesolimbic Reward System）。《自然神經科學》，8（2）（2 月）：147–148（電子版出版：2005 年 1 月 9 日）。

7 多德（M.L. Dodd）、可羅斯（K.J. Klos）、鮑爾（H. Bower）等人。2005。〈治療帕金森氏症的藥物引起病態賭博〉（Pathological Gambling Caused by Drugs Used to Treat Parkinson Disease）。《神經學檔案》（*Archives of Neurology*），62（9）（9 月）：1377–1381（電子版出版：2005 年 7 月 11 日）。

8 高德力安、奧斯特蘭、德柏斯、凡登布林克。2006。〈病態賭博的神經認知功能〉（Neurocognitive Functions in Pathological Gambling: A Comparison with Alcohol Dependence, Tourette Syndrome and Normal Controls）。《上癮》（*Addiction*），101（4）（4 月）：534–547。

9 諾碩夫（G. Northoff）、葛林（S. Grimm）、玻依克（H. Boeker）等人。〈情感判斷與效益決策：側前額葉活動與愛荷華賭局實驗的績效關聯〉（Affective Judgment and Beneficial Decision Making: Ventromedial Prefrontal Activity Correlates with Performance in the Iowa Gambling Task）。《人腦圖》（Human Brain Mapping）。12 月 21 日。

10 波騰沙（M.N. Potenza）、梁（H.C.Leung）、布倫柏格（H.P. Blumberg）等人。2006。〈病態賭博者側前額葉皮質功能的 fMRI 史脫卜作業〉（An fMRI Stroop Task Study of Ventromedial Prefrontal Cortical Function in Pathological Gamblers）。《美國精神病學期刊》，160（11）（11 月）：1990–1994。

11 葛林（J. Green）。2003。《美德賭徒》（The Bookie of Virtue）。《華盛頓月刊》（Washington Monthly）（6 月）。www.washingtonmonthly.com/features/2003/0306.green.html。

12 同上。

13 參見注 1。

14 威廉斯（R.J. Williams）、康納利（D.Connolly）。2006。〈學習賭博的數學會改變賭博行為嗎？〉（Does Learning about the Mathematics of Gambling Change Gambling Behavior?）。《上癮行為的心理》（Psychology of Addictive Behaviors），20（1）（3 月）：62–68。

15 佛洛伊德（K. Floyd）、惠藍（J.P. Whelan）、梅爾斯。2006。〈在實驗室檢查中以警告訊息修正賭博想法與行為〉（Use of Warning Messages to Modify Gambling Beliefs and Behavior in a Laboratory Investigation）。《上癮行為期刊》（Psychology of Addictive Behaviors），20（1）（3 月）：69–74。

16 金（S.W. Kim）、葛蘭特、艾德森（D.E. Adson）、辛（Y.C. Shin）。2001。〈治療病態賭博的雙盲納曲酮與安慰劑比較研究〉（Double-blind naltrexone and placebo comparison study in the treatment of pathological gambling）。《生物精神醫學》。49（11）（6 月 1 日）：914–921。

17 葛蘭特、波騰沙、合蘭德（E. Hollander）等人。〈治療病態賭博中鴉片類拮抗劑納美芬的多中心調查〉（Multicenter Investigation of the Opioid Antagonist Nalmefene in the Treatment of Pathological Gambling）。《美國精神病學期刊》，163（2）（2 月）：303–312。

18 迪加拉（G. Di Chiara）、印柏拉多（A. Imperato）。1998。〈μ 與 κ 鴉片類親和劑對阿肯柏氏核內多巴胺的釋放及自由移動老鼠的背部尾端所產生的相反效果〉。《藥理學與實驗療法期刊》，244：1067–1080。

19 加亞蘭—林德史壯、溫伯格、賀德、法蘭克。2004。〈納曲酮對健康志願受試者打安非他命之主觀反應的影響〉（Effects of Naltrexone on the Subjective Response to Amphetamine in Healthy Volunteers）。《臨床精神藥理學期刊》（Journal of Clinical Psychopharmacology），24（6）（12 月）：665–669。

20 丹濃（P.N. Dannon）、羅文葛洛柏（K. Lowengrub）、謬辛（E. Musin E）等人。2005。〈長效 Bupropion 和納曲酮醫療病態賭博的比較〉（Sustained Release Bupropion versus Naltrexone in the Treatment of Pathological Gambling: A Preliminary Blind-rater Study）。《臨床精神藥理學期刊》，25（6）（12 月）：593–596。

第 12 章

1 莫布新。2006。《魔球投資學》。英國契切斯特：哥倫比亞大學出版社。

2 海格斯壯（R. Hagstrom）。1999。《巴菲特核心投資法》（*The Warren Buffett Portfolio*）。紐約赫伯肯：約翰・威立出版公司。

3 史華格。2002。《金融怪傑》。紐約：哈潑商業出版公司。

4 Dictionary.com。2006。「個性」（Personality）。Dictionary.com. http://dictionary. reference.com/search?q=personality。

5 麥克雷（R.R. McCrae）、柯斯塔（P.T. Costa, Jr.）。1996。〈人格理論新世代：五大特質模型的理論背景〉（Toward a New Generation of Personality Theories: Theoretical Contexts for the Five-Factor Model）。威金斯（J.S. Wiggins）編輯的《五大人格特質模型：理論觀點》（*The Five-Factor Model of Personality: Theoretical perspectives*）。紐約：吉爾福德（Guilford）。51–87 頁。

6 開斯比（A. Caspi）。2000。〈個性從小延續到大〉（The Child Is Father of the Man: Personality Continuities from Childhood to Adulthood）。《個性與社會心理期刊》，78：158–172。

7 參見注 5。

8 高德堡（Goldberg）把這 300 個問題彙編成人格評量工具，稱之為 IPIP-NEO。1996 年，賓州州立大學教授約翰・詹森（John A. Johnson）把高德堡的問題放上網路，截至 2005 年，已至少有 175,000 人上網回答這些問題。這五大人格一直和其他人的研究相符，也呼應了 1992 年柯斯塔、麥克雷做的〈臨床正常人格評估：NEO 人格問卷〉（Normal Personality Assessment in Clinical Practice: The NEO Personality Inventory）。《心理評估》（*Psychological Assessment*），4：5–13。

9 科恩（M.X. Cohen）、楊（J. Young）、貝克（J.M. Baek）等人。〈外向與多巴胺基因預估神經報酬反應的個別差異〉（Individual Differences in Extraversion and Dopamine Genetics Predict Neural Reward Responses）。《認知大腦研究》（*Cognitive Brain Research*）25（3）（12 月）：851–861（電子出版：2005 年 11 月 11 日）。

10 波樂斯、洛傑爾斯基（C. Rogalsky）、西蒙斯（A. Simmons）等人。2003。〈做風險決策時右腦島活動變大，這和避免傷害與神經質有關〉（Increased Activation in the Right Insula during Risk-Taking Decision Making Is Related to Harm Avoidance and Neuroticism）。《神經造影》，19（4）（8 月）：1439–1448。

11 參見注 5。

12 法克斯（N.A. Fox）、韓德森（H.A. Henderson）、魯賓（K.H. Rubin）等人。2001。〈行為壓抑與豐富的持續與中斷：四歲以前的精神生理與行為影響〉（Continuity and Discontinuity of Behavioral Inhibition and Exuberance: Psychophysiological and Behavioral Influences across the First Four Years of Life）。《兒童發展》（*Child Development*），72：1、1–21。

13 阿諾（P.D. Arnold）、載（G. Zai）、瑞屈特（M.A. Richter）。2004。〈焦慮症基因〉（Genetics of Anxiety Disorders）。《最新精神病學報告》（*Current Psychiatry Reports*），6（4）（8 月）：243–254。

14 森（S. Sen）、柏麥斯特（M. Burmeister）、勾許（D.Ghosh）。2004。〈血清素轉運子基因與不安人格特質的關聯性統合分析〉（Meta-analysis of the Association between a Serotonin Transporter

Polymorphism (5-HTTLPR) and Anxiety-Related Personality Traits）。《醫學遺傳學美國期刊，B部分，神經精神病遺傳學》（*American Journal of Medical Genetics. PartB, Neuropsychiatric Genetics*），127（1）（5月15日）：85–89。

15 祖克曼（M. Zuckerman）。1974。〈追求刺激的動機〉（The Sensation-Seeking Motive）。瑪爾（B. Maher）編輯的《實驗人格研究的流程》（*Progress in Experimental Personality Research*）第七冊。紐約：學術出版社。79–148頁。

16 祖克曼、庫爾曼（D.M. Kuhlman）。2000。〈個性與冒險：常見生物社會因素〉（Personality and Risk Taking: Common Biosocial Factors）。《個性期刊》（*Journal of Personality*），68：999–1029。

17 格林布萊特（M. Grinblatt）、凱羅哈魯（M. Keloharju）。2006。〈追求刺激、自負與交易活動〉（Sensation Seeking, Overconfidence, and Trading Activity）（9月14日）。研討論文。http://icf. som.yale.edu/pdf/seminar06–07/Grinblatt.pdf。

18 可羅林傑（C.R. Cloninger）、阿道夫松（R. Adolfsson）、斯弗拉奇克（N.M. Svrakic）。1996。〈為人類個性配對基因〉（Mapping Genes for Human Personality）。《自然遺傳學》（*Nature Genetics*），12（1）（1月）：3–4。

19 哥林北特（V.E. Golimbet）、阿爾非莫法（M.V. Alfimova）、葛利森科（I.K. Gritsenko）、艾伯須坦（R.P. Ebshtein）。2006。〈多巴胺系統基因及外向與追求刺激的人格特質〉（Dopamine System Genes and Personality Traits of Extraversion and Novelty Seeking）。Zhurnal vyssheĭ nervnoĭ deiatelnosti imeni I P Pavlova，56（4）（7月–8月）：457–463。（文章是俄文）

20 葛拉斯曼（J.K. Glassman）。2007。〈成為更優秀的投資者〉（Become a Better Investor）。《吉普林的個人理財雜誌》（*Kiplinger's Personal Finance magazine*）（1月）。http://www.kiplinger.com/ magazine/ archives/2007/01/glassman.html。

21 杜朗（R.B. Durand）、苗比（R. Mewby）、桑格尼（J. Sanghani）。2006。〈細看散戶投資人〉（An Intimate Portrait of the Individual Investor）（3月）。可上SSRN取得：http://ssrn.com/ abstract=887441。

22 歐葵維、尼克爾森、索恩、威爾曼。2004。《交易員：金融市場的風險、決策與管理》（*Traders: Risks, Decisions, and Managementin Financial Markets*）。牛津：牛津大學出版社。

23 史丁巴格（B. Steenbarger）。2003。《從躺椅上操作》（*The Psychology of Trading*）。紐約赫伯肯：約翰·威立出版公司。

24 赫胥恩（D. Hirschhorn）。2007。私下的電子郵件通信（2月16日）。

25 羅、雷賓。2005。〈財務市場中的恐懼與貪婪：當沖客的臨床研究〉（Fear and Greed in Financial Markets: A Clinical Study of Day-Traders）。為美國經濟協會年度大會所做的簡報。費城。1月。

26 歐伯賴屈訥。2004。〈外匯專業人員對成功交易員的觀感〉（Perceptions of Successful Traders by Foreign Exchange Professionals）。《行為財務學期刊》，5（1）：23–31。

27 比艾斯、希爾頓、瑪祖季耶、普傑。2000。〈心理特質與交易策略〉（Psychological Traits and Trading Strategies）。未出版手稿。

28 高曼。1998。《EQ II：工作EQ》。倫敦：布魯斯貝瑞出版社。

29 史華格。2003。《金融怪傑》。紐約：哈潑商業出版公司。

30 索羅斯。1995。《超越指數－索羅斯的賺錢哲學》（*Soros on Soros*）。約翰·威立出版公司。

31 參見注 1。

32 辛巴里斯塔。2004。〈索羅斯：他如何知道他所知的事。第一單元：會犯錯思維〉。《股票、期貨與選擇權》2（7）（7 月）。

33 索羅斯。2000。《開放社會：全球資本主義大革新》（*Open Society: Reforming Global Capitalism*）。紐約：公眾事務出版社（PublicAffairs）。

第 13 章

1 莫布新。2006。《魔球投資學》。英國契切斯特：哥倫比亞大學出版社。26 頁。

2 C.K. 洛溫斯坦（C.K. Loewenstein）、G.F. 洛溫斯坦（G.F. Loewenstein）、韋柏（E.U. Weber）、威爾屈。2001。〈風險感覺〉（Risk as Feelings）。《心理報告》，2：267–286。

3 參見注 1。

4 米勒（E.K. Miller）、科恩。2001。〈前額葉皮質功能的綜合理論〉（An Integrative Theory of Prefrontal Cortex Function）。《神經科學的年度評論》（*Annual Review of Neuroscience*），24：167–202。

5 布萊特（H. Breiter）、阿哈隆（I. Aharon）、卡尼曼、代勒（A. Dale）、西斯高（P. Shizgal）。2001。〈對金錢損益的預期與經驗所產生的神經反應的功能性造影〉（Functional Imaging of Neural Responses to Expectancy and Experience of Monetary Gains and Losses）。《神經元》，30：619–639。

6 柯納森、馮、亞當斯、侯莫。2001。〈報酬預期與結果的無關聯以及事件相關的 fMRI〉（Dissociation of Reward Anticipation versus Outcome with Event-Related fMRI）。《神經報告》，12：3683–3687。

7 柯納森、亞當斯、馮、侯莫。2001。〈金錢報酬的期待選擇性運用阿肯柏氏核〉。《神經科學期刊》，21：RC159。

8 柯納森、馮、貝納特等人。2003。〈內側前額葉皮質追蹤金錢報酬結果：以迅速的事件相關 fMRI 描述特質〉（A Region of Mesial Prefrontal Cortex Tracks Monetarily Rewarding Outcomes: Characterization with Rapid Event-Related fMRI）。《神經造影》，18：263–272。

9 艾科特（L.F. Ackert）、夏如沛（N. Charupat）、迪維斯（R. Deaves）、克魯格（B. Kluger）。2006。〈實驗室資產市場的泡沫起源〉（The Origins of Bubbles in Laboratory Asset Markets）（5 月）。亞特蘭大聯邦準備銀行研討論文 No.2006–6。可上 SSRN 取得：http://ssrn.com/ abstract=903159。

10 斯諾維克、菲努坎恩（M. Finucane）、彼得斯、馬克葛瑞加（D.G. MacGregor）。2002。〈情感啟發〉（The Affect Heuristic）。吉羅維其、葛瑞分（D. Griffin）、卡尼曼編輯的《直覺判斷》（*Intuitive Judgment: Heuristics and Biases*）。紐約：劍橋大學出版社。397–420 頁。

11 法克斯（C. Fox）、圖維斯基（A. Tversky）。2000。〈不確定下信念導向的決策〉（A Belief-Based

Account of Decision under Uncertainty）。卡尼曼、圖維斯基編輯的《選擇、價值與框架》（*Choices, Values, and Frames*）。紐約：劍橋大學出版社與羅素薩吉基金會。118–142 頁。

12 普利雷克（D. Prelec）。1998。〈機率權重功能〉（The Probability Weighting Function）。《經濟計量學》（*Econometrica*）60：497–528。

13 浩須（D.B. Hausch）、羅（V. Lo）、辛巴（W.T. Ziemba）編輯。1994。《賽馬場的效率》（*The Efficiency of Racetrack Betting Markets*）。聖地牙哥：學術出版社。

14 參見注 2。

15 喜（C.K. Hsee）、羅登史特亥（Y. Rottenstreich）。2001。〈金錢、吻、電擊：論風險的情感心理〉（Money, Kisses, and Electric Shocks: On the Affective Psychology of Risk）。《心理科學》，12：185–190。

16 懷特（W. Wright）、鮑爾（G.H. Bower）。1992。〈主觀機率評估的心情效果〉（Mood Effects on Subjective Probability Assessment）。《組織行為與人類決策流程》（*Organizational Behavior and Human Decision Processes*），52（2）：276–291。

17 洛溫斯坦、勒納。2003。〈情感在決策中的角色〉。《情感科學手冊》。戴維森、高德史密斯、雪若編輯。牛津：牛津大學出版社。619–642 頁。

18 參見注 1。

19 參見注 2。

20 艾勒司柏（D. Ellsberg）。1961。〈風險、含糊與薩維奇格言〉（Risk, Ambiguity, and the Savage Axioms）。《經濟季刊》（*Quarterly Journal of Economics*），75：643–669。

21 庫瑪。2006。〈評價不確定性與行為偏誤〉（Valuation Uncertainty and Behavioral Biases）。5 月 31 日。可上 SSRN 取得：http://ssrn.com/abstract=903820。

22 巴托夫（E. Bartov）、摩漢藍（P.S. Mohanram）、西山拉朱（C. Seethamraju）。2001。〈網路股的評價：IPO 觀點〉（Valuation of Internet Stocks— an IPO Perspective）（4 月）。可上 SSRN 取得：http://ssrn.com/abstract=267928orDOI:10.2139/ssrn.267928。

23 貝克（M. Baker）、沃格勒（J. Wurgler）。2006。〈投資情緒與股票報酬的剖面〉（Investor Sentiment and the Cross Section of Stock Returns）。《財務期刊》，61（4）：1645–1680。

24 馬克葛瑞加、斯諾維克、德雷曼（D. Dremen）、貝瑞（M. Berry）。2000。〈意象、情感、財務判斷〉（Imagery, Affect, and Financial Judgment）。《心理與財務市場期刊》（*Journal of Psychology and Financial Markets*），1：104–110。

25 法蘭西斯（J. Francis）、拉方德（R. LaFond）、歐森（P.M. Olsson）、席波（K. Schipper）。2003。〈會計異常與資訊不確定〉（Accounting Anomalies and Information Uncertainty）（2 月）。AFA 2004 年聖地牙哥大會；EFA 2003 年年度大會研討論文 No.199。可上 SSRN 取得：http://ssrn.com/abstract=414141orDOI:10.2139/ssrn.414141。

26 參見注 21。

27 羅德（C. Rode）、寇斯米德（L. Cosmides）、海爾（W. Hell）、土比（J.Tooby）。1999。〈人們何時迴避不確定決策中的未知機率及為什麼？〉（When and Why Do People Avoid Unknown

Probabilities in Decisions under Uncertainty? Testing Some Predictions from Optimal Foraging Theory.）。《認知》，72（3）（10 月 26 日）：269–304。

28 參見注 17。

29 麥當勞（H.E. McDonald）、賀特（E.R. Hirt）。1997。〈預期符合欲望時：再建構記憶的激勵效果〉（When Expectancy Meets Desire: Motivational Effects in Reconstructive Memory）。《個性與社會心理期刊》，72：5–23。

30 卡莫拉（C. Camerer）、韋柏（M. Weber M）。1992。〈模型偏好的最新發展：不確定與含糊〉（Recent Developments in Modelling Preferences: Uncertainty and Ambiguity）。《風險與不確定期刊》（Journal of Risk and Uncertainy），5：325–370。

31 徐（M. Hsu）、巴特（M. Bhatt）、阿多夫斯（R. Adolphs）等人。2005。〈神經系統對決策不確定性的反應〉（Neural Systems Responding to Degrees of Uncertainty in Human Decision-Making）。《科學》，310（5754）（12 月 9 日）：1680–1683。

32 戴普（M. Deppe）、徐溫德（W. Schwindt）、克萊默（J. Kramer）等人。2005。〈框架效應的神經相關性證明〉（Evidence for a Neural Correlate of a Framing Effect: Bias-Specific Activity in the Ventromedial Prefrontal Cortex during Credibility Judgments）。《大腦研究報告》（Brain Research Bulletin），67（5）（11 月 15 日）：413–421（電子版出版：2005 年 7 月 25）。

33 侯蒙（H. Holm）、奈斯泰特（P. Nystedt）。2005。〈世代中的信任：不同世代間的信任研究〉（Intra Generational Trust: A Semi Experimental Study of Trust Among Different Generations）。《經濟行為與組織期刊》（Journal of Economic Behavior and Organization）58：403–419。

34 山斐（A.G. Sanfey）、瑞林、阿容森（J.A. Aronson）等人。2003。〈最後通牒遊戲中經濟決策的神經基礎〉（The Neural Basis of Economic Decision-Making in the Ultimatum Game）。《科學》，300（5626）（6 月 13 日）：1755–1758。

35 溫斯頓（J.S. Winston）、史傳吉（B.A. Strange）、歐多赫提、多蘭。2002。〈評估面部可信度期間，自動與刻意的大腦反應〉（Automatic and Intentional Brain Responses during Evaluation of Trustworthiness of Faces）。《自然神經科學》，5（3）（3 月）：192–193, 277–283。

36 英瑟爾（T.R. Insel）、夏丕若（L.E. Shapiro）。1992。〈催產素受體分布反映一夫一妻與一夫多妻的野鼠社會組織〉（Oxytocin receptor distribution reflects social organization in monogamous and polygamous voles）。《國家科學院會議紀錄》，89（13）（7 月 1 日）：5981–5985。

37 扎克（P.J. Zak）、科次班（R. Kurzban）、馬次訥（W.T. Matzner）。2004。〈信任的神經生物學〉（The Neurobiology of Trust）。《紐約科學院年報》（Annals of the New York Academy of Sciences），1032（12 月）：224–227。

38 扎克、科次班、馬次訥。2005。〈催產素和人類可信度有關〉（Oxytocin Is Associated with Human Trustworthiness）。《荷爾蒙與行為》（Hormones and Behavior），48：522–527。

39 科斯菲爾德（M. Kosfeld）、漢瑞屈斯（M. Heinrichs）、扎克等人。2005。〈催產素提升人的可信度〉（Oxytocin Increases Trust in Humans）。《自然》（Nature），435（6 月 2 日）：673–676。

第 14 章

1 艾瑞克·西洛瑟（Eric Shlosser）。2001。《速食共和國》（*Fast Food Nation*）。紐約：霍頓·米夫林（Houghton-Mifflin）。

2 與卡蜜莉亞·庫南（Camelia Kuhnen）的私下對談。2006 年 9 月 30 日。

3 謝弗林（H.M. Shefrin）、史戴曼。1985。〈太早獲利了結與太晚認賠殺出的個性：理論與證據〉（The Disposition to Sell Winners Too Early and Ride Losers Too Long: Theory and Evidence）。《財務期刊》，40：777–792。

4 卡尼曼、圖維斯基。1979。〈展望理論：風險決策分析〉（Prospect Theory: An Analysis of Decision under Risk）。《經濟計量學》，47：263–291。

5 艾瑞利。2002。加州大學柏克萊分校。心理與經濟春季研討會。

6 德馬蒂諾（B. DeMartino）、庫馬蘭（D. Kumaran）、西摩（B. Seymour）、多蘭。2006。〈人腦裡的偏誤與理性決策〉（Biases, and Rational Decision-Making in the Human Brain）。《科學》，313（5787）（8 月 4 日）：684–687。

7 弗加諾（D. Vergano）。2006。〈研究：小心詢問：情感左右大腦決策〉（Study: Ask with Care: Emotion Rules the Brain's Decisions）。《今日美國報》（*USA Today*），8 月 7 日，D4 版。

8 同上。

9 洛克、曼恩（S.C.Mann）。2000。〈專業交易員有討厭認賠殺出的現象嗎？〉（Do Professional Traders Exhibit Loss Realization Aversion?）（11 月）。可上 SSRN 取得：http://ssrn.com/abstract=251942 或 DOI:10.2139/ssrn.251942。

10 奧丁。1998。〈投資人不願認賠殺出嗎？〉（Are Investors Reluctant to Realize Their Losses）。《財務期刊》，53（5）（10 月）：1775–1798。

11 科沃（J.D. Coval）、尋威。2005。〈行為偏誤會影響價格嗎？〉（Do Behavioral Biases Affect Prices?）。《財務期刊》，60（1）（2 月）。

12 布朗（S. Brown）、蓋拉賀（D.R. Gallagher）、史丁貝克（O.W. Steenbeck）、史汪（P.L. Swan）。2004。〈加倍或全無：股票基金的持有與交易類型〉（Double or Nothing: Patterns of Equity Fund Holdings and Transactions）。研討論文。紐約大學。目前草稿：2005 年 5 月 1 日。

13 吉尼索夫（D. Genesove）、梅爾（C. Mayer）。2001。〈損失趨避與賣方行為：房市證據〉（Loss Aversion and Seller Behavior: Evidence from the Housing Market）。MIT 出版社。《經濟季刊》，116（4）（11 月）：1233–1260。

14 希斯、呼達特（S.Huddart）、朗（M.Lang）。1999。〈心理因素與執行股票選擇權〉（Psychological Factors and Stock Option Exercise）。MIT 出版社。《經濟季刊》，114（2）（5 月）：601–627。

15 參見注 7。

16 韋柏（M. Weber）、韋分斯（F. Welfens）。2006。〈錯置效果的個人分析：實務經驗與實驗證據〉（An Individual Level Analysis of the Disposition Effect: Empirical and Experimental Evidence）（5 月）。可上 SSRN 取得：http://ssrn.com/abstract=889303。

17 同上。

18 同上。

第 15 章

1 史華格。2002。〈怪傑啟示 #14〉（Wizard Lesson #14）。《金融怪傑》。紐約：約翰‧威立出版公司。

2 弗傑爾、貝瑞。2006。〈錯置效果與投資散戶的決策：懊悔與違實選擇的角色〉。《行為財務學期刊》，7（2）：107–116。

3 黑曼（J.E. Heyman）、歐渾（Y. Orhun）、艾瑞利。2004。〈拍賣熱：對手與準原賦效應對產品評價的影響〉（Auction Fever: The Effect of Opponents and Quasi-endowment on Product Valuations）。《互動行銷期刊》（*Journal of Interactive Marketing*），18（4）：7–21。

4 諾曼斯基（N. Novemsky）、卡尼曼。2005。〈意圖如何影響損失趨避？〉（How Do Intentions Affect Loss Aversion?）。《行銷研究期刊》（*Journal of Marketing Research*），42（5月）：139–140。

5 李斯特（J.A. List）。2003。〈市場經驗會排除市場異常嗎？〉（Does Market Experience Eliminate Market Anomalies?）。《經濟季刊》，118（1）：41–71。

6 陳啟斯（K. Chen）、拉克喜民納瑞亞蘭（V. Lakshminarayanan）、桑投斯（L. Santos）。2006。〈行為偏誤有多基本？僧帽猴交易行為的證據〉（How Basic Are Behavioral Biases? Evidence from Capuchin Monkey Trading Behavior）。《政治經濟期刊》（*Journal of Political Economy*）。2006年6月。

7 同上。

8 哈保（W.T. Harbaugh）、克勞斯（K. Krause）、衛斯特倫德（L. Vesterlund）。2002。〈選擇與訂價實驗的展望理論〉（Prospect Theory in Choice and Pricing Tasks）。奧勒岡大學經濟系研討論文2002–02。奧勒岡大學經濟系。2003年12月7日修訂。

9 格尼茨（U. Gneezy）。1997。〈冒險與評量期的實驗〉（An Experiment on Risk Taking and Evaluation Periods）。《經濟季刊》，112：631–645。

10 雪夫（B. Shiv）、洛溫斯坦、貝沙拉等人。2005。〈投資行為與情緒的負面〉（Investment Behavior and the Negative Side of Emotion）。《心理科學》，16（6）。

11 美哈（R. Mehra）。2003。〈股票溢酬：為何是謎？〉（The Equity Premium: Why Is It a Puzzle?）。《財務分析師期刊》。1月／2月：54–69。

12 美哈、普里思考（E.C. Prescott）。1985。〈股票溢酬：謎〉（The Equity Premium: A Puzzle）。《貨幣經濟期刊》（*Journal of Monetary Economics*），15（2）（3月）：145–161。

13 海格（M. Haigh）、李斯特。2005。〈專業交易員有短視性損失趨避現象嗎？〉（Do Professional Traders Exhibit Myopic Loss Aversion? An Experimental Analysis）。《財務期刊》，60（1）（2月）：523。

14 貝納茲、泰勒。1995。〈短視性損失趨避與股票溢酬之謎〉（Myopic Loss Aversion and the Equity

Premium Puzzle）。MIT 出版社。《經濟季刊》，110（1）（2 月）：73–92。

15 波頓（K. Burton）、史措斯柏（J. Strasburg）。2006。〈阿瑪蘭斯顧問公司六十六億的虧損源自交易員的離職要求〉（Amaranth's $6.6 Billion Slide Began With Trader's Bid to Quit）（12 月 6 日）。可自 http://www.bloomberg.com/apps/news?pid=newsarchive&sid=aRJS5 7CQQbeE 下載。

16 同上。

17 同上。

18 李森（N. Leeson）。1996。《A 錢大玩家》（*Rogue Trader*）。紐約：小布朗出版社（Little Brown）。

19 泰勒、強森（E. Johnson）。1999。〈以私有資本賭博，試圖達到損益兩平：先前結果對風險選擇的影響〉（Gambling with the House Money and Trying to Break Even: The Effects of Prior Outcomes on Risky Choice）。《管理科學》（*Management Science*），36（6）（6 月）：643–660。

20 與謝弗林私下的電子郵件通信。2006 年 9 月 21 日。謝弗林表示：「風險態度的轉變主要是因為人會區隔兩種獲利：賭前與賭後的獲利。分開享受獲利的興奮感使人繼續賭博，因為已經有前面的獲利當後盾。」

21 劉（Y-J. Liu）、蔡（C-L. Tsai）、王（M-C. Wang）、朱（N. Zhu）。2006。〈賭資效應：台灣期貨交易所造市者的證據〉（House Money Effect: Evidence from Market Makers at Taiwan Futures Exchange）（4 月）。http://faculty.gsm.ucdavis.edu/～nzhu/papers/housemoney.pdf。

22 尼可羅西（G. Nicolosi）、梁（P. Liang）、朱（N. Zhu）。2003。〈投資散戶會從交易經驗中學習嗎？〉（Do Individual Investors Learn from their Trading Experience?）。耶魯 ICF 研討論文 No.03–32。

23 卓布尼。2006。《避險基金交易祕辛》。紐約赫伯肯：約翰・威立出版公司。72 頁。

24 同上。40 頁。

25 同上。42 頁。

26 同上。47 頁。

27 同上。48 頁。

28 同上。43 頁。

29 同上。50–51 頁。

30 瓊斯（P.T. Jones）。1989。史華格。《金融怪傑》。紐約：財務金融研究所。

31 西修斯（M.S. Seasholes）、方恩（L. Feng）。2005。〈投資人的交易經驗會消除金融市場中的行為偏差嗎？〉（Do Investor Sophistication and Trading Experience Eliminate Behavioral Biases in Financial Markets?）。6 月 6 日。可上 SSRN 取得：http://ssrn.com/abstract=694769。

32 〈馴悍記〉（The Taming of the Shrewd）。《經濟學人》。2000 年 5 月 6 日。

33 同上。

34 史華格。1989。《金融怪傑》。紐約：財務金融研究所。126 頁。

35 同上。127 頁。

36 紗拉（G. Szala）、里林克（J. Reerink）。1994。〈頂尖交易員的秘訣〉（Tip-offs from Top Traders）。《期貨》（*Futures*）。7 月。

37 克瑞莫。2000。〈克瑞莫重寫「交易女神」的十誡〉。TheStreet.com。3 月 11 日。

第 16 章

1 洛溫斯坦、勒納。2003。〈情感在決策中的角色〉。《情感科學手冊》。戴維森、高德史密斯、雪若編輯。牛津：牛津大學出版社。619–642 頁。

2 葛雷（J.R. Gray）。1999。〈在威脅相關的負面情緒狀態下容易偏向短期思維〉（A Bias toward Short-Term Thinking in Threat-Related Negative Emotional States）。《個性與社會心理報告》，25：65–75。

3 米契爾（J.M. Mitchell）、菲爾德（H. Fields）、戴斯波西多、波耶提格（C. Boettiger）。2005。〈飲酒的衝動反應：神經生物、行為、環境與飲酒的關係〉（Impulsive Responding in Alcoholics: Neurobiological, Behavioral, and Environmental Relations to Drinking）。《酗酒：臨床與實驗研究》（*Alcoholism: Clinical & Experimental Research*），29（12）（12 月）：2158–2169。

4 柯恩。2005。〈人腦的瓦肯化：從神經觀點看認知與情緒之間的互動〉。《經濟觀點期刊》，19：3–24。

5 賴柏森（D. Laibson）、瑞貝多（A. Repetto）、托貝克曼（J. Tobacman）。2005。〈評估消費選擇在生命週期中的折現功能〉（Estimating Discount Functions with Consumption Choices over the Lifecycle）。研討論文。哈佛大學。8 月 11 日。

6 同上。

7 米雪爾（W. Mischel）、修達（Y. Shoda）、羅德里奎茲（M.I. Rodriguez）。1989。〈孩童的延遲享樂〉（Delay of Gratification in Children）。《科學》，244（4907）（5 月 26 日）：933–938。

8 艾格斯提（I.M. Eigsti）、薩亞斯（V. Zayas）、米雪爾等人。2006。〈預估學齡前到青少年期的認知控制〉（Predicting Cognitive Control from Preschool to Late Adolescence and Young Adulthood）。《心理科學》，17（6）（6 月）：478–484。

9 麥克魯、賴柏森、洛溫斯坦、柯恩。2004。〈讓神經系統區分對立即與延遲金錢報酬的評價〉（Separate Neural Systems Value Immediate and Delayed Monetary Rewards）。《科學》，304：503–507。

10 楊（Y. Yang）、瑞恩（A. Raine）、藍茲（T. Lencz）等人。2005。〈犯罪失敗的精神病患者前額灰質減少〉（Volume Reductionin Prefrontal Gray Matter in Unsuccessful Criminal Psychopaths）。《生物精神醫學》，57（10）（5 月 15 日）：1103–1108。

11 參見注 9。

12 洛溫斯坦。1996。〈失控：內臟對行為的影響〉（Out of Control: Visceral Influences on Behavior）。《組

織行為與人類決策流程》，65：272–292。

13 參見注 9。

14 韓德森（M. Henderson）。2006。〈為何回絕免費送上的金錢？笨蛋，那是因為神經經濟學〉（Why Say No to Free Money? It's Neuroeconomics, Stupid）。《泰晤士報》（The Times）。倫敦：10 月 7 日。

15 喬丹諾（L.A, Giordano）、畢克（W.K. Bickel）、洛溫斯坦等人。2002。〈缺少鴉片類藥物會讓鴉片癮患者的海洛因與金錢折現效果變得更強〉（Mild Opioid Deprivation Increases the Degree that Opioid-Dependent Outpatients Discount Delayed Heroin and Money）。《心理藥物學》（柏林），163：174。

16 葛蘭特。〈以納曲酮治療盜竊癖患者的結果研究〉（Outcome Study of Kleptomania Patients Treated with Naltrexone: A Chart Review）。《臨床神經藥理學》（Clinical Neuropharmacology），28（1）（1 月–2 月）：11–14。

17 參見注 4。

18 陳啟斯、拉克喜民納瑞亞蘭、桑投斯。2006。〈行為偏誤有多基本？僧帽猴交易行為的證據〉。《政治經濟期刊》。6 月。

19 艾瑞利、科恩、艾瑞克森（K. Ericson）等人。2006。〈執行自我控制〉（Implementing self-control）。神經經濟學協會 2006 年度大會的海報簡報。猶他州帕克市（Park City）。

20 參見注 4。

21 艾瑞利、沃頓布洛克（K. Wertenbroch）。2002。〈延遲、截止日期與績效：事先承諾的自制〉（Procrastination, Deadlines, and Performance: Self-Control by Precommitment）。《心理科學》，13（3）：219–224。

22 〈行業檢視：明星、股票、最新選股〉（Industry by Industry: The Stars, Their Stocks, and Their Latest Picks）。《華爾街日報》。2006 年 5 月 22 日。R3 頁。

第 17 章

1 史華格。2002。〈怪傑啟示 #29〉。《金融怪傑》。紐約：約翰‧威立出版公司。

2 麥凱。2003。《異常流行幻象與群眾瘋狂》。英國漢普郡：哈里曼出版社（Harriman House）。

3 齊歐迪尼（R. Cialdini）。1993。《影響：說服的心理》（Influence: The Psychology of Persuasion）。紐約：奎爾─威廉‧馬洛（Quill-William Morrow），116 頁。

4 索尼克（S.J. Solnick）、赫曼威（D. Hemenway）。1998。《多一定比較好嗎？地位認知調查》（Is More Always Better? A survey on positional concerns）。《經濟行為與組織期刊》，37（3）：373–383。作者 1995 年訪問哈佛公衛系 155 名學生與 79 名教職員，以判斷地位的重要性。

5 齊歐迪尼。118 頁。

6　沃納德（K-E Warneryd）。2001。《股市心理》（*Stock Market Psychology*）。麻州北漢普敦：愛德華‧埃爾加出版社（Edward Elgar Publishing）。220 頁。

7　達斯（S. Das）、馬蒂內—傑瑞斯（A. Martinez-Jerez）、土法諾（P.Tufano）。2005。〈電子資訊：投資人討論與情感的臨床研究〉（e' Information: A Clinical Study of Investor Discussion and Sentiment）。《財務管理》（*Financial Management*），34（3）：103–137。

8　米爾格蘭（S. Milgram）。1974。《服從權威》（*Obedience to Authority*）。紐約：哈柏與洛（Harper & Row）。

9　齊歐迪尼。211 頁

10　賴夫可維茲（M. Lefkowitz）、布蘭克（R. Blake）、慕頓（J. Mouton）。1955。〈行人違反交通號誌的狀態因素〉（Status Factors in Pedestrian Violation of Traffic Signals）。《異常與社會心理期刊》（*Journal of Abnormal and Social Psychology*），51：704–706。

11　都柏（A. Doob）、葛羅斯（A. Gross）。1968。〈受阻者按喇叭的反應狀況〉（Status of Frustrator as an Inhibitor of Horn-Honking Responses）。《社會心理學期刊》（*Journal of Social Psychology*），76：213–218。

12　齊歐迪尼。218 頁

13　柏恩斯、切柏洛、辛克（C.F. Zink）等。2005。〈心象旋轉期間社會順從與獨立的神經生物關聯性〉（Neurobiological Correlates of Social Conformity and Independence during Mental Rotation）。《生物精神醫學》，58（3）（8月1日）：245–253。

14　布羅傑（H. Blodget）。2004。〈華爾街自衛。天生輸家：華爾街最大危險：你〉（Wall Street Self-Defense. Born Suckers: The Greatest Wall Street Danger of All:You）。Slate.com。12月14日。

15　威爾屈。2000。〈證券分析師的一窩蜂〉（Herding among Security Analysts）。《財務經濟學期刊》（*Journal of Financial Economics*），58（3）（12月）：369–396。

16　〈華爾街先知〉（Wall Street Prophets）。2001。《六十分鐘 II》（*60 Minutes II*）。CBS。1月30日。

17　同上。

18　同上。

19　沃莫斯。1999。〈共同基金一窩蜂以及對股價的影響〉（Mutual Find Herding and the Impact on Stock Prices）。《財務期刊》，54（2）（4月）：581–622。

20　洪（H. Hong）、庫比克（J. Kubik）、史坦（J. Stein）。2005。〈鄰居的投資組合：基金經理人持股與交易的口碑效果〉（Thy Neighbor's Portfolio: Word of Mouth Effects in the Holdings and Trades of Money Managers）。《財務期刊》，60（6）：2810–2824。

21　陳（Q. Chen）、江（W. Jiang）。2006。〈分析師；私密與公開資訊的權衡〉（Analysts; Weighting of Private and Public Information）。《財務研究期刊》（*Review of Financial Studies*）19（1）：319–355。

22　謝弗林。2006。《公司行為財務》（*Behavioral Corporate Finance: Decisions that Create Value*）。紐約：麥格羅希爾／爾灣出版社（McGraw-Hill Irwin）。

第 18 章

1 沙根（C. Sagan）。1983。《布洛卡的大腦》（*Broca's Brain*）。紐約：巴倫坦圖書（Ballantine Books）。

2 路易士。2003。《魔球》（*Moneyball*）。紐約：諾頓出版社（W.W. Norton）。

3 林韋伯（D. Leinweber）。1997。〈愚蠢的資料探勘把戲：過度解釋 S&P 500〉（Stupid Data Mining Tricks: Over-fitting the S&P 500）。第一象限（First Quadrant）。

4 〈全球衝突之際保持冷靜〉（Keeping Cool Amid Global Strife）。《華爾街日報》金錢與投資。2006 年 7 月 17 日。C1 版。

5 戈迪溫（S. Goldstein）。1994。〈注意你所想的！〉（Watch What You' re Thinking!）。《追根究柢之士》（*Skeptical Inquirer*）。6 月 22 日。

6 同上。

7 奧斯勒（C. Osler）、張（K. Chang）。1995。〈頭肩型走勢〉（Head and Shoulders: Not Just a Flaky Pattern）。紐約聯邦準備銀行。員工報告 No.4。

8 羅（A. Lo）、哈邁斯基（H. Mamaysky）、王（J. Wang）。2000。〈技術分析的基礎：計算運算法則、統計推論與實證〉（Foundations of Technical Analysis: Computational Algorithms, Statistical Inference, and Empirical Implementation）。《財務期刊》，55：1705–1765。

9 同上。

10 同上。11 頁。

11 德彭特（W. DeBondt）。1993。〈賭趨勢：財務風險與報酬的直覺預估〉（Betting on Trends: Intuitive Forecasts of Financial Risk and Return）。《預測國際期刊》（*International Journal of Forecasting*），9（3）（11 月）：355–371。

12 薛克特（S. Schachter）、達列特（R. Ouellette）、惠透（B. Whittle）、傑林（W. Gerin）。〈趨勢的影響與損益對賣股傾向的影響〉（Effects of Trend and of Profit or Losson the Tendency to Sell Stock）。《基本與應用社會心理學》（*Basic and Applied Social Psychology*），8：259–271。

13 強森（J. Johnson）、泰利斯（G. Tellis）、麥西林斯（D. Macinnis）。2005。〈贏家、輸家與偏誤交易〉（Winners, Losers, and Biased Trades）。《消費者研究期刊》（*Journal of Consumer Research*）。v32。9 月。324–329 頁。

14 托普（Y. Trope）、李柏曼（N. Liberman）。2003。〈時間解釋〉（Temporal Construal）。《心理學評論》，110（3）：403–421。

15 穆斯韋勒（T. Mussweiler）、許奈勒（K. Schneller）。2003。〈漲久必跌：圖表如何影響買賣股票的決策〉（What Goes up Must Come Down—How Charts Influence Decisions to Buy and Sell Stocks）。《行為財務學期刊》，4（3）：121–130。

16 同上。

17 同上。

18 2006 年 10 月 1 日自 www.irrationalexuberance. com/definition.htm 下載。

19 席勒（R.J. Shiller）。2000。《非理性繁榮》（*Irrational Exuberance*）。紐約：普林斯頓大學出版社。

20 曼昆（N. Mankiw）。2000。〈第一原則：我們的繁華有多不理性？〉（First Principles: How Irrational Is Our Exuberance?）。《財星》。4 月 17 日。

21 葛林斯潘。1996。〈央行在民主社會裡的挑戰〉（The Challenge of Central Banking in a Democratic Society）。在美國企業公共政策研究協會的年度晚宴與鮑伊爾講演（Francis Boyer Lecture）上發表的演說。華盛頓特區。12 月 5 日。www.federalreserve.gov/BOARDDOCS/SPEECHES/19961205.htm。

22 參見注 18。

23 資料擷取自謝弗林 2005 年為普信投資座談會（T. Rowe Price Investment Symposium）所做的簡報。

24 邱耀初（Y-C. Chiu）、林錦宏（C-H. Lin）、黃榮村（T. Huang）等人。2005。〈立即的獲利是長期的損失：愛荷華賭局實驗中有先見之明的決策者嗎？〉（Immediate Gain Is Long Term Loss: Are There Foresighted Decision Makers in Iowa Gambling Task?）。在神經經濟學學會第三屆年會中發表的論文。南卡羅來納州凱瓦島（Kiawah Island）。9 月 15–18 日。

25 邱耀初、林錦宏、林舒予（S. Lin）、黃榮村。2006。〈重新檢視長期結果與損益頻率的影響：從不確定到確定〉（Reexamining the Effect of Long-Term Outcome and Gain-Loss Frequency: From Uncertainty to Certainty）。在神經經濟學學會第四屆年會中發表的論文。猶他州帕克市。

26 參見注 24。

27 參見注 25。

28 在神經經濟學學會第四屆年會上和林錦宏的私下交談。猶他州帕克市。

29 戴爾加多（M.R. Delgado）、米勒（M.M. Miller）、印納提（S. Inati）、菲爾普斯（E.A. Phelps）。2005。〈報酬相關機率學習的 fMRI 研究〉（An fMRI Study of Reward-Related Probability Learning）。《神經造影》，24（3）：862–873。

30 凱斯特納（M. Kaestner）。2006。〈投資人意外收益的不對稱反應〉（Investors Misreaction to Unexpected Earnings: Evidence of Simultaneous Overreaction and Underreaction）。《ICFAI 行為財務學期刊》（*ICFAI Journal of Behavioral Finance*），3（1）（3 月）。可上 SSRN 取得：http://ssrn.com/abstract=877246。

31 葛拉威爾（M. Gladwell）。2002。〈爆炸〉（Blowing Up）。《紐約客》。4 月 22–29 日。2002。www.gladwell.com/2002/20020429ablowingup.htm。

32 同上。

第 19 章

1 庫瑪、德哈（R. Dhar）。2001。〈市場的非隨機漫步：價格趨勢對散戶投資人交易決策的影響〉（A Non-Random Walk Down the Main Street: Impactof Price Trends on Trading Decisions of Individual

Investors）。耶魯管理學院研討論文 ysm208。耶魯管理學院。

2 威爾屈（I. Welch）。2001。〈財務經濟學家對股票溢酬與其他議題的觀點〉（Views of Financial Economists on the Equity Premium and Other Issues）。《商業期刊》（*Journal of Business*），73（4）（10月）：501–537。

3 威爾屈。2001。〈再論股票溢酬的共識預測〉（The Equity Premium Consensus Forecast Revisited）（9月）。考爾斯基金會（Cowles Foundation）No.1325。可上 SSRN 取得：http://ssrn.com/abstract=285169。

4 艾德考特（R.A. Adcock）、山蓋沃（A. Thangavel）、惠特菲爾德─加布力里（S. Whitfield-Gabrieli）等人。2006。〈報酬激勵式學習：中腦啟動先於記憶形成〉（Reward Motivated Learning: Mesolimbic Activation Precedes Memory Formation）。《神經元》，50：507–517。

5 哈撒比斯（D. Hassabis）、庫馬蘭（D. Kumaran）、凡（S.D. Vann）、馬奎爾（E.A. Maguire）。〈海馬體失憶的病患無法想像新體驗〉（Patients with hippocampal amnesia cannot imagine new experiences）。《國家科學院會議紀錄》，104：1726–1731。

6 斯諾維克、弗斯曹。1977。〈實驗意外的心理〉（On the Psychology of Experimental Surprises）。《實驗心理學期刊：人類表現與觀感》（*Journal of Experimental Psychology: Human Performance and Perception*），3：544–551。

7 柯納森、庫柏（J.C.Cooper）。2006。〈未知的誘惑〉（The Lure of the Unknown）。《神經元》，51：280–282。

8 許懷澤（J.B. Schweitzer）、李（D.O. Lee）、漢弗德（R.B. Hanford）等人。2004。〈利他能錠對患有注意力不足與過動障礙的成人執行功能的影響〉（Effect of Methylphenidate on Executive Functioning in Adults with Attention Deficit / Hyperactivity Disorder: Normalization of Behavior but Not Related Brain Activity）。《生物精神醫學》，56（8）（10月15日）：597–606。

9 柯納森、碧悠克（J.M. Bjork）、馮（G.W. Fong）等人。2004。〈安非他命調節人類的動機處理〉（Amphetamine Modulates Human Incentive Processing）。《神經元》43：261–269。

10 謝瑞斯（A. Scheres）、密爾罕（M.P. Milham）、柯納森、凱斯特蘭諾斯（F.X. Castellanos）。2007。〈罹患注意力不足與過動障礙時，報酬預期期間腹側條紋反應低下〉（Ventral Striatal Hyporesponsiveness during Reward Prediction in Attention-Deficit/ Hyperactivity Disorder）。《生物精神醫學》，（3月1日），61（5）：720–724。

11 庫柏（M. Cooper）、古稜（H. Gulen）、勞（P.R. Rau）。2005。〈換好名：共同基金發現改名有助流量〉（Changing Names with Style: Mutual Find Name Changes and Their Effects on Fund Flows）。《財務期刊》，60（6）（12月）：2825–2858。

12 黑德（A. Head）、史密斯（G. Smith）、威爾森（J. Wilson）。2006。〈其他股票代碼也一樣吃香嗎？〉（Would a Stock by Any Other Ticker Smell as Sweet?）。研討論文。www.economics.pomona.edu/GarySmith/Econ190/tickers.pdf#search=%22Would%20a%20Stock%20 By%20Any%20Other%20Ticker%20Smell%20as%20Sweet%3F%22。

13 范倫鐵諾（J. Valentino）。2006。〈其他股票名稱也一樣吃香嗎？〉（Does Stock by Any Other Name Smell as Sweet?）。《華爾街日報》。9月28日。C1版。

14 奧特（A.A. Alter）、歐本海默（D.M. Oppenheimer）。2006。〈以處理流暢度預期短期股價波動〉（Predicting Short-Term Stock Fluctuations by Using Processing Fluency）。《國家科學院會議紀錄》，

103：9369–9372（出版前已於 2006 年 6 月 5 日先在網路上發表。10.1073/pnas.0601071103）。

15 同上。

16 參見注 12。

17 布斯（J. Busse）、葛林（T. Green）。2002。〈即時市場效率〉（Market Efficiency in Real Time）。《財務經濟學期刊》，65：415–437。

18 巴柏、奧丁。2005。〈不可單看表面：關注與新聞對散戶與法人購買行為的影響〉（All that Glitters: The Effect of Attention and News on the Buying Behavior of Individual and Institutional Investors）（2006 年 3 月）。EFA 2005 年莫斯科大會論文。可上 SSRN 取得：http://ssrn.com/abstract=460660。

19 赫舒拉發、麥爾斯（J.N. Myers）、麥爾斯（L.A. Myers）、戴歐（S.H. Teoh）。2004。〈散戶投資人會驅動盈餘公布後的股價嗎？來自個人交易的證據〉（Do Individual Investors Drive Post-Earnings Announcement Drift? Direct Evidence from Personal Trades）。研討論文。EconWPA。

20 阿米哈德（Y. Amihud）、孟德爾頌（H. Mendelson）。1987。〈交易機制與股票報酬：實際調查〉（Trading Mechanisms and Stock Returns: Empirical Investigation）。《財務期刊》，42（3）：533-553。

21 阿特金（A. Atkins）、戴爾（E. Dyl）。1990。〈價格反轉、買賣價差、市場效率〉（Price Reversals, Bid-Ask Spreads, and Market Efficiency）。《財務與量化分析期刊》，25：535–547。

22 喬治（T.J. George）、黃（C.Y. Hwang）。1995。〈暫時的股價改變與限價規定〉（Transitory Price Changes and Price-Limit Rules: Evidence from the Tokyo Stock Exchange）。《財務與量化分析期刊》，30：313–327。

23 參見注 20。

第 20 章

1 坎尼（T. Canli）、戴斯蒙（J.E. Desmond）、趙（Z. Zhao）、加布力里。2002。〈情緒經驗神經加碼的性別差異〉（Sex Differences in the Neural Encoding of Emotional Experiences）。《國家科學院會議紀錄》，99（16）：10789–10794。

2 哈曼（S. Hamann）、坎尼。2004。〈情緒處理的個人差異〉（Individual Differences in Emotion Processing）。《神經生物學的最新意見》（*Current Opinion in Neurobiology*），14：233–238。

3 旋斯基（R.M. Shansky）、魯比諾（K. Rubinow）、布雷納（A. Brennan）、安史丹（A.F. Arnsten）。2006。〈性別與荷爾蒙狀態對約束壓力引起之記憶受損的影響〉（The Effects of Sex and Hormonal Status on Restraint-Stress-Induced Working Memory Impairment）。《行為與大腦功能》（*Behavior and Brain Function*），7（2）（3月）：8。

4 阿敏（Z. Amin）、伊柏森（C.N. Epperson）、康士特柏（R.T. Constable）、坎尼。2006。〈雌激素變化對情緒反應壓抑的神經影響〉（Effects of Estrogen Variation on Neural Correlates of Emotional Response Inhibition）。《神經造影》。4 月 25 日（電子版提前出版）。

5 瑞林、古特曼、策等人。〈社交合作的神經基礎〉。《神經元》，35：395–405。

6 德括帆、費許巴赫、崔友等人。2004。〈利他懲罰的神經基礎〉。《科學》，305（5688）（8月27日）：1254–1258。

7 奧丁、巴柏。2001。〈本性難移：性別、自負與普通股投資〉（Boys Will Be Boys: Gender, Overconfidence, and Common Stock Investment）。《經濟季刊》（*Quarterly Journal of Economics*），116（1）（2月）：261–292。

8 同上。

9 尼克爾森、歐葵維、索恩、威爾曼。2006。〈風險偏好與個性〉（Risk Propensity and Personality）。http://facultyresearch.london.edu/ docs/risk.ps.pdf。

10 米勒（E.K. Miller）。2000。〈前額葉皮質與認知控制〉（The Prefrontal Cortex and Cognitive Control）。《自然：神經科學評論》（*Nature: Review of Neuroscience*），1：59–65。

11 威廉斯（L.M. Williams）、布朗（K.J. Brown）、邦默（D. Palmer）等人。2006。〈老年？隨年紀漸長改善情緒穩定的神經基礎〉（The Mellow Years?: Neural Basis of Improving Emotional Stability over Age）。《神經科學期刊》（*Journal of Neuroscience*），26（24）（6月14日）：6422–6430。

12 海登（T. Hedden）、加布力里。2005。〈成人的健康與病理流程：老化大腦神經造影的新證據〉（Healthy and Pathological Processes in Adult Development: New Evidence from Neuroimaging of the Aging Brain）。《神經學的最新意見》（*Current Opinion in Neurology*），18（6）（12月）：740–747。

13 馬屈訥（A. Marschner）、梅爾（T. Mell）、瓦特柏格（I. Wartenburger）等人。〈報酬導向的決策與老化〉（Reward-Based Decision-Making and Aging）。《大腦研究報告》（*Brain Research Bulletin*），67（5）（11月15日）：382–390（電子版出版：2005年7月11日）。

14 參見注8。

15 瑞納（V.R. Reyna）。2004。〈人如何做風險決策：雙流程法〉（How People Make Decisions that Involve Risk: A Dual-Processes Approach），《心理科學的目前方向》（*Current Directions in Psychological Science*），13：60–66。

16 庫南、柯納森，2006，庫南在史丹佛理論經濟學院（SITE）的會議上所做的簡報。8月14日，史丹佛大學。

17 沙伊（K.W. Schaie）。2005。〈從成年發展的縱貫研究可以學到什麼？〉（What Can We Learn From Longitudinal Studies of Adult Development?）。《人類發展研究》（*Research in Human Development*），2（3）：133–158頁。

18 沙伊。2005。《成人智慧的發展影響：西雅圖的縱貫研究》（*Developmental Influences on Adult Intelligence: The Seattle Longitudinal Study*）。紐約：牛經大學出版社，127頁。

19 同上。

20 圖斯（M.J. Tueth）。2000。〈詐騙老人財務大披露〉（Exposing Financial Exploitation of Impaired Elderly Persons）。《美國精神病學期刊》。2000。8（5月）：104–111。

21 韋柏（E.U. Weber）、奚愷元（C.K. Hsee）、索克羅斯卡（J. Sokolowska）。1998。〈民俗告訴我們哪些風險與冒險相關知識：跨文化比較美、德與中國俗諺〉（What Folklore Tells Us about Risk and

Risk Taking: Cross-Cultural Comparisons of American, German, and Chinese Proverbs）。《組織行為與人類表現》。75（2）（8月）：170–186。

22 方（J.X. Fan）、蕭（J.J. Xiao）。2003。〈風險承受度的跨文化差異：華人與美國人的比較〉（Cross-Cultural Differences in Risk Tolerance: A Comparison between Chinese and Americans）。《消費者興趣年鑒 49》（*Consumer Interest Annual 49*）。《第 49 屆年會的會議紀錄》。4 月 2–5 日，2003（喬治亞州，亞特蘭大市）。

23 參見注 12。

24 參見注 18。

25 劉（L-Y Lau）、朗亞（R. Ranyard）。2005。〈中國與英國在賭博時的機率思維與風險承擔〉（Chinese and English Probabilistic Thinking and Risk Takingin Gambling）。《跨文化心理學期刊》（*Journal of Cross-Cultural Psychology*），36：621–627。

26 韋柏（E. Weber）、阿梅斯（D. Ames）、布雷斯（A-R. Blais）。2005。〈我如何選你？且讓我細說分明：美國人與華人決策模式的異同分析〉（How Do I Choose Thee? Let Me Count the Ways: A Textual Analysis of Similarities and Differences in Modes of Decision Making in the USA and China）。《管理與組織評論》（*Management and Organization Review*），1（1）（3月）：87–118。

27 陳（G.M. Chen）、金（K.A. Kim）、諾夫辛格（J.R. Nofsinger）、睿（O.M. Rui）。2005，〈新興市場投資人的行為與績效：中國的證據〉（Behavior and Performance of Emerging Market Investors: Evidence from China）（版本：2005 年 10 月）。未發表的華盛頓州立大學研討論文。www.darden.virginia.edu/batten/emipm/PDFs/ EmergMarkConfChineseBehavior.pdf。

28 同上。

29 劉、蔡、王、朱。2006。〈賭資效應：台灣期貨交易所造市者的證據〉（4 月）。http://faculty.gsm.ucdavis.edu/～nzhu/papers/housemoney.pdf。

30 洛克、曼恩（S.C. Mann）。2004。〈先前結果與專業交易員的風險選擇〉（Prior Outcomes and Risky Choices by Professional Traders）。研討論文。http://home.gwu.edu/～plocke/prioroutcomes.pdf。

31 陳（G. Chen）、睿（O. Rui）、徐（Y. Xu）。〈投資人何時一窩蜂？中國股市的證據〉（When Will Investors Herd?: Evidence from the Chinese Stock Markets）。研討論文，德州大學達拉斯分校管理學院，2003 年 11 月。http://ccfr.org.cn/cicf2005/paper/20050113024448.pdf。

32 黃（L. Ng）、吳（F. Wu）。2006。〈投資人交易決定中的同儕影響：自然實驗的證據〉（Peer Effects in Investor Trading Decisions: Evidence from a Natural Experiment）。研討論文。https://wpweb2.tepper.cmu.edu/wfa/wfasecure/upload/20065.768332E+07 PeerEffectsWFA05.pdf。

第 21 章

1 凱瑟（T. Kasser）、萊恩（R.M. Ryan）。1996。〈進一步檢視美國夢：內在與外在目標的差異化關聯〉（Further Examining the American Dream: Differential Correlates of Intrinsic and Extrinsic Goals）。《個

性與社會心理報告》，22（3）：280–287。

2　法若（P. Farrell），〈巴比捻指王的退休大秘密！〉（Bobby Badfingers' Big Secret about Retiring!）。Marketwatch.com。最近更新：2006 年 8 月 2 日（美東時間）下午 5:36，www. marketwatch.com/News/Story/Story.aspx?guid=%7B6A52568C-C6504AFA-B654-407520B4EA6D%7D&siteid=mktw。

3　麥克寇（R.D. McCall）。1997。《冷靜自信的交易策略》（Way of Warrior Trader: The Financial Risk Taker's Guide to Samurai Courage, Confidence and Discipline）。紐約：麥格羅希爾出版社。

4　里薩茲（B. Ritholtz）。2005。〈實習投資客：交易哲理〉（Apprenticed Investor: The Zen of Trading）。RealMoney.com。2005 年 6 月 1 日（美東時間）上午 11:37 發布。www.thestreet.com/comment/barryritholtz/10226021.html。

5　沃斯（K.D. Vohs）、米德（N.L. Mead）、古迪（M.R. Goode）。2006。〈金錢的心理結果〉（The Psychological Consequences of Money）。《科學》，314（5802）（11 月 17 日）：1154–1156。

6　利肯（D. Lykken）、泰勒根（A. Tellegen）。1996。〈快樂是隨機現象〉（Happiness Is a Stochastic Phenomenon）。《心理科學》（Psychological Science），7（3）：186–189。

7　迪恩納（E. Diener）、蘇（E. Suh）、魯卡斯（R. Lucas）、史密斯（H. Smith）。1999。〈主觀幸福：數十年進展〉（Subjective Well-Being: Three Decades of Progress）。《心理報告》。125（22）：276–302。

8　費德瑞克（S. Frederick）、洛溫斯坦。1999。〈快樂調適〉（Hedonic Adaptation）。《幸福：快樂心理的基礎》（Well Being: The Foundations of Hedonic Psychology）。紐約市：羅素薩吉基金會出版社。

9　布里克曼（P. Brickman）、寇茲（D. Coates）、甄諾夫—布爾曼（R. Janoff-Bulman）。〈樂透贏家與意外受害者：快樂是相對的嗎？〉（Lottery Winners and Accident Victims: Is Happiness Relative?）。《個性與社會心理期刊》，36：917–927。

10　迪克斯（M. Dijkers）。1997。〈脊椎受損後的人生品質：殘障影響的整合分析〉（Quality of Life after Spinal Cord Injury: A Meta Analysis of the Effects of Disablement Components）。《科學》，35（12）：829–840。

11　柳波莫斯基、露沙（L. Sousa）、迪克互夫（R. Dickerhoof）。2006。〈寫作、說話、思考人生成敗的成本與效益〉（The Costs and Benefits of Writing, Talking, and Thinking about Life's Triumphs and Defeats）。《個性與社會心理期刊》，90：692–708。

12　貝格里（S. Begley），2004。〈和尚的大腦掃瞄顯示冥想可改善結構功能〉（Scans of Monks' Brains Show Meditation Alters Structure, Functioning）。《華爾街日報》。11 月 5 日。

13　路茲（A. Lutz）、葛來夏（L. Greischar,）、若林斯（N. Rawlings）等人。2004。《國家科學院會議紀錄》，101（46）（11 月 16 日）：16369–16373。

14　參見注 15。

15　庫克（M. Cook）。2006。〈交易員成功的關鍵〉（What Makes a Trader Successful）。科技股分析師舊金山年度大會的大會資料。

16　拉琦克（L.B. Raschke）。1999。〈短線交易：規則與理念〉（Swing Trading: Rules and Philosophy）。1999 年 10 月 9 日自 www.mrci.com/lbr/swgrules/ index.cfm 下載。

17 參見注 18。

18 史丁巴格。2005。〈有用的交易日誌〉（Trading Journals that Work）。BrettSteenbarger.com。2006 年 10 月 1 日。www.brettsteenbarger.com/articles.htm。

19 史丁巴格。2005。〈交易日誌無用時〉（When Trading Journals Don't Work）。Trade2Win.com。8 月 18 日。2006 年 10 月 1 日下載。www.trade2win.com/knowledge/articles/general%20articles/whentrading-journals-dont-work。

第 22 章

1 貝克（J.S. Beck）。1995。《認知治療：基本與進階》（*Cognitive Therapy: Basics and Beyond*）。紐約：吉爾佛出版社（Guilford Press）。

2 夏諾夫—卡爾沙（D.S. Shannahoff-Khalsa）。2004。〈簡介可治療精神異常的拙火瑜珈冥想技巧〉（An Introduction to Kundalini Yoga Meditation Techniques that Are Specific for the Treatment of Psychiatric Disorders）。《另類醫藥與補藥期刊》（*Journal of Alternative and Complementary Medicine*），10（1）（2 月）：91–101。

3 伍勒里（A. Woolery）、麥爾斯（H. Myers）、史騰里柏（B. Sternlieb）、材特樂（L. Zeltzer）。2004。〈憂鬱症年輕人的瑜珈療法〉（A Yoga Intervention for Young Adults with Elevated Symptoms of Depression）。《健康與醫藥的另類治療》（*Alternative Therapies in Health and Medicine*），10（2）（3 月 –4 月）：60–63。

4 詹森（P.S. Jensen）、肯尼（D.T. Kenny）。2004。〈瑜珈對 ADHD 男孩的注意力與行為的影響〉（The Effects of Yoga on the Attention and Behavior of Boys with Attention-Deficit / Hyperactivity Disorder (ADHD)）。《注意力失調期刊》（*Journal of Attention Disorders*），7（4）（5 月）：205–216。

5 夏瑪（K. Sharma）、徐克拉（V.Shukla）。1988。〈毒癮者的更生：印度訥夫夏特納中心的經驗〉（Rehabilitation of Drug-Addicted Persons: The Experience of the Nav-Chetna Center in India）。《麻醉品報告》（*Bulletin on Narcotics*），40（1）：43–49。

6 參見注 3。

7 正念中心（Center for Mindfulness in Medicine, Health Care, and Society, CFM）。2006。〈靜觀減壓課程手冊〉（Mindfulness-Based Stress Reduction Program Brochure）。www.umassmed.edu/cfm/srp/。

8 戴維森、卡巴—寧（J. Kabat-Zinn）、許馬克（J. Schumacher）等人。2003。《心身醫學》（*Psychosomatic Medicine*），65：564–570。

9 史貝卡（M. Speca）、卡爾森（L. Carlson）、古迪（E. Goodey）、安真（M. Angen）。2000。〈隨機候診控制的臨床試驗：靜觀減壓課程對癌症病患的心情與壓力徵狀的影響〉（A Randomized, Wait-List Controlled Clinical Trial: The Effect of a Mindfulness Meditation-Based Stress Reduction Programon Mood and Symptoms of Stressin Cancer Outpatients）。《心身醫學》，62：613–622。

10 舒瓦茲（G.E. Schwartz）、戴維森、高曼。1978。〈自我調節不安的認知與身體流程型態〉（Patterning of Cognitive and Somatic Processes in the Self-Regulation of Anxiety: Effects of Meditation versus Exercise）。《心身醫學》，40：321–328。

11 阿諾（L.E. Arnold）。2001。〈罹患 ADHD 成人的另類治療〉（Alternative Treatments for Adults with Attention Deficit Hyperactivity Disorder 〔ADHD〕）。《紐約科學院年報》（*Annals of the New York Academy of Sciences*），931（6月）：310–341。

12 克里斯泰勒（J. Kristeller）、詹森（T. Johnson）。2003。〈培養慈愛：冥想影響同情、利他、高尚情操的兩階段模型〉（Cultivating Loving-Kindness: A Two-Stage Model for the Effects of Meditation on Compassion, Altruism and Spirituality）。在〈愛的工程：利他主義的科學與宗教面〉（Works of Love:Scientific and Religious Perspectives on Altruism）大會上簡報。賓州維拉諾瓦市（Villanova）維拉諾瓦大學。6月3日。

13 莫非（S. Murphy）、赫胥恩（D. Hirschhorn）。2001。《交易健將：在網路交易的心智遊戲中致勝》（*The Trading Athlete: Winning the Mental Game of Online Trading*）。紐約：約翰‧威立出版公司。52頁。

14 同上。

15 史丁巴格。2005。〈專家在不確定下如何做決策——第二部分〉（How Experts Make Decisions Under Uncertainty—Part II）。BrettSteenbarger.com。7月30日。www.brettsteenbarger.com/articles.htm。

16 辛巴里斯塔、麥克雷。2004。〈索羅斯：他如何知道他所知的事。第一單元：會犯錯思維〉。《股票、期貨與選擇權》。3月8日。

17 私人電子郵件往來。2006年5月。

18 柳波莫斯基、薛爾登、施卡德。2005。〈追求快樂：持久改變的架構〉（Pursuing Happiness: The Architecture of Sustainable Change）。《普通心理學評論》（*Review of General Psychology*），9：111–131。

19 薛爾登、柳波莫斯基。2006。〈如何強化與維持正面情緒：表達感念與想像最佳自我的效果〉（How to Increase and Sustain Positive Emotion: The Effects of Expressing Gratitude and Visualizing Best Possible Selves）。《正面心理學期刊》（*Journal of Positive Psychology*），1：73–82。

20 柳波莫斯基、泰克（C. Tkach）、迪瑪代歐（M.R. DiMatteo）。2006。〈快樂與自尊的差異何在？〉（What Are the Differences between Happiness and Self-Esteem?）。《社會指標研究》（*Social Indicators Research*）（9月）。

21 參見注 19。

22 德恰馬斯（R. deCharms）、梅達（F. Maeda）、葛洛弗（G. Glover）等人。〈使用即時 fMRI 掌控大腦啟動與痛苦〉（Control over Brain Activation and Pain Learned by Using Real-Time Functional MRI）。《國家科學院會議紀錄》，102（51）（12月20日）：18626–18631。

23 同上。

24 曼傑斯（J.A. Mangels）、巴特菲爾德（B. Butterfield）、藍柏（J. Lamb）、古德（C. Good）、德沃克（C.S. Dweck）。2006。〈對智慧的信念為什麼會影響學習的成果？社會認知神經科學模式〉（Why do beliefs about intelligence influence learning success? A social cognitive neuroscience model）。《社會認知與情感神經科學》（*Social Cognitive and Affective Neuroscience*），1（2）：75–86。

25 布朗森（P. Bronson）。2007。〈不該如何對孩子說話：讚美的反效果〉（How Not to Talk to Your

The Inverse Power of Praise）。《紐約雜誌》（*New York Magazine*）。2 月 19 日。

第 23 章

1　勒菲弗。1923。《股票作手回憶錄》。美國研究會。

2　卓布尼。2006。《避險基金交易祕辛》。紐約赫伯肯：約翰·威立出版公司。

3　〈巴西與 IMF：信念問題〉（Brazil and the IMF: A Matter of Faith）。《經濟學人》，2002 年 8 月 15 日。

4　李（F. Li）。2006。〈股市投資人了解企業年報的風險觀感嗎？〉（Do Stock Market Investors Understand the Risk Sentiment of Corporate Annual Reports?）。4 月 21 日。可上 SSRN 取得：http://ssrn.com/abstract=898181。

5　范瑪（E. Fama）、法藍西（K. French）。1992。〈預期股價報酬的側面觀〉（The Cross-Section of Expected Stock Returns）。《財務期刊》。47（2）：427–465。

6　頂森（E. Dimson）、納傑爾（S. Nagel）、達格立（G. Quigley）。2003。《掌握英國 1955~2001 的價值溢酬》（*Capturing the Value Premium in the UK 1955–2001*）。《財務分析師期刊》，59:35–45。

7　賈卡地許（N. Jegadeesh）、提特曼（S. Titman）。1993。〈買贏家賣輸家的報酬：市場效率的寓意〉（Returns to Buying Winners and Selling Losers: Implications for Stock Market Efficiency）。《財務期刊》，48（1）：65–91。

8　渥特金斯（B. Watkins）。2004。〈順情緒而起：以報酬一致性預估未來報酬的分析〉（Riding the Wave of Sentiment: An Analysis of Return Consistency as a Predictor of Future Returns）。《行為財務學期刊》。4 月。

9　李（C. Lee）、史瓦米納尚（B. Swaminathan）。2000。〈價格動力與交易量〉（Price Momentum and Trading Volume）。《財務期刊》，55（5）（10 月）：2017。

10　陳（W. Chan）。2002。〈股價對新聞與非新聞的反應。上頭條之後的浮動與反轉〉（*Stock Price Reaction to News and No-News. Drift and Reversal after Headlines*）。劍橋：麻省理工學院史隆管理學院，研討論文。2006 年 9 月 1 日自 http://jfe.rochester.edu/02207.pdf 下載。

11　德彭特（W. DeBondt）、泰勒（R.Thaler）。1985。〈股市過度反應了嗎？〉（Does the Stock Market Overreact?）。《財務期刊》，J40：793–805。

12　科薩里（S.P. Kothari）、宣肯（J. Shanken）。2002。〈異常與建構效率投資組合〉（Anomalies and Efficient Portfolio Formation）。AIMR 出版研究基金會。

12　楚魯曼（B. Trueman）、王（F.M.H. Wong）、張（X-J. Zhang）。2003。〈網路公司宣布盈餘期間的異常股票報酬〉（Anomalous Stock Returns around Internet Firms' Earnings Announcements）。《會計與經濟期刊》（*Journal of Accounting and Economics*），34（1）（1 月）：249–271（23）。

13　彼得森（R. Peterson）。2002。〈聽謠言買進：預期情感與投資人行為〉（Buy on the Rumor: Anticipatory Affect and Investor Behavior）。《心理與財金市場期刊》（*Journal of Psychology and*